Fanny Lewald

Sommer und Winter am Genfersee

Ein Tagebuch

Fanny Lewald

Sommer und Winter am Genfersee
Ein Tagebuch

ISBN/EAN: 9783741167560

Hergestellt in Europa, USA, Kanada, Australien, Japan

Cover: Foto ©Andreas Hilbeck / pixelio.de

Manufactured and distributed by brebook publishing software (www.brebook.com)

Fanny Lewald

Sommer und Winter am Genfersee

Folgende vorzügliche Unterhaltungsschriften von
Fanny Lewald
sind bei Otto Janke in Berlin erschienen, durch alle Buchhandlungen zu beziehen und in jeder guten Leihbibliothek vorräthig zu finden:

Neu erschien soeben:

Villa Riunione. Erzählungen eines alten Tanzmeisters. 2 Bde. Geh. 4 Thlr.

Früher erschienen:

Bunte Bilder. 2 Bde. 1 Thlr. 10 Sgr.
Das Mädchen von Hela. Roman. 2 Bde. Geh. 3 Thlr. 10 Sgr.
Meine Lebensgeschichte. Erste Abtheilung: Im Vaterhause. 2 Bde. Geh. 3 Thlr.
Dasselbe. Zweite Abth.: Leidensjahre. 2 Bde. Geh. 3 Thlr.
Dasselbe. Dritte Abth.: Befreiung und Wanderleben. 2 Bde. Geh. 3 Thlr.
Osterbriefe für Frauen. Geh. 15 Sgr.
Neue Romane. 5 Bde. Geh. 7 Thlr. 22½ Sgr.
  1. Band: Der Seehof. 1 Thlr. 22½ Sgr.
  2. Band: Schloß Tannenburg. 1 Thlr. 7½ Sgr.
  3. Band: Graf Joachim. 1 Thlr. 22½ Sgr.
  4. Band: Emille. 1 Thlr. 7½ Sgr.
  5. Band: Der Letzte seines Stammes. — Mamsell Phillippineus Philipp. 1 Thlr. 22½ Sgr.
Der Seehof. Elegante Separat-Ausgabe. Mit 30 Illustrationen. von Herlbert König. Geh. 10 Sgr.
Adele. Roman. 2 Ausg. Geh. 22½ Sgr.
Die Kammerjungfer. Roman in 2 Bänden. 2. Ausg. Geh. 1½ Thlr.
Wandlungen. Roman in 4 Bänden. 2 Ausg. Geh. 4 Thlr.
England und Schottland. Reisetagebuch. 75 Bogen stark. 2 Bde. 2. Ausg. Geh. 2 Thlr. 7½ Sgr.
Dünen- und Berggeschichten. Erzählungen. 2 Bde. 2. Ausg. Geh. 1 Thlr. 15 Sgr.
Liebesbriefe. Aus dem Leben eines Gefangenen. Roman. 2. Ausg. Geh. 1 Thlr.
Von Geschlecht zu Geschlecht. Zwei Abtheilungen in 8 Bänden. Geh. 11 Thlr. 7½ Sgr.
  Erste Abtheilung: Der Freiherr. 3 Bde. Geh. 4 Thlr. 15 Sgr.
  Zweite Abtheilung: Der Emporkömmling. 5 Bde. Geh. 6 Thlr. 22½ Sgr.
Deutsche Lebensbilder. 2. Ausg. Geh. 22½ Sgr.
Die Reisegefährten. Roman. 2. Ausgabe. 2 Thlr. 7½ Sgr.

Sommer und Winter am Genfersee.

Ein Tagebuch
von
Fanny Lewald.

Das Recht der Uebersetzung ist vorbehalten.
Unberechtigter Abdruck einzelner Capitel wird strafrechtlich verfolgt.

Berlin, 1869.
Verlag von Otto Janke.

Inhalts-Verzeichniß.

	Seite.
Widmung	VII
Erster Brief: Von Neapel nach Genf	1
Zweiter Brief: Physiognomie und Topographie von Genf	12
Dritter Brief: Zur Geschichte der Stadt	24
Vierter Brief: Die Hôtels und die Pensionen	38
Fünfter Brief: Karl Vogt in seinem Hause	49
Sechster Brief: Schloß Ferney	61
Siebenter Brief: Die Genfer und die Uhrenfabrikation	71
Achter Brief: Eine Lehranstalt aus der Reformationszeit	78
Neunter Brief: Das Museum Rath. Erinnerungen an Calvin	86
Zehnter Brief: Die Villa Rothschild's und Coppet	98
Eilfter Brief: Methodistische Traktätlein und was daraus zu lernen ist	119
Zwölfter Brief: Glion sur Montreux	129
Dreizehnter Brief: Das Waadtland und seine Geschichte	143
Vierzehnter Brief: Joseph Hornung als Maler und Dichter	170
Fünfzehnter Brief: Eine Göthefeier am Genfersee, Eduard Schuré und ein Besuch bei Edgar Quinet	194
Sechszehnter Brief: Garibaldi im Hôtel Byron	206
Siebzehnter Brief: Montreux und die zu ihm gehörenden Ortschaften	217
Achtzehnter Brief: Die Waadtländer, der Weinbau und das Leben am See	236
Neunzehnter Brief: Auf dem Kirchhofe von Clarens	248
Zwanzigster Brief: Clarens, das Châtelard, das Château des Crêtes, Erinnerungen an Rousseau	255

	Seite.
Einundzwanzigster Brief: Winternacht am See — Weihnachten und Obrist Fryglest	270
Zweiundzwanzigster Brief: Farbenspiele am See	282
Dreiundzwanzigster Brief: Schloß Chillon	286
Vierundzwanzigster Brief: Calvin	304
Fünfundzwanzigster Brief: Schloß Blonay und eine Rittergeschichte	346
Sechsundzwanzigster Brief: Montreux und die andern Ortschaften als Kurplätze	366
Siebenundzwanzigster Brief: Eine Fahrt nach Bevay	384
Achtundzwanzigster Brief: Eine Fahrt in's Rhonethal	394
Neunundzwanzigster Brief: Ein Roman zwischen den Schlössern	406
Dreißigster Brief: Von Straßen und Plätzen	412
Einunddreißigster Brief: Eine Fahrt nach Lausanne	419
Zweiunddreißigster Brief: Nonnen aus dem fünfzehnten und sechszehnten Jahrhundert	434
Dreiunddreißigster Brief: Bonivard und Lord Byron am Genfersee	456
Vierunddreißigster Brief: In der Umgegend von Genf, Mornex, Thonon, die Voirons	473

An

Professor Karl Vogt und Frau Marianne Vogt

in Genf.

Vom Genferfee zu sprechen, ohne daß Sie Beide, meine lieben theuren Freunde! mir dabei einfielen, die Sie soviel dazu gethan haben, uns den dreizehnmonatlichen Aufenthalt an seinen Ufern lieb, und Genf und das Wadtland uns heimathlich zu machen, wäre für Stahr und mich eine Unmöglichkeit. Nehmen Sie also dies Tagebuch, das ich in den stillen Abenden in der Pension Mooser für mich zusammengetragen habe, heute auch als Ihr besonderes Eigenthum, und als einen Gruß und Dank von mir an.

Das Buch entstand, wie Sie wissen, aus meinem Wunsche mich einigermaßen in der Gegenwart und Vergangenheit des Landes zurecht zu finden, in welchem wir lebten. Die Arbeiten von Bulliemin, von Joel Cherbuliez, von Gabarel, von Bungener, das Dictionair du Canton de Vaud, eine Anzahl von vortrefflichen Monographien, halfen mir vorwärts, und die zahlreichen Mittheilungen meiner Genfer und Waadtländischen Bekannten thaten mit meinen eigenen Erfahrungen dann das Uebrige. Aber Montreur, Glion und der Genfersee überhaupt, sind mehr und mehr Wallfahrtsorte für Tausende und Abertausende von Gesunden und von Kranken, für eilige Touristen und für verweilende Kurgäste gleich uns geworden, welche theils nicht die Zeit zu einem so langsamen und immerhin mühsamen Heimischwerden, theils nicht die Gewohnheit eines solchen Arbeitens haben. Den Einen wie den Andern meinte ich deshalb, mit der Herausgabe meines Tagebuches ein Erwünschtes darzubieten, indem ich ihnen eine Art von Handbuch lieferte, wie ich selber es bei meiner Ankunft am Genfersee zu eigener Orientirung vergeblich gesucht habe.

Ihnen, meine theuren Freunde! bringt dieser Band kaum etwas Neues; aber sie werden in ihm die Erinnerung an manch gute gemeinsame Stunde finden, sie werden darin gelegentlich sich selber und vor Allem doch auch mir begegnen, der Sie zugethan sind. Heißen Sie denn das Buch — wie es eben ist — um meinetwillen freundlich und nachsichtig willkommen.

Für immer die Ihre

Fanny Lewald Stahr.

Berlin, im Dezember 1868.

Erster Brief.
Von Neapel nach Genf.

Genf, Juni 1867.

Wir sind nach Genf gekommen, und ich könnte fast mit Göthe's Schäferknaben sagen „und weiß doch selber nicht wie!"

Wir hatten Rom am vierundzwanzigsten Mai in der Absicht verlassen, den Sommer auf den Inseln Ischia und Capri, den Herbst in Neapel und den kommenden Winter abermals in Rom zuzubringen. Unsere Koffer mit dem größten Theile unserer Sachen waren in Rom zurückgeblieben, und wir waren von dort mit so leichtem Herzen geschieden, wie man von Rom nur fortgehen kann, wenn man sich völlig sicher hält, bald wieder dort zu sein. Indeß diese Aussicht sollte sich nicht erfüllen.

Der Reisetag nach Neapel war winterlich kalt. Wir langten frierend im Hôtel Chiatamone, in dem Gasthofe, in welchem unsere Freunde uns erwarteten, in später Abendstunde an, denn die Maschine, welche unsern Zug nach Neapel führte, hatte eine Beschädigung erlitten, und wir waren nahezu zwei Stunden unter Weges liegen geblieben, ehe eine andere herbeigerufene Maschine uns zu Hilfe gekommen war. Wie in einem der Reisepanoramen waren in der nächtigen Stunde bei unserer Ankunft die Straßen von Neapel mit ihrer Menge von Magazinen, Kaffee's, Eß= waarenbuden, mit ihrem funkelnden Gaslicht und dem lau= ten, lebensvollen Menschengewühle an uns vorübergeglitten. Aus den Wagenfenstern, gegen die ein feiner Regen schlug, hatten wir, fest in unsere Mäntel gehüllt, die Marinari auf dem Kai von Santa Lucia ihre Austern und Frutti di Mare feil bieten sehen, und ein paar Augenblicke später saßen wir mit unsern Freunden in dem schönen Saale der Villa Chiatamone, und hörten die Wogen des Golfes gleich= mäßig und sanft gegen die Quadern der Terrasse an= schlagen, auf welcher die kleine, dem Könige gehörende Villa sich erhebt.

Auf dem schönsten Punkte des Ufers, zwischen Santa Lucia und der Riviera di Chiaja gelegen, hatte die Villa dem Hofe bisher zur Aufnahme fürstlicher Gäste gedient, und war eben erst zu einem Gasthof eingerichtet worden. Die mäßig großen behaglichen Säle, die in das Meer hin= aus springende Terrasse mit ihren Beeten voll duftender Bethunien und Heliotropen, die große von allen Landschaf= tern gemalte Piniengruppe und die mächtigen, immergrünen Eichen des sich am Meere hinziehenden Gartens, in deren Schatten einige recht feine Gewandstatuen stehen, machen die Villa zu einem reizenden Aufenthalte; und als wir am Morgen die Fensterthüren unseres Zimmers öffneten, waren wir wieder ganz geblendet durch die Schönheit des Landes und des Meeres, durch die Anmuth der landschaftlichen Linien, durch den Zauber der Farben und durch die Fülle eines Lichtes und Duftes, wie wir sie nicht mehr gesehen hatten, seit wir vor langen Jahren Neapel verlassen.

Wie unzähligemal hatten wir uns hierher geträumt! Alltäglich hatten wir zu Hause in unserem Zimmer das große Bolte'sche Panorama von Neapel betrachtet, und es uns mit den Farben ausgemalt, welche, wie wir geglaubt, in unserer Erinnerung lebendig geblieben waren. Er war uns so vertraut, der weite, sanft gespannte Bogen des Golfes, mit seinen Kirchen und Palästen, mit seinen mächtigen amphitheatralisch aufsteigenden Häuserreihen, mit den sich weithin erstreckenden Straßen, die sich allmählich lichten und sich endlich in das Grün der waldigen Hügel verlieren, bis sich wieder kleinere Häusergruppen zusammenfinden, dort drüben, am Fuße des Vesuvs, von wo die Städte Resina, Portici, Castelamare zu uns hinüberschimmerten. Alles, alles das kannten wir — aber wie blaß waren die Farben, in welchen wir es uns vorgestellt hatten, gegen diese Wirklichkeit gewesen, wie weit war die ersehnte Schönheit zurückgeblieben hinter diesem Anblick! — Wir konnten uns nicht losreißen von dem Genusse dieses Schauens, wir konnten nicht aufhören, hinaus zu blicken in die offene Weitung des Meeres, dorthin, wo Capri und Ischia wie hinter funkelnden Schleiern sichtbar wurden, und wo vom leichten Luftzuge gebläht, weiß schimmernde Segel auf den tiefblauen Fluthen herangezogen kommen.

Neapel's Leben, seine kräftigen, lauten, fröhlichen Menschen, das geschäftige Treiben in den Straßen, die glänzenden Magazine, die zahllosen Fuhrwerke, mit einem Worte, die große in der Zeitbewegung stehende Stadt, hatte etwas völlig Ueberraschendes für uns, die wir seit einem halben Jahre uns nur in den meist schweigenden und melancholischen Straßen von Rom bewegt hatten. Wir konnten uns nicht genug erfreuen an den Veränderungen, die uns hier bemerklich wurden. Alles hatte sich in Neapel eben so verbessert und war vorwärts gegangen, wie in Rom Alles zurückgekommen war. Die Häuser waren wohlgehalten, neue Straßen, neue prächtige Wege waren entstanden, die Straßen waren reinlich geworden, die Menschen unverhältnißmäßig besser gekleidet als in Rom. Buchläden, Zeitungsverkäufer wohin man sah. Der Hafen lag voll Schiffen, lange Reihen von Nationalgardisten marschierten mit den trikoloren Fahnen durch die Straßen. Man befand sich in Neapel, eben in diesem Jahrhundert, in der neuen Zeit; und nicht wie in dem unglücklichen Rom, unter dem lastenden, fesselnden und hemmenden Banne des dort noch gewaltsam aufrecht erhaltenen Mittelalters.

Aber — all diese Herrlichkeit Neapels war uns nicht für lange gegönnt. Die Hitze war ungewöhnlich früh und gleich so gewaltig hereingebrochen, daß die Eingeborenen sich eines solchen Maimonates nicht zu erinnern vermochten; und wie diese volle, satte Hitze, mit ihren Abenden voll berauschendem Duft, mit dem glitzernden Mondschein über den plätschernden Wellen, mit den zauberhaften Fahrten über die Chiaja und nach dem Pausilipp hinauf, uns auch entzückten, wie lustig das Leben unten, hart am Meeresstrande vor Santa Lucia auch lärmte, wo Abends der aus dem Felsen quellende Gesundbrunnen getrunken, und an den zahlreichen, mit frei flammendem Gaslicht erleuchteten Tischen, von Hunderten von Menschen aller Stände die frisch gefangenen Schaalthiere gegessen wurden — unseres Bleibens war nicht in Neapel.

Es war keine Vergnügungsreise, die wir machten. Nicht

meine Freude an der lebensprudelnden Stadt, nicht mein Behagen an dem Süden, den man hier mit allen seinen Sinnen in jedem Augenblicke mit immer neuer Lust empfand, durften maßgebend für unsere Entschlüsse und für unser Verweilen sein. Die Luft, die mich in einem beständigen Rausche erhielt, bewies sich verderblich für den Leidenden, der hier Stärkung zu finden gehofft hatte. Der herbeigeholte vortreffliche Arzt, Dr. Pinkoffs, ein deutsch sprechender Holländer, entschied sich auf das Bestimmteste gegen unsern verlängerten Aufenthalt am Golfe. Er wagte nicht zu versprechen, daß während der heißen Jahreszeit das Klima auf den Inseln nicht noch nachtheiliger auf den Kranken wirken würde, und da obenein die Cholera in der Gegend sich zu zeigen begann, rieth er uns, schleunigst von Neapel fortzugehen und auf den Höhen der französischen Schweiz eine heilsamere Atmosphäre zu suchen.

Noch eine Fahrt nach der Villa Florida, nach Villa Lucia, nach Villa Mathilda, noch eine Tour über den neuen prächtigen Corso Vittorio Emanuele — noch ein Abend auf der Terrasse unter dem milden Sternenhimmel — und zurück gen Norden!

In brennender Sonnenhitze fuhren wir am Mittag des dritten Juni über den weiten Largo die Castelle nach dem Hafen. Ein holländischer kranker Hauptmann mit seiner Frau, den die frühe Hitze eben so wie uns nöthigte, Italien wider seinen Willen zu verlassen, waren unsere Reisegefährten. Wir hatten schon die ganze Zeit in Neapel mit den freundlichen und gebildeten Leuten zugebracht. Ein kleines Boot führte uns nach dem zur Abfahrt bereit liegenden Dampfer. Es war der Galileo, ein schönes italienisches

Schiff, auf dem man es bequem hatte, wie in dem besten Gasthofe. Das Wetter war hell und schön, das Meer sanft wie ein Binnensee, man ward es nur an den vorüber ziehenden Ufern inne, daß das Schiff sich bewegte. Das Kastell St. Elmo, der Vesuv, das Kastell del Uovo, unsere Villa Chiatamone, ihre Pinien und Karuben — noch sahen wir sie. Ein österreichischer Oberst winkte uns von der Plattform der Villa seine Scheidegrüße zu. Nun kamen wir an den Pausilip; da lag Bajä! da die Insel Nisida! dann kamen wir an Kapri, an Ischia, an Procida vorüber. Alle die Orte, an denen wir zu verweilen gehofft hatten, erblickten wir gleichsam nur im verlockenden Bilde — als hätten wir doppelt empfinden sollen was wir aufzugeben gezwungen waren. Wir sahen die Sonne sich in die purpurnen Fluthen des Meeres tauchen, und die Sterne so hell am Firmamente leuchten, daß sie aus dem Meere widerglänzten; und das Schiff glitt immer weiter vorwärts, immer weiter gen Norden, durch die warme schweigende Nacht, durch die sanft uns umströmenden, leise nur aufathmenden Fluthen des Meeres. Es giebt keine Stille und keine Einsamkeit, welche die Seele sanfter einwiegen als die Stille und Einsamkeit einer solchen Nacht des Südens auf dem Meere. Man empfindet sich selber als den Geist, der über den Wassern schwebet, und in sich selbst zusammengefaßt, fühlt man die fern hin reichende Kraft, die den Raum überflügelt, und die Zeit und die Welt weit über die Grenzen des engen eigenen Daseins zu ermessen und zu umspannen vermag. Es liegt etwas feierlich Erhebendes in solcher Nacht auf dem Meere.

Früh am Vormittage ankerte das Schiff im Hafen

von Livorno, wir verließen es nicht. Allerlei Kaufleute kamen an Bord, ihre Waaren feil zu bieten: Korallen=
händler, Tabulettkrämer, Juden, welche Baumwollwaaren und Kleider feilboten. Einige müßige junge Leute trieben mit einem der Juden ihren Scherz. Sie veranlaßten ihn unter allerlei Vorwänden, seine ganzen Vorräthe auszu=
packen, handelten mit ihm, markten und feilschten und kauften ihm Nichts ab. Er hatte ein gutes, sanftes Gesicht und blieb ohne Zudringlichkeit gelassen und freundlich. Als er sah, daß er gar keine Aussicht hatte, Etwas von seinen Waaren abzusetzen, packte er sie mit einem stillen Seufzer ein. „Dem ist heute auch eine Hoffnung zerschlagen! sagten wir uns. Der arme Schelm hat das Boot bezahlt, ein paar Stunden Zeit verloren — und es warten zu Hause vielleicht die Seinen auf den Ertrag dieser Fahrt!" Wir mochten ihn nicht so von dannen gehen lassen, denn wir hatten es eben erfahren, wie getäuschte Hoffnung schmerzlich ist. Wir kauften ihm verschiedene Dinge ab, und hatten schließlich wohl daran gethan, denn die Sachen waren gut und billig.

Am Abend gingen wir wieder unter Segel. Noch eine Nacht auf dem Meere — um 5 Uhr Morgens waren wir im Hafen von Genua, in dem uns seit Jahren liebgewor=
denen Gasthofe, in der Croce di Malta. Ein paar Nächte ruhigen Schlafes — ein paar Fahrten nach den Gärten des Palazzo Doria, nach Aqua Sole hinauf, ein Gang durch die Gallerien des Palazzo Rosso, um die schönen Van Dyk'schen Reiterbilder und die schönen Frauenportraits des=
selben Meisters einmal wieder zu sehen — dann in den Wagen und nach der Eisenbahn.

Am Mittag des Siebenten eine kurze Rast in dem reichen, gradlinig feierlichen Turin, einige Stunden später in Suza. Unter heißem, schwer drohendem Gewölke gingen wir nach der Mahlzeit durch die eigenthümlich fremdartige Stadt, an dem Ufer des Flusses entlang, nach dem Bergpasse hin, an welchem, in dem zur Wildniß gewordenen ehemaligen Garten des Gouverneurs, sich ein Triumphbogen des Augustus erhebt. Er ist aus schönem gelblichen Marmor errichtet, der Form nach vielleicht der schönste von Allen, welche uns aus dem Alterthum geblieben sind, aber die Reliefs sind roh, wenig erhaben, stark beschädigt und die Inschriften fehlen ganz. Trotzdem ist seine Wirkung in dem schönen Bergthal, grade weil er außer allem Zusammenhang mit der übrigen Umgebung steht, sehr überraschend und zugleich sehr malerisch.

Als wir gegen den Abend in den Gasthof zurückkehrten hatte sich ein heftiger Wind erhoben, es fielen einzelne schwere Regentropfen herab. Meine Reisegefährten legten sich nieder, um einige Stunden zu ruhen. Ich konnte es nicht. Es wurde mir so schwer, Italien zu verlassen. Ich fühlte Etwas von dem Egoismus der Jugend in mir, die es nicht ertragen kann, auf erwartete Freuden zu verzichten. Ich war mit meinem weißen Haare traurig wie ein Kind — und hatte dabei das schmerzliche Bewußtsein des spätern Lebens, in welchem man sehr genau weiß, wie eng der Kreis der Wünsche geworden, wie wenig zahlreich die Freuden sind, die man sich wirklich noch versprechen kann, und wie beschränkt der Raum ist, welcher uns überhaupt für das Hoffen noch gegönnt ist. Es half mir gar nicht, daß ich mir das Unerläßliche, das Heilbringende dieses Fortgehens von Italien verhielt, daß ich mir sagte: es handelt sich dabei um die Erhaltung alles Deines Glückes! — Ein unerklärlicher, ich möchte sagen, ein rein sinnlicher Bann lehnte sich in meinem Innern dagegen auf. Ich hatte mich so wohl gefühlt unter dem Himmel, in der Luft, in der Sonne des Südens. Der Süden hatte mich wie meine eigentliche Heimath gefesselt. Seit langen, langen Jahren hatte ich keinen solchen Zwiespalt mehr in mir empfunden; ich war unzufrieden mit mir, ich konnte mich in diesem selbstsüchtigen Verlangen nicht begreifen, und genoß doch eine Art von Freude, ja von Jugendgefühl darin, daß ich noch so lebhaft Etwas wünschen und begehren konnte. Ich saß in dem stillen Zimmer, hinter der geflissentlich verdunkelten Lampe. Draußen wehte der heiße Südwind stärker und stärker, der Regen fiel klatschend auf das Steinpflaster vor dem Hause nieder, ab und zu rollte ein dumpfer Donner durch die Luft. Es wurde neun Uhr, zehn Uhr, eilf Uhr, die Stunden gingen langsam hin. Gegen Mitternacht legten sich Regen und Wind für eine Weile. Es war in dem ganzen Hause und in der Straße still geworden. Mit einem Male hörte ich den Klang einer Mandoline und einer Flöte. Bald waren sie dem Hause nahe, bald ferne, die Spielenden mußten auf und nieder gehen. Dann machten sie offenbar unter dem Thore des Gasthofes halt, und von einer weichen jugendlichen Männerstimme tönte die alte, fast vergessene und doch so süße Barcarole, das alte: la biondina in Gondoletta una sera io mena! zu mir empor. Es war mir wie ein Abschiedsgruß, und — ich fing wider meinen Willen zu weinen an.

Um ein Uhr weckte ich meine Reisegefährten, um zwei

Uhr saßen wir in dem von vierzehn Maulthieren gezogenen Postwagen und fuhren durch die finstere unheimliche Nacht, von einem zweiten ebenfalls mit einer Menge von Maulthieren bespannten Postwagen gefolgt, den steil aufsteigenden Weg des Mont Cenis hinauf. Es blitzte in allen vier Himmelsgegenden, dann fing es wieder zu regnen an. Als der Tag anbrach, überall graue, schwere, sich wälzende Regenwolken, wild geklüftete Felsenmassen, eisige, schmutzig graue von den höchsten Gipfeln zu Thale hernieder stürzende Bergströme und Wasserfälle. Die uns befreundete holländische Familie, mit der wir von Neapel gekommen waren, wollte, daß wir die Großartigkeit der Scenerie bewundern sollten. Ich war dazu nicht fähig. Die Herrlichkeit des Südens war mir noch zu nahe, zu lebendig. Dazu erblickte man längs der ganzen Gebirgsstraße noch die Spuren der grausenerregenden Verwüstungen, welche die Unwetter des letzten Herbstes hier angerichtet hatten. Die Passage war an vielen Stellen eben nur nothdürftig hergerichtet, wenig Sicherheit versprechend. Wir schauerten Alle unter dem Eindruck der feuchten Kälte, der ganze nordische Herbst und Winter standen wieder vor uns, und wie man sich all das Gute auch zu vergegenwärtigen strebte, das die Heimath und der Norden für uns umschlossen, man konnte sich der körperlichen Mißempfindung und einer wirklichen Traurigkeit bei dem Gedanken nicht erwehren, daß man nun wieder — wer weiß für wie lang? — wer weiß ob nicht für immer? — dem Lichte und der Luft und den Farben und aller Herrlichkeit des Südens Lebewohl gesagt habe.

Um vier Uhr früh tranken wir Kaffee in Lanslebourg, in St. Michel ging es wieder auf die Eisenbahn, unserm

Mittag hatten wir in Culoz, wo der Weg nach Paris sich abtrennt. Ein alter Grieche erzählte in dem Waggon, daß man in Paris auf den Kaiser von Rußland geschossen hätte.

Die Gegend war den ganzen Tag über sehr romantisch gewesen, die Straße von Culoz nach Genf sehr schön, aber der helle Sonnenuntergang hatte trotz seiner Vielfarbigkeit etwas Kaltes. Er mahnte an die Farbentöne, die wir einmal im November auf der Straße von Venedig nach Cassarja beobachtet, und die gewissen landschaftlichen Hintergründen auf den Leonardo'schen Bildern entsprachen, welche wir bis zu jenem Tage immer für konventionell gehalten hatten. Es sah aus, als ob die tiefblauen Berge, die braungrünen Bäume, der gelbe Himmel, aus Glas und aus Metallen und nicht aus lebendigen Stoffen beständen.

Es war schon dunkel als wir in Genf ankamen und den Omnibus bestiegen, der uns nach dem uns sehr empfohlenen Hôtel d'Angleterre et Beau Rivage geleiten sollte, in dessen Prachthallen wir denn auch glücklich gelandet sind und ein gutes Zimmer gefunden haben.

Zweiter Brief.
Physiognomie und Topographie von Genf.

Genf, Juni 1867.

Genf ist eine der schönsten Städte geworden. So glänzend, so freundlich, daß wir ganz überrascht waren, als wir heute wieder unsere ersten Fahrten und Gänge durch seine Straßen machten.

Der weite helle See, dessen Wasser so blau sind, daß man sich wirklich wieder jenseits der Berge glauben könnte, die breiten Quais an seinen Ufern, von denen grade die schönsten erst in den letzten zwanzig Jahren dem See abgewonnen worden sind, die prächtigen Brücken, welche diese Ufer miteinander verbinden, die freien mit Gartenanlagen geschmückten Weitungen und Plätze, die kleine Rousseau-Insel mit ihren schattenden Bäumen, dahinter das am linken Ufer des See's emporsteigende alte Genf, auf welches die massige Kathedrale ernsthaft herniederblickt; und zu dem Allen die mit Flecken, Landhäusern und Villen übersäeten Berge, die von allen Seiten auf den See und auf die Stadt hinunterschauen, während sich gegen Südosten die schneebedeckten Hochgebirge aufthürmen, als deren weithin strahlender Gipfel sich der Montblanc erhebt, das Alles bildet ein Ganzes, das einen sehr lieblichen und zugleich sehr großartigen Eindruck hervorbringt, selbst wenn man wenig Tage vorher noch am Ufer des mittelländischen Meeres gesessen hat, und die Erinnerung an Neapel noch in frischestem Andenken in der Seele trägt. Genf hat in der That etwas Neapolitanisches, das uns eben jetzt noch mehr erfreute.

Was daneben Genf sehr malerisch macht, das ist der verschiedene Charakter seiner Stadttheile, von denen die neuesten sehr prächtig sind. Das Genf, welches wir vor zwanzig Jahren kannten, setzte sich aus der oberen Stadt am linken Ufer des See's, aus der Cité und den Rue basses zu deren Füßen, und aus dem Stadtviertel von St. Gervais zusammen, das am rechten Ufer liegt. Zwischen diesen beiden Ufern dehnte sich dann, wo der Rhone, rasch wie die Jugend und laut und brausend wie sie, aus dem See hervortritt, noch die Insel „l'Isle", einer der ältesten Theile der Stadt, aus; und weiterhin am rechten Rhoneufer zog sich die Vorstadt St. Jean hin. Seitdem sind hinter der Höhe, auf welcher die obere Stadt und in ihr die Kathedrale steht, die Terrains von Champel und von Plainpalais bis hin nach der Comune Carouge zum größten Theil neu bebaut worden, so daß jetzt Genf und Carouge, welches Letztere hauptsächlich von Arbeitern bewohnt wird, für das Auge fast in eins verschmolzen; und da wo einst am linken Ufer des See's das Hôtel de l'Ecu de Genève und das Hôtel de la Couronne sich in dem Wasser spiegelten, fängt jetzt der Grand Quai an, der sich bis gegen die Montblancbrücke immer mehr verbreitert und den Weg zu dem Jardin Anglais bildet, welcher mit seinen Blumenanlagen, seinem Springbrunnen und seiner Aussicht über den See und auf die Alpen, ein ganz reizender Spaziergang geworden ist.

Sechs, oder wenn man will, acht Brücken verbinden die beiden Seeufer mit einander. Zählt man sie von der

Mündung des Rhone nach dem See hin, so ist le Pont de la Coulevrenière die erste. Sie verbindet die Ufer von Plainpalais und St. Jean. Dann folgen die beiden kleinen Doppelbrücken, welche von der Insel rechts nach dem Quai von St. Gervais, und auf der linken Seite nach der Place Bel Air führen. Ihnen zunächst leitet le Pont de la Machine, von der Place de Chevelu nach dem Quai du Rhone, und die letzte der über den Rhone gespannten Brücken ist der Pont des Bergues zwischen dem Quai des Bergues und dem Quai du Rhone. Von dem Pont des Bergues zweigt sich seitwärts eine zierliche Kettenbrücke nach der Rousseau=Insel ab, die in früheren Zeiten, das heißt noch vor zehn, zwölf Jahren, frei im See lag. Damals stieg man unter dem Schatten ihrer Bäume zu den Seefahrten in die Gondeln ein. Jetzt aber spannt sich eine tüchtige Strecke hinter dem Pont des Bergues und hinter der Rousseau=Insel der wundervolle Pont du Montblanc, zwischen dem Quai du Montblanc und dem Jardin Anglais, wie eine majestätische Straße, mächtig über die hier schon sehr bedeutende Breite des See's.

Da wo der englische Garten bei den Schiffswerften aufhört, beginnt das Stadtviertel der Eaux vives, an dessen Landhäusern vorüber man sanft emporsteigt bis zu der Commune von Colognie, aus deren kleinem Gasthofe, dem Châlet Suisse, man einen schönen Blick auf Genf und auf den See gewinnt; und an dem rechten Seeufer sind nordwestlich von der Montblanc=Brücke der Quai Montblanc und der Quai Leman ebenfalls erst in neuer und in neuester Zeit dem Wasser abgewonnen worden. Auch die ganze Bebauung des Stadtviertels von Paquis, auf dessen Höhen sich der Bahnhof befindet, datirt erst von den Tagen her, in welchen James Fazy Präsident der Republik war. Man wirft es diesem Staatsmanne allerdings vor, daß er den Staat durch diese großen Bauten schwer verschuldet habe, man hat auch manches Andere, und wohl mit Recht, an ihm zu tadeln; aber man kann es nicht läugnen, daß er ein völlig neues Genf hervorgerufen hat, und die Zeit wird, glaube ich, nicht lange auf sich warten lassen, in der man diesem, ohne alle Frage sehr genialen Manne, sein Standbild auf einem der Plätze errichtet haben wird, die er der Stadt zu einer dauernden Zierde geschaffen hat.

An Genf, wie es jetzt ist, kann man wirklich architektonisch-kulturhistorische Studien machen; und es ist anziehend zu betrachten, wie sich die heiter glänzende Gegenwart der Stadt vor einem alten dunkeln Hintergrunde aufbaut. Neue Städte, wie z. B. Berlin, haben immer Etwas von chinesischen Malereien. Sie sind wie Bilder ohne Schatten und ohne Perspektive; sie lassen uns trotz ihrer Stattlichkeit kalt, sie sprechen nicht zu uns. Freilich haben sie oftmals das stolze Recht, den Spruch: je suis moi même un ancêtre! auf sich anzuwenden, und Berlin darf dies vor vielen andern Städten von sich behaupten; aber die Städte, denen eine lange Vergangenheit ihr Gepräge aufgedrückt hat, ziehen uns in der Regel doch lebhafter an und fesseln uns schneller.

In allen diesen Dingen geräth man mit seiner Einsicht und mit seiner Empfindung in eine Art von Widerspruch. Wenn uns in Rom die großen Uebelstände entgegentraten, welche das Uebereinanderhäufen der Jahrhunderte für den wirklichen Grund und Boden eines Ortes hat, wenn wir uns dort sagen mußten: hier ist jeder Fußbreit Erde mit Blut gedüngt, wir stehen und gehen auf lauter Grüften, dies ganze Erdreich ist mit Leichen, mit drittehalbtausendjährigem Moder und mit Verwesung angefüllt, so fühlten wir uns geneigt, dem nun leider verstorbenen ausgezeichneten amerikanischen Dichter Hawthorn Recht zu geben, welcher es unumwunden ausgesprochen hat, daß kein Wohnhaus länger als hundert Jahre stehen dürfe, wenn es für den Menschen ein gesunder Aufenthalt sein solle. Und doch schreckt man vor jeder Zerstörung zurück, doch verlangt man, weil man selber so gar vergänglich ist, wenigstens Dauer für dasjenige, was man geschaffen hat oder was Andere geschaffen haben. Solche alte Häuser, wie sie hier in Genf auf der Insel, und oben auf der Höhe von la Treille, und in den andern alten Stadttheilen sehr häufig sind, Häuser mit veränderten Wänden, vielstöckige Häuser, mit vielen kleinen Fenstern, mit engen Thüren über hohen Freitreppen, schmale Häuser, mit hohen Giebeln, die erfahren und ernst und geheimnißvoll wie die letzten Mitglieder einer aussterbenden Familie, sich zusammenkauern und hilfsbedürftig aneinander lehnen, zwingen uns, vor ihnen stehen zu bleiben und sie zu betrachten, auch wenn wir in ihnen nicht zu wohnen wünschen. Sie sehen aus, als wenn sie viel erzählen könnten, sofern sie es nur wollten, oder sofern nur der Rechte mit der richtigen Frageweise an sie heranträte. Und sie haben auch hier in Genf ihr reichlich Theil erlebt, sowohl unter den Bischöfen, als in den Zeiten der Reformation unter der tyrannischen Herrschaft Calvin's, und durch das vorige Jahrhundert hindurch bis auf unsere Tage.

Alle diese Epochen haben ihre Spuren mehr oder weniger deutlich in der Eigenartigkeit der verschiedenen Stadttheile zurückgelassen und ausprägt, und wie in allen ähnlichen Fällen treten die Eigenthümlichkeiten am deutlichsten hervor, wenn man im Dämmerlichte oder am Abende durch die Straßen geht. Das gegenwärtige Leben mit seiner Bewegung, die nach unsern Moden gekleideten Menschen, die Ladenschilder, die Schaufenster, das Alles wird von der Dunkelheit zum Theil verhüllt, und die eigentliche architektonische Physiognomie der Straßen und der Stadtviertel giebt sich dann so deutlich kund, daß man völlig den Eindruck der Lebensbedingungen erhält, unter denen die Stadt sich allmählich entwickelt hat.

Ihr ältester Theil wird wahrscheinlich auf der Rhone-Insel gebaut worden sein, und man behauptet, daß der viereckige Thurm auf derselben, welcher jetzt die drei Uhren mit der Zeitangabe von Genf, Paris und Bern an seiner Stirn trägt, den Befestigungen angehört habe, welche einst die Römer hier am Ausflusse des Rhone aus dem See, an der Grenze des Landes der Allobroger errichtet hatten. Die Völkerwanderung, die Burgunder, Ostgothen und Franken müssen aber in der ganzen Schweiz tüchtig aufgeräumt haben, denn so weit der Nichtarchäologe es erkennen kann, ist auch in Genf von den römischen Zeiten nichts mehr zu sehen. So wie der alte Thurm jetzt dasteht, ist er ein Theil von dem Schlosse der Savoyenschen Herzöge gewesen, die hier auf der Insel bis über das Mittelalter hinaus einen Sitz gehabt haben. Denn so klein das alte Genf auch gewesen ist, theilten sich doch so zu sagen drei Gewalten in den Streit um seine Herrschaft: Die Grafen von Genf, der Bischof von Genf, und die Grafen und nachmaligen Herzöge von Savoyen.

Das alte bischöfliche Genf thronte mit seiner Burg und seiner Kathedrale auf der linken Seite des Sees, welche das höhere Ufer hat, und die Festungsmauern schlossen es da ab, wo jetzt die schönen Platanen und Kastanienbäume aus den Gärten der Herren von Saussure, von Sarrasin und von Rive, auf die Rue de la Coraterie hernieder= schauen, die einst der Festungsgraben gewesen ist. Weiter= hin gen Westen, bildeten die Rue basses die Grenze der Stadt am linken Ufer, und jenseits der Rhone=Insel, nach welcher auch schon damals vom rechten und vom linken Ufer des Sees die hölzernen Brücken vorhanden waren, trug das Stadtviertel wie jetzt den Namen St. Gervais.

Das ganze alte Genf ist aber offenbar nur klein gewesen, und grade dadurch, daß die Menschen mit ihren Leiden= schaften so enge auf einander gerückt waren, erklärt sich die Erbitterung der Kämpfe in jenen Zeiten, in denen bei den sogenannten Kriegen, die nach unseren jetzigen Begriffen nur Raufereien einzelner Banden gewesen sind, sich neben dem allgemeinen Streite zugleich der persönliche Haber der Einzelnen Genugthuung verschaffen wollte.

Hinter der Höhe, auf der die Kathedrale steht, senkt sich der Boden ziemlich schnell nach Pleinpalais hernieder, und nach dieser Seite, nach dem offenen Lande hin, war in alten Zeiten Alles mit Wein bepflanzt, von welchen Wein= pflanzungen noch der Name la Treille herstammt, den die schöne Promenade auf den alten Festungswällen führt. Wenn man auf diesen Wällen jetzt spazieren geht, oder wenn man aus den Fenstern der obern Stadt in die untere Stadt hinunterschaut, kann man sich leicht denken, mit welch stol= zem Behagen die Bischöfe und die Grafen von Genf von ihren luftigen und sonnigen Höhen auf die engen Reihen von kleinen Häusern herabgesehen haben mögen, die sich rund um ihren Herrschersitz zusammendrängten, um im Schutze der Mauern wenigstens vor den Angriffen von außen eine Zuflucht zu finden. Aber es reicht sicherlich kein Bild, das wir uns zu machen vermögen, an die Elendigkeit der Zustände heran, in welchen das Volk neben diesen Burgen noch bis vor wenigen Jahrhunderten sein Dasein gefristet hat. Denn wo ein Zipfel von dem großen Leichentuche aufgehoben wird, welches das Mittelalter und die ihm zunächst folgenden Zeiten für uns verhüllt, starrt uns in allen Ländern und in allen Zonen ein Entsetzen an; und man muß wenig Herz haben, wenn man das Mittelalter zurückwünschen oder es beklagen kann, daß jetzt andere Lebensbedingungen auf der Erde herrschen. Es ist ohnehin noch genug von jenem Mittelalter in unserer Kultur und in allen unsern Staatsverhältnissen zurückgeblieben, und Göthe hat sehr wohl gewußt, was er mit den Versen:

> Amerika Du hast es besser
> Als unser Kontinent, der alte,
> Hast keine verfallenen Schlösser
> Und keine Basalte!

sagen wollte und gemeint hat.

Oben um die Kathedrale, um St. Pierre herum, sind die Straßen verhältnißmäßig frei, offen und wohlangelegt. Die Place de la Tacomnerie, die Rue des Philosophes mit der baumbeschatteten Ecke, in welcher früher die Ancienne Bourse française — ein von Franzosen gegründetes Hospital — gelegen war, der schöne, prächtige Thurm, den der Kardinal von Brognier an die Kirche anbauen ließ; und die nach der Bibliothek herniedersteigende Rue Verdaine sind zum Theile noch äußerst malerisch, aber da, wo sich der Berg mit der Cité gegen den Fluß hin zu senken beginnt, gehen die Straßen und Gäßchen eng und winklig durch einander. Sie klettern gleichsam bergauf und bergab, sie steigen auf Treppenwegen zu einander, drängen sich zusammen und kriechen durch lange schmale Alleen, durch niedrige Pforten unter den Häusern weiter fort, bis sie das brückenartige Ufer des Rhone erreichen, wo man an dem schäumend hinschießenden Strome plötzlich wieder die freie Luft der Berge athmet.

Erst wo der Abfall des Berges gegen das Ufer hin gelinder wird, und wo die steilen von der Höhe hinunter kommenden Straßen in die Rue basse, in die längste und schönste Straße des alten Genf ausmünden, die in ihrem Laufe drei, vier verschiedene Namen: Rue des Allemands, Rue du Marché, Rue de la Croix d'Or u. s. w. annimmt, wird auch die alte untere Stadt freundlich und luftig, so gut es gehen will. Auch die Rue du Rhone ist ansehnlich und stattlich, und die alten Plätze, welche sich zwischen diesen beiden von Osten nach Westen gehenden Straßen aufthun: der Molard, la grande und la petite Fusterie und endlich die neuere Place du Lac sind — namentlich gilt dies von den drei alten Plätzen — äußerst eigenartig. Der Molard, auf welchem sich zur Zeit der Genfer Reformation die ersten großen Ereignisse derselben abspielten, ist noch mit einem von Thürmen flankirten Thore gegen den See hin abgeschlossen. Aber dies Thor hat jetzt die längste Zeit gestanden, die historische Erinnerung soll jetzt dem freien Verkehr zum Opfer fallen. Der Molard und die beiden

Füsterien sind in ihrer Anlage regelmäßige längliche Vierecke, indeß die Bauten, welche sie umgeben, sind willkürlich und sehr verschieden, und grade das bringt eine sehr gute Wirkung hervor. Hier steigt in einem Winkel eine wunderliche Freitreppe hoch empor, dort stehen vor einem vielfenstrigen Hause ein paar alte Bäume, die einen mit Ketten umgebenen Sitzplatz beschatten. Unter freiem Himmel sitzt man auf den Plätzen beim Wein und beim Biere und mit seinem Kaffee vor den Häusern; die Leute sind zu Hause in und auf der offenen Straße, auf der kein Polizeigebot ihre anständige Freiheit stört. Auf der Place de la grande Fusterie, die durch eine in ihrer Mitte stehende häßliche Kirche entstellt wird, giebt es noch mehrere von den sehr alten Häusern, die oben am vierten oder fünften Stockwerk weit vorspringende Geschosse haben. Sie ruhen auf großen, von der Straße aufsteigenden nackten unbepuzten Balken, was naturwüchsig wie Pfahlbauten, aber keines Weges schön aussieht. Man nannte diese alten Häuser, oder vielmehr die Vorsprünge „domes" und die Marktbuden, welche unter ihrem Schutze unten auf der Straße eingerichtet waren „échoppes" — und auch jetzt noch ist die große Fusterie (sie führt ihren Namen von den Faßbindern, welche früher dort ihre Werkstätten hatten), einer der Marktplätze der Stadt, auf dem namentlich in dieser Jahreszeit eine Fülle von vortrefflichen Früchten feil geboten wird.

Kurz, Genf ist eine schöne lebensvolle und dabei sehr anziehende Stadt. Ich werde es nicht satt, die freundlichen Plätze, z. B. die am Rhone gelegene Place bel air zu betrachten, mit den schön belaubten Baumgruppen, unter deren Schatten Bänke stehen und silberhelle Brunnen nach allen Seiten die Fülle des Wassers in die steinernen Becken rinnen lassen. Dicht davor liegt die Insel in dem wilden Rhone, und wenn man bei dem Gaslicht unter den Bäumen sitzt und unter den Laubdächern hervorblickend, die Wasser des Rhone in tosendem, stürzendem Gewoge wie Meeres= fluthen vom Mond beschienen vorüberfunkeln sieht, so ist das gradezu ein bezaubernder Eindruck und dieser Anblick der Natur ist doppelt erquickend in Mitten einer großen Stadt.

Drüben auf der Insel zeigern dann von dem alten Thurme die drei erhellten Uhren durch die Nacht, und vor ihrem Lichte tritt die Inschrift auf der Steintafel am Thurme ganz in Schatten. Das ist auch in der Ordnung, denn die That, von der sie berichtet, war eine That der Finster= niß. Einer der edelsten Bürger von Genf, Philipp Berthelier, ist von dem Herzoge von Savoyen eben an dieser Stelle hingerichtet worden.

Ist das Rhone=Ufer am Abend poetisch, so ist es am Tage nicht weniger schön. Brücke reiht sich an Brücke, und je weiter gen Westen, je prächtiger werden sie. Der Pont du Montblanc, ich wiederhole es, ist einer der herrlichsten Spaziergänge, die ich kenne, und die Aussicht von demselben, nach beiden Seiten hin, ist kaum schöner zu erdenken. Die großartigsten Gasthöfe, herrliche Wohnhäuser, zahlreiche mit allen Luxusartikeln versehene Magazine, schöne mit Fon= tainen gezierte Gartenanlagen schmücken die herrlichen Quais, die großen Plätze, die breiten Straßen. Unablässig rollen mobische Fuhrwerke über die Brücken, fahren die Omni= busse von den Gasthöfen nach der Eisenbahn und von dieser durch die Straßen zurück. Leichte Segelböte und schöne Dampfschiffe beleben den See, und an einem hellen, sonnigen Abende, wenn in dies bewegte Leben einer großen, blühenden Stadt — mit der sich keine der andern Schweizer-Städte auch nur im Entferntesten vergleichen läßt — noch die grünen Höhen der beiden Salèves und der Voirons hinabschauen, während dahinter der Montblanc sichtbar wird, dessen schneeige Gipfel sich nach dem Sonnenuntergange in das flammende Roth des Alpenglühens tauchen, ist Genf wirklich ein so anmuthender Aufenthalt, daß sein beständig wachsender Fremdenverkehr als etwas sehr Erklärliches erscheint.

Dritter Brief.
Zur Geschichte der Stadt.

Genf, den 20. Juni.

Wenn man so in einer fremden Stadt umhergewandert ist und sich ein eigenes Bild von ihr zurecht gemacht hat, ist es immer doppelt anziehend, in ihre Vergangenheit zurückzublicken und womöglich aus dem Munde ihrer früheren Bewohner und Bürger sich eine Vorstellung von demjenigen geben zu lassen, was sie vor Hunderten von Jahren gewesen ist.

Eine solche Schilderung des alten Genf ist uns von der Hand eines Genfer Bürgers, des um fünfzehnhundert und sechzig geborenen Jean de Savyon, in den von einem Dr. Eduard Fick neu herausgegebenen, und in dem Verlage von Jules Guillaume Fick in Genf erschienen Annales de la Cité de Genève, erhalten, und Jean Savyon weiß viel Gutes von seiner Vaterstadt zu melden. Nachdem er berichtet, wie Genf zu Karls des Großen Zeiten aus der Herrschaft der Burgunder in die Hand des deutschen Kaisers übergegangen sei, sagt er: „Genf ist schon vor alten Jahren eine blühende Stadt gewesen. In seiner bemerkenswerthen Lage an dem kleinen Meere, dem vielgerühmten Leman-See, auf dem Boden des besten Landes weit herum bis Solothurn, ist es immer eine freie Stadt und kaiserliche Republik gewesen. Schon mehrere Jahrhunderte ehe das Haus Savoyen einen Anfang oder einen Namen gehabt hat, hat die freie Stadt Genf einzig und unmittelbar unter dem Römischen Reich gestanden, ohne eine Erinnerung oder gültige Akte vom Gegentheil. Regiert ist sie worden durch ihre Consuln oder Syndici und andere Magistratspersonen nach eigenen Gesetzen, Stadtedikten, und außerdem nach dem geschriebenen kaiserlichen Recht, aus welchem jene Edikte zum größten Theile gezogen und entnommen worden sind. Sie hat keinem Fürsten oder Potentaten auf der Welt Unterthanenpflicht oder Leistung oder Gehorsam geschuldet, außer dreitägigen öffentlichen feierlichen Gebeten für des Reiches Wohlfahrt und für den Kaiser, wenn er in Person nach Genf gekommen ist. Das ist ein reiches Vorrecht, eine volle Freiheit, welche die Stadt sich bewahrt hat unter des Allmächtigen Schutz, trotz aller Hindernisse und Angriffe, mit denen die benachbarten Fürsten, die Genfer Grafen und die Grafen und Herzöge von Savoyen sie heimsuchen gekommen sind. Daß dem aber so gewesen ist, das findet sich nicht etwa nur im Verborgenen aufgezeichnet in alten Pergamenten und Archiven, sondern vor aller Welt Augen eingegraben an der Fronte und auf dem Gipfel der St. Peters-Kirche zu Genf, in der Darstellung eines großen kaiserlichen Adlers, der allen Einwendungen widerspricht, und als dessen Urheber man den hochberühmten Carolus den Großen, den Julius Cäsar der Christenheit, ansieht, dessen Abbild noch im Jahre 1535 über der kaiserlichen Krone auf besagter Kirche zu sehen gewesen ist, mit dem Scepter in der einen Hand und mit dem Schwerte in der andern. Es ist das derselbe Kaiser Carolus Magnus gewesen, der Genf mit der Gründung mehrerer prächtigen Gebäude beehrte, so weltlicher wie geistlicher."

Von diesen durch Karl den Großen aufgeführten Gebäuden ist jetzt auch nichts mehr vorhanden; und die Kathedrale von St. Peter, oben auf der Höhe der Stadt, auf der das Bild des Kaisers einst gestanden haben soll, ist in ihrer jetzigen Gestalt erst zu Anfang des eilften Jahrhunderts von Kaiser Konrad dem Zweiten vollendet worden. Wobei jedoch zu bemerken ist, daß der schöne Thurm an der rechten Seite der Kirche erst zu Ende des 14. oder zu Anfang des 15. Jahrhunderts durch den Kardinal Johann von Brognier, dem Haupte des Konstanzer Concils, hinzugefügt worden ist, und daß das häßliche Säulenportal einer Geschmacklosigkeit des vorigen Jahrhunderts sein unglückliches Dasein verdankt.

Der Thurm des Kardinals Brognier ist außerordentlich schön, sowohl die Form als die Ornamentirung, und — wie die Sage geht — hat er ihn gebaut, um ein frühgethanes Versprechen einzulösen. Er war sehr armer Leute Kind, und ging hungernd und durstend durch die Straßen von Genf, ein Almosen begehrend. So kam er hinauf bis in die Rue de la Taconnerie, in den Bereich der Kathedrale, und blieb schen vor einer Echoppe stehen, in welcher ein Genfer Bürger Lebensmittel, Speisen und Getränke feil hielt. Der Bürger sah den schönen Knaben, dessen sehr kluges und aufgewecktes Aeußere ihn überraschte, und ohne dessen Bitte abzuwarten, brachte er ihm Brod und einen Becher Wein. „Gott vergelt's!" sagte der Kleine, und fügte hinzu: „ich werd's Euch nicht vergessen!" — Der Bürger lachte: Du wirst mich wohl belohnen, wenn Du Kardinal sein wirst! sprach er mit gutmüthigem Spotte. — Ja! das will ich! rief der Knabe, und ich werde Euch hier einen

Thurm herbauen, der Euch immer in Euren Laden hinein=
sehen soll! — Der Wirth, die Gäste hatten ihren Spaß
an dem Burschen, aber zwei vorübergehende Geistliche wur=
den aufmerksam auf ihn. Sie traten heran, befragten ihn,
seine große Begabung fiel ihnen dabei auf, sie nahmen sich
des kleinen Brognier an — und die ersten Schritte, welche
diesen zum Purpur führten, waren damit gethan.

Wann übrigens in Genf das Christenthum eingeführt
worden ist, habe ich nirgend auffinden können. Indeß im
Jahre 381 bei dem Concil von Aquileja unterschrieb schon
ein Bischof von Genf als Mitwirker die Dokumente, und
Karl der Große ertheilte den Genfern das Recht, bei der
Wahl ihrer Bischöfe mitzustimmen. Diese unter der Mit=
wirkung der Bürger erwählten Bischöfe hatten durch lange
Jahre eine von außen und von innen wenig angefochtene
weltliche und geistliche Macht in Händen, bis die Ent=
stehung der Feudalherrschaft ihnen in den Grafen von Genf
Nebenbuhler erzeugte. Aber wie Jean Savyon ausdrücklich
bemerkt: „Diese Rivalität kam den Genfern zur Entwicke=
lung und zur Erhaltung ihres Freiheitssinnes sehr zu Stat=
ten". Denn weil die Bischöfe es nöthig hatten, sich im
Widerstande gegen die Grafen auf das Volk zu stützen,
mußten sie im eigenen Interesse auch die Freiheiten der
Bürger aufrecht zu erhalten suchen — und erst später, als
die nachbarlichen Grafen und Herzöge von Savoyen zu
immer größerer Macht emporgekommen, es durchsetzten,
immer einen ihres Hauses auf den Bischofssitz von Genf
zu heben, ward das Wahlrecht der Genfer Bürger nur zu
einer Form. Aber auch dieser erlangte Vortheil genügte
dem ehrgeizigen Fürstengeschlechte nicht, es trachtete nach

der völligen Herrschaft und dem unbeschränkten Besitze von Genf, und je mächtiger die Herzöge wurden, um so mehr fanden die Genfer Gelegenheit, ihre Kraft und ihren Freiheitssinn gegen die nicht endenden Anforderungen und in den immer neuen Kämpfen mit dem Hause von Savoyen zu erproben und zu stählen.

Man muß wirklich, wenn man sich gelegentlich entmuthigt fühlt, daß es mit der Entwicklung des Menschengeschlechtes zu der wahren brüderlich liebevollen Menschlichkeit so langsam geht, oder wenn man entrüstet darüber ist, daß die Fürstengeschlechter noch immer nicht müde werden und noch immer in der Lage sind, zu ihren selbstsüchtigen Zwecken immer neuen Krieg unter den Völkern anzufachen, auf die Ursprünge dieser Herrschergeschlechter zurückgehen. Man muß aus den einzelnen Stadtgeschichten der vergangenen Zeiten den Trost und die Beruhigung holen, die in dem Gedanken liegen, daß die Menschheit schließlich doch vorwärts gekommen ist, und daß einmal den fünf Großmächten, die jetzt allein noch des entsetzlichen Vorrechtes genießen, ihre friedlichen Unterthanen, wie Lichtenberg es nennt, gegen einander zu hetzen und die Welt in Brand zu stecken, ihr Handwerk einmal eben so gelegt werden wird, wie seiner Zeit den kleinen Herren die Macht gebrochen worden ist — durch ihr eigenes Uebermaß.

Es wird einem Menschen unserer Tage Angst und bange, wenn man die Schilderungen der Verbrechen liest, welche von den fürstlichen Machthabern, weltlichen wie geistlichen noch in nicht allzu fernen Zeiten begangen sind — aber wenn man in sechs, in acht hundert Jahren, die Geschichte unserer Tage lesen wird, wird hoffentlich den künftigen Geschlechtern auch Angst und bange werden, vor unserer Zeit. Es hört sich eigenartig an, wenn Savyon in seinen Annalen meldet: „Im Jahre 1458 starb Herr Peter von Savoyen, Bischof von Genf, in der Stadt Turin, allwo er studirte und es succedirte ihm im Bisthum sein Bruder Johann Ludwig von Savoyen. Dieser Bischof kam zu seiner Würde schon als Kind, was kein schickliches Alter war, besonders da er sich von seiner Natur den Sachen und Angelegenheiten des Krieges mehr geneigt bewies, als dem Frieden, der Sanftmuth und der Ruhe, die dem geistlichen Stande wohl anstehen. Er verdiente Serenissimus genannt zu werden und nicht ehrwürdiger Vater. Obschon er von seinem Herren Vater von Kindheit an zum geistlichen Stande bestimmt werden war, so wurde er doch nicht in den Wissenschaften und in den guten Sitten unterrichtet, wie das auch nicht der Brauch der Fürsten ist, ihre Kinder gelehrt zu machen. Sie lernen statt lesen und beten, spielen, jagen, und Unzucht treiben. Besagter Bischof Johann Ludwig kleidete sich auch nicht als Geistlicher, sondern als Kriegsmann, und obschon er selber Gewalt genug verübte, bewahrte er doch das Volk wenigstens vor anderer Bedrückung als der seinen; so daß weder der Herzog noch sonst Einer von dem Hause von Savoyen, während seiner Zeit, Hand zu legen wagte an des Volkes Freiheit. Er hatte aber einen Bruder, der betitelte sich Graf von Genf, ob er schon keinen Genuß von den Rechten der Stadt hatte; und der Bischof zwang ihn, diesen Titel abzulegen, widrigen Falles er ihn mit Krieg beziehen würde. Der Bischof war von rachsüchtigem Gemüthe; wenn er einen Zahn auf Jemand hatte, verfolgte er ihn bis zum Tode;

sonst war er freigebig für diejenigen, so er liebte. Sein Bruder Philipp, genannt Philipp ohne Land, war unzufrieden damit, daß sein Vater ihn ohne Apanage ließ; und da er junge Männer um sich hatte, die ihm halfen, seine Habe durchzubringen, setzten sie ihm in den Kopf, daß sein Vater ihm nur also thäte auf Eingebungen seiner Mutter, die von Cypern war, und ihrer Räthe, die auch von Cypern waren und am Hofe seiner Mutter herumlungerten. Sie schonten nicht einmal die Ehre seiner Mutter, sondern sagten, daß sie sich mit ihrer eigenen Person schlecht aufführte, daß sie ihren Mann ausplünderte und damit ihre Liebhaber (mignons) bezahle, und daß sie sehr selten bei seinem Vater zu finden sei, der damals zu Thonon schwer an der Gicht darniederlag. Herr Philipp machte sich also eines Tages dorthin auf, und erschlug mit eigener Hand den Haushofmeister seiner Mutter, während er in der Kapelle außerhalb des Schlosses die Messe hörte. Den Kanzler seines Vaters aber, den ließ er gefangen nehmen, auf ein Schiff laden und zu Schiffe nach Morges hinüber führen, und er that dazu, daß er auf Urtheil des Rathes von Morges ersäuft wurde in dem See. Er that noch eine Unzahl anderer Missethaten, so daß das ganze Land Savoyen darüber in Unordnung gerieth und voll war von Mord und Fehden und Meuchelein, und daß der Herzog selber sich in keinem Orte mehr sicher fühlte und sich endlich nach Genf geflüchtet hat." —

Das geschah um vierzehnhundertsechzig. Im December von fünfzehnhunderteins hingegen ging es dafür wieder einmal hoch her in Genf. Denn so berichtet Savyon: „Madame Margarethe von Oesterreich, Kaiser Maximilians Techter, heirathete den Herzog Philibert von Savoyen. Der hielt am siebenten December 1501 seinen Einzug, welcher Einzug der Stadt viel Geld kostete in Spielen, Tänzen, Masteraden und ähnlichen Dingen, die lange Zeit hindurch dauerten, denn der Herzog war jung und fand Vergnügen daran. Das brachte der Stadt jedoch mehr Schaden als Profit, denn durch diese Anreizungen debauchirte die Jugend sich über alles Maß. Erst am vierten März fünfzehnhundertzwei zogen Herr Herzog Philibert und Dame Margarethe mit ihrem Hofe von Genf wieder ab, nachdem sie auf Anfrage der Dame Margarethe durch den Präsidenten Dyuenne und Amblard Goyet erfahren hatte, daß sie keine Jurisdiktion besäßen über Genf, was sie hatte wissen wollen; andern Falles, wenn Genf ihnen gehörte, hatte sie wollen ein Kloster und eine Kirche daselbst errichten lassen."

Zwischen der Aufführung fürstlicher und bischöflicher Gewaltthaten, fürstlicher und bischöflicher Festlichkeiten, und reichlicher Leiden der geplagten Bürgerschaft und des Landes, die den Inhalt der Annalen bilden, so weit sie mir in dem Neudruck vorliegen, kommen Erzählungen vor, von einem frisch gemalten Ecce homo, von welchem bei einer großen Hitze, die Oelfarbe und der Firniß heruntergelaufen sind, daß das Volk geschrien, hier sei ein Wunder geschehen, Gott der Heiland schwitze Blut im Schmerze über des Genfer Volkes Missethaten. Dann wieder giebt es eine Erzählung von der Hinrichtung dreier piemontesischer Diebe, bei der ihre Helfershelfer die Stricke heimlich so zugerichtet hatten, daß sie reißen mußten, und die Missethäter vom Galgen herunter auf ihre Füße fielen, was denn auch für ein Wun-

der angegeben und wofür die Diebe, welche sich vor ihrer
Hinrichtung der Notre-dame des Graces besonders empfoh=
len hatten, von der Geistlichkeit dieser Kirche mit Geschenken
bedacht und in ihre Heimath befördert worden sind. Da=
neben finden sich Notizen über Pest und schwere Hun=
gersnöthen, über Preise des Weines, über Einführung der
Schlachtsteuer nach dem zweiten Kriege gegen Savoyen;
über Streitigkeit mit der Geistlichkeit, die keine Steuer zah=
len wollte, und 1522 dazu gezwungen wurde. Auch ein
paar klimatische Bemerkungen sind verzeichnet, und sie sind
nicht sehr verlockend für einen Winter-Aufenthalt am Gen=
fer See. Die Chronik meldet: „im Jahre 1514 vom 10.
bis 21. Januar ist der See gefroren gewesen, daß man
bei Genf von Paquis nach den Eaux Vives, also von
einem Ufer nach dem andern „trockenen Fußes" hinüber=
gegangen ist. Dasselbe hat sich am 5. Januar 1517 wie=
derholt und hat diesmal der große Frost drei Tage lang
gewährt."

Die Bedrückung des hiesigen Landes hat aber länger
als drei Tage gedauert; sie hat fort und fort gewährt, und
schließlich die Bürger von Genf dahin gebracht, sich auswärts
nach Hülfe und Beistand gegen ihre fürstlichen Feinde um=
zusehen. Das war jedoch ein sehr gefährliches Unterneh=
men für die Männer, die jenes Bündniß anzuknüpfen
strebten, denn die Savoyen'schen Herren waren in Genf
bereits mächtig genug geworden, um jeden solchen Versuch
mit dem Tode bestrafen zu lassen, und sie benutzten diese
Macht nicht eben ängstlich.

„Im Jahre 1517 wurde ein gewisser Pécolat gefan=
gen genommen und gefoltert, weil er eines Komplotes gegen

wie die Vorsichtsmaßregeln gegen einen solchen zu versäumen begonnen. Die Stadt lag in der Nacht vom zwanzigsten December 1602 in tiefem Schlafe, als die Bürger mit einemmale durch lautes Musketenfeuer aus ihrer Ruhe emporgeschreckt wurden. Der Ruf, daß der Feind in den Mauern sei, erscholl Entsetzen verbreitend durch die ganze Stadt. Eine Schildwache, welche mit ihrer Laterne die Runde um die Wälle gemacht, war plötzlich von einem Trupp Bewaffneter überfallen und niedergestoßen worden. Sie hatte aber doch noch Zeit und Kraft gefunden, nach Hilfe zu rufen und damit die übrige Wachtmannschaft herbei zu ziehen. Indeß diese kam für den ersten Angriff bereits zu spät. Von den zweitausend Mann, welche von der Seite von Plainpalais bis dicht unter die Mauern von Genf herangerückt waren, hatte ein Trupp von zweihundert ausgewählten Männern sich in den Stadtgraben hinuntergelassen und aus diesem auf Sturmleitern, die man schwarz angestrichen, um sie unsichtbar zu machen, die Wälle erklettert. In kleinen Abtheilungen waren sie bis nach dem neuen Thore vorgedrungen und eben dabei das Thor zu erbrechen, um den übrigen Mannschaften den Weg zu bahnen, als sie zu ihrer großen Verwunderung bemerkten, daß die Bürgerschaft schon auf den Beinen und zu kräftigster Abwehr des Feindes bereit, auf ihrem Posten sei. Bewaffnet und halb bewaffnet, wie es in der Eile hatte gehen wollen, waren nicht nur die Männer herangestürmt, auch die Frauen hatten sich mit eisernem Hausrath gerüstet, wie sie konnten; und im Arsenale wird noch heute ein eiserner Napf bewahrt, mit welchem eine alte Frau einen Savoyen'schen Soldaten niedergeschmettert haben soll. Wäh-

rend nun die Boten der ersten Truppe, welche die Mauern
erstiegen hatte, dem auf der Ebene von Plainpalais war=
tend dastehenden Heere die frohe Kunde brachten, daß die
Stadt so gut wie genommen sei, hatte sich auf den Wällen
ein lebhafter Kampf entsponnen. Der erste auf gut Glück
abgefeuerte Schuß riß zwei von den Sturmleitern mit
sich fort; die Feinde, welche die Mauern bereits erstiegen
hatten, wurden schnell überwältigt, ein Theil von den Mauern
hinunter gestürzt, Andere im Gefecht getödtet, und sieben
undsechszig, welche den Genfern lebendig in die Hände
fielen, wurden am folgenden Tage als Diebe und Ein=
brecher gehängt, wonach große Dankgebete in dem Dome
und in allen Kirchen gehalten worden sind. Der 124.
Psalm, welchen an jenem einundzwanzigsten Dezember 1602
ein greiser kalvinistischer Geistlicher, der achtzigjährige Theo=
dor Beza, von der Kanzel herunter verlas, und den die
Gemeinde damals gesungen hat, soll noch bis heute an
dem betreffenden Sonntage in den Kirchen, zur dankbaren
Erinnerung für die Erlösung aus der Gefahr, alljährlich
gesungen oder vorgetragen werden.

Das sind nun sicherlich sehr interessante Ereignisse ge=
wesen, und in historischen Berichten oder in historischen
Bildern, wo die Harnische hübsch blank geputzt sind, und
die klaffenden Wunden keinem Menschen weh thun, hört
und sieht sich solch ein Leben, das starke Leidenschaften
entwickelt, für den Geschmack mancher Leute auch sehr gut
an. Mir aber ist es doch von Herzen angenehm, daß wir
uns jetzt in unserer Pension Buskarlet auf dem offenen
Quai Mont Blanc in Paquis ruhig zu Bett legen können,
mit der Hoffnung, daß uns Nichts im Schlafe stören werde,

als etwa das Gewitter, das drüben über dem Mont Salève steht oder morgen früh die Glocke des ersten Dampfschiffes, das vom Jardin Anglais aus seine friedliche Fahrt nach Villeneuve antreten wird.

Vierter Brief.
Hôtels und Pensionen.

Genf, Juni 1867.

Wir haben nach einigen Tagen des Verweilens unsere Wohnung in dem großartigen und sehr gut gehaltenen Hôtel Beau Rivage et d'Angleterre verlassen, obschon es von allen Genfer Hôtels die schönste Aussicht hat. Dazu bestimmten uns vornehmlich die hohen Preise dieser großen Hôtels und unser hier gefaßter Entschluß, einen längeren Aufenthalt in Genf zu machen.

Wir hatten ursprünglich vorgehabt, graden Weges, wie unsere ärztliche Vorschrift lautete, nach Glion auf den sogenannten Rigi Vaudois oberhalb Montreux zu gehen, indeß schon am zweiten Tage nach unserer Ankunft in Genf hatte das Wetter sich geändert. Der Himmel ist mit schweren Wolken bedeckt, der Montblanc unsichtbar, die Höhen der beiden Salèves sehen nur bisweilen mit ihren Köpfen aus den sich rund um sie her kugelnden und wälzenden Wolkenmassen hervor, und es ist regnerisch und kalt geworden. Oben in den Bergen soll alles tief voll Schnee liegen, und wir müssen also abwarten, bis die Luft wieder hell und warm wird.

Unsere Reisegefährten sind mit uns aus dem Hôtel in die Pension übergesiedelt, und wir für unser Theil fühlen uns hier behaglicher als dort, obschon — oder vielleicht weil — das Hôtel Beau Rivage an Luxus und Pracht

Nichts zu wünschen übrig ließ. Genf ist berühmt durch die Vortrefflichkeit seiner Gasthöfe. Das Hôtel de la Métropole am Jardin Anglais, das Hôtel de la Paix am Quai Montblanc, das Hôtel des Bergues sind eben so wie das Hôtel Beau Rivage et d'Angleterre wahrhafte Paläste, neben denen das alte Hôtel de l'Ecu, das uns seiner Zeit sehr prächtig dünkte, jetzt recht bescheiden aussieht. Aber es ist ein sonderbares Ding mit diesen neuen auf die Bedürfnisse der reichsten und verwöhntesten Reisenden eingerichteten Gasthöfe. Mir fällt, wenn ich in ihnen wohne, immer ein satyrisches Gedicht von Franz von Gaudy ein. Es war gegen eine aristokratische Dichterin gerichtet, und hatte den Refrain:

In diesem Punkt entschuldigen Sie mich,
Da bin ich bürgerlich! sehr bürgerlich!

Ich glaube, ich bin zu bürgerlich für diese aufgesteifte öde Pracht des Gasthofs-Luxus; denn sie können bisweilen bei der besten Führung recht unbehaglich sein, diese Hôtels mit den weiten Hallen, mit den kalten Marmortreppen, mit den großen parkettirten Salons, mit all' ihren Lesezimmern, Speisesälen, Frühstücksälen, mit all den befrackten und frisirten Kellnern, mit den Chefs du Bureau, mit all den Lohndienern und Portiers. Ich bewundere die Abstraktion der Reisenden, die in solchen allgemeinen Sälen sich aufzuhalten lieben. Vom Morgen bis Abend habe ich namentlich die Amerikaner in diesen Regentagen — Männer wie Frauen — einzeln oder in Gruppen, in den Sälen des Hôtels sitzen, und abwechselnd die englischen Journale und das Journale des étrangers vom Genfersee, und gelegentlich das Fremdenverzeichniß des Hauses oder ihre Hand-

bücher studiren, und wohl auch mehrere einander fremde
Personen an einem der Tische ihre Briefe und Tagebücher
schreiben sehen. Dazu waren Thüren und Fenster offen,
und es jagte ein Zugwind durch die Säle, daß man hätte
glauben sollen, die Schaukelstühle, in welchen ein Theil der
anwesenden jungen Männer es sich übermäßig bequem machte,
würden vom Winde bewegt. Es schien jedoch den Leuten
sehr wohl dabei zu sein! Das Hôtel an sich ließ auch
Nichts zu wünschen übrig, und selbst über die Preise kann
man sich eigentlich in all diesen Gasthöfen nicht beklagen,
da ja ein Jeder seinen Antheil an dem Luxus, der in denselben
entfaltet wird, mitzubezahlen hat. Die Frage ist nur, ob man
dieses Luxus' bedarf, ob man an demselben Freude hat,
oder ob man nicht ein mäßiges aber bequem eingerichtetes
Zimmer, in welchem man nach der Unruhe eines Reisetages
für sich allein sein Behagen haben kann, der Gemeinschaft
mit Fremden in solchen Sälen vorzieht. In all diesen
Hôtels ist in den Schlafzimmern an großen Spiegeln, an
gestickten Gardinen, an Hautlisse-Decken auf den Tischen
kein Mangel; aber ein bequemes Sopha, ein gehöriger Tisch
und ein rechtschaffener Kleiderschrank fehlen selbst in den
Zimmern für zwei Personen fast überall; und die Mehrzahl der Reisenden scheint sich willig mit dem allgemeinen
Luxus für die persönliche Unbequemlichkeit abzufinden.

Ich glaube übrigens, wir erkennen es noch immer nicht
deutlich und nicht lebhaft genug, welch eine Umgestaltung
aller bisherigen Verhältnisse die Eisenbahnen herbeigeführt
haben und noch herbeiführen werden. Als vor dreißig,
vierzig Jahren durch die Saint Simonisten und Fourieristen
die ersten Vorstellungen von gemeinsamen Wohnungen, von

Phalansteren u. s. w. an das Ohr der großen Massen klang, schreckte man vor solchen Vorschlägen zurück, und noch heute würden Tausende von Familien es als einen Eingriff in alle ihre heiligsten Empfindungen und Institutionen betrachten, wenn man ihnen anmuthen würde, in einem Phalanster oder in einem auf Sozialgrundsätze eingerichteten Logierhause zu leben. Dabei aber übersehen sie es, daß das Grand Hôtel in Paris und die großen Hôtels aller Städte, in denen sie kürzere oder längere Zeit zu ihrer Erholung und höchsten Befriedigung verweilen, nichts anderes sind, als eine Art solcher Logierhäuser, nur mit dem Unterschiede, daß nicht die Bewohner des Hauses, sondern die Besitzer und Unternehmer desselben dort befehlen, und daß nicht Diejenigen, welche ihr Geld darin verzehren, sondern jene Anderen, von welchen sie bedient und versorgt werden, den Gewinn von dem Unternehmen ziehen.

Daß von den zahllosen reisenden Amerikanern und Engländern, auf den von ihnen fast mit der Sicherheit von Zugvögeln besuchten Straßen, noch keine nach Art der Klubhäuser auf Association gegründete Reisewohnungen errichtet worden sind, hat mich immer Wunder genommen. Zu machen wäre die Sache sicherlich. Die Aktionaire fänden in Liverpol, London, Paris, Marseille und so weiter, ihre Wohnungen und Häuslichkeiten, in denen sie wie in den Klubhäusern als Theilnehmer eingeschrieben wären. Sie fänden Häuser, in welchen sie durch die von ihnen angestellten Beamten, nach den von ihnen im Voraus abgemachten Taxen, je nach ihrem Kontrakte, Bedienung, Kost und Wohnung erhielten, und in denen sie eine Gesellschaft träfen, mit der sie ein gemeinsames Interesse hätten. Ich zweifle auch gar nicht, daß eine solche Einrichtung früher oder später in dieser oder einer ähnlichen Form zu Stande kommen wird; denn die jetzigen Verhältnisse entsprechen dem vernünftigen Bedürfniß vieler Stände und vieler Reisenden ganz und gar nicht. In den großen Hôtels ersten Ranges, in denen ganze Fluchten von Prachtzimmern häufig für die unerwartete Ankunft irgend welcher fürstlichen oder sehr reichen Familie aufbewahrt zu werden pflegen, müssen Menschen, die es in der Fremde nur so gut wie in ihren wohlgehaltenen bürgerlichen Häusern zu haben begehren, alle jene Prachtgemächer und die großen Kandelaber bei den unabsehbaren Mittagstafeln mitbezahlen, wenn sie an dem Allen auch kein Wohlgefallen finden; und in den sogenannten Hôtels zweiten Ranges habe ich, wenn wir es ausnahmsweise einmal mit einem solchen versuchen wollten, — fast in allen Orten und fast durchweg — es nicht so reinlich und so gut gefunden, als man es für die bezahlten Preise wünschen mußte und fordern konnte. Wohl als Folge davon und als Mittelweg haben sich nun seit Jahren, in den Städten, die vorzugsweise von Reisenden besucht zu werden pflegten, die sogenannten Pensionen gebildet, und schon jetzt leben von der jährlich wachsenden Zahl der reisenden Familien ein großer Theil durch einen großen Theil des Jahres in solchen Pensionen, was nothwendig auf die Gewohnheiten und den Charakter der Einzelnen wie des Familienlebens einen großen Einfluß ausüben muß. Es bringt die Menschen ganz von selbst dahin, sich äußerlich leichter als früher unter Fremden zu bewegen, und während es gleichsam eine internationale Höflichkeit, eine lingua franca der Umgangsformen erzeugt, nöthigt es hinwiederum, den

Einzelnen zu einer größern Abgeschlossenheit und zu einem festeren Beruhen in sich selbst. Es macht abgeschliffener und schroffer zu gleicher Zeit. Denn da man sich bei solchem Reiseleben mit und neben Fremden, nicht mehr in sein Haus, wie in seine Feste, zurückziehen kann, kommt man gerade in dieser Art von freiwillig unfreiwilliger Geselligkeit sehr leicht dahin, sich in sich selber wie in seine Festung zurück zu ziehen; und wie es unleugbar ist, daß die Eisenbahnen die Menschen und die Völker zusammenführen und verschmelzen, so macht die neue, durch die Eisenbahnen sich umgestaltende Lebensweise, die Menschen auch wieder selbstischer, wenn sie nicht von Natur liebevoll und in der wahren Bedeutung des Wortes gesellig sind.

In unserer Pension, die etwa aus vierundzwanzig Personen besteht, haben wir hauptsächlich Engländer und Amerikaner. Natürlich kommen in der Gesellschaft sehr ergötzliche Figuren und Anekdoten zum Vorschein, und ich mache wieder einmal die Erfahrung, wie Dickens und Thackeray, die ich in der Charakterisirung ihrer Landsleute in meinem Herzen oft der Uebertreibung beschuldigt, sie wirklich nur nach dem Leben gezeichnet haben. Dabei ist es mir sehr merkwürdig, wie die Engländer es möglich machen, trotz der Gleichheit ihrer konventionellen Gewohnheiten, die eine höchlich zu schätzende Seite hat, so wunderliche Originale in sich zu erzeugen. Sieht man sie flüchtig an, so sind sie in ihrem Behaben einander äußerst ähnlich. — betrachtet man sie näher, so haben Viele von ihnen ihre ganz besonderen Whims, selbst wenn sie gescheute und gebildete Menschen sind.

Meine Tischnachbarin z. B. ist eine nicht mehr ganz

junge Wittwe, die zu den drei Mahlzeiten, welche wir gemeinsam einnehmen, immer eine andere Kleidung anlegt, und seit wir in der Pension sind, uns noch bei jeder Mahlzeit mit einer neuen höchst auffallenden Toilette überrascht hat. Sie ist sehr unterrichtet, besitzt vortreffliche Manieren und ist freundlich bis zur Zuvorkommenheit. Sie hat halb Europa bereist, hat in „Munic", Dresden, Wien und Stuttgart gelebt, versteht und spricht deutsch und französisch, ist in der Literatur aller Culturnationen zu Hause, und sie würde mir sehr gut gefallen, wenn — sie nicht von einer wahren Leidenschaft nach Bildung besessen wäre, und wenn — sie mich nur ruhig essen ließe. Seit sie aber erfahren hat, wer wir sind, ist's mit dem bis dahin ganz harmlosen und angenehmen Verkehr zwischen mir und ihr zu Ende. Wenn wir die Suppe essen, soll ich ihr über Schiller Auskunft geben, wenn mich meine Forelle beschäftigt, will sie meine Meinung über Thackeray und Dickens hören, wenn ich mich nach unserm Braten umsehe, sagt sie mir, daß sie sehr erhebert sei und die Rationalistik unserer Philosophen und Naturforscher nicht billige, und wenn ich still und friedlich meinen Pudding esse, versichert sie mich, daß sie auch in politischer Hinsicht nicht mit den radikalen Parteien gehe. — Ich esse unterdessen und widerspreche ihr nicht — aber damit stelle ich sie nicht zufrieden. Es ist etwas unverzagt Beharrliches in ihrem wissenschaftlichen Interesse, etwas Kriegerisches in ihren „festen Ueberzeugungen"; und heute Abend, wo sie zu dem griechischen Peplos, der ihre Hüften faltenreich umgab, eine hochländische Mütze mit einer Art von Federstutz aufgesetzt hatte, den silberne Disteln zusammenhielten, war ihr, wie es schien, eine besondere Kampfesluft angekommen, denn sie erklärte mir ganz urplötzlich, sie wisse, ich sei sehr für die Sache der Freiheit, und sie sei dies in meinem Sinne ganz und gar nicht. Sie sei überzeugt, daß ich im Innern meines Herzens eine Republikanerin sei, sie aber glaube nicht an die Segnungen einer republikanischen Verfassung. — Das muß Jeder mit sich selber abmachen! gab ich ihr zur Antwort. — Sie hatte wahrscheinlich etwas viel Geistreicheres und etwas weniger Friedliches erwartet, denn sie fuhr auf, sah von ihrer Höhe mit den dunkeln Augen stolz auf mich hernieder, und rief: oh! selbst wenn ich mich lossagen könnte von den ehrwürdigen Traditionen der Monarchie und der Kirche, denen ich angehöre, so dürfte ich es nicht! Mein Name würde es mir verbieten! — Sie hatte dabei etwas ganz Erhabenes, sie schien noch um einige Zoll größer als gewöhnlich zu sein, die Disteln und der Federbusch sträubten sich ordentlich herausfordernd auf ihrem braunen Scheitel, sie war wie eine in's Englische übersetzte Athene Promachos anzuschauen. — Wollte ich sie nicht kränken, so durfte ich ihr Pathos nicht übersehen. Ich fragte sie also um ihren Namen, was ich bis dahin nicht gethan hatte. Und sie nannte ihn mir. Sie nannte ihn mir mit einem prachtvollen Selbstgefühl, sie sah mich an, als erwarte sie einen Widerschein ihres großen Namens auf meinem Antlitze zu lesen, und ich weiß nicht, was sie sich aus meiner stummen Verbeugung entnommen haben wird. Es war in der That ein alter, in der englischen Geschichte und in den englischen Romanen viel genannter Name; aber Schneider und Schuster, Advokaten, Kaufleute, Krämer und Doktoren führen ihn jetzt in England und in Amerika eben auch — und doch ist sie offenbar beruhigter geworden, seit sie sich mir in ihrer Herrlichkeit enthüllt hat. — Sie ist aber trotz dieser Whims eine gute, wohlerzogene und sogar geistreiche Frau.

Mir gegenüber habe ich einen bejahrten unverheiratheten Irländer mit seiner alten ebenfalls unverheiratheten Schwester. Sie mag gegen sechszig Jahre alt sein, gehört aber zu den Mädchen, die mit ihren Manieren in ihrem sechszehnten Jahre stehen geblieben sind. Alle ihre Bewegungen sind eng, kurz, verlegen. Sie kommt vorwärts, ohne daß man sieht, wie dies geschieht. Es ist, als würde sie, wie ein Versatzstück aus einer Coulisse von unsichtbaren Kräften vorwärts geschehen. Ihre Züge sind klein, ihre Augen schüchtern und blau, ihre Ellenbogen kommen nie von ihren Seiten los, sie ist unberührt und ohne Jemand zu berühren durch die Welt gegangen. Ihre kleinen Löckchen sind noch gelblich blond, ihre Wangen sehen wie die eines röthlichen Winterapfels im Februar aus, ihre Kleidung ist hell und kindlich. Sie öffnet den Mund zum Sprechen kaum, sie bewegt die Lippen kaum, sie verzieht keine Miene, nur die Augen lächeln. Sie lächeln, wenn sie mit ihrem Bruder spricht, sie lächeln, wenn sie mit uns Frauen spricht, aber wenn Männer sie anreden, schlägt sie die Augen nieder. Mich hat sie alle die Tage angesehen und endlich immer mit besonderem Gruße ausgezeichnet, ich wußte nicht weshalb. Vorgestern treffe ich sie im Corridor. Sie bleibt stehen, macht wie ein Kind mir einen Knix und sagt dann ganz leise und hastig, wie Einer, der sich zwingt über sich selbst und seine Natur hinauszugehen: oh! beg your

pardon! but I have been told you were an authoress
— please would you not favour me with your
handwriting! I am so fond, so exceedingly fond of
autographs! — Ich stellte mich ihr für ihr Album
zur Verfügung und seitdem lächelt sie mich noch viel öfter
an. Autograph's sind übrigens ihr ganzes Leben. Alle
Morgen, wenn wir beim Frühstück sind, bekommt sie eine
Menge Briefe von Autographenhändlern. Sie steht mit
solchen, wie sie unserer jungen Reisegefährtin vertraut hat,
die ihre nächste Tischnachbarin ist, in einem sehr weitver=
zweigten Verkehr, und sie kauft Autographen in allen
Sprachen, obschon sie keine, als ihre eigene Muttersprache
kennt. Dabei kommen denn beim Eintreffen der Angebote
bisweilen sehr ergötzliche Scenen vor. Neulich reicht sie
mir einen Brief über den Tisch, sieht über ihren kleinen
Nasenkneifer zu mir hinüber, und zeigt mit dem ängstlich
gespitzten Finger auf eine Stelle ihres Briefes. Can you
read that name? — Oh ja! versetzte ich. And what
is it? — Paul Heyse! — Beg your pardon! but do
you think him famous? Sie war sehr vergnügt, als wir
ihr versicherten, daß sie das Autograph nur kommen lassen
solle, weil es von einem guten Dichter stamme. — Heute
früh wendete sie sich an unsere Reisegefährtin. Ich habe
ein Angebot erhalten, sagte sie, aber man verlangt sehr
viel dafür, und ich habe den Namen nie gehört, er soll
auch ein Deutscher sein. — Wie heißt er denn? — Sie
blickte in ihren Brief und buchstabirte: Etsch — i — ai
— n — i! do you know him? — Es war wirklich bei=
nahe eine Kunst, Heine darin zu erkennen, und wir waren
schon dem Lachen nahe genug, als sie mit ihrer Frage:

do you think, he is his twelve francs worth? — uns in. ein lautes Lachen ausbrechen machte. — Man kann wirklich, wenn man solche Originale betrachtet, recht begreifen, wie Thackeray darauf gekommen ist, die snobs zu schreiben.

Fünfter Brief.
Karl Vogt in seinem Hause.

Genf, Juni 1867.

Unglück ist immer zu Etwas gut! sagt man im Sprichwort und denkt dabei in der Regel an sein eigenes Unglück. Diesmal hat aber fremdes Mißgeschick und unser guter Wille demselben abzuhelfen, uns zu einer Bekanntschaft geführt, der wir schon die schönsten Stunden verdanken, und die wir ohne das, weil wir Anfangs nicht in Genf zu verweilen gedacht hatten, vielleicht zu machen versäumt haben würden, so wünschenswerth sie uns auch war.

Unser holländischer Reisegefährte war gleich nach unserer Ankunft in Genf wieder recht ernstlich krank geworden. Er konnte das Zimmer und das Bett kaum verlassen, und stand doch an, einen Arzt zu rufen, weil er in Neapel, durch den Gasthofsbesitzer schlecht berathen, in üble Hände gefallen war. Ganz dasselbe oder doch Aehnliches konnte ihm auch hier begegnen, und nachdem wir eine Weile überlegt hatten, wie hier zu helfen sei, kamen wir, da ein schneller Entschluß von Nöthen war, auf den Gedanken, zu Karl Vogt zu fahren und ihn für den kranken Hauptmann um die nöthige Auskunft zu bitten.

Wir kannten Professor Vogt Beide nicht von Person. Ich hatte ihn allerdings im Jahre achtzehnhundert und acht und vierzig im Parlamente zu Frankfurt gesehen, wo er leicht und schnellen Schrittes, mit dem energischen Uebermuth der Jugend, auf die Tribüne gestürmt war, um mit blitzenden Augen und beredter Lippe die feurigen Worte seines Zornes seinen Gegnern in das Angesicht zu schleudern, aber gesprochen hatte ich ihn nie. Als wir in Genf dem Kutscher, der uns zu ihm führen sollte, die Weisung gaben: Pleinpalais, Chemin Dacet, fügte er ohne Weiteres: „No. 498 chez Mr. Vogt" hinzu, und es blieb uns überlassen, uns daraus selber unsern Schluß zu ziehen.

Pleinpalais ist, wie ich neulich geschrieben, einer der neu bebauten Theile von Genf. Wir fuhren die Rue de la Corraterie entlang, an dem botanischen Garten, dem Theater, dem Batiment électorale vorüber, die Rue de Carouge entlang, die von zehn zu zehn Minuten von den Omnibus der Pferdeeisenbahn durchfahren wird, welche die Vorstadt oder die Gemeinde Carouge mit Genf verbindet, und bogen dann zur Rechten in eine kleine Straße ein, an deren Ende der Kutscher vor einem Stacketenzaun anhielt. Ein alter schöner Nußbaum wölbte seine Zweige über den kleinen Hofraum, der nach der Straße hin das Vogt'sche Haus umgiebt. Ein großer Hund sprang uns, als wir klingelten bellend entgegen, ein Knabe von zehn, eilf Jahren öffnete die Gitterthüre. Als wir nach dem Professor fragten, sagte der Knabe, sein Deutsch mit schweizerischem Klange sprechend: „sie sind Alle nicht zu Haus', sie sind schon zu Mittag weg, ich bin zur Strafe zu Hause gelassen!" Das kam so grundehrlich und dabei so traurig heraus, daß wir uns erkundigten, was er denn verbrochen habe? — „Ach, gar Nichts!" meinte er, und er sah dazu wirklich wie die gekränkte Unschuld aus. Wir mußten herzlich über ihn lachen. Das war wieder einmal ein deutsches Kind, und wir hatten seit Jahr und Tag kein solches vor uns gehabt. Indeß trotz seines unverkennbaren Kummers, war der kleine Mann doch gleich mit der Frage zur Hand, was denn an Papa zu bestellen sei? Und da wir für den vorliegenden Fall einen Brief an den Professor mitgenommen hatten, erbot der Knabe sich sofort, ihn abzugeben „wann sie nach Hause kommen würden."

Noch an demselben Abende erhielten wir vom Professor Vogt einen schriftlichen Bescheid auf unsere Anfrage mit der Empfehlung des Dr. Mayor, Place du Molard Nr. 4, dessen Berathung unserem Reisegefährten und später uns selber von dem größten Nutzen gewesen ist, und auf den ich eigens hinweise, weil die Adresse eines tüchtigen Arztes oft ein Segen und eine Rettung für den Reisenden ist. Am andern Nachmittage hatte Professor Vogt darauf die Güte, uns selber mit seiner Frau zu besuchen. Verändert fand ich Vogt natürlich, denn zwanzig Jahre sind ein schön Stück Zeit. Er ist stark geworden, aber sein prachtvoller Kopf, seine Raschheit und seine geistsprudelnde Lebendigkeit sind noch dieselben geblieben wie vor zwanzig Jahren. Vogt's Kopf hat, wie er sich jetzt mit der Zeit entwickelt hat, eine große Aehnlichkeit mit der antiken Neptunsbildung. Die gewaltige breite Stirne, das starke dunkle Haar, die gradlinige kurze Nase, die breiten Wangen und das mächtige Kinn, mit dem energisch geschlossenen Munde, das der Stirne ein schönes Gegengewicht hält, könnten einem Bildhauer zu einem guten Anhalte für einen Neptunskopf dienen, und wenn Vogt im Sprechen zur Aeußerung abweichender Meinung veranlaßt wird, leuchten seine dunkeln Augen in solcher Leidenschaft, daß er dann erst recht seinem antiken Vorbilde ähnlich wird, und man das quos ego auf seinen Lippen schweben zu sehen meint.

Zu so lebhaften Erörterungen aber kam es bei jenem ersten Begegnen natürlich nicht. Was uns aber gleich auffiel, war die Meisterschaft, mit welcher Vogt überhaupt spricht, und, ich möchte sagen, die fröhliche Kunst, mit welcher er sein beredtes Wort jedem Bedürfniß seines raschen und hellen Geistes dienstbar zu machen weiß. Ich glaube, ich habe nie einen Menschen anscheinend sorgloser, und nie Jemand sprechen hören, der seine Gedanken beständig so scharf und schlagend ausdrückt, und der nebenher eine so große gestaltende Kraft in der Schilderung von Ereignissen und von Personen hat.

Gleich am ersten Tage, an welchem Professor Vogt uns in unserer Pension am Quai Montblanc 8 besuchte, fragte er, ob wir Alexander Herzen kennten? — Wir verneinten das. — Oh! meinte Vogt, die Bekanntschaft kann hier leicht vermittelt werden; Herzen wohnt im nächsten Hause, Mauer an Mauer mit Ihnen. Ich will nachher zu ihm hinaufgehen, ihm sagen, daß Sie am Abende zu uns kommen und ihn gleichfalls dazu auffordern.

Das war uns eine angenehme Aussicht; denn seit achtzehnhundert und fünfzig, wo wir Herzen's „Vom andern Ufer" zuerst gelesen, hatten wir uns kaum eine Arbeit dieses reichen und eigenthümlichen Geistes entgehen lassen und namentlich hatten seine Memoiren, in denen der Entwicklungsgang des jungen Rußland sich neben dem Lebenswege Herzen's so deutlich darstellt, uns durch ihre ungewöhnliche Kraft in der Darstellung von Charakteren und Zuständen, bei oft wiederholtem Lesen, immer auf das Neue gefesselt.

Wir fuhren denn gegen den Abend abermals nach Plainpalais hinaus, und es lag bald wieder vor uns, das Gitterthor mit seinem großen Nußbaum und dem freundlichen Hause dahinter. Das schöne, rührende Wort, das Göthe von seinem geliebten Gartenhause am Stern gesungen, jenes: „Uebermüthig sieht's nicht aus!" läßt sich auch von diesem Besitze sagen. Es ist ein ganz bescheidenes Haus in einem kleinen Garten, hinter welchem mit lautem Rauschen die schnellen Wasser der Arve hinschießen; aber jeder Platz in dem Hause und in dem Garten ist heimlich, und Alles darin ist belebt von jenem Sinne der wahren Bildung, die Nichts besitzen mag, was sie nicht wirklich genießt. Das Wohnzimmer zu ebner Erde, dessen eine Thüre nach dem Garten hinausgeht und dessen Fenster von einem üppigen Laubdache mild verschattet sind, die Eßstube daneben, an deren Tische für Freunde stets der Platz bereit ist, die mit Büchern umgebene kleine Studirstube und der anstoßende Vorsaal, in den ein wilder Weinstock seine Zweige durch die Fenster hineingedrängt hat, daß das Gemach von innen über und über mit grünem Geranke tapeziert ist, das ist Alles nicht prächtig, aber es ist Alles sehr hübsch und entspricht dem Bedürfniß eines gebildeten Geistes vollkommen und in schöner Weise; und mein alter Glaube, daß das Wesen eines Menschen und einer Familie sich mit untrüglicher Sicherheit in der Wohnung kennzeichnet, die sie sich geschaffen haben, fand hier wieder einmal seine Bestätigung. Man muß die Wohnungen kennen, in denen die reiche Unkultur ihre Bildungslosigkeit in glänzenden Tapeten, in kostbaren Spiegeln und Teppichen von dem Tapezier ohne alle Selbstbestimmung zur Schau stellen läßt, um das persönliche Eigene in der Einrichtung eines Hauses nach Gebühr zu würdigen. Ich kenne in Berlin Wohnungen, in denen die Pracht Nichts zu wünschen übrig läßt, in denen aber keinem Menschen wohl wird, selbst Denen nicht, für die sie hergerichtet worden sind; und wenn ich mitunter in einem dieser Säle saß, die Besitzer erwartend, die sich vor ihrem eigenen Luxus in irgend ein entlegenes Stübchen des Hauses zurückgezogen hatten, sind sie mir bei ihrem Eintreten in ihre eigenen Räume, in denselben so unheimlich, so ohne wirklichen Zusammenhang mit ihnen vorgekommen, daß ich oft kaum die Einladung unterdrücken konnte: Platz zu nehmen und es sich bequem zu machen.

In Vogt's kleinem Hause ist Alles sein eigen: selbst die hübschen landschaftlichen Bilder, mit denen die Wände des kleinen Empfangsaales und der übrigen Stuben fast ganz bedeckt sind. Vogt hat die Bilder mit wenigen Ausnahmen Alle selbst, und großen Theils nach der Natur gemalt. Da ihm seine ungewöhnlich scharfe Beobachtungsgabe auch hier zu statten kam, hat er, nachdem er das Technische der Oelmalerei erst überwunden hatte, wirklich sehr hübsche Bilder gemacht, die für ihn und die Seinen noch den doppelten Reiz persönlicher Erinnerungen besitzen, und deren Motive er auf seinen Reisen von Island bis tief hinab in den Süden gesammelt hat.

Wie er auf diese Weise seine Reiseeindrücke beständig in Bildern vor sich und gegenwärtig hat, so hat Vogt auch in einer wundervollen Weise sein ganzes Wissen und Erleben in jedem Augenblicke frisch und lebendig zur Hand, und die sorglose Freigebigkeit, mit welcher er aus der Fülle seines geistigen Besitzes dem Gaste bietet, was er ihm angenehm glauben kann, ist gradezu bezaubernd. Man kann sich nicht anspruchsloser geben, als Vogt es thut; und ich habe nicht viele Menschen von seiner Bedeutung gefunden, die bei großer Selbstbestimmtheit sich so duldsam und so achtsam gegen fremde Meinungen verhalten. Selbst sein Hang zur Satyre — und dieser ist leicht angeregt und schont weder Andere noch sich selbst — hat etwas Fröhliches; wie denn des Hausherrn frischer Sinn über dem ganzen Hause und über den vier prächtigen Kindern, drei Knaben und einem lieblichen Mädchen, wie eine belebende Sonne leuchtet.

Ein paar Stunden gingen uns den Abend wie im Fluge dahin, und jedes machte uns die Menschen lieber. Frau Vogt ist eine Schweizerin aus dem Oberlande, und bei einer einfachen Erziehung in ganz häuslicher Thätigkeit erwachsen. Da sie aber einen sehr klaren Verstand hat, und eben so freien Sinnes als warmen Herzens ist, zeigt sich es an ihr in einer höchst erfreulichen Weise, was aus einer reichen, graden, durch keine konventionellen Vorurtheile angetasteten Natur, sich entfaltet, wenn eine große Bildung an sie heran kommt. Gesundere, schlagendere und dabei anscheinend einfachere Urtheile als von dieser Frau, habe ich selten gehört; und wie denn Wahrheit und redlicher Wille zwischen den Menschen schnell eine feste Brücke bauen, über die es sich gut zusammenkommen läßt, ist es uns jetzt, wo wir doch erst seit wenig Tagen mit diesen lieben Menschen verkehren, als hätten wir einander nicht nur aus unsern Arbeiten gekannt, sondern als wären wir seit Jahren und Jahren zusammen gewesen.

Herzen kam erst spät am Abende. Er mag ein starker
Fünfziger sein, und auf den ersten Blick erkennt man in
ihm den Russen. Er ist groß, breitbrüstig, und sein von
Natur kräftiges und offenes Gesicht trägt die Spuren vielen
Denkens und vielen Erlebens. Er spricht das Deutsche
geläufig, wenn schon mit russischem Accent, und wenn er
lebhaft wird, mit jenem raschen Uebergehen aus einer Stimm-
lage in die andere, das mir an vielen Russen aufgefallen
ist. Da wir aus Italien kamen, wendete sich die Unterhaltung natürlich auf die römischen und italienischen Zustände, von diesen auf die Folgen des letzten deutschen
Krieges, und auch hier wieder standen wir, wie vor dem
Jahre in Stuttgart, mit unserer Ansicht, daß die Vergröße-
rung Preußens und die Verminderung der Kleinstaaterei
ein Vortheil für die Entwicklung Deutschlands und Europa's
sei, wieder einmal allein. Ueber das Ziel unserer Wünsche
waren wir hier wie dort natürlich einig, aber über den
Weg dazu hielt es schwer, sich zu verständigen, und das
ist im Grunde zu erklären. Wer lange außerhalb Deutschlands gelebt, oder wer in Deutschland meist auf demselben
Flecke gelebt hatte, konnte es nicht empfinden, wie verengend
und verwirrend die Kleinstaaterei auf die Geister gewirkt
hatte. Der ganze deutsche Geist war in's „Reden" aufgegangen. An allen Ecken sprach man von der deutschen
Einheit, schrie man nach ihr, aber es lief damit auf das
Problem weiland Königs Friedrich Wilhelms des IV. hinaus,
der seinem Volke Freiheiten gewähren wollte, ohne das Geringste von den Rechten der Krone aufzugeben; und der
Charakter eines Volkes ist wie der eines jeden Menschen
immer in Gefahr sich zu verschlechtern und zu Grunde zu

geben, wenn es sich gewöhnt, sich mit Redensarten, welche auf Prahlereien und Jubilonngen hinanslaufen, über die Versäumniß des wahren Thun's zu täuschen. Nun hat eine Gewaltthat, aber doch immer eine That, Deutschland aus seiner Phrasenseligkeit aufgerüttelt, und es ist jetzt Sache des Volkes, sich das, was im Interesse einer Dynastie geschehen ist, zum Besten des Volkes zu Nutze zu machen. Dazu ist die Möglichkeit vorhanden, wenn man die Gelegenheit ergreift; ganz abgesehen davon, daß jetzt der König eines deutschen Landes selbst das bis dahin in Deutschland noch nicht dagewesene Beispiel gegeben hat, wie man über die Dynastien, die sich dem allgemeinen Besten nicht mehr entsprechend zeigen, hinweg schreitet, und — zur Tagesordnung übergeht.

Wir vergessen es immer, daß all' unser Sprechen von der „neuen Zeit", die wir dem Mittelalter gegenüberstellen, ein Selbstbetrug ist, und daß wir noch fest in allen Begriffen des Mittelalters stecken. So lange wir noch in Monarchien leben, in denen nicht die Völker, sondern die an der Spitze dieser Monarchien stehenden Fürstengeschlechter, über Krieg und Frieden, über Wohl und Weh entscheiden, so lange sind wir, trotz aller Kammerdebatten und Budgetberathungen Hörige. Unsere Männer, Brüder, Söhne, gehören noch mit Leib und Leben den Königen von Spanien, von Preußen und Italien, den Kaisern von Oestreich, Rußland und Frankreich. So lange die Völker nicht selbst darüber bestimmen, ob sie sich zur Schlachtbank führen lassen wollen, so lange sind sie vor der Vernunft Leibeigene, und nicht das Recht, Geld zu bewilligen oder zu verweigern, sondern das Recht, den Krieg zu verhindern oder zu gestatten, ist die wahre Bedingung der Selbstbestimmung und der Freiheit eines Volkes. Ob an der Spitze eines solchen ein wählbarer Präsident oder ein erblicher König steht, ist für die Wohlfahrt des Landes fast nebensächlich, wenn Beide nicht mehr „Kriegsherrn" sind. Das Wort an sich ist so bezeichnend, daß die Fürsten eigentlich vor der Verantwortlichkeit zurückschrecken müßten, welche dieser Titel und diese Machtvollkommenheit ihnen auferlegen.

Man sprach auch vor dem letzten deutschen Kriege in Berlin ganz allgemein davon, wie der König lange angestanden habe, den Befehl zum Anfang dieses Kampfes zu geben, während andrerseits zum erstenmale fast von allen großen Städten des Landes Deputationen an den König abgesendet worden sind, welche die Abneigung des Volkes gegen den Krieg und den Wunsch aussprechen sollten, daß er vermieden werden möge. Also von der einen Seite Scheu vor der Verantwortung, von der andern die Erkenntniß des Rechtes der Selbstbestimmung — daran muß man sich halten, wie an den ersten grünen Schimmer, der auf den bearbeiteten Feldern das Aufgehen und Emporkommen der Saaten und damit die Hoffnung auf die Ernte verspricht. Es kann noch viel Schnee und Sturm und Regen über diese Saaten hingehen — ausbleiben wird die Ernte nicht — und selbst der Friedenskongreß, zu dem man in den Zeitungen die Anregung gegeben hat, und der hier in Genf im Anfang des August abgehalten werden soll, ist ein Frühlingsbote dieser menschenwürdigeren Zukunft.

Es war schon spät, als wir Abends, in Herzogs Gesellschaft den Weg von Pleinpalais nach unserm Quai

Montblanc zurücklegten. Das Wetter war schön geworden, der Mondschein sehr hell. Auf der Rue de la Corraterie war es noch lebendig, junge Leute gingen laut singend auf und nieder. Unter den Bäumen an der Place bel air saßen Männer und Frauen behaglich plaudernd zusammen, als wären sie in ihrem Garten — und sie sind ja auch auf ihrem eigenen Grund und Boden, auf dem Boden, dessen Herr sie sind. Mich dünkt bei uns sieht man es den Menschen auf der Straße und im Thiergarten, und wo sie außer ihrem Hause verweilen, immer an, daß die Stadt und die Straßen und der Thiergarten nicht ihnen gehören, daß sie immer daran denken, wie sie unter Aufsicht sind. Die Luft macht eigen! sagt das alte deutsche Wort mit Recht. In den alten Monarchien macht die Luft, die er in dem Lande athmet, den Menschen thatsächlich dem Herrn des Landes eigen; aber wo man die Luft der Freiheit athmet, macht sie dem Menschen das Land zu eigen, dessen Bürger er ist; und wie schweren Herzens ich auch von Italien und namentlich von Rom geschieden bin, das eine kann ich nicht verkennen, hier „umfängt mich eine andre Luft!" —

Das schöne heitre Gemeinwesen, die reinlichen hell erleuchteten Straßen, die muntern wohlgekleideten Menschen, das bürgerliche, freie Hinleben in der kühlen schönen Sommernacht, hatten etwas sehr Anmuthendes — und doppelt, wenn wir der engen und finstern und schmutzigen Straßen von Rom gedachten, die unablässig von Gensd'armen durchzogen und überwacht, doch unsicher und unheimlich sind. — Auf der kleinen Brücke, die über den Rhone führt, blieben wir stehen. Das Mondlicht flatterte über die wild hinunterschießenden Wasser hin, die es mit sich fortzutragen schienen. Die Wasser schäumten und rauschten, daß man einander kaum verstehen konnte, und wir sprachen auch bald nicht mehr. Die tosende, nie rastende Bewegung der Wellen, das Hinströmen des Lichtes, und die tiefe Dunkelheit der wellenden Fluth, sobald eine Wolke den Mond verhüllte, hatten etwas Sinnbethörendes, Herzbestrickendes. Auch unser Gefährte mochte das empfinden. Er neigte sich mit seinem mächtigen Oberkörper weit über die Brüstung der Brücke hinaus, und den Kopf zu uns wendend, dessen langes Haar der aufgestiegene Nachtwind durchwehte, sagte er: hier muß man nicht stehen in einsamer Nacht, wenn man nicht seinen rechten Boden auf der Erde hat und wenn der Kopf nicht klar und das Herz nicht ruhig ist, es ist wie eine magnetische Gewalt — so tief — so geheimnißvoll — und so voll Leben und Bewegung. Man kann's hier verstehen, das Göthe'sche: halb zog sie ihn, halb sank er hin — und ward nicht mehr gesehn!

Wir konnten uns kaum von der Stelle losreißen! — Es war spät, recht spät, als wir nach Hause kamen.

Sechster Brief.
Schloß Ferney.

Genf, Juni 1867.

Das Wetter war nach mehreren trüben Tagen heute einmal hell und so schön, daß wir es zu benutzen eilten, und am Mittage durch die liebliche, wohlgepflegte Gegend nach Ferney hinausfuhren, das Voltaire zwanzig Jahre bewohnt und eigentlich geschaffen hat. Ehe er Ferney erwarb, hatte er auf der andern Seite des Sees die Besitzung les Délices zu eigen gehabt, die jetzt einem Herrn Fazy, dem Bruder des bekannten James Fazy gehört.

Voltaire kaufte das Schloß von Ferney im Jahre siebzehnhundertachtundfünfzig und wohnte dort bis zum fünften Februar von siebzehnhundertachtundsiebzig, wo er nach Paris ging. Indeß es war ihm in Paris kein langes Leben mehr gegönnt. Er starb schon am dreißigsten Mai in dem Hause des Herrn von Villette, Rue de Beaune Nr. 1. — Ich setzte die Notiz hieher, weil wir sie in einem eben erschienenen Werke „Voltaire à Ferney" gefunden haben, und nebenher, weil uns dabei ein Artikel über den Tod Voltaires einfiel, den wir im Winter entweder in dem Feuilleton des Observatore di Roma oder in dem Giornale di Roma gefunden hatten, und der an Entstellung der Thatsachen, wie an schmutziger Niedrigkeit des Ausdrucks wirklich das Glaubliche überstieg. Die jedes gebildete Gefühl beleidigende Darstellung dieser Sterbestunden eines großen Dichters und eines sehr universalen Geistes, sollte der Bevölkerung Rom's es zu Gemüthe führen, wie ein Ketzer stirbt, und wie — ja ich muß den Ausdruck brauchen — der größte Geist in seiner Todesstunde unter das Thier hinabsinkt, wenn ihm der rechte Glaube, der Glaube an die alleinseligmachende Kraft der christkatholischen Kirche fehlt. — Es kam uns ein Schauder an, als wir an jenem Tage in Rom uns sagten, auf welchem Boden wir dort ständen, und in den Händen welcher Gewalt man sich im Kirchenstaat befindet — und unwillkürlich mußten wir heute jener Schmähschrift gedenken, als wir durch den freundlichen durch Voltaire berühmt gewordenen Flecken fuhren.

Mit der außerordentlichen Lebhaftigkeit und Thätigkeit, die ihm eigen waren, muß Voltaire eine große Kenntniß der Geschäfte und Lust an ihnen verbunden haben, denn das Schaffen auf praktischem Gebiete ist ihm besser gelungen, als unsern beiden Dichtern, als Göthe und Wieland, die es im vorigen Jahrhunderte auch mit dem Landbesitz und der Landwirthschaft versuchten. Aber Göthe hatte mit Roßla und Wieland mit Osmanstädt nur Noth und Sorge, so daß sie endlich Beide froh waren, sich aus den Verwicklungen herausziehen zu können, während Voltaire sein Ferney zu einem blühenden Orte erhob und in vortrefflichem Zustande hinterließ.

Eine gerade mit Bäumen bepflanzte Straße führt durch das ganze kleine Ferney bis zu dem Schlosse hin. Als Voltaire die Besitzung kaufte, war Ferney nur ein Dorf, das unregelmäßig angelegt, ein altes von vier Thürmen flankirtes Schloß umgab. Indeß Voltaire griff die Veränderungen gleich im Sinne einer wirklichen Kolonisirung an. Er legte die Landstraße an, trocknete Sümpfe aus, und wendete über eine halbe Million Franken auf, um vierundneunzig, mehr oder weniger große, aber durchweg wohlgebaute wohnliche Häuser anzulegen. Er zog geschickte Arbeiter, namentlich Uhrmacher derthin, beförderte eine sorgfältige Kultur des Weinbaues, und errichtete dann am Ende des Städtchens, wo dieses an den Park des Schlosses angrenzt, die kleine, freundliche, hübsch gezeichnete Kirche, deren feines Portal und deren zierlich zugespitzter Thurm, zwischen den ihn umgebenden jetzt sehr mächtigen Bäumen, einen guten Anblick gewähren. Die Inschrift, welche er dieser Kirche gab — ist allerdings sehr Voltairisch! Deo erexit Voltaire stand über dem Portale der Kirche zu lesen, aber es wehte in diesen das Dasein eines persönlichen Gottes allerdings anerkennenden Worten, doch bereits die Luft der folgenden Zeiten, in denen man in Frankreich das Dasein Gottes durch Volksbeschlüsse läugnete oder anerkannte, wie das Volksbewußte und die Staatsraison es eben begehrten und erheischten.

Das Chateau de Ferney blieb auch zu Voltaire's Zeiten von seinen vier Thürmen flankirt. Jetzt ist nur von einem derselben noch ein Ansatz an dem jetzigen vielfach umgebauten Schlosse übrig, das außer dem Erdgeschoß nur noch ein Stockwerk hat. Die Hauptfront des Schlosses ist gegen Westen gelegen und neun Fenster breit, die Mittagseite hat fünf Fenster. Ein wohlgepflegter Garten mit köstlichen alten Bäumen, mit schönen Grasplätzen, breitet sich gen Westen vor dem Hause aus, und schließt gegen Süden mit einem jener ganz von Laub überwölbten Bogengänge ab, die im vorigen Jahrhundert allgemein beliebt und üblich waren, und die selbst in der größten Mittagshitze kühl und schattig sind. Nur hier und da gestattet der Laubengang einen Durchblick auf die Gegend — aber auf welche Gegend! An der Mittagsseite des Schlosses und des Gartens, unterhalb des Laubgangs, fällt das Terrain plötzlich ziemlich tief und jäh hinab. Diese natürliche Senkung hat man zur Anlage von Terrassen und von Weinbergen benutzt. Eine Treppe führt von dem Garten zwischen Weinbergen nach den Feldern hernieder, so daß die Anlagen, wie bei den englischen Parks sich allmählich in das Freie verlieren und mit der Gegend in natürlichem Zusammenhange bleiben.

Trotz der vielen Umgestaltungen, welche das Schlößchen erlitten hat, ist man darauf bedacht gewesen, Voltaire's Salon und Schlafzimmer wenigstens räumlich in der Gestalt zu erhalten, in denen er sie bewohnt hat, und sie zeugen für die mäßigen und verständigen Ansprüche, welche man damals an eine Wohnung selbst in einem Schlosse machte, da Voltaire ein reicher Mann war und in diesem Schlosse, das auf eine große Geselligkeit eingerichtet war, eine so ausgedehnte Gastfreiheit übte, daß er selber sich l'aubergiste de l'Europe zu nennen pflegte. Sein Hausstand umfaßte mit seinen Arbeitern und Gästen in der Regel dreißig Personen, und er hatte für seine Wirthschaft und seinen persönlichen Gebrauch zwölf Pferde in seinen Ställen. Dafür erscheint der Aufwand von zehntausend Livres, etwa dritthalb tausend Thalern, den jenes Werk über Voltaire und Ferney, als Voltaire's durchschnittlichen Verbrauch für seinen Haushalt angibt, sehr gering, selbst wenn man in Anschlag bringt, was einem Gutsbesitzer in seine Wirthschaft hineinwächst; und der Werth des Geldes muß also danach in jener Zeit sehr viel größer oder die Ansprüche an das Leben müssen selbst in den Bereichen, denen Voltaire angehörte, weit bescheidener gewesen sein, als jetzt. Es wird aber vielleicht Beides der Fall gewesen sein.

Der Empfangsaal ist nur klein. Er liegt zu ebener Erde, so daß er zugleich das Gartenzimmer bildet, und ist nur vierzehn Schritte tief und etwa zehn Schritte breit, bei einer Höhe von vielleicht zehn, eilf Fuß. Ob hier die alte Tapezierung oder die Möbeln, welche Voltaire benutzte, noch erhalten werden sind, ist zweifelhaft. Sein ganzer Besitz ging als Erbe auf seine Nichte, Madame Dénis über, der er, außer Ferney, ein Vermögen von sechsmalhunderttausend Franken und eine Rente von hunderttausend Franken hinterließ, was sie jedoch nicht hinderte, kaum ein Jahr nach ihres Onkels Tode, das von ihm geschaffene und ihm so werthe Ferney an einen Herrn von Villette für zweimalhundertfünfzigtausend Franken zu überlassen. Herr von Villette, den keine Pietäts-Rücksichten an diese Erwerbung knüpften, verkaufte sofort einen Theil des Grundbesitzes; und selbst der größte Theil von Voltaires Möbeln soll gleich damals gegen beträchtliche Summen in die Hände seiner zahllosen Verehrer gewandert sein. — Dafür ließ aber Herr von Villette, entweder um die Manen Voltaires zu versöhnen oder um die Besucher von Ferney zu entschädigen, in dem kleinen Salon, von einer Art von Töpferwaare ein sogenanntes Monument errichten, das noch heute steht, und halb wie ein Kamin, halb wie ein

Ansatz zu einem verunglückten Kachelofen aussieht. Eine Todtenurne und ein Relief, die Beide gar nicht zopfiger gedacht werden können, haben die Inschrift: Son esprit est partout, son coeur est ici! — und darüber stehen, wie wenn der Anstifter dieses abgeschmackten Denkmals sich vor den Besuchern von Ferney, als von seinem Gewissen und von Voltaire freigesprochen habe darstellen wollen, die Worte zu lesen: „Mes manes sont consolés puisque mon coeur est aumilieu de vous!"

An den Saal stößt das sehr kleine Schlafgemach. Dem Bette gegenüber hängt ein großes, banales Portrait der Kaiserin Katharina, über dem Bette ein Bild Le Cain's, des Schauspielers, dessen Kunst Voltaire die Darstellung seiner Werke anvertraute. Das interessanteste Bild in dem Zimmer ist jedoch ein Aquarell-Portrait von Voltaire selbst. Ob dies ächt ist, haben wir nicht ermitteln können. Wir haben vergebens nach einem Namenszuge oder nach einer Jahreszahl auf dem Bilde gesucht — aber selbst wenn es nur eine Schöpfung der Phantasie sein sollte, würde es bedeutend sein — so bedeutend, wie Adolf Menzel's Portrait des jugendlichen Königs Friedrich des zweiten von Preußen, in der bekannten Tafelrunde zu Potsdam.

Ich erinnere mich nicht, jemals ein Jugendbild von Voltaire gesehen zu haben, ja kaum Eines, das ihn nicht über die Höhe des Mannesalters hinaus darstellte, und doch ist es ganz unmöglich, daß Jemand in seiner Jugend schon die durchgearbeiteten Züge des Alters gehabt, oder daß irgend einem Kopfe, selbst bei der schärfsten Anlage seiner Formen, von jeher die Weiche und Glätte junger Jahre gefehlt haben sollte. Ist dies Jugendbild Voltaire's in Fernay erfunden — und man muß dies fast glauben, da es kaum anzunehmen ist, daß Madame Dénis ein so unschätzbares Portrait werde haben in die Hände des Gutskäufers übergehen lassen — so ist jedenfalls der Maler, der es gemacht hat, ein geistreicher Künstler gewesen. Das Bild, ein Oval von etwa zwei ein halb Fuß hoch, bei entsprechender Breite, ist ein Kniestück und zeigt den Dichter im Alter von vielleicht dreißig Jahren, in der Bewegung eines rasch fortschreitenden Menschen, der plötzlich stehen bleibt und sich umwendet. Das läßt die Gestalt und den Kopf sehr lebendig und frisch erscheinen, und die äußerst geistreichen, dunkeln Augen, die schmale, hohe Stirn und die ganze Unregelmäßigkeit der Gesichtsformen — die in der Mitte eingebogene, nach der Spitze sich verbreiternde Nase, der große aber scharf geschnittene Mund mit dem satyrischen Lächeln, geben dem Bilde einen Ausdruck originellster Wahrheit. So kann, so muß Voltaire in jungen Jahren ausgesehen haben, so keck herausfordernd muß er dagestanden haben; denn mit solchem Geiste und mit solch lebhaftem Muthe, unternimmt man die Vertheidigung der Unterdrückten; und schließlich kann es eigentlich einem genauen Physiognomen kaum fehlen, sich aus dem Greisenkopfe eines Menschen sein Jugendbild heraus zu lesen. Ich habe mich heute am Nachmittage in den Kunsthandlungen vergebens um eine Photographie nach diesem Bilde Voltaire's umgesehen, das, wie gesagt, sehr gut erfunden ist — wenn es nicht wahr ist.

Wir fragten den uns herumführenden und sehr wenig bereitwilligen Diener, ob das Theater noch erhalten sei, auf welchem Voltaire seine Stücke aufführen lassen, und in denen er bisweilen selber mit Le Cain und Mademoiselle Clairon mitgespielt hat. Der Diener verneinte es. Ob es wirklich zerstört worden ist, oder ob der verdrießliche Mensch nur nicht Lust hatte, uns länger Rede zu stehen, möchte ich nicht entscheiden; und doch muß dies Fremdenführer-Amt im Schlosse von Ferney ihm eine hübsche Einnahme bringen, da z. B. mit uns zugleich und nach uns noch mehrere Familien seine Dienste in Anspruch nahmen.

Gegenwärtig gehört Ferney einem französischen Juwelenhändler, der einen Theil des Sommers in dem Schlosse zubringt; und es ist wirklich einer der lieblichsten Landsitze, die man sich denken kann. Schloß und Garten groß genug, sich frei darin zu bewegen, und doch nicht über das Bedürfniß der Familiengeselligkeit und der Behaglichkeit hinaus. Wir konnten uns recht das Leben vorstellen, das hier zu den Zeiten Voltaire's geführt worden war, und wanderten lange in dem Laubenwege auf und nieder, in dem, wie die Sage geht, Voltaire, während er langsam umherging, seinem Sekretair zu diktiren geliebt hat. Das Licht stahl sich nur durch die kleinen Ausschnitte hinein, die man gegen Süden in der Laubwand angebracht hatte. Zahllose Vögel sangen in den dichten Hecken, flogen zutraulich und sicher an uns vorüber, und setzten sich gelegentlich auf den Bänken, unseren Händen greifbar, neben uns nieder.

Während unser holländischer Hauptmann, der ein sehr geschickter Zeichner ist, sich draußen die Kirche skizzirte, saßen wir auf den obersten Stufen der Treppe, die aus dem Garten in die Weinberge hinabführt, und freuten uns an dem schönen Mittage und an der schönen Aussicht. — Die Weinberge waren in ihrem vollen Grün, die Felder unten reiften der Ernte zu, die Sonne brütete mit südlicher Gluth über allem Wachsenden, und die Blumenbeete zu beiden Seiten der Treppe strömten ihren Duft so reich und dankbar aus, daß die Bienen förmlich in Schaaren herbei geflogen kamen, um mit Wollust aus einem Kelche in den andern hinab zu tauchen. — Unten auf der Landstraße fuhr hier und da ein Wagen mit frischem Gras beladen zwischen die Felder hindurch, und in der weiten Rundschau, welche man von dieser Stelle hatte, sah das Auge Nichts als sorgfältigsten Landbau und fröhliches Gedeihen. Drüben schloß die langgestreckte Alpenkette uns den Blick, aber so weit die Vegetation hinaufreichte, reichten auch die Dörfer und die Ortschaften und die weißgetünchten einzelnen Verrathshäuser hinauf; und die Höhen aller anderen Berge weit übertragend, glänzten im Sonnenschein die mit ihrem ewigen Schnee bedeckten Spitzen des Montblanc, als ob sie selbst ein Licht ausstrahlten, aus dem tiefen leuchtenden Blau des Himmels zu uns herüber. —

Zu uns! — Wie viele mochten das an dieser Stelle eben so gesagt haben und eben so empfunden haben, weil wir kurzlebenden Menschen uns des Glaubens an unsere Bedeutung nicht zu entschlagen lernen, ja weil wir ihn eigentlich gar nicht entbehren können, ohne die Kraft zu allem Thun und die Freude an demselben zu verlieren. Und sie sind doch Alle hingegangen: Voltaire selber und die mit ihm gelebt, und alle die Tausende, die nach ihm hierher gekommen sind, sich seiner zu erinnern. Als ich vor zwanzig Jahren hier war, dachte ich nicht daran — jetzt fällt es mir ein. Man muß jung sein, um an die Vergangenheit zu denken, ohne die Vergänglichkeit als einen Schmerz zu empfinden.

Siebenter Brief.
Die Genfer und die Uhrenfabrikation.

Genf, Juni 1867.

Genf ist einer der Orte, in denen Ausländer, welche es Anfangs nur auf einen kurzen Aufenthalt abgesehen haben, sich wie in Heidelberg, in Dresden und in Florenz, häufig völlig niederlassen, und seine Lage und seine Verhältnisse machen es auch zu einem dauernden Verweilen sehr geeignet, wenn man auf das Klima nicht Rücksicht zu nehmen hat. Denn das Klima von Genf ist kein angenehmes. Es ist, wie man sagt, im Hochsommer sehr heiß, dabei der Bise, einem heftigen und im Winter eisigen Winde ausgesetzt, von dem wir selbst in diesen Tagen, in Mitten der warmen Jahreszeit, eine starke Probe erhalten haben. Der Wind war heftig wie am Meer, die Mole am Hafen vollkommen überschwemmt, der Quai des Paquis ein tüchtig Ende nach der Stadt hin, unter Wasser, die Wellen schlugen hoch herunterstürzend von ihrer eigenen Höhe mit lautem Schalle gegen das Ufer, und ein paar von den flachbodigen, mit schweren Steinblöcken beladenen Schiffen, wurden im Hafen vor Paquis von den Wogen umhergeworfen, daß man Respekt vor dem sonst so sanften blauen Wasser des Leman bekam. Die Dampfschiffe hatten ihre Fahrten ganz eingestellt. Sie lagen mit erloschenen Schornsteinen am Jardin Anglais vor Anker, und ein Segelschiff, das sich hinausgewagt hatte und mit dem Winde wie ein abgeschossener Pfeil eine Strecke hingeflogen war, suchte bald genug in einer der Buchten am gegenüberliegenden Ufer eine Zuflucht. — Und doch versichert man uns, daß der heutige Wind, gegen die Stürme des Winters, gegen die eigentliche Bise noire noch gar Nichts sei, und daß die Nebel des Genfer Sees selbst die berüchtigten Rheinnebel noch überträfen.

Diese klimatischen Uebelstände abgerechnet, fühlen die Fremden sich aber in Genf sehr wohl. Freilich vermissen die Deutschen den Zusammenhang mit der Litteratur ihres Vaterlandes, von der in den Buchhandlungen wenig, in den Leihbibliotheken noch weniger zu finden, und wovon obenein die Auswahl gewissermaßen eine zufällige ist. Mit französischen und englischen Büchern ist man aber um so besser versehen, und im Ganzen ist die Zahl der Deutschen, die sich hier ohne einen bestimmten Beruf aufhalten, auch nur gering. Es sind immer viel Ungarn, sehr viel Russen, einige Franzosen und eine kommende und gehende Gesellschaft von Engländern und Amerikanern hier, für welche Genf einen Mittel- und Stationspunkt zwischen England, Frankreich, Italien und Deutschland bildet, zu welchem es auch wie eigens geschaffen ist.

Den Genfer bezeichnen diejenigen, welche ihn kennen zu lernen Gelegenheit hatten, als eine glückliche Mischung der verschiedensten Eigenschaften, und ein Wunder wäre es nicht, wenn in einem Orte, der so wechselnder Beherrschung unterworfen gewesen ist wie Genf, sich durch die Mischung der Racen ein eigenartiger Volksstamm herangebildet hätte. Der Genfer soll französischen Leichtsinn mit deutscher Treuherzigkeit und italienischer Lebhaftigkeit verbinden; vor Allem jedoch nennt man ihn erwerbslustig, unternehmend, genau im Zusammenhalten des Erworbenen und höchst scharfsichtig und verschlagen, wo es seinen Vortheil gilt. Wie man in Italien sagt, „Zwei Juden gehen auf einen Griechen!" — so hat man in der Schweiz das Sprichwort „drei Juden gehen auf einen Genfer!" und neulich hörte ich von unserm Freunde das ebenfalls sprichwörtliche Diktum: si un Genèvois saute par la fenêtre, sautez après lui, il-y-aura quelquechose à gagner! („wenn ein Genfer zum Fenster springt, springen Sie ihm nach, es ist gewiß dabei Etwas zu verdienen.") — Man will den Genfern in der Masse Phantasie und Poesie absprechen, aber Rousseau, Frau von Staël und Rudolph Töpfer sind doch geborene Genfer gewesen, und ich habe eben jetzt wieder in unserer Pension in den Töpfer'schen Novellen, in der Voyage en Zigzag, der Voyage autour de ma chambre, geblättert, und dieselbe geistreiche Anmuth, dieselbe gute und satyrische Laune darin wiedergefunden, wie vor jenen fünfzehn Jahren, wo ich sie zuerst bei und durch Therese von Bacheracht kennen lernte. Daß der Genfer gute Formen im Umgang habe, sich ungewöhnlich gut ausdrücke, auf ein scherzendes Wort schnell mit einer scherzenden Antwort zur Hand sei, das haben selbst wir schon bemerken können, wenn wir bei unserm Hin- und Hergehen in den Straßen und vor den Thoren mit Handwerkern oder mit Kindern gesprochen haben, und diese Cultur des Volkes ist erklärlich, wenn man bedenkt, daß es seit Jahrhunderten gute Schulen gehabt hat und sich in seiner republikanischen Verfassung von jeher zur Selbstregierung, zur Selbstbestimmung und damit zum Selbstgefühl gewöhnt hat.

Gestern ging ich gegen den Abend hin, nachdem es den ganzen Tag schwül und regnig gewesen war, ohne Begleitung, noch ein Wenig aus, um Luft zu schöpfen, und hielt mich diesmal in den am rechten Ufer des Sees aufsteigenden Straßen des alten Genf. Dabei suchte ich einen Buchbinder, und da ich einen solchen nicht gleich finden konnte, wendete ich mich an einen Knaben und fragte ihn um Auskunft. Es war ein Bursche von etwa fünfzehn Jahren, der Kleidung nach ein Handwerkslehrling. Er trug ein mäßiges Pack unter dem Arme, und schickte sich auf meine Frage sofort an, mich zu einem Buchbinder hinzuführen. Während wir gingen, bemerkte ich, daß er sich ein paar mal mit der Hand nach der Wange fuhr. Haben Sie Zahnweh? fragte ich. Oh oui Madame! gab er zur Antwort, et ces malheureuses douleurs ne me quittent ni jour ni nuit! — Ich stand darauf an, ihn weiter mitzunehmen: mais pourquoi donc Madame! ça ne peut pas m'empêcher de Vous être agréable! sagte er schnell und freundlich, und Miene, Ton und Ausdrucksweise standen bei dieser liebenswürdigen Antwort in vollkommenstem Einklang. Diese guten gebildeten Formen und solche Gefälligkeiten kommen uns hier aber überall entgegen, wo wir mit den arbeitenden Ständen zusammen treffen.

Unter den Arbeitern sollen die Uhrmacher die gebildetsten und tüchtigsten sein und gleichsam eine Aristokratie der Arbeiter bilden, in welcher die arbeitenden Frauen eine große Stelle einnehmen; wie denn überhaupt in Genf die Erwerbthätigkeit der Frauen sehr bedeutend sein soll. Im Ganzen sind etwa dreitausend Arbeiter und Arbeiterinnen in der Uhrenfabrikation beschäftigt, und es werden jährlich über hunderttausend Uhren in Genf verfertigt. Mehr als fünfzig Uhrmacher und siebenzig Juweliere arbeiten Jahr aus Jahr ein für diese Fabrikation, und nach unserm Handbuch sollen in guten Jahren fünf und siebenzigtausend Unzen Gold, für fünftausend Mark Silber und für eine Million Franken Edelsteine, für die Uhrenfabrikation verwendet werden. Ein Komité von Werkmeistern, das einen Syndikus an seiner Spitze hat, ist von der Regierung dazu eingesetzt, die Aechtheit und Güte des Materials und die Solidität der Arbeit zu prüfen, und eben so wie in Rom, wird in Genf nur achtzehnkarätiges Gold verarbeitet, was den Preis der Goldarbeiten gegen andere Städte, in denen man auch weit stärker legirtes Gold verwendet, hier wie in Rom beträchtlich erhöht. Zufällig haben wir einen der ersten Beamten der berühmtesten Uhrenfabrik, des Hauses Patek, Philipp et Comp. kennen lernen, und noch gestern eine Taschenuhr im Werthe von dreitausend Franken gesehen, die für Amerika bestimmt war. Sie hatte auf dem Zifferblatte zwei Stundenscheiben, so daß man an der einen die Zeit der Heimath festhalten und auf der anderen Scheibe der Zeit seines jeweiligen Aufenthaltes folgen konnte; daneben gab sie die Viertel Sekunden an, was für mein Auge und meine Phantasie geradezu etwas sehr Quälendes hatte. Der kleine Viertelsekundenzeiger bewegt sich mit der stoßenden Heftigkeit, mit welcher Wasserspinnen hinschießen, und während man ihm mit dem Blick kaum folgen kann, zählt er uns mit unerbittlicher Härte die Kürze unseres Daseins in allerkleinsten Theilchen in sichtbarer Flüchtigkeit vor. Es würde mir, glaube ich, meine ganze Ruhe nehmen, wenn ich verdammt wäre, mit einem solchen Viertelsekundenzeiger in demselben Zimmer leben zu müssen. Ich war ordentlich froh, als der schwere Golddeckel wieder darüber zuklappte und das rastlose memento mori mir nicht mehr vorüberhuschte.

Die Werkstätten der Patek'schen Fabrik befinden sich in den obern Geschossen des Hauses, in welchem am Grand Quai 22, zu ebener Erde das Verkaufslocal des Geschäftes ist; und ich bin mit jenem jungen Beamten von Arbeitsraum zu Arbeitsraum gegangen, und habe gesehen, welche Sorgfalt darauf verwendet werden muß, einer Uhr die Genauigkeit zu geben, die sie werthvoll macht. Am Auffallendsten tritt das bei den Chronometern hervor, die in eigens konstruirten Maschinen der Hitze und der Kälte ausgesetzt werden, um die Zähigkeit — oder soll ich es Widerstandskraft nennen? — ihrer einzelnen Theile und ihrer Federn zu bewähren; und man hat mir dann nachträglich auch noch wahre Kunstwerke von Uhren, in Bezug auf die Form und den Reichthum der Fassung gezeigt. Die kleinsten Uhren haben etwa die Größe eines preußischen halben Groschens. Ich habe solche in Siegelringen, in kleinen herzförmigen Kapseln, als Berloques an Armbändern und Ketten, kurz in der verschiedensten Verwendung gesehen. Es waren prachtvolle Schmucksachen und daneben eine Menge von Spieldosen u. s. w. in dem Magazine vorhanden. Selbst das „singende Vögelchen" über der Spieldose, das in der Londoner Ausstellung so sehr bewundert worden war, fehlte hier auch nicht, und drehte bei lustigem Flügelschlag und fröhlichem Lerchengesang sich und sein Köpfchen munter hin und her. Der Vergleich mit einem ähnlichen kleinen Uhrwerk, mit einem singenden

Vögelchen aus dem vorigen Jahrhundert, das daneben aufgestellt war und seiner Zeit für ein non plus ultra gegolten hatte, fiel glänzend für den Fortschritt der jetzigen Uhrmacherkunst und Technik aus.

Ueber dem Magazine von Patek, der seiner Zeit als armer polnischer Flüchtling nach Genf gekommen ist, prangen die Nachbildungen all der Preismedaillen, welche das Haus in den verschiedenen Ausstellungen davon getragen hat; dafür haben sie aber keine Schaustellung am Fenster und selbst keine solche in dem Magazine, dessen dunkel tapezierte Wände und elegante, geschlossene Schränke dadurch etwas Stilles, Feierliches bekommen. Das Haus fabrizirt keine Stehuhren, sondern nur Taschenuhren, ist aber für diese jetzt, wie man mich versichert, die erste und die berühmteste Firma, und hat namentlich einen großen Absatz werthvoller Uhren nach Amerika. Herr Teichmann, der mich herumzuführen die Güte hatte, ist, wie der Chef des Hauses, auch ein polnischer Emigrant und ein Mann, von so vielseitiger Bildung und so großer Energie, daß auch ihm sicherlich, auf die eine oder die andere Weise, eine bedeutende Zukunft vorauszusagen ist.

Achter Brief.
Noch einmal die Genfer und eine Lehranstalt aus der Reformationszeit.

Genf, im Juni 1867.

Ich sprach gestern eine Engländerin, die des Lobes der Genfer und der Genfer Gesellschaft voll war. Als ich ihre Aeußerungen am Abende gegen einen in Genf lebenden französischen Kaufmann wiederholte, meinte er, das sei kein Wunder; denn die Engländer begegneten in der Genfer Gesellschaft Elementen, welche ihren eigenen Vorurtheilen schmeichelten. „Die Genfer sind demokratische Aristokraten, sagte er, und in jenen Kreisen, auf welche der Prinz von . . . das spottende Wort angewendet hat: „ils se croient des aristocrats parceque depuis deux cent ans leurs ancêtres ont fabriqués des montres" kommt den Engländern ein protestantischer Pietismus entgegen, der ihrer heimischen Kirchlichkeit sehr nahe verwandt ist. Wenn Sie Genf mehr kennen lernten, würden Sie sehen, wie hier zwei ganz bestimmte Strömungen ohne einander zu hindern neben einander laufen, und wie die hiesige politische Freiheit ebensowohl der freien wissenschaftlichen Forschung als der strengen Kirchlichkeit ihren Spielraum läßt. Die beiden gelehrten Institute von Genf, die Akademie von Genf und das Institut, können bis zu einem gewissen Grade dafür als ein Zeugniß und als die Vertreter der beiden von einander abweichenden Richtungen gelten.

Die Akademie hat unter ihren ausgezeichneten Gelehrten viel aristokratische und kirchlich gesinnte Männer, während in dem Institut de Genève neben den angestellten Gelehrten und Professoren auch nicht studirte Männer Mitglieder sind." — Das Institut ist eine freie Vereinigung zum Zweck der gegenseitigen Aufklärung und zur Verbreitung des Wissens überhaupt, und es will mir scheinen, als hätte es in seinen Zwecken und Bestrebungen Aehnlichkeit mit unsern deutschen polytechnischen Gesellschaften, nur daß das Institut nebenher zugleich eine wirkliche Lehranstalt mit besoldeten Professoren besitzt.

Wenn man auf solche freie wissenschaftliche Vereinigungen wie das Institut von Genf hinblickt, und wenn man hier in Genf die großen Neubauten sieht, welche gegenwärtig auf der Place neuve gegen Plainpalais hin, zur Aufnahme der höheren Lehranstalten unternommen werden, fällt es um so mehr auf, von welch beschränkten und pedantischen Anfängen die Wiederbelebung der Wissenschaft zur Renaissance- und Reformationszeit ausgegangen ist, und in welchen Räumen die Jugend damals ihren Unterricht empfangen hat. Ein melancholischeres Gebäude als das aus dem fünfzehnten Jahrhundert stammende Collège, das noch heute die jungen Genfer in sich aufnimmt, ist gar nicht zu erdenken. Es ist hinter der Bibliothek im obern Stadttheile auf einem großen Platze gelegen, den es mit seinen drei Flügeln umgiebt, während die vierte Seite offen ist und eine schöne Aussicht bietet. Aber die zweistöckigen Gebäude sind ohne Unterbau, das Erdgeschoß ist wirklich ein „Erd"-Geschoß, die Zimmer in demselben sind so finster, so niedrig, daß der Genfer Jugend das neue Collège, das man jetzt errichtet, allerdings dringend nöthig thut. Der Mittelbau des gegenwärtigen alten Collège hat eine Art von Balkon, der wohl bei feierlichen Gelegenheiten benutzt werden mag, der aber vollkommen wie ein Katheder oder wie eine Kanzel aussieht. Höher verstieg die Phantasie jener Tage sich eben nicht! Als ich neulich gegen den Abend hin den Platz noch einmal besuchen wollte, um von dort in die Stadt hinunter zu sehen, fand ich von beiden Seiten die Zugänge zu dem Collegienhofe geschlossen. Das wird also wohl auch noch eine Verordnung aus dem fünfzehnten Jahrhundert sein.

Es existirt übrigens noch ein altes, ebenfalls von dem schon früher erwähnten Dr. Eduard Fick neu herausgegebenes Unterrichts-Reglement oder Schulprogramm, wie es in den Tagen der beginnenden Reformation, in einem andern der Genfer Collegien, in dem Collège de Rive festgestellt und ausgeführt werden ist.

Das Collège de Rive war einst von dem Genfer Syndikus François de Versonex als erste gelehrte Schule von Genf errichtet werden, und das Gebäude, welches er zu diesem Zwecke, nahe bei dem Kloster der Cordeliers de Rive erbauen ließ, von welchem das Collegium seinen Namen entlehnte, ist zum Theile noch in dem alten Gemäuer an der Ecke der Rue de Rive enthalten. Dies alte Collège de Rive war als katholische Lehranstalt in den Unruhen der Reformation in Verfall gekommen, bis Farel, der Vorgänger Calvins, nebst zwei andern Geistlichen, bei dem Senate von Genf auf die Erneuerung der Anstalt antrug, um in ihr eine Schule und Vorbereitung für die protestantisch theologischen Studien zu gewinnen.

Obschon nun die kirchliche Umwälzung, welche sich in jenen Tagen vollzog, auf den Boden der freien Forschung gebaut war, so erhielten die Gesetze und der Lehrplan für dies protestantische Colleg doch noch einen ganz klösterlichen und ganz beschränkten Charakter in dem gelehrten Schulzwang, in der geistigen Reglementirung und Dressur, mit denen der neugeborne Protestantismus seine Zöglinge auf den Weg der Forschung zu führen und ihnen die Liebe für die Wissenschaften beizubringen trachtete. Es kommt Einem ein nachträgliches herzhaftes Erbarmen mit all den armen, längst zu Staub gewordenen Knaben und Jünglingen an, deren schönste Jahre in solcher gelehrten Abrichterei hingegangen sind, und man fragt sich, wie dabei auch nur ein Funke von Geist in ihnen habe lebendig bleiben können. — Es wird allerdings in der „Ordre et Manière d'enseigner en la Ville de Genève au Collège de Rive" verheißen, wie die Meister und Lehrer des Collegs die größte Sorgfalt darauf verwenden werden, ihre Zöglinge den Eltern sehr wohl unterwiesen, sowohl in Gelehrsamkeit als in guten Sitten, nach Hause abzuliefern. Die Eltern, welche Kinder haben, werden also ermahnt, „die Gelegenheit nicht zu versäumen und ihre Kinder nicht des großen Vortheils, welchen diese Schule darbietet, zu berauben, da die Kinder durch Gelehrsamkeit große Ehre und persönlichen Vortheil erlangen, und ihrem Vaterlande großen Vorschub für das allgemeine Wohlergehen damit leisten können." Es sei gar nicht zu ermessen, heißt es, „was die Wissenschaft jedem Einzelnen in seinen Privatgeschäften für Vortheil bringen möge, und anderseits sei es höchst wichtig, daß Viele sich dem Studium hingeben, damit im Staate die Polizei, die Regierung, der gegenwärtige Stand der Kirche, und schließlich auch die Humanität unter den Menschen ausgebreitet und erhalten werde."

Damit das Alles aber geschehen möge, werden die Kinder „in den drei vortrefflichsten Sprachen, in Griechisch, Lateinisch und Ebräisch — und daneben auch in Französisch (das beiläufig die Muttersprache ist) unterrichtet, „welche Sprache nach dem Urtheil gelehrter Leute durchaus nicht zu verachten ist." Auf daß man „aber nicht glaube, es werden nur schöne Redensarten gemacht" und nicht wirklich drauf losgelehrt was Zeug halte, berichtet das Programm, daß der Unterricht des Morgens um fünf Uhr anfängt und bis zehn Uhr dauert, um welche Stunde zu Mittag gespeist wird. Nach dem Essen müssen die Kinder hersagen, was am Morgen gelesen worden, und die Wortbedeutung und Grammatik werden dabei erklärt. Zwei und eine halbe Stunde täglich werden die Schüler mit Fragen examinirt. Wenn die Abend-Fragestunde vorbei ist, versammeln sich sämmtliche Schüler in dem großen Saale und eines der Kinder sagt stehend die Gebote Gottes, das Vater unser und die Glaubensartikel in französischer Sprache her, dann wird das Abendbrod gegessen. Ehe man aber zu Tisch geht, liest immer noch einer französisch ein Kapitel aus der Bibel vor. Bei den Mahlzeiten citirt Jeder nach seiner Fähigkeit eine Sentenz in einer der im Colleg gelehrten Sprachen. Wenn man abgegessen hat und das Tischgebet gesprochen worden, nehmen die Schüler, („weil es dem Körper ebenso wie dem Geiste schädlich ist, gleich nach dem Essen zum Studium zurückzukehren") je nach ihrer Wissenschaft und ihrem Vergeschrittensein, die Bücher der heiligen Schrift, jedoch immer in verschiedenen Sprachen zur Hand, und damit sie doch auch etwas Heiterkeit haben, legt der Lehrer „gleichsam die gewohnte Gravität ab" und setzt ihnen Wort für Wort den Text z. B. aus dem Lateinischen in das Französische, auseinander, worauf sie es zurück übersetzen. Und Morgens und Abends wird Gottesdienst gehalten. „So daß nicht eine einzige Stunde in dem ganzen Tage ist, die — wie es ausdrücklich hervorgehoben wird — nicht mit irgend einer wohlanständigen und ehrbaren Beschäftigung ausgefüllt würde!"

Von einer Erholungsstunde, von einem Spaziergang, von körperlicher Uebung, ist in dem ganzen Programm kein Wort zu finden. Dafür aber giebt es täglich zwei Predigten in der Stadt und Sonntags fünfe, und dieselben sind so vertheilt, daß, wer Lust hat und viel vertragen kann, Sonntag alle fünf Predigten hinter einander hören gehen und zu sich nehmen kann — und — Ich sah sie immerweg vor Augen, die blassen, armen Jungen bei der fürchterlichen Lernerei, in der noch das ganze mönchische Klosterleben steckt — ich sah sie hinwegschielend über ihre alten in Pergament gebundenen Schwarten, nach dem Stückchen blauen Himmel, das in ihre verstaubten, trüben Fensterscheiben hinfiel, und hinhorchen auf das Zwitschern eines Sperlings, auf das Krächzen einer Krähe, als auf die einzigen Vögel, die sie zu hören und zu sehen bekommen haben werden; denn ein Buchfink oder eine Amsel haben viel zu freie Seelen und viel zu viel Verstand, um sich in solche Mauern hinein zu wagen. Und ich begriff es dem Programme gegenüber doppelt gut, wie die Jugend

im Mittelalter blindlings und ungestüm hinter dem ver-
rätherischen Spielmann, hinter dem Rattenfänger von
Hameln hergelaufen ist, weiter und weiter aus den engen
Häusern und Straßen hinaus, jedem lustigen Klange nach,
in die Ferne hinaus — und zuletzt hinein in des Wassers
kühle verlockende Fluth — nur um fort zu kommen aus
der „Mauern quetschender Enge" aus des Wortkrams er-
tödtendem Bann! —

Solche Schilderungen muß man lesen, oder man
muß sehen, wie auch jetzt noch die Zöglinge der römischen
Klosterschulen paarweise durch die Straßen geführt werden,
wie sie mit den Brevieren in der Hand spazieren gehen,
um voll und deutlich zu empfinden, welch einen Segen
unsere Zeit in der freien Entwicklung der Jugend besitzt,
und um es zu verstehen, wie die große Rohheit des deutschen Studentenlebens im sechszehnten und siebzehnten Jahrhundert nur der natürliche Rückschlag des klösterlichen
Zwanges gewesen ist, weil die arme des Lebens in Natur
und Freiheit völlig ungewohnte Jugend nicht Maaß zu
halten wußte im Genuß. Es muß auch wirklich eine Lust
gewesen sein, aus der knappen düstern Scholarentracht in
das farbige luftige Wamms des Studenten überzugehen,
Sporen und Degen statt der Schulglocke erklingen zu
hören, mit der Feder auf dem Hute durch die Städte und
durch die Welt zu ziehen, die frische Morgenluft und den
kühlen Abendwind um die offene Brust spielen zu lassen,
die so lange nur die modrigen Dünste der alten Kloster-
mauern eingeathmet hatte — und des ewigen befohlenen
Betens müde, einmal nach Herzenslust und freiem Antrieb
die Jugend und die Liebe und den Wein zu singen —

und mit einem Fluche drein zu fahren, nur um sich selbst
es zu beweisen, daß man frei sei. — Zusammenhangloses
ist in der Entwickelungsgeschichte der Menschheit eben
Nichts — und vor diesem Lektionsplan des Collège de
Rive habe ich die studentische Rohheit der verwichenen Jahrhunderte verstehen — ich möchte sagen — verehren und
lieben lernen.

Neunter Brief.
Das Musée Rath und Erinnerungen an Calvin.

Genf, im Juni 1867.

Die Genfer Museen sind nicht bedeutend, wenn man sie mit den Sammlungen der großen europäischen Hauptstädte vergleicht. Das gilt sowohl von dem naturhistorischen Museum, das zur Universität gehört, als von der Bilder- und Abguß-Gallerie, dem Musée Rath, welches sich hauptsächlich aus den Sammlungen eines General Rath zusammensetzt, die von seinen Erben der Stadt geschenkt worden sind. Aber daß eine Stadt wie Genf aus ihren eigenen Mitteln eine Universität, Naturhistorische und Kunst-Museen haben kann, das spricht für den Reichthum und für die zweckmäßige Selbstregierung einer solchen Stadt; und für uns gewann das naturhistorische Museum noch dadurch eine besondere und große Bedeutung, daß Professor Vogt in seiner Freundlichkeit sich herbeiließ, uns das Museum selbst zu zeigen und uns namentlich den Theil der Sammlung, welcher sich auf die Zeit der Pfahlbauten und die ersten menschlichen Culturstufen bezieht, mit dem Lichte seines Geistes und Wissens zu beleuchten. Nicht was man sieht, sondern wie man sieht, darin liegt das Fördernde, und für den Laien in der Wissenschaft ist das Besehen von wissenschaftlichen Museen in der Regel äußerst unfruchtbar, wenn ihn nicht die Erklärung eines Fachgelehrten über die Verwunderung und das Anstaunen hinweg, zu einem verhältnißmäßigen Verständniß führt.

In den vier Räumen des Musée Rath waren wir dafür um so heimischer. Die Abgüsse einer Anzahl von Antiken kommen der Kunstbildung der Stadt, da das Museum zweimal in der Woche, Donnerstag und Sonntag unentgeltlich geöffnet ist, zu gute; und obenein liegt für die Genfer Jugend sicherlich etwas Anspornendes darin, daß die besten Original=Werke des Museums, sowohl in Bildhauerei als in Malerei, Arbeiten von Genfer Künstlern sind. Die Vorhalle und das Kabinet zur Linken enthalten neben der Büste Pradier's, der, obschon er immer unter die französischen Bildhauer gezählt wird, in Genf geboren ist, eine Reihe von Abgüssen nach seinen Werken, unter denen einige ganz vortrefflich sind. Die Hauptstücke der Gallerie stammen ebenfalls von Genfern her. Es sind Calame's herrliche Landschaft, der Wald an der Handek und drei andere Landschaften von Diday: ein Waldsturm, der Wasserfall an der Sallenche, und ein Schweizerdorf am Brienzer See. Außerdem sind noch eine Reihe von Pastell=Portraits von dem Genfer Maler Lietard und die historischen Bilder des ebenfalls in Genf heimischen Malers Joseph Hornung bedeutend und sehenswerth. Von Lietard ist das Selbstportrait vorhanden, das auch in Dresden von ihm existirt, dann verschiedene Bildnisse seiner Frau, seiner Anverwandten und anderer Personen, unter denen sich auch ein schönes Portrait der Kaiserin Maria Theresia befindet. Ein wahres Meisterwerk aber ist das Bild von Madame d'Epinay, der Freundin und Beschützerin Rousseau's, das eben, weil es ein so vollendetes Portrait ist, zu einem historischen Bilde wird. Die Art und Weise, mit welcher Madame d'Epinay sich anmuthig und lässig in ihren Sessel gelehnt hat, der lächelnde, geistreich fragende Blick der dunkeln etwas geschlitzten Augen, die Unregelmäßigkeit der Gesichtsformen; die halbe Schönheit, die mit der halben Toilette, die „chiffonirten" Züge, die mit dem chiffonirten Anzuge, mit dem blaßblauen Kleide, dem fichu à la paysanne und dem Fanchon-Häubchen eine völlige Harmonie haben, die halbentblößten Arme, der halbverhüllte Hals, dies ganze Gemisch von Natur und Kunst, von Vornehmheit und Freiheit, charakterisiren ganz wundervoll eine jener großen Damen, die wie Beaumarchais' Gräfin, es nicht allzu schwer oder allzu bedenklich finden, mit ihrer Zofe gelegentlich die Rolle zu tauschen, und die — immer auf dem halben Wege zwischen Tugend und Laster, zwischen Sündigen und Bereuen — eben so gut sich in die Arme des Königs hinaufschwingen, als sich an die Brust des Uhrmachersohnes werfen konnten. — Liotard's Portrait von Madame d'Épinay kann man nicht leicht vergessen, wenn man es einmal aufmerksam betrachtet hat, und es zieht den Blick auf sich, so wie man nur in seine Nähe kommt. —

Die drei Bilder von Hornung haben etwas Eigenthümliches in der Komposition und Farbe. Das eine stellt Bonivard, den Prior von St. Victor, den Gefangenen von Chillon, im Gefängniß dar. Eine einzelne Gestalt, Kniestück, in dunkler Kleidung, den kräftigen, von Kerkerluft gebleichten Kopf ein wenig gegen das Licht erhoben, das von oben in das Bild hineinfällt. Die Darstellung ist so einfach und der Vortrag so schlicht, wie in den guten Einzelfiguren von Ary Schäffer und Paul de la Roche, wenn schon die Meisterschaft dieser beiden großen Maler von Hornung nicht erreicht ist. Man sagte uns, daß der Gefangene von Chillon und das zweite der großen Hornung'schen Bilder, Katharina von Medici vor dem Haupte Colligny's, welches ein Gewappneter auf einer silbernen Schüssel in ihr Gemach getragen und vor ihr auf dem Tische niedergestellt hat, frühe Arbeiten des Malers seien. Aber sie haben Beide etwas Ergreifendes in ihrer Innerlichkeit. Die Gestalten sind in sich selbst versenkt, als wären sie ohne jeden Gedanken an den künftigen Betrachter des Bildes gemalt, und darin beruht eben ihre Wirkung. Das scharfe Profil der matronenhaften Königin, die Ruhe, mit welcher sie vor uns sitzt, der feste, prüfende Blick, mit dem sie anscheinend unbewegt auf dem blutigen, bleichen Haupte ihres überwundenen Gegners verweilt, während ein geheimer Schauder sie zurückhält, den Finger, den sie erhoben hat, noch eine Linie weiter auszustrecken, so daß er tastend die Todeskälte in dem Antlitz des Hingemordeten empfinden könnte, sind außerordentlich wahr ausgedrückt. Weniger als diese beiden Bilder wollte uns das dritte Bild, Calvin auf seinem Sterbebette, zusagen, obgleich es das bekannteste der hier vorhandenen Hornung'schen Gemälde, und in Deutschland durch zahlreiche Photographien und andere Nachbildungen bekannt ist. Das Bild ist kleiner als die andern und hat eine Menge von Figuren: Die Mitarbeiter Calvin's, Theodor Beze, Farel u. s. w. stehen dem Lager zunächst und stützen den hohläugigen und von Arbeit und Leiden abgezehrten Reformator, der sich noch einmal emporgerichtet hat, seinen zahlreich herbeigeströmten Anhängern die Bewahrung seiner Lehre an das Herz zu legen. Die Köpfe dieser Männer von Genf, ihre

Stellungen, ihr Ausdruck, sind zum Theil sehr markig, die Reformatoren sind Portraits, aber es ist etwas flaches in der Gruppirung, die Masse wirkt nicht als solche, es sieht aus, als ob in der perspektivischen Anordnung irgend wo ein Fehler wäre, und der Kopf Calvin's ist, wahrscheinlich durch seine Naturähnlichkeit, hart bis zum Abstoßenden.

Der Einwirkung Calvin's auf den Genfer Volkscharakter nachzugehen, ist mir sehr anziehend, aber ein wirklich unparteiisch und mit historischer Kritik geschriebenes Leben dieses Reformators und eine ebenso behandelte Geschichte der Genfer Reformation sind, wie man mir sagt, noch nicht vorhanden. Ein Leben Calvin's von Bungener, das ich in der Hand gehabt habe, und die Histoire de l'Eglise de Genève von Pastor Gaberel, sind von einem kirchlichen, den Reformator apotheosirenden Standpunkte geschrieben, und gehen, wie mir scheint, über die fanatische Grausamkeit Calvin's, die in ihrem Pedantismus vielfach an seinen Landsmann Robespierre erinnert, mit sanft ausgleichender und vertuschender Hand hinweg. Die neuen und sehr eingehenden Untersuchungen, welche ein Genfer Akademiker, Dr. Galiffe, über einzelne Akte aus dem Leben Calvin's gemacht und veröffentlicht hat, kenne ich bis jetzt noch nicht.

Was Calvin, dem ein großes und edles Wollen sicherlich nicht abzusprechen ist, neben der Befreiung der Kirche von der Abhängigkeit von Rom, und neben der Reinigung und Vereinfachung der Lehre offenbar vor allem Andern beabsichtigte, war die allgemeine Versittlichung der Menschen. Darin traf er mit seinem großen Vorgänger

Fra Girolamo Savonarola zusammen, und Beiden kam es zu Gute, daß ihr nächster Wirkungskreis ein beschränkter, eine verhältnißmäßig kleine, von keinem Könige beherrschte, sondern sich selbst bestimmende Gemeinde war. Was Savonarola in Florenz und Calvin in Genf für die Versittlichung der Bürgerschaft geleistet haben, würden sie nicht zu leisten im Stande gewesen sein, wenn ihren Anordnungen eine Staatsgewalt in der Person eines fürstlichen Gebieters gegenüber gestanden hätte; denn abgesehen davon, daß ein Fürst eine solche Gewalt, wie diese Männer sie besessen, nicht neben oder gar über sich geduldet haben würde, entschließen die Menschen sich zur Aenderung ihrer Lebensgewohnheiten weit leichter, wenn sie selber über diese Aenderung Herr zu sein, oder wenn sie dieselben wenigstens zum Theil aus freiem Willen zu vollziehen glauben, als wenn sie ihnen, ohne irgend eine freie Mitbestimmung anbefohlen wird. Wie in vielem Andern aber, war Savonarola dem Genfer Reformator auch darin überlegen, daß er von seinen Anhängern die Entäußerung vom Luxus und von der Weltlust als einen Akt der Demuth und der freien Einsicht forderte, während Calvin, als er in Genf zur Herrschaft gelangt war, mit einer wahrhaft drakonischen Strenge befahl. Es liegt jedenfalls etwas Widersprechendes darin, daß Calvin, indem er die Tyrannei einer bestehenden Kirche bekämpfte, gleich wieder eine neue Kirche, und in ihr ein Kirchenregiment errichtete, das trotz der Beibehaltung der republikanischen Formen, welche den Genfern werth waren, eine vollkommene Despotie ausübte.

Eine Verbesserung der Sitten war im fünfzehnten und sechszehnten Jahrhunderte allerdings überall dringend von Nöthen, und auch in Genf war die katholische Geistlichkeit in jenen Tagen von einer zügellosen Unsittlichkeit, die Bürgerschaft prachtliebend, unmäßig und ausschweifend in jedem Betrachte. Calvin begann also damit, innerhalb der von ihm für seine Ueberzeugungen gewonnenen Gemeinde, gleichsam einen „Rath der Alten" einzusetzen, denen, wie den Aposteln in der Gemeinde der ersten Christen, ein Aufsichtsrecht über die Gemeinde beiwohnen sollte. Diese „Vénérable Compagnie" wurde aus Geistlichen der Land- und Stadtgemeinden und aus Professoren der Theologie erwählt. Sie hatte die Reinerhaltung der Lehre, die theologischen Studien, die Wahl der Geistlichen, ihre Weihe u. s. w. zu überwachen. Die Vénérable Compagnie ergänzte sich, bei Todesfällen ihrer Mitglieder, durch neue Wahlen, bei denen, als die kalvinische Lehre zur Herrschaft in Genf gelangte und dort Staatskirche wurde, ein Theil der Staatsräthe mitwirkte. Der Präsident der Compagnie wurde, ebenfalls durch Wahl innerhalb derselben, eingesetzt. Er verwaltete das Amt Anfangs durch ein ganzes Jahr, später wechselte die Präsidentschaft allwöchentlich und der Titel des Präsidenten wurde in den eines Modérateur umgewandelt.

Die Sitten der Stadt beaufsichtigte das Consistorium, eine Vereinigung der Stadtgeistlichen, denen zwölf erwählte Bürger zur Seite standen. Sie hatten mit Ermahnungen und Strafen bei denjenigen Vergehen einzuschreiten, die nicht unter das Gesetz der gewöhnlichen richterlichen Strafwürdigkeit verfielen. Calvin selber erkannte sich in beiden Collegen nur einen berathenden Einfluß zu, und unterzeichnete, wenn er es that, nie an der Spitze, sondern in der Reihe der Pastoren, da er trotz der Herrschaft, welche er später in Genf fast unbeschränkt besaß, mit kluger und vorsichtiger Berechnung der Umstände, immer nur als einer der gewöhnlichen Pastoren angesehen und behandelt werden wollte, was ihn vielfacher Verantwortung entzog. In diesem geflissentlich aufrecht erhaltenen republikanischen Sinne geschah es denn auch, daß, als Calvin gestorben war, sein Tod in der Sitzung des Consistoriums vom 1. Juni 1564, bei dem üblichen Aufruf der Anwesenden nur mit den Worten: „Allé à Dieu, samedi 27. Mai, entre sept et huit heures du soir" gemeldet, und seine Leiche, nach seiner ausdrücklichen Anordnung, wie der jedes anderen Gemeinde-Mitgliedes, auf dem Kirchhofe von Pleinpalais, ohne irgend eine Bezeichnung des Platzes zur Erde bestattet wurde. So kommt es denn, daß man sein Grab nicht kennt, und auch über das Haus, welches er bewohnte, ist man, wie mir scheint, nicht recht im Klaren, obschon die Reise-Handbücher das Haus Nr. 11. in der Rue des Chanoines als dasjenige bezeichnen, in welchem Calvin die letzten dreizehn Jahre seines Lebens zugebracht haben, und in dem er auch gestorben sein soll.

In Bezug auf die Macht der Geistlichkeit und auf die Feststellung der kirchlichen Bräuche waren die Verordnungen Calvin's für jene Tage übrigens entschieden mäßig zu nennen. Er ordnete im Jahre nur drei Communionen an den großen Festen, und eine Vierte im Herbste an, er vereinfachte den Gottesdienst auf das Aeußerste, hob alle Rangverschiedenheit unter den Geistlichen auf, die sich gegenseitig zu überwachen hatten, und verordnete, daß immer eine bestimmte Anzahl von Nichtgeistlichen Sitz und

Stimme in dem Consistorium der Gemeinde haben sollten, um so die Theilnahme der Gemeinde an der Kirchenverwaltung, und den Zusammenhang zwischen der Bürgerschaft und der Geistlichkeit stets lebendig zu erhalten. Auch sind diese Einrichtungen bis auf diese Stunde in dem republikanischen Genf in Kraft geblieben, und sie werden als ein Theil des Rechtes zur Selbstbestimmung heute noch in Ehren gehalten. Seine Gesetze gegen den Luxus sind natürlich im Laufe der Jahre und bei den veränderten Zuständen der Gesellschaft in Vergessenheit gerathen; aber wir könnten solche Luxusgesetze, wie sie ja auch über Calvin's Zeiten hinaus in den verschiedenen Ländern in Wirksamkeit waren, heute wahrhaftig noch gut gebrauchen; und es wäre von Nöthen, daß die Verständigen unter uns sich in freiwilliger Vereinigung zur Bekämpfung des verschwenderischen und geschmacklosen Unwesens zusammenthäten, dem die Sittlichkeit unzähliger Frauen und die bürgerliche Ehre zahlreicher Männer jetzt oft genug zum Opfer gebracht werden.

Calvin verbot den Bewohnern und Bürgern von Genf ohne alles Weitere den Gebrauch der mit Gold oder Silber gestickten Kleider, der Edelsteine, der mit Sammet verzierten Mäntel, der prächtigen Diademe und der Ohrgehänge.

Die Männer wurden angewiesen, das Haar nicht lang herabhängend oder in Locken zu tragen; Frauen und Mädchen wurden alle künstliche Frisuren — — wenn Calvin jetzt wiederkommen könnte! — die falschen Zöpfe, die großen Halskragen und Fraisen, die seidenen Kleider, die Schneppen an den Taillen, wie das Tragen von Kleidern untersagt, die am Halse ausgeschnitten waren. Sie hatten sich auch der kostbaren Handschuhe und jedes Kleiderbesatzes zu enthalten, so fern dieser über ein paar glatt aufgesetzte Streifen inausging.

Den Handwerkern und allen, die von ihrer Händearbeit lebten, war es ebensowohl wie ihren Angehörigen verboten, feine Kleiderstoffe, die ausdrücklich angegeben waren, oder Pelzwerk und Kleiderbesätze von Seidenzeug zu tragen; ihre Frauen und Töchter durften keine Haube aufsetzen, die mehr als einen Thaler kostete. Den weiblichen Dienstboten standen nur Hauben für achtzehn Sous und Kleider aus billigem Tuche oder billiger Leinwand frei; Halskrausen und Spitzen an ihren Kragen waren ihnen versagt, ebenso der Gebrauch von karmoisin oder feuerroth gefärbten Stoffen. — Die Uebertreter dieser Gesetze hatten für den ersten Fall fünf Gulden, für den zweiten zehn, für den dritten Fall fünfundzwanzig Gulden Strafe zu entrichten, und erlitten in dem letzteren Falle auch die Konfiskation des gesetzwidrigen Putzes. Ja es konnten sogar noch schärfere Bußen verhängt werden; wie solche auch die Schneider trafen, welche für ihre Kunden Kleidungsstücke gegen die Raugordnung lieferten, oder es sich beikommen ließen, neue Moden einzuführen. Sie zahlten noch höhere Strafen als die Träger der verbotenen Herrlichkeit, und konnten je nach der Wichtigkeit der Gesetzübertretung noch anderweit gezüchtigt werden.

Für Hochzeiten und Festmahle war die standesmäßige Anzahl der Gäste eben so festgestellt, wie der Werth der erlaubten Hochzeitsgeschenke. Würfel-, Karten- und alle ähnlichen Spiele waren verboten. Man büßte sie mit fünf, zehn, sechszig Sous, und im vierten Uebertretungsfalle mit Gefängniß. Den Gastwirthen war es verboten, Leuten von anerkannt schlechtem Lebenswandel in ihren Wirthschaften den Zutritt zu gestatten, die natürlich während des Gottesdienstes, und Abends von neun Uhr ab, geschlossen werden mußten. Mäßigkeit in Speise und Trank wurde ebenfalls gesetzlich verordnet.

In dem zwei Stunden von Genf gelegenen Dorfe Jussy hatte man in gleichem Sinne eine Kirchenordnung eingeführt, die, wie es noch heute in den Schweizer Dörfern geschieht, durch den Ausrufer bekannt gemacht wurde. Wer darnach ohne Noth den Gottesdienst versäumte, zahlte das erstemal fünf Sous. In Wiederholungsfällen konnte sogar das Exil darauf verfügt werden. Wer fluchte oder den Namen Gottes unnöthig gebrauchte, mußte das erstemal öffentlich den Boden küssen, das zweitemal bezahlte er drei Sous, das drittemal legte man ihn in Halseisen.

Aber wie überall rief das Uebermaaß des Zwanges den Widerstand hervor, und die ursprünglich sehr lebenslustigen, zum Theil noch dem alten Glauben anhängenden Bewohner von Genf ließen sich diese Ordonanzen nicht ohne Weiteres gefallen. Es gab eine oft wiederholte und lebhafte Auflehnung gegen dieselben, bis die Reformation völlig den Sieg davon getragen, und massenhafte Verbannungen, wie der massenhafte Zuzug ausländischer Reformirten den Charakter der Stadt völlig umgewandelt, und so zu sagen eine neue Einwohnerschaft von Genf geschaffen hatte. Heute noch erklärt man die Eigenartigkeit des Genfer Nationalcharakters durch diese aus den verschiedensten Elementen zusammengesetzte Mischung. Er vereinigt in sich, wie das neulich schon angeführte Sprichwort behauptet, die Lebhaftigkeit des Franzosen mit der Zähigkeit des Deutschen und dem Brio (dem lärmenden Wesen) des Italieners; und während es hier noch eine Menge von angesehenen und reichen Familien giebt, die in strenger Einfachheit völlig kirchlich leben und eine wahrhaft großartige Wohlthätigkeit und Armenpflege ausüben, braucht man nur die eleganten Equipagen zu sehen, welche am Abende die modisch geputzten Männer und Frauen nach den prachtvollen Landhäusern führen, um sich zu überzeugen, daß man hier für jede Richtung des Geistes zahlreiche Vertreter findet, und daß man hier lebenslustig und genußsüchtig wie in allen großen Städten ist. Denn Genf ist wirklich, obschon es nur sechzigtausend Einwohner zählt, eine große Weltstadt, eine glänzende Stadt.

—

Behnler Brief.
Die Villa Rothschild's und Coppel.

Genf, im Juli 1867.

Reicher an Landhäusern und Villen als Genf ist schwerlich eine Stadt. Vor allen Thoren ziehen sich die „Campagnen" in langer Reihenfolge bis zu den Höhen der Berge hinauf, und an den Ufern des See's, wo sich auch Ausländer, wie z. B. Sir Robert Peel und einer der Herren von Rothschild angebaut haben, reichen die Landhäuser von einer Stadt zur andern, und begleiten mit ihren oft sehr prächtigen Anlagen das ganze Ufer des See's von Genf bis Montreux und darüber hinaus.

Neulich haben wir in einem dieser reizenden Landhäuser, in dem Château de St. Loup zwei sehr angenehme Tage zugebracht. Durch Vermittlung von Professor Vogt waren wir mit der Familie des in Genf lebenden französischen Bankier Simon bekannt, und von ihm mit Professor Vogt und seiner Frau nach Versoix zu Tische geladen worden, wo die Familie Simon für diesen Sommer das kleine Schloß St. Loup gemiethet hat. Wir fuhren mit dem Dampfschiffe etwa dreiviertel Stunden bis Versoix, wo wir landen mußten. Versoix ist ein kleines Landstädtchen, ein freundlicher Flecken, der gelassen und bescheiden hinter dem ihm einst, als dieser Theil des Landes noch französisch war, von der Regierung vorgestreckten Ziele zurückgeblieben ist. Denn Versoix war auf nichts Geringeres angelegt, als eine Nebenbuhlerin

Genfs zu werden, das die französische Regierung zu Ludwig's des Fünfzehnten Zeiten durch die Konkurrenz einer großen Nachbarstadt niederzudrücken beabsichtigte. Die Straßen waren abgesteckt, die Hafenbauten vorgezeichnet, aber es kam Niemand, sich in den Straßen anzubauen, und der Minister Choiseul, der Urheber des Planes, konnte sich, wie der König in Göthe's Puppenspiel, mit dem Satze trösten: „Ich habe es nun befohlen, jetzt geht's mich Nichts mehr an!"

Wir hatten vom Schiffe nur einen mäßigen Weg durch das Laub in die Höhe zu steigen. Große Nußbäume boten uns dabei ihren Schatten, von den hohen Rainen hingen Brombeerstauden ihre mit reifenden Früchten beladenen Zweige tief hernieder, blaue Cichorienblüthen und gelbe Königskerzen glänzten in der Sonne, und hinter den Baum=
reihen, die das Schlößchen umgeben, empfing uns die hei=
tere Gastfreundschaft einer sorgenfreien Familie. Diese kleinen alten Schlösser sind wahre Muster von anspruchs=
loser Bequemlichkeit. Weil man bei ihrer Anlage an keine Art von Schaustellung gedacht hat, ist in ihnen weit mehr Raum vorhanden, als man vermuthet. Das zeigte sich an dem Abende, als ein heftiges, plötzlich ausgebrochenes Gewitter unsere Rückkehr nach Genf geradezu unthunlich machte, und die ohnehin zahlreiche Logir=Gesellschaft im Schlosse, nun noch durch uns Viere vermehrt werden mußte, für die unsere liebenswürdigen Wirthe auch sofort ein bequemes Unterkommen zu ermöglichen wußten, das denn für uns ein verlängertes Verweilen in dem Schlößchen zur Folge hatte.

Gestern aber haben wir einen der prächtigsten Land=
sitze am Genfersee, das Schloß von Prégny besucht, das

dem in Neapel etablirten Baron Adolf von Rothschild gehört, und am Freitage von zwei bis sechs Uhr zu besehen ist. Man macht die Tour dahin zu Wagen am rechten Seeufer hinauf in einer kleinen Stunde, und die Lage der Villa ist außerordentlich schön, der Blick von ihrer mäßigen Höhe, über den See und auf den Montblanc ganz prächtig. Baron Adolf von Rothschild ist Bourbonist, meidet, wie man behauptet, Neapel seit es dem Königreich Italien einverleibt ist, und erwartet eben jetzt den Besuch der Exkönigin von Neapel in Prégny. — Ein reich vergoldetes Gitter, wie das vom Park von Monceau in Paris, bildet den Eingang zu der Villa. Ein Portier, dessen leinwandnes Sommerkostüm eine Art Zuaven-Uniform nachahmt, die komisch aussieht, hält die Wache; im Portierhäuschen ist ein kleiner eleganter Salon, in welchem ein Fremdenbuch ausgelegt ist, ein Plakat ersucht die Fremden, den Beamten keine Trinkgelder zu geben. Es ist Alles sehr stylvoll. Der Garten ist groß, weit, schön angelegt und steigt bis zum See hernieder, an welchem Herr von Rothschild sich jetzt einen eigenen kleinen Hafen und ein Wartehäuschen baut, mit denen er es auf eine italienische Darsena und auf ein Casinetto abgesehen zu haben scheint. Die Eisenbahn hat eine Station mitten in der Besitzung, die von ihr durchschnitten wird. Das Schloß liegt frei und ist großartig in reinem italienischem Renaissancestyl ausgeführt; auch die Anlage der Terrasse vor dem Schlosse ist in diesem Styl gehalten. Grotten mit Wasserkünsten, schöne Treibhäuser, ein kleiner, stark beschatteter Wildpark, in dem Rehe, Hirsche, Hasen und Kaninchen sich recht wohl zu fühlen scheinen, Teiche mit allerlei lustigem buntem

Wassergeflügel, Fasanen und Hühner, Gaslaternen an allen Ecken und Enden — nichts fehlte; aber das Beste und Schönste von Allem, das, was uns einen wirklichen großen Eindruck machte, waren die wundervollen Cedern, die hinter dem Hause ihre breiten fahnenartigen Aeste über den Platz ausspannen. Mich dünkt, so schöne, so mächtige Cedern hätte ich nie zuvor gesehen; und sie sind im Grunde das Einzige, was diese prächtige und ganz moderne Villa von andern modernen und prächtigen Villen auszeichnet. Man sieht solche Besitzungen an, man denkt sich, daß die Leute, denen sie gehören, es sehr gut darin haben mögen, aber wenn sich nicht die Erinnerung an bestimmte Personen, an gute oder große Menschen, welche diese Stätte einst bewohnten, damit verknüpft, wenn sich nicht der Gedanke an irgend Etwas, was in solchem Hause oder auf solchem Landsitze geschehen ist, in unserem Geiste regt, so — haben wir eben zu vielen schönen Landsitzen, welche wir kennen, noch einen sehr schönen Landsitz mehr gesehen, und die Freude an den mächtigen Cedern wird z. B. für mich nach einiger Zeit das Wesentlichste sein, was mir von dem Besuche in Prégny in der Seele zurückgeblieben sein wird.

Anders ist es mit dem Schlosse von Coppet, in dem wir heute gewesen sind, und das ich, eben so wie Fernay, mit großer Freude, ja mit einem Gefühl von innerer Zusammengehörigkeit, nach zwanzig und mehr Jahren, wiedergesehen habe. Wie neulich nach Verseir, so sind wir auch heute mit dem Dampfschiffe nach Coppet gefahren, das ganz nahe hinter Verseir und schon im Waadtlande liegt.

Wäre Coppet nicht für jeden gebildeten Menschen durch

die Erinnerung an Necker und an Frau von Staël und an alle die bedeutenden Geister, die hier als ihre Gäste geweilt haben, eine Art von Wallfahrtsort, so würde doch schon der Hafenplatz mit seinen schönen Baumreihen und das kleine hübsche von Schlingblumen umrankte Kaffeehaus, eine Fahrt dahin vergnüglich machen. Mich erfreut es nebenher hier immer auf's Neue, wie jede dieser kleinen schweizerischen Ortschaften so wohl gebaut ist, wie die Brunnen wohlgehalten, wie in den Läden alles wirklich Nothwendige zu kaufen ist, und wie das Alles still seinen Weg geht und gedeiht und vorwärts kommt, ohne daß viel reglementirt oder in das Getreibe des Lebens und des Verkehrs von oben her — wie in die Drähte einer Puppenkomödie — alle Augenblicke mit der großen Hand hineingegriffen wird. Daß man hier den Brunnen mit Grün umrankt, mit Blumenkasten schmückt, daß der Schlächter seinen Laden mit zwei vergoldeten Widderköpfen geziert hat, das sind sehr sprechende Zeichen für die Zustände des Landes; denn an den Schmuck seines Hauses und Habes denkt man erst, wenn man mit der Sorge um das Nothwendige zu Rande gekommen ist.

Coppet ist übrigens ein sehr alter Ort und es hat an seiner Stätte einst wahrscheinlich eine römische Niederlassung existirt. Im Mittelalter war das Schloß von Coppet, wie alle diese Feudalsitze, befestigt, und wurde zur Zeit der Kriege zwischen dem Waadtlande und Bern, von den Bernern niedergebrannt, so daß das jetzige Schloß nicht viel über zweihundert Jahre alt sein kann. Aber auch außer dem Schlosse muß es ablige und feste Häuser hier an diesem Punkte des See's gegeben haben. An einem der Häuser in der langen Straße, die das ganze Coppet ausmacht, bemerkten wir bei unserm Umherschlendern z. B. ein altes steinernes Wappen, und in dem Hofe dieses Hauses, der jetzt ein rechter Bauern- und Wirthschaftshof ist, sahen wir eine hölzerne Gallerie von Steinsäulen getragen, die einst einem weit bedeutenderen Baue gedient haben mußten. Das Haus hatte in seiner Anlage ganz das Ansehen der einstigen festen Häuser, und wird also wohl auch ein alter Herrensitz gewesen sein. Jetzt baut man am Ende des Ortes mitten aus einem gewöhnlichen, rosa angestrichenen Landhause einen höchst verwunderlichen Thurm heraus; und während es mit diesem Thurme nur auf einen Aussichtspunkt abgesehen sein kann, richtet sich der thurmbauende Eigenthümer vor der Thüre und der Rampe desselben Hauses eine künstliche Felsgruppe auf, welche die Aussicht von der Thüre aus versperrt und obenein den Alpen gegenüber sehr komisch aussieht. Die Besitzung soll einem Sonderlinge gehören, dessen Eltern ihn in der Bestimmung seines Lebensweges gehindert haben, und der die endlich erlangte Freiheit nun zur Ausführung aller seiner wunderlichen Einfälle benutzt. Grillen, in Stein und Mörtel ausgeführt, machen sich aber oft sehr sonderbar.

Das Ziel unserer heutigen Fahrt, das Schloß von Coppet, liegt etwa vierhundert Schritte vom Wasser aufwärts, an der rechten Seite des schattigen Weges. Es ist mit Mauern nach der Straße umgeben, und die vier Flügel des sehr ansehnlichen Gebäudes bilden dann noch einen innern Hof, in welchem eine Menge von einfachen Gartenpflanzen zwischen einer Anzahl mäßig großer Orangenbäume

freundlich und gefällig aufgestellt waren. Zur Linken dieses
Hofes ist ein Durchgang in den Park, der äußerst ein=
fach und ländlich angelegt, eben keines sonderlichen Auf=
wandes zu seiner Unterhaltung bedarf. Es ist ein großer
Baumgarten, nicht mehr, nicht weniger. Zwei schöne Baum=
gruppen mit Sitzplätzen in der nächsten Nähe des Schlosses,
Wiesen von bequemen Gängen durchschnitten, Alleen für
die heißen Stunden, hier und da eine beschattete Bank, an
der rechten Seite des Gartens ein kleiner Bach, der eine
Schneidemühle treibt, eine ganz kleine Brücke über den
Bach, rund umher Felder und Wiesen und Weinberge.
Hinter dem Garten die Eisenbahn. Ein kleines Pförtchen
in der Hecke führt zu der nahe gelegenen Station. Man
kann sich nichts Ländlicheres, nichts Einfacheres denken als
diesen Schloßgarten.

Wer die ursprünglichen Besitzer des Schlosses gewesen
sind, habe ich nicht herausgebracht. Gegen das Ende des
siebzehnten Jahrhunderts gehörte es einer gräflichen Familie
von Dohna. Um diese Zeit fand der jugendliche Bayle,
nachdem er seinen zweiten Religionswechsel gemacht hatte,
und sich von seiner Bekehrung zum Katholizismus wieder
zur reformirten Kirche zurückgewendet hatte, in dem gast=
freien Schlosse von Coppet eine Zuflucht und einen sichern
Schutz vor dem Bann, den der Klerus wider ihn aus=
gesprochen hatte. Aber die Berühmtheit dieses Hauses knüpft
sich nicht an Bayle, sondern an jene spätere Zeit, in wel=
cher der Minister Necker und seine Tochter, Madame de
Staël das Schloß bewohnten.

Necker war der Sohn eines Preußen, eines in Genf
ansässigen Brandenburgers. Er kam früh als Gehilfe in

das große Pariser Handlungshaus von Théluison, machte sich während des siebenjährigen Krieges ein bedeutendes Vermögen, und trat, nachdem er sich als Kaufmann einen angesehenen Namen erworben, sich von seinen Geschäften zurückgezogen, und als Minister-Resident seine Vaterstadt am französischen Hofe vertreten hatte, als handelspolitischer und nationalökonomischer Schriftsteller auf. In der Verwirrung und Noth, in welche die zerstörte Finanzwirthschaft zu Ende der achtziger Jahre, das französische Königshaus und Frankreich gestürzt hatte, wendete sich Ludwig XVI. nach langem Widerstreben Maria-Antoinettens und der Feudalpartei an den bürgerlichen und protestantischen Necker, um zu versuchen, ob dieser, dem man jedoch nur eine halbbefestigte Stelle und nur eine sehr beschränkte Freiheit des Handelns einräumte, die Gefahr der Revolution nicht von dem Lande und dem Herrscherhause abwenden könne. Necker that, was in seinen Kräften stand. Er leistete mehr als man hatte hoffen können, aber ihm fehlte der Talisman, der Ring, der vor Gott und Menschen angenehm macht. Er mißfiel in seiner ernsthaften geschäftsmännischen Weise der Königin und ihrem Anhange, und als er in dem bekannten Compte rendu dem Könige und der Nation Rechenschaft über sein Thun und über die Lage des Landes ablegte, wurde er, statt, wie er es gefordert hatte, als Stimmberechtigter in den Staatsrath aufgenommen zu werden, plötzlich entlassen.

Damals, um 1781 zog Necker sich nach Genf zurück und kaufte die Herrschaft Coppet. In das Ministerium zurückberufen und abermals entlassen, war es immer Coppet, wohin er sich wendete, wenn das öffentliche Leben ihn nicht

in Anspruch nahm, und hier ist er im April 1804 auch
gestorben und an der Seite seiner, ihm zehn Jahre vorher entrissenen Gattin, Suzanne Curchod, der Tochter eines
Genfer Geistlichen, beerdigt worden.

Madame Necker, die selbst als eine geistreiche, durch
große gesellige Talente glänzende Frau bekannt war, hatte
zum großen Theile die Erziehung ihrer einzigen, später so
berühmt gewordenen Tochter Anne Louise Germaine von
Necker, und zwar im Sinne strenger protestantischer Kirch-
lichkeit geleitet, soweit an eine solche in dem Necker'schen
Hause, das in Paris der Mittelpunkt für die geistreichste
Geselligkeit gewesen war,. gedacht werden konnte. Indeß
Mademoiselle Necker war eben so sehr eine Schülerin
Rousseau's als ihrer Mutter, und ihre lebhafte Phantasie
bedurfte des Lebens und des Getriebes der großen Welt
in solchem Grade, daß sie, als ihr Vater sich 1786 nach
Coppet zurückzog, sich in ihrem zwanzigsten Jahre zu einer
Ehe mit dem jungen schwedischen Gesandten, Baron von
Staël-Holstein entschloß, obschon sie, wie man behauptete,
eine weit tiefere Liebe für einen ihrer Landsleute, für
Mathieu von Montmorency gehegt haben soll, der ihr sein
Lebelang in Freundschaft verbunden blieb.

Schon zwei Jahre nach ihrer Verheirathung erschien
von Frau von Staël ein Erstlingswerk über den Charakter
und die Schriften Rousseau's, mit dem sie ihre große und
nach vielen Seite hin ausgebreitete litterarische Thätigkeit
eröffnete. Sie hatte sich bei dem Anfange der französischen
Revolution zu dieser Bewegung mit lebhaftem und groß-
müthigem Sinne hingezogen gefühlt, und es hatte ihr dabei als Ideal eine Verfassung wie die englische vor Augen

gestanden. Aber die Ereignisse gingen über ein solches
Ziel schnell und wild hinaus, und Frau von Staël war
eine der Ersten gewesen, welche einen Plan zur Flucht der
Königlichen Familie ersonnen und vorgeschlagen hatte, der
indeß nicht angenommen worden war. Dafür gelang es
ihr, verschiedene andere Personen während der Schreckenszeit dem Tode zu entziehen, bis sie selbst bedroht, sich entschließen mußte, ihrem Gatten in seine nordische Heimath
zu folgen. Erst als Schweden die französische Republik
anerkannte, kehrte sie mit ihrem Manne wieder nach Paris
zurück, aber eben in dieser Zeit — Frau von Staël war
damals dreißig Jahre alt — trennte sie sich von Herrn
von Staël. Diese Trennung scheint jedoch keine feind-
selige gewesen zu sein, denn sie hielt Frau von Staël nicht
ab, sich ihrem Gatten, als seine Gesundheit zu schwanken
begann, wieder zu nähern, und bis zu seinem im Jahre
1802 in der Schweiz erfolgten Tode als Pflegerin bei
ihm zu verbleiben.

Nach dem Tode ihres Vaters ererbte sie das Schloß
Coppet. Damals, im Jahre 1804, stand sie auf der Höhe
ihres Ruhmes und ihrer Wirksamkeit, und die Verfolgung,
mit welcher Napoleon sie und ihre Bedeutung anerkannte,
hatten ihr überall, wo man von seiner tyrannischen Herrschaft zu leiden hatte, die Sympathien zugewendet. Sein
Wort: „ich überlasse ihr den Erdkreis, aber Paris wünsche
ich für mich zu behalten", sein Edikt, das sie anwies vierzig
Stunden von Paris entfernt zu bleiben, und das sie endlich ganz an Coppet festbannte, hatten ihr überall die Thüren und Thore, und was mehr ist, die Herzen in Theilnahme eröffnet. Eine Frau, welche der Beherrscher der

Welt so wichtig fand, daß er sie mit seinem persönlichen Hasse beehrte, hätte überall Beachtung finden müssen, wäre sie auch nicht der Dichter der Delphine und der Corinna, nicht der Verfasser des Werkes „Ueber Deutschland" gewesen.

Sie hatte Schweden, Rußland, ganz Deutschland, Italien durchreist, als sie sich mit ihren drei Kindern in Coppet völlig niederlassen wollte, aber Napoleon gönnte ihr diese Ruhe nicht. Man verwies August Wilhelm von Schlegel, der sich ihr angeschlossen hatte, und der ihr, wie man behauptet, bei der Abfassung ihrer Arbeit über Deutschland hilfreich gewesen sein soll — wobei man immer übersieht, daß ihre deutsche Abstammung ihr das Verständniß Deutschlands und der Deutschen erleichtern mußte — man verwies Schlegel aus der französischen Schweiz, in der damals Frankreich gebot. Mathieu von Montmorency und Madame de Recamier, welche die von Paris verbannte Freundin in ihrem Asyle zu Coppet besuchen gegangen waren, wurden aus Frankreich exilirt, und von diesen Verfolgungen bis in ihre Häuslichkeit hinein, endlich ermüdet, trat Frau von Staël ein neues Reiseleben an, währenddessen ihr jüngster Sohn, Albert, in Schweden im Jahre 1817 durch ein Duell um's Leben kam. Erst nach dem Sturze Napoleon's kehrte sie wieder nach Paris zurück, wo ihre einzige Tochter sich inzwischen mit einem Herzoge von Broglie verheirathet hatte. Von da ab theilte sich das Leben der Frau von Staël zwischen Coppet und Paris, und obschon sie heimlich eine zweite Ehe mit einem Herrn de Rocca, einem französischen Officier geschlossen, welche den Ihren und ihren Freunden nicht genehm war, blieben alle ihre Freunde ihr anhänglich und eng verbunden, was mehr noch für die Liebenswürdigkeit ihres Charakters als für den Zauber ihres Geistes spricht.

Frau von Staël ist nicht alt geworden. Sie starb am 14. Juli 1817 nach kaum beendetem zweiundfünfzigstem Lebensjahre, aber sie blieb als Schriftstellerin bis zu ihrem Tode thätig, und war als dieser sie ereilte mit einer Revision und Sammlung ihrer Werke beschäftigt, die danach durch ihren ältesten Sohn, Baron August von Staël-Holstein, vervollständigt und beendigt worden ist. Auch ihre Kinder erreichten kein hohes Alter. August von Staël, der ebenfalls sich der Litteratur gewidmet hatte, starb zehn Jahre nach seiner Mutter, mit siebenunddreißig Jahren, sein einziger Sohn folgte ihm bald nach. Die Herzogin von Broglie, Herr de Rocca und der Sohn, den Frau von Staël diesem ihrem zweiten Gatten geboren, sind alle in den ersten Jahrzehnten des Jahrhunderts gestorben, und jetzt leben von der ganzen Familie nur noch der greise Herzog von Broglie und die Schwiegertöchter der Frau von Staël, eine geborne Verner aus Genf, die Gattin des Baron August von Staël, die — wenn ich recht verstanden habe — jetzt die Besitzerin des Schlosses ist.

Als wir an der Pforte desselben klingelten, öffnete eine nicht mehr junge, behäbige Frau mit dem runden Häubchen der französischen Arbeiterinnen uns die Thür und bat uns, ein Wenig zu verziehen, weil der Diener — wir sahen einen ebenfalls ältlichen Mann in schwarzer schlichter Kleidung mit einem Theebrette die Treppe hinaufsteigen — der Frau Baronin eben das Frühstück hinauftragen müsse. Die Dienerschaft im Schlosse mußte also nicht groß sein und es hatte auch Alles einen schlichten Anstrich, aber es war Alles wohl erhalten und musterhaft in Ordnung.

Die weißgetünchte Hausflur, wie eine Halle groß und weit, die breite langsam aufsteigende Sandsteintreppe sind mit einigen, bronzefarbig angestrichenen Gipsstatuen, einer Hebe u. s. w. geziert. Ein paar sehr lange Kleiderständer ließen auf die frühere große Gastlichkeit des Hauses schließen. Oben in dem ersten Zimmer, einem schönen Billardsaale, hingen alte Kupferstiche: die bekannte Versammlung im Jeu de peaume — Louis Philipp als Schullehrer in der Schweiz, seinen Schülern vor einem Globus Unterricht ertheilend — ein gutes und interessantes Bild von Jor. Auf dem Kamine die Büste des Baron August von Staël.

Daneben zur Rechten liegt das einstige Schlafzimmer der Dichterin. Es hat einen Arbeitstisch in seiner Mitte und ist nach der altfranzösischen Sitte möblirt, nach welcher man sein Schlafzimmer nicht versteckte, sondern — namentlich in der kalten Jahreszeit — seine Besuche in demselben empfing, seine Plauderstündchen in demselben hielt. Links vom Billardsaale ist das eigentliche Empfangszimmer. Die Einrichtung desselben ist nach dem Geschmacke des „Direktoirs" elegant, ohne irgendwie prächtig zu sein. Es wird von der Besitzerin des Schlosses bewohnt, in dem Nebenzimmer hörten wir sprechen.

An der Hauptwand des Saales hängt das berühmte Gerard'sche Bild von Frau von Staël. Sie sieht auf demselben wie eine Frau in den ersten Dreißigern aus, eine große, volle üppige Gestalt. Das Gesicht ist rund, der Teint röthlich braun und warm wie von einer Südländerin. Zu dem kurzgeschnittenen dunkelbraunen und stark gelockten Haar sehen die großen blauen Augen mit ihrem hellen Glanze und dem in warmer Lebenslust lachenden Ausdruck, äußerst reizend aus. Die vollen Lippen sind etwas aufgeworfen und soweit geöffnet, daß die Zähne hindurchschimmern, die Wangen sind noch jugendlich frisch, der Mund höchst beredt, die Arme, der Hals und die nach der Mode der Zeit sehr entblößte Brust sind schön geformt. Sie ist in einem Kleide von gelblich rothem Sammet gemalt. Ein türkischer Shawl von gleicher Farbe, über weißen Stoff geschlungen, umgiebt als Turban den lockigen Kopf. Kleine Gemmen bilden ihren Schmuck; in der Hand hält sie einen kleinen Pappelzweig, weil sie die Gewohnheit hatte, mit irgend einem Zweige oder mit einer Blume zu spielen, wenn sie sprach.

Neben dem Bilde der Frau von Staël hängt zu ihrer Rechten das Portrait von Necker, ganz in violettem Sammet gekleidet, mit Spitzenhalstuch, mit Manschetten und Jabot. Die sitzende Gestalt zeigt den großen starken Körper. Das Haar ist gepudert, der Teint hell und bleich, die Stirn fliegt weit zurück, die hohen Augenbrauen sind schwarz und sehr stark, die gebogene Nase wohlgeformt, nur das Kinn ist auffallend lang und stark, ja recht eigentlich zu schwer — wie bei dem Herzoge von Augustenburg; und im Gegensatze zu seiner Tochter hat Necker einen fest und eigensinnig geschlossenen Mund mit sehr schmalen Lippen. Es ist recht das Bildniß eines vornehmen Mannes aus dem vorigen Jahrhundert; es stammt aus dem Jahre 1781. Eine Marmor-Büste von Necker, die in der Ecke des Zimmers steht, spricht für die Aehnlichkeit des Bildes. Sie hat dieselben Gesichtsformen, dieselbe nach der Seite gewendete und empergehobene Kopfhaltung, aber sie ist ebenso zopfig in der Ausführung, als das Oelbild von Duplessis schön und frei gemacht ist. Ein drittes Portrait ist von der Hand der Tochter in Wasserfarben gemalt und in keiner Beziehung viel werth. Man bekränzt auf dem kleinen Blatte im Familienkreise des Vaters Büste in etwas bunter Gefühlsseligkeit.

Von Frau von Necker hängt ein ebenfalls von Duplessis schön gemaltes Bild, als Gegenstück zu ihrem Gatten, neben der Tochter Portrait. Während man in Necker die deutsche Abstammung nicht erkennt, sieht Frau von Necker trotz ihres nichtdeutschen Blutes vollkommen wie eine Deutsche aus und der Königin Louise von Preußen ähnlich. Sie ist ganz und gar in Weiß gekleidet, und schwimmt mit ihrer hohen, regelrecht gepuderten Frisur und mit ihren breiten Fontangen in Gaze, in Creppe und Blonden, und sieht über all dem steifen Aufbau den Betrachter mit einem so lieblichen und verführerischen Ausdruck an, daß man sich über die lachenden blauen Augen in dem mächtigen Kopfe der Tochter nicht mehr wundert.

Auch der Baron von Staël-Holstein, zeigt als geborner Schwede den rein germanischen Typus. Es ist ein junger, schöner Mann mit hellblauen Augen, geistreichen und heiteren Blickes, in schwedischer, blauer, roth aufgeschlagener Uniform, mit Orden und Ordensbändern reich geschmückt. Unter seinem Puder erkennt man an ihm das helle Haar.

Zwischen diesem Bilde und dem der Frau von Necker hängt das von Ary Schäffer gemalte Bildniß der Herzogin von Broglie, einer schönen bleichen kränklichen Dame in

einer schwarzen Tracht, wie sie vor dreißig Jahren Mode
war. Eine schwarze Coiffüre ist von Schäffer selbst dem
Bilde später hinzugefügt worden, um eine ungeheuerliche
Frisur à la Giraffe zu verbergen, aber die Uebermalung
leistet ihren Dienst nur halb; das Frisur-Monstrum schimmert
durch, und neben all den Eigenschaften, die Schäffers
Bilder auszeichnen, hat es den Fehler, daß die Hände auch für
eine Herzogin doch gar zu schwach, die Finger zu spinnenhaft
dünn sind. — Der älteste Sohn von Frau von Staël,
dessen Bild seiner Schwester gegenüber hängt, hat das dunkle
krause Haar, den seelenvollen Blick und die schönen blauen
Augen der Mutter in einem feinen länglichen Kopfe, dessen
Form an Byron erinnert. Das Bild muß seiner Tracht
nach in den zwanziger Jahren gemalt sein, das zeigen die
hartgelbe Weste und der dunkelblaue Carbonaro mit rothem
Sammetaufschlag, aus welchem sie hervorsieht. Der Sohn
sieht der Mutter, die Tochter dem Vater und der Großmutter ähnlich. Das germanische Blut, das sie von zwei
Seiten ererbt hat, ist in ihr unverkennbar.

Von Frau von Staël sind im Schlosse im Ganzen
vier Bilder vorhanden. Außer dem großen Oelgemälde von
Gérard hängt in dem Saale noch ein, etwa anderthalb
Fuß hohes Gouache-Bild von ihr. Es stellt sie in leichter
Sommerkleidung, in einem Garten sitzend, und jünger als
das Gemälde von Gérard dar. Ihre Tochter lehnt an
ihrem Knie. Auch auf diesem Bilde hält sie die grüne
Raute in der Hand, und der Kammerdiener, welcher unsern
Führer machte, erzählte, daß man ihr auf den verschiedenen
Tischen in ihren Zimmern immer einige Zweige habe hin-
legen müssen, damit sie sie nach Belieben zur Hand gehabt

habe. Ob das Thatsache oder Mythe ist, wer will das jetzt noch sagen?

Ein drittes Bild, nuten in dem großen, schönen Bibliotheksaale, ist das Original des oft kopirten, auch im Musée Rath zu Genf befindlichen Gemäldes, das sie als Corinna idealisirt, und das, irre ich nicht, ebenfalls von Gérard ist. Corinna sitzt auf einem Felsen am Meeresstrande des Kap Missene. Der Kopf ist leise erhoben, als lausche sie auf den Meeresgesang und auf den Hauch des Windes, der leicht ihr Haar durchweht. Der bräunliche Ueberwurf ist auf das Knie heruntergesunken, das weiße, griechisch unter der Brust gegürtete Gewand läßt die Arme, welche die Leyer halten, völlig frei, der zum Sprechen geöffnete Mund, die Hand, welche in die Seiten der Leyer greift, und der begeisterte Ausdruck des Kopfes zeigen Corinna in ihrer dichterischen Improvisation. Das Bild ist vortrefflich und machte mir heute noch den gleichen Eindruck, wie vor vierzig Jahren, als ich selber es nach einem Kupferstiche wohl oder übel kopirte.

Das lieblichste und jugendlichste Bild, das von Frau von Staël in Coppet existirt, wird in einem der Fremdenzimmer aufbewahrt. Sie ist auf demselben noch ganz schlank, kaum über zwanzig Jahre alt, und steht in der weißen griechischen Kleidung, die in der Revolutionszeit üblich war, mit einer fast kindlichen Natürlichkeit da. Die Weise, in welcher sie die entblößten Arme einfach niederfallen läßt, die Nachlässigkeit, in welcher der bunte türkische Shawl zu beiden Seiten des jugendlich schönen Körpers herabhängt, haben etwas sehr Anmuthiges; und alle diese Portraits von Frau von Staël sind sich untereinander völlig ähnlich, und alle haben denselben lebensvollen, geistreichen Ausdruck.

Unten in dem sehr zweckmäßig eingerichteten Bibliotheksaal, dessen bis zur Decke hinaufgehenden und mit Büsten gezierten Schränke jetzt alle leer stehen, weil der Herzog von Broglie, der Erbe der Bibliothek, sie nach Paris hat bringen lassen, steht eine über lebensgroße Statue Neckers, als Redner in antikem Gewande, eines von den guten Werken Canova's. Necker hat auch in dieser Statue wie auf allen seinen Bildern im Schlosse, den Kopf mit einer pathetischen Bewegung nach links emporgerichtet und den Arm deklamatorisch in die Luft erhoben. Außer dieser Statue befinden sich noch ein jugendliches Bild und eine ebenfalls jugendliche Büste der schönen Herzogin von Broglie, ein hochfrisirtes Oelbild Schlegel's im erbengeschmückten Pelzoberrock und andere weniger bedeutende Bilder in dem Saale. Daneben zeigt man das ehemalige Schlafzimmer von Madame Necker, welches später von Frau von Recamier bewohnt worden. Es ist mit Gobelin's im Schäferstyl behängt, mit einem Thronbett nach altfranzösischem Geschmack, und zugleich auch als Arbeits- und Empfangszimmer eingerichtet.

Im Eßsaal zu ebener Erde fiel uns ein gutes Portrait von Lafayette auf, ein Kupferstich, der ihn als Mann im besten Lebensalter, groß, stark, mit ausdrucksvollem Kopfe, in einem langen englischen Ueberzieherock darstellt. Es müßte einen hübschen Pendant zu dem bekannten stehenden Bilde von Mirabeau machen. — Die Corridore sind mit den Kupferstichen nach den Rafaelischen Stanzen geziert.

In den Seitenflügeln des Schlosses, dessen Aussicht

nichts zu wünschen übrig läßt, sind eine Menge bequem eingerichteteter Fremdenzimmer. Sie stehen noch völlig eingerichtet da, als harrten sie heute noch all der Gäste, die sie einst in sich aufgenommen haben. Aber sie sind Alle hingegangen diese Gäste, hingegangen „wo kein Tag mehr scheinet", und sie haben doch Alle, Necker und Frau von Staël, Lafayette, Benjamin Constant, Schlegel und die Anderen, die auf der Höhe ihrer Zeit gestanden, jeder an seinem Theile mitgearbeitet, die Zeit heraufzuführen, in der wir arbeiten und auf deren Höhe wir stehen; und die Zeit und die Welt rollen ihre Bahnen unaufhaltsam weiter, und wir können und können es doch nur mit dem Verstande — nicht mit unserer Empfindung — begreifen, daß der Tag nicht so gar fern sein kann, an welchem fremde Menschen vielleicht ebenso vor unsern Bildern stehen, und versuchen werden, die Umrisse unserer einstigen Gestalt mit den Gedanken und Empfindungen in Einklang zu bringen, denen sie in unsern Arbeiten begegnet sind, und durch die auch wir vielleicht eine uns überlebende Bedeutung für sie gewonnen haben. — Der sogenannte moderne Weltschmerz ist eigentlich etwas sehr Abgeschmacktes, das ich nie nachzufühlen vermochte, aber desto besser verstehe ich die antike Klage über die Endlichkeit des Daseins; denn Leben, Lieben, Schaffen sind solch ein Glück!

Als wir das Schloß verließen, ging eine bejahrte kleine Frau, in schlichter Haube und dunklem Kleide rasch an uns vorüber, nach dem jenseits der Straße gelegenen großen Baumgarten, dessen schöne, sich zwischen den frischen Rasenflächen hinziehende Obstallee gleichsam die Vorhalle des Schlosses bildet.

Wer ist das? fragten wir den Diener, der uns führte. Das ist unsere Herrin, Frau von Staël. Sie geht, wenn sie hier ist, und wir sind, so lange die gute Jahreszeit währt, beständig hier, alle Morgen zu derselben Zeit nach der Schule und der Kinderbewahr-Anstalt, die sie hier errichtet hat. Die Wohlthätigkeit ist ihr ganzes Leben — und auch der Herr Herzog, der sie alle Jahre hier besucht, der aber krank ist — thut hier viel, und sie pflegt ihn sehr, wenn er kommt.

Wir blickten um uns, es standen Rollstühle verschiedener Art und Form im Flur des Schlosses — zwei einsame Greise bewohnten es jetzt — zwei einsame Greise wußten noch zu sagen von dem sprudelnden Leben, von der Leidenschaft, von der Liebe und der Poesie, die einst hier gewaltet.

Wir sahen Frau von Staël durch die gutgehaltene Rasenfläche gehen, sahen, wie sie stehen blieb, mit ein paar Kindern des Gärtners, die am Boden saßen, freundlich zu plaudern, denen sie die rothen Wangen streichelte, dann verschwand sie hinter den Hecken, die das Wirthschaftshaus umgeben.

Wir gingen den Obstgarten entlang, der Gärtner stand auf einer Leiter und pflückte Kirschen in saubre Körbe; Weindrosseln und Elstern flogen dicht an uns vorüber, die Distelfinken und Goldammern rührten sich kaum, wenn man an sie herankam. Sie müssen hier des Friedens sicher sein. Seitwärts in einem künstlich angelegten dichten Gebüsch befindet sich die Grabstätte der Familie Necker. Man fabelt von Glassärgen, in denen die Leichen in Spiritus aufbewahrt werden sollen; es giebt eine Reihe von Anekdoten, die sich über Engländer verbreiten, welche diese Särge und diese Leichen durchaus sehen wollten und die man so oder so dabei zum Besten gehabt hat. Ob diese Geschichten wahr sind, weiß ich nicht, und ob man die Grabstätte sehen könne, haben wir nicht gefragt.

Der Morgen war gar zu schön, und der Blick aus dem Obstgarten auf den See und die Berge zu verlockend! Wir gingen den langen Gang hin und wieder, der recht wie dazu geschaffen ist, sich Abends in der Kühle lustwandelnd zu erfrischen — wir dachten derer, die hier einst vor uns gegangen und gestanden, und das Göthe'sche Wort „die Stätte, die ein guter Mensch betrat, ist eingeweiht!" hatte sich auch hier wieder in erhebender Kraft für uns bewährt.

Eilfter Brief.
Methodistische Traktätlein und was daraus zu lernen ist.

Genf, den 2. Juli 1867.

Einer der schönsten Blicke auf Genf ist der aus dem Gehölz von Lancy. Unsere Freunde haben uns neulich über Carouge und Lancy dort hin gefahren. Carouge ist stark bevölkert und zum großen Theil von katholischen Arbeitern bewohnt. Einem Kirchenfeste zu Ehren waren die ganzen Straßen mit Guirlanden und Kränzen geziert, die von der einen Seite der Straße nach der andern hinüber reichten, und die mitunter höchst sinnreich und geschickt, aus farbigem Papier und billigen Baumwollgazen zusammengesetzt, und zwar in einer eigenartigen Weise zusammen gesetzt waren, der ich selbst in dem an Dekorationstalent sonst fast unvergleichlichen Italien, nicht begegnet war. Der geschmückte Ort, und die Menge geputzter kleiner Mädchen, alle mit Blumenkränzen auf den Köpfen, die wohl bei der Prozession betheiligt gewesen waren, machten einen sehr freundlichen Eindruck.

Am Tage war es sehr schwül gewesen, gegen den Abend bedeckte sich der Himmel völlig mit Wolken, und in der Gegend von Berner traf uns schon der Wind. In dem Hohlwege, der nach Lancy führt, kamen uns denn auch eine Anzahl von Spaziergängern entgegen, die noch eilig heimzukommen suchten. Die Mehrzahl von ihnen gehörte, nach ihrem Aussehen und ihrer Kleidung, dem Handwerkerstande an. In der Regel war es eine Frau mit ihren Kindern, Männer waren kaum ein Paar dabei, und unsere Freunde sagten uns, daß die Handwerker von Genf, wenn sie es irgend erschwingen können, für die Sommermonate, in den umgelegenen Ortschaften ein Stübchen oder Kämmerchen, je nach ihren Mitteln, zu miethen suchen, um ihre Kinder, so oft es angeht, für den Nachmittag in's Freie hinauszuführen und im Freien ungehindert spielen lassen zu können.

Die Worte, welche Winkelmann in seiner Zeit von Italien sagen mochte: „Denn dieses ist ein Land der Menschlichkeit!" kann man jetzt auf die Schweiz anwenden.

Der Himmel war völlig farblos als wir auf der Höhe anlangten und den Wagen halten ließen, um über den rasigen Boden durch das Gebüsch nach dem vorderen Abhang des Gehölzes zu gehen, das eigentlich diesen Namen kaum verdient. Aber die Aussicht verdient ihre Berühmtheit um so mehr. Man hat zur Rechten die beiden Salèves, zur Linken die Vorstadt St. Jean, die sich zwischen grünen Bäumen und Gärten allmählich ansteigend sehr gut ausnimmt, weit bedeutender, als sie sich in der Nähe darstellt. Unten schießen die beiden mächtigen Ströme, die Arve und der Rhone eine Strecke nebeneinander mit einer Schnelle hin, als könnten sie es nicht erwarten, bis sie sich zusammenfinden. Ein paar Wassermühlen unter mächtigen Bäumen am Fuße der Vorstadt von St. Jean sind so malerisch gelegen, als wären sie für ein Bild erfunden; und wenn man stromaufwärts blickt, hat man Genf vor sich, mit seinen beiden amphitheatralischen Ufern, und den See, und über alles hinausragend, das alte Burgviertel der Stadt mit den schweren dunkeln Mauern seines Domes, dieser Stammburg des Calvinischen Bekenntnisses.

Die Aufbauung dieses Panoramas — ich finde im Augenblicke kein anderes Wort für das, was ich bezeichnen möchte — ist sehr schön. Vorgrund und Hintergrund sind bedeutend, und doch tritt der Letztere so weit zurück, daß er den Ersteren nicht beeinträchtigt; selbst der trübe Himmel, der manchen Landschaften nicht günstig ist, stand dieser Gegend sehr wohl an. Er wirkte wie eine milde, vermittelnde Lazur. Es war, als sähe man ein Bild von Claude Lorrain, das nachgedunkelt hätte, und man fühlte recht, was es zu bedeuten habe, wenn man von einer historischen Landschaft spricht. Alle die schönen Bilder von Claude Lorrain, mit denen der erste große Saal der Gallerie im Palast Doria in Rom geschmückt ist, fielen mir bei dem Blick auf diese Gegend ein, und nebenher wurde ich den Gedanken nicht los, daß von diesem Wäldchen aus, Ferdinand Lassalle, der hier im Duell die tödtliche Verwundung erhielt, welcher er ein paar Tage danach erlegen ist, zum letzten Male in Lebenskraft auf Genf hinabgesehen hat.

Als wir am Abende durch die Straßen gingen, hatte der Regen, der inzwischen gefallen war, nachgelassen, auf der Place bel air schimmerten im Gaslicht die Regentropfen an den erfrischten Blättern der Bäume. Es roch recht nach einem Sommerregen, überall waren die Fenster offen; wo ein Balkon oder eine Fensterthüre zu sehen war, kamen die Leute heraus, und Männer und Frauen, mit ihren Kindern auf den Armen, gingen auf den Brücken und an den Quais spazieren. Im Vorüberkommen hörten wir ein paar Mal davon sprechen, daß dieser warme Regen dem Weine gut thun werde, der in diesem Jahre noch sehr zurückgeblieben sei.

Bei uns in der Pension hatte vielleicht auch der warme Regen eine besondere Art von Saaten aufgehen lassen. In dem Salon, in der Eßstube, selbst in unserem Zimmer, lag Alles voll Traktätchen — englischen und französischen — zu beliebiger Auswahl.

Wie kommen die Sachen hierher? fragte ich den Diener des Hauses, den braven Samuel, der uns musterhaft bediente.

Madame! entgegnete er, es sind amerikanische Herrschaften angekommen, Methodisten, wie ich glaube; sie haben mich beauftragt die Traktätchen in die verschiedenen Zimmer zu legen, und — ich bitte um Verzeihung Madame! — ich habe geglaubt, daß es Ihnen nicht mißfallen könnte!"

Ich beruhigte ihn darüber und sah mir die Heftchen an. Sie waren alle sehr klein, einige nicht viel größer als Portemonnaie-Kalender — und Alle von der höchsten Unbedeutenheit, ja von einer völligen Nichtigkeit der Erfindung. Antoinette Hayden ou l'Amour produit l'Amour — le prix de la Bible — The Suicide — The Reapers — A Dollars worth bewiesen in ihren Erzählungen gar Nichts; und ich legte sie, nachdem ich sie gelesen, es waren ihrer sechs oder sieben, mit der Empfindung auf die Seite, mit welcher unser Einer diese Art von Litteratur zu betrachten gewohnt ist. Ich möchte sagen: ich legte sie mit einer historischen Gleichgültigkeit ab acta. Aber diese Hefte haben mich nachdenklich gemacht, und in mir, wenn auch nicht eine Bekehrung im kirchlich protestantischen Sinne, so doch eine neue Anschauung von der Wichtigkeit dieser Traktätlein hervorgerufen. Denn, je mehr ich darüber nachsinne, je weniger kann ich mich der Einsicht verschließen, daß wir hingehen müßten und „ein Gleiches thun!"

Es ist für die Verbreitung einer Idee nach meiner festen Ueberzeugung, Nichts so wirksam als die plötzliche, unerwartete, kurze Anregung, die eben weil sie unvollständig ist, zu eigenem Nachdenken anreizt; und auf der andern Seite muß man möglichst mit denselben Waffen zu kämpfen und auf dieselbe Weise zu wirken suchen, welche von der Partei angewendet worden sind, die sich bisher ausschließlich mit der Bekehrung der großen Massen — und zwar sehr erfolgreich — beschäftigt hat. Es ist, wenn es uns darum zu thun ist, die Menschen zu der Erkenntniß zu führen, welche wir in religiöser und sozialer Hinsicht gewonnen haben, sicherlich nicht dadurch zu erreichen, daß wir diese gewonnene Erkenntniß in dicken Büchern niederlegen, welche gerade denjenigen nicht in die Hände kommen, auf welche zu wirken sie die Aufgabe haben. Die großen Zeitungen thun in dieser Beziehung schon mehr als die Bücher, aber auch sie kommen, weil sie theuer sind, hauptsächlich nur in die Städte, nur in die Hände der Begüterten und mehr oder weniger Aufgeklärten. Sie reichen kaum in die engen Wohnungen der großen Städte, nicht in die kleinen Städte hinein, sie gelangen nicht auf das flache Land und in die Berge und an die entlegenen Seen, nicht zu den Fischern und Zimmerleuten, aus denen Christus sich seine Apostel erzog. Es war aber schon eine große

Gemeinde in dem arbeitenden und armen Volke für die Lehre Christi gewonnen, ehe Paulus auszog vor den hochgebildeten Korinthern und vor den mächtigen Römern zu predigen, und auch in Rom ging die Verbreitung der neuen Lehre nach den Traditionen, nicht aus den Palästen in das Volk, sondern aus den Katakomben in die Tempel.

Wir stehen jetzt — nur Einer, der nicht sehen will, kann sich dieser Wahrheit verschließen — wieder an einer Grenzscheide zwischen zwei Weltanschauungen; und es kommt darauf an, ob die Wandlung, welche sich vorbereitet, uns im Licht des Tages oder in der Dunkelheit der Nacht, ob sie uns vorbereitet, oder unvorbereitet finden soll, ob sie sich naturgemäß, d. h. allmählich oder mit gewaltsamem und vernichtendem Zusammenstoße vollziehen soll. Zwischen der Partei des Absolutismus in Kirche und Staat, die Eins ist, mag sie in sich auch Spaltungen haben, und zwischen der Partei der Socialdemokraten, steht eine große, im Grunde programm-, gestalt- und eigentlich sogar namenlose Partei. Sie selbst hat den Namen der Demokratie von sich gewiesen, und Demokratie bezeichnet auch nur eine Partei im staatlich politischen Sinne, während in der Wandlung, welche uns sicherlich bevorsteht, und welche durch die Fortschritte der Naturwissenschaften, der Nationalökonomie und der historischen Kritik nothwendig herbeigeführt wird, die Frage der religiösen Erkenntniß mit an der Spitze steht, und eine der vorwärtstreibenden Kräfte ist. — Fortschrittspartei? — Partei der Bewegung? — Das klingt ganz gut; aber in der Bewegung muß ein benanntes Etwas sein, das sich bewegt und sich in der Bewegung entwickelt und gestaltet, sonst verflüchtigt sich der Stoff, wie verschwebende Wolken und löst sich unfaßbar auf — und dazu gewinnt man in der Bewegung keinen Halt, abgesehen davon, daß eine Treppe kein Standpunkt ist. — Menschenfreunde! Lichtfreunde! das ist Alles noch unbestimmter: In der That je mehr ich es überlege, je klarer tritt es mir hervor, daß ich wirklich nicht weiß, wie ich diejenigen nennen soll, deren Bestreben es ist, ihre durch die Wissenschaft gewonnene religiöse und politisch soziale, der Gewalt und dem Absolutismus abgewendete Weltanschauung, auf friedlichem Wege, durch Aufklärung der Menschen allmählich zur Geltung zu bringen.

Als die kirchliche Bewegung im Anfang des sechszehnten Jahrhunderts, die sich in Italien schon ein Jahrhundert früher und zwar gleichzeitig als kirchliche und staatliche Revolution geregt hatte, in Mittel-Europa den gewaltigen Aufschwung nahm, boten sich ihren Anhängern, aus der Sache selber fast mit Naturnothwendigkeit, die Namen: Eidgenossen, (Hugenotten) Protestanten, Reformirte, dar; und obenein war die Möglichkeit gegeben, sich nach den Hauptträgern der Bewegung Lutheraner oder Calvinisten zu nennen, während uns noch jede faktische Organisation, jede feste Gestaltung, ja selbst der Name fehlt. Das ist aber sicherlich ein Fehler und ein Mangel, dem abgeholfen werden müßte; denn nächst der Aufklärung ist die Zusammenhaltung der Gesinnungsgenossen vielleicht das Allerwichtigste.

Daß die Handwerker-Vereine und die freien Vorträge in denselben ein sehr wirksames Mittel für die Aufklärung sind, ist eine Thatsache, aber sie wenden sich nur an die Männer, an einen bestimmten Kreis von Männern; sie

lassen die Frauen, deren Christus sich doch so wesentlich
angenommen hat, völlig unbelehrt und sie sind ebenein
unsystematisch: sie sind ein Ragout von Wissenswürdig=
keiten, in dem sich, wie in dem Gebräu der Makbeth'schen
Schicksalsschwestern, alles Mögliche und Ersinnliche zusam=
menfindet. Sie handeln heute von Galilei und morgen
von Kautschuk-Fabrikation, heute über die Liebe und morgen
über Infusorien. Sie unterhalten sicherlich in würdiger
Weise, sie verbreiten mancherlei Wissenswerthes, aber sie
erzeugen, so wie sie jetzt eingerichtet sind, kein zusammen=
hängendes Wissen oder Denken, sie erschaffen keine neue
einheitliche Erkenntniß und Gesinnung, sie bilden den Men=
schen nicht für eine freie und friedensvolle Zukunft heran.
Auch die despotischeste Regierung und die orthodoxeste
Kirche haben bei der jetzigen Organisation der sogenannten
öffentlichen Lehrvorträge nichts Wesentliches von ihnen zu
besorgen. Es scheint mir deshalb, als müßten einerseits
neben den eigentlichen Lehrkursen in den Handwerkervereinen
auch die freien Vorträge systematisch zusammenhängender
sein; und als müßte andrerseits die Einwirkung auf die große
Masse aller derer, die nicht zu den bevorzugten Klassen der
Handwerker-Vereine gehören, so in Angriff genommen wer=
den, wie die Jesuiten und die katholische Kirche überhaupt es
mit ihren Vorträgen vor allem Volk, und wie die angli=
kanischen Wanderprediger es zur Ausübung bringen.

Der wackere verstorbene Professor Roßmäßler hatte es
begriffen, worauf es ankam. Ohne alle Ankündigung,
plötzlich, wie die Apostel einst unter die Menschen getreten
sind, wo sie deren eine Anzahl beisammen fanden, trat er
in ein Wirthshaus ein, und sprach zu denen, die er dort

in ihrer Abendruhe bei ihrem Bierkrug sitzend fand. Solche Wanderprediger fehlen uns, wie die katholische und die protestantische Kirche sie bis in die entferntesten Theile der Erde entsenden; uns fehlen Wanderprediger, welche von dem Streben, wissenschaftliche Erkenntniß zu verbreiten, von einem und demselben Geiste friedliebender Menschlichkeit beseelt, den Völkern die Grundsätze predigen, an denen wir uns erbauen und von deren Verwirklichung wir die Veredlung des Menschengeschlechtes und den Frieden auf Erden erhoffen, der als verheißungsvoller Gruß bei der Geburt jenes Mannes vom Himmel erklungen sein soll, der zuerst die Lehre von der Göttlichkeit des Menschen und von der Bruderliebe unter den Menschen verkündete. Solche Wanderprediger fehlen uns. Ebenso fehlt uns auch der Einfluß, der durch die kleinen unscheinbaren Traktätchen in der stillen Kammer der einsamen Näherin, der an dem Krankenbette des Armen ausgeübt werden kann. Wer die Menschen für eine Ueberzeugung gewinnen will, darf nie vergessen, daß die Menge aus Individuen der verschiedensten Art besteht; wer belehren will, muß sich erinnern, daß die Armen wenig Zeit zum Lernen haben, und daß sich ihnen, weil sie des Lernens und zusammenhängenden Denkens ungewohnt sind, nur kurze, schlagende Sätze einprägen, die ihnen gleichsam zu den Stützen werden, an welchen ihre eigenen Gedanken sich heften und emporranken können. Aber es ist leichter, ein Buch für den Gebildeten, als einen Leitfaden zum Denken für den Unvorbereiteten zu schreiben — und doch haben wir die Erfahrung vor Augen, was mit Luther's Erklärung der uralten jüdischen zehn Gebote noch heute auszurichten ist, weil diese zehn Gebote und die

Luther'sche Erklärung so kurz und schlagend sind, daß sie sich dem Gedächtniß leicht einprägen, und einmal auswendig gelernt, im betreffenden Falle leicht in der Erinnerung auftauchen. — Aber wer schreibt solche neue Gebote, solche neue Katechismen der gesunden Vernunft, der brüderlichen Menschenliebe, des Friedens und der Freiheit? — Und wie verbreitet man sie, da ihre Verbreitung nicht mit dem Interesse derjenigen zusammenfällt, welche jetzt die Missionaire durch alle Zonen senden, und ihren Traktätlein in allen Sprachen durch aller Herren Länder ungehindert den Eingang verschaffen können?

Das zu erörtern wäre eine Aufgabe für den Friedenskongreß, der in Genf zusammen treten soll. Er könnte nichts Folgereicheres, nichts Zweckmäßigeres thun, als eine Verbindung zur nachhaltigen Verbreitung solcher Traktätlein gründen, und Wanderprediger in unserm Sinne einzuführen suchen. Wir werden nichts sehen von dem Friedenskongreß, denn morgen verlassen wir die Stadt und gehen nach dem Rigi Vaudois, nach Glion sur Montreux hinauf.

Zwölfter Brief.
Glion sur Montreux.

Seit dem Anfang des Juli sind wir hier oben einquartirt, und soweit man es voraussehen kann, werden wir uns zu der Wahl dieses Aufenthaltsortes Glück zu wünschen haben, denn die Lage ist wirklich außerordentlich schön.

Wir haben Genf am vierten Juli Nachmittags zwei Uhr mit dem Dampfschiff verlassen, und die Fahrt auf dem See war ein Genuß. Alle die freundlichen Ortschaften an seinen Ufern, die Städte mit ihren alten Thürmen, die soliden kleinen Landungsplätze, die Dampfschiffe und die Segelschiffe mit ihren doppelflügeligen Segeln, die uns das Mittelländische Meer in das Gedächtniß riefen, waren für uns eine rechte Augenfreude.

Um sechs Uhr kamen wir in Vernex an, nahmen einen zweispännigen Wagen, der uns — vier Personen und ein recht ansehnliches Gepäck — für zwölf Franken nach Glion hinaufgebracht hat. Der Weg nach Montreux fängt schon unfern vom Landungsplatze in die Höhe zu steigen an, und diese Steigung nimmt schnell zu, wenn man Verner, wo sich die Eisenbahnstation und die Post befinden, verlassen und Montreux erreicht hat, das viel älter als Vernex, und ganz wie die alten italienischen Bergstädtchen, eng, winkelig und wie in sich selber zusammengekauert, am Felsen angeklammert liegt. Die Straße von Montreux — denn ganz Montreux ist eigentlich nur eine, sich in einer scharfen Ecke umbiegende Straße, mit ein paar kleinen platzartigen Weitungen und ein paar Nebengäßchen, die aus wenigen Häusern bestehen — ist oft so eng, daß zwei Wagen sich nicht ausweichen können, und das Pflaster so schlecht, daß die Menschen und die Pferde zu bedauern sind. Gleich hinter Montreux liegt die zu ihm gehörende sehr hübsche Kirche, auf einem freien abgeplatteten Vorsprunge, der wohl früher den Kirchhof gebildet haben wird. Jetzt ist es ein schöner, von alten Bäumen beschatteter, mit Zierpflanzen geschmückter, mit bequemen Bänken versehener Ruheplatz geworden, auf dem ein frisches klares Wasser in ein Steinbecken hinabfließt, so daß Alles hier vorhanden ist, was dem Wanderer das Rasten erquicklich machen kann.

Die Fahrstraße nach dem Rigi Vaudois, auf welchem Glion gelegen ist, zieht sich in weitem Bogen um den mit prächtigem Laubholz und verschiedenartigstem Buschwerk reich bewachsenen Felsen, und während man emporsteigend die Luft immer leichter und frischer werden fühlt, schimmert wieder und wieder zwischen den uralten Stämmen und durch die breitbelaubten Aeste der im reinsten Grün erglänzenden Kastanien- und Nußbäume, das blaue Wasser des See's ferner und ferner von uns, aber immer glänzend, immer lockend, wie ein freundlich grüßendes Auge hervor, bis man oben in Glion angekommen, mit einemmale wieder den See in seiner ganzen Mächtigkeit überschaut und das blaue Wasser zu seinen Füßen, den blauen Himmel über seinem Haupte, sich in einer Atmosphäre fühlt, in welcher das bloße Athmen zum Genusse wird.

Wir gleichen in unsern großen Städten, in denen Mephisto's Fluch „Staub soll er fressen und mit Lust!" über uns liegt, in aller unserer Pracht und Herrlichkeit doch den Gefangenen, denen die ersten Lebensbedingungen, Luft und Licht, entzogen werden. Was wir dort an sogenannten geistigen Genüssen uns auch zu schaffen vermögen, was wir an Geselligkeit und Kunst und vorbereiteter Lebensbequemlichkeit dort auch besitzen mögen — so oft ich nach längerem Verweilen in den Mauern großer Städte auf das Land, oder gar an das Meer oder in's Gebirge gekommen bin, ist immer dieselbe Empfindung, immer dieselbe Ueberzeugung in mir aufgestiegen: daß das wahre Glück nur im Freien zu finden ist, daß Nichts uns schadlos halten kann für die Wonne eines freien Athmens in reiner freier Luft. Und rein und frei ist die Luft hier oben, denn wir sind doch nahezu breitausend Fuß über dem Meeresspiegel und zwölfhundert Fuß über der Fläche des See's, dessen meilenweites Wasserbecken uns seine Frische zu Gute kommen läßt.

Der Ort hier, den man Glion heißt, ist kaum ein Dorf zu nennen. Er hat außer den Pensionen nur einige wenige schlechte und erbärmliche Häuser, die auf der linken Seite der Felsen gelegen sind, durch welche ein kleines, wildes Bergwasser, die Baie de Montreur sich ihre Bahn gebrochen hat. Beide Felsseiten, wie die ganze tief in das Gebirge hineingehende Schlucht, sind von oben bis unten mit den schönsten Waldungen bedeckt, in deren Lichtung sich smaragdgrün die frischesten Matten hinziehen. Die ächte Kastanie, mit ihren schön gezackten und gespitzten hellen Blättern, mit den gelblichgrünen Büscheln ihrer federförmigen Blüthen; der Nußbaum, mit seinen weithinschattenden Aesten, unter denen es sich wie unter einem Zeltdach ruhen läßt, mächtige Eichen und Kirschbäume von einer Schönheit, wie ich sie nirgend sonst gesehen habe, wechseln mit Lärchen ab, und oben von der runden Kuppe des an dem rechten Ufer gelegenen Kübli, sehen dunkle Tannenwälder auf all das helle frische Grün hernieder. Man ist wie verborgen in diesem dichten, geheimnißvollen Waldesschatten, und sieht doch überall hinüber auf den See und weit hinaus in die Lande und auf die Alpenwelt.

Am meisten nach dem See, auf dem Vorsprung des Berges, ist die Pension gelegen, die speciell unter dem Namen des Rigi Vaudois bekannt ist, und in der wir unsere Wohnung genommen haben. Sie besteht aus einem neuen, großen, dreistöckigen Hause, mit einem Mittel- und zwei Seitenflügeln, mit kleinen und großen Balkons, mit schönen Zimmern und Sälen, und ist mit allen Bequemlichkeiten ausgestattet. Einige Schritte davon, auf dem Abhang der sich nach Westen erstreckenden Terasse, steht das Châlet, ein ebenfalls großes, zu dieser Pension gehörendes Schweizerhaus, und einige kleine Nebengebäude hinter und zur Seite des großen Hauses, sind noch als Dépendances mit dem Rigi Vaudois verbunden. Sie dienen dazu, theils die Dienerschaft, theils diejenigen Fremden aufzunehmen, denen der Preis von sechs und sieben Franken für den Tag zu hoch ist, welchen man in den beiden großen Häusern, je nach der Wahl der Zimmer, für die Person zu entrichten hat. In dem Erdgeschoß und dem ersten Stockwerk des großen Hauses werden aber die Zimmer, neben der Pension von sechs oder sieben Franken noch besonders bezahlt, so daß der Pensionspreis dort nur die eigentliche Verköstigung betrifft.

Gleich der Einfahrt in den Garten des Rigi Vaudois gegenüber, liegt die Pension Belle Vue, ein Haus ohne Garten, aber nach der einen Seite hin mit schöner Aussicht, das etwa für zwanzig Personen Unterkommen bietet; höher in der Schlucht hinauf, ist ein neues, ganz kleines Pensionat, das Hôtel Glien, das einen Garten mit schönen Bäumen und weiter Fernsicht hat, und endlich, als die höchstgelegene der Pensionen, die Pension du Midi. Das Haus ist alt, liegt ganz versteckt, wird aber sehr gerühmt, obschon, wie in allen diesen Pensionen, mit Ausnahme des Rigi Vaudois, die Zimmer sehr klein, sehr niedrig, nur mit dem Nothdürftigsten eingerichtet, und die Speisesäle, namentlich wenn der Fremdenverkehr lebhaft ist, fast unerträglich beengt und durch ihre Niedrigkeit sehr beklommen sind. Dafür hat die Pension du Midi aber in ihrer, ganz nahe dabei schön planirten mit Rasen gedeckten und von Kirchbäumen beschatteten Terrasse einen der schönsten Blicke über den See; und seit wir so weit gekommen sind, daß wir den recht steilen und sehr schlecht gepflasterten Weg von unserm Hause nach dieser Terrasse nicht mehr zu scheuen haben, ist sie einer unserer täglichen Spaziergänge geworden. Indeß für Kranke ist der Weg, so kurz er ist, doch schwer — und wer überhaupt auf Bequemlichkeit und auf freie, luftige Zimmer zu achten hat, ist sicherlich im Rigi Vaudois und in der Pension Belle Vue zweckmäßiger logirt, welche Vortheile für gesunde, und die sogenannte „Gemüthlichkeit" suchende Reisende, die Pension du Midi auch bieten mag.

Glion, den 9. Juli 1867.

„Lo svegliarsi la prima notte in carcere è cosa orribile!" (Das Erwachen in der ersten Nacht, die man in einem Kerker zubringt, ist etwas Entsetzliches!) sagt der arme Silvio Pellico in der Schilderung seiner Gefangenschaft; und diese Worte fielen mir sonderbarer Weise heute, als ein schlagender Gegensatz zu meiner Lage plötzlich ein, da ich am Morgen die Thüre unseres zu ebener Erde im Chalet gelegenen Zimmers öffnete, und die volle frische Luft, und die goldene Sonne uns mit ihren Fluthen von Erquickung und von Licht umströmten. Das erste Erwachen auf solcher Höhe, in solcher Stille, in solcher Freiheit, ist wirklich etwas Köstliches!

Man sah es der Sonne an, wie heiß sie, trotz der Morgenstunde, schon über den Thälern und auf den Wegen da unten brüten mochte; wir aber hier oben, wir empfanden nur ihre Segnungen. Der Duft der Glycinien, die unsere Veranda umranken, der sanfte Geruch des Reseda und der weißen Belhunien, die in den Blumenbeeten vor unsern Fenstern ihre lila Kelche vor den Sonnenstrahlen weit geöffnet hatten, quollen uns warm und würzig entgegen. Die Rosen flammten über dem thauigen Grase der Terrassen. Drüben auf dem andern Ufer des Sees leuchteten am Fuße der Savoyischen Alpen die Häuser von Bouveret im hellen Morgenlichte, und am Ende des Sees, wo die Savoyischen Alpen und der Vorsprung des Mont Ervel eine weite Thalung bilden, als deren Hintergrund die mit ewigem Schnee bedeckten vielgezackten Felsenmassen der Dent du Midi in die Wolken ragen, schoß hinter dem Städtchen Villeneuve der Rhone, wie eine glänzende Riesenschlange durch die Wiesen nach dem See hinunter.

Als ich ein Kind war, und mit staunender Bewunderung in Campe's Entdeckung von Amerika die Thaten von Columbus und Cortez geschildert las, hat es mir immer einen gewaltigen Eindruck gemacht, wenn diese kühnen Männer auf eine neue Insel oder überhaupt an ein neues Ufer kamen, und dann gleich ihre Fahne entrollten, sie in den Boden pflanzten und damit von demselben ein für allemal aus eigener Machtvollkommenheit symbolisch Besitz ergriffen. Daß dies eine Gewaltthätigkeit war, fiel mir im Entferntesten nicht ein, denn der Mensch ist von Natur zur Gewaltthat geneigt, und jedes Kind ist ein Urmensch mit allen urmenschlichen Eigenschaften, bis die Erziehung die schlimmen Anlagen mäßigt und die guten entwickelt. Von einem Lande so mit einer einzigen Handlung Besitz zu ergreifen, schien mir etwas ganz Erhabenes zu sein. Und jetzt, wenn ich, wie eben hier in diesen Tagen, auf einem Berge stehend in eine mir fremde schöne Gegend hinunterschaue, und mir sage, daß ich diesen Anblick jetzt für Monate alltäglich haben, daß ich diese Berge, diese blauen Wasser, diese waldigen Höhen jetzt mit dem Auge ganz nach Belieben zu jeder Stunde frei beherrschen werde, kommt etwas von dem freudigen Stolze jenes Besitzergreifens über mich, das ich in jungen Jahren so beneidenswerth gefunden habe — und da diese meine Besitzesfreude keinem andern Menschen Schaden bringt, darf ich mich ihr aus vollem Herzen überlassen. Denn nicht nur „was wir verstehen, wird uns Besitz!" es wird uns Alles Besitz, was wir einmal mit vollem Bewußtsein gesehen und genossen haben.

Recht mit bewußter Besitzesfreude sind wir denn in

diesen Tagen auch auf den schönen Terrassen unserer Pension umhergewandert, und haben uns in dem Panorama, das wir überschauen, heimisch zu machen gesucht. Nach Osten ist der Ausblick nicht eben weit. Er wird dort, wie ich vorhin bemerkt, durch das Zusammentreten der Gebirge im Rhonethal beschränkt, aber die Aussicht auf das südliche Ufer des See's zu unsern Füßen ist dafür von der höchsten Belebtheit und Lieblichkeit. Ortschaft reiht sich an Ortschaft an. Da liegt gleich hinter Montreux, welches von hier eben nicht sichtbar ist, das sich weit hinstreckende Territet mit dem großen Gasthof der Pension des Alpes. Dicht dahinter sieht aus dem Grün der Wälder, ein wenig über dem See erhaben, das freundliche Veytaur hervor, in welchem, wie man uns in Genf berichtet, Edgar Quinet, der exilirte französische Patriot, seit Jahren eine Zuflucht gefunden hat; dort unten springt das einsame alte Schloß von Chillon mit seinen untersetzten und dickköpfigen Thürmen in den See hinaus. Weiter hinab nach dem Ende des See's erhebt sich — einsam wie der Dichter, dessen Namen es trägt — das stolze Hôtel Byron, und den Schluß bildet in der Ebene, am Eingang in das Rhonethal das Städtchen Villeneuve, dessen spitzer Kirchthurm und dessen Häuser in dem hellen Sonnenlicht klar und deutlich zu erkennen sind.

Nach Westen hin ist die Aussicht aber noch weit freier und noch mannichfaltiger; denn das Savoyische Ufer tritt dort, mit seiner Alpenkette bei den Felsen von Meillerie, eine Ecke bildend, scharf zurück. Dadurch thut sich der See plötzlich wie ein Meer in seiner ganzen Breite auf. Rechts umspannen ihn mit weichem Bogen die sanften

Höhenzüge des Waadtlandes, und in weiter, weiter Ferne schließt die feine Linie des Jura den Horizont. Aber grade das Stück des Waadtlandes, das man hier von oben überblickt, mit den zahlreichen kleinen Landzungen und den zwischen ihnen sich bildenden Buchten und Landungsplätzen, mit den nicht allzu fern vom Ufer sich erhebenden kegelförmigen Hügeln, auf denen alte und neue Schlösser thronen, mit den sich am Seeufer ausbreitenden und sanft durch die Rebhügel emporsteigenden Ortschaften, ist überaus lieblich. Fast in einer fortlaufenden Reihe schließen das enge Montreux und das geschäftige Vernex und das mit seinen Villen und Gärten so heitere Clarens sich aneinander an. Darüber liegen auf rasigen Höhen die Reste früherer Waldungen, schöne Nußbaumgruppen, von denen eine zur Erinnerung an Rousseau's Dichtung, noch heute den Namen des Bosquet de Julie führt. Weiter hinauf erblickt man die weiße viereckte Masse eines ehemals festen Hauses, das Chateau Chatelard, ihm gegenüber das ganz moderne, von einem Pariser Industriellen erbaute Chateau des Crêts und tiefer in das Land hinein, das größte der alten festen Häuser in dieser Gegend, das Schloß von Blonay. Dazwischen liegen die Dörfer Tavel, Chailly und Charnex, und weiter und weiter fortgetragen, haftet das Auge endlich an der langen Baumallee des Hafens von Vevey. Es ist ein Stückchen Erde, wie man es sich anmuthiger nicht denken kann; und wie Kinder, die am Weihnachtsmorgen gleich nach dem Tische laufen, der die gestrige Bescheerung trägt, um zu sehen, ob all' die Herrlichkeiten auch noch wirklich da sind, so gehe ich heute noch alle Augenblicke aus dem Zimmer und von der Veranda auf die Terrassen hinaus, um mich an dem reizenden Panorama zu erfreuen, das wir von dieser Höhe hinaus nun für eine Reihe von Monaten beherrschen werden.

Glion, den 17. Juli.

Als wir vor vierzehn Tagen hier oben unsern Einzug hielten, war es noch ziemlich einsam auf dieser Höhe. Seitdem ist es mit jedem Bahnzuge, den wir tief unten an den Rebhügeln entlang an uns vorüberziehen, mit jedem Dampfschiffe, das wir an dem kleinen Landungsplatze von Montreux anlegen sehen, hier oben auch belebter geworden, und wir sind jetzt in den schönen Speisesälen, namentlich wenn noch, wie eben heute, eine Menge eigentlicher Touristen dazukommen, nahe an zweihundert Personen zu Tisch, während die tägliche Gesellschaft sich auf etwa hundertfünfzig Personen beläuft. Indeß die Häuser und das Gartenterrain sind so groß, und der Besitzer des Rigi Vaudois, Herr Heimberg, ein geborener Hannoveraner, leitet die ganzen Einrichtungen so umsichtig und mit solcher Bereitwilligkeit für die Bedürfnisse des Einzelnen, daß man es besser nicht verlangen kann. Was dem Hôtel noch fehlt, aber auch entschieden fehlt, sind Bäder, ein direkter Telegraphenverkehr und Reitesel zur Benutzung für die Fremden. Die Bäder sollen noch in diesem Herbste eingerichtet werden, auch die Telegraphenleitung steht in Aussicht, da man hier in der Schweiz jedem Orte und jedem Wirthe, der es nachweisen kann, daß er jährlich zweihundert Depeschen erhält, eine eigene Telegraphenleitung bewilligt; und da die Gebühr für ein Telegramm, wie es heißt von einem Frank auf einen

halben heruntergesetzt werden wird*), so wird mit dieser
Telegraphenstation auf dem Rigi Vaudois den zeitweiligen
Bewohnern desselben eine wesentliche, aber auch ganz unentbehrliche Erleichterung geboten werden. Ebenso nothwendig ist aber auch die Aufstellung von Eseln, und es
ist eigentlich um so unbegreiflicher, daß die kleine Industrie sich dieses Erwerbes nicht längst bemächtigt hat,
als Fuhrwerk und Pferde und Maulthiere hier, wie auch
unten am See, sehr theuer und lange nicht in genügender
Anzahl vorhanden sind. Der Wirth hat ein paar schöne vier-
sitzige und einen zweisitzigen Wagen. Will man mit den
erstern eine Fahrt hinunter machen, so kostet das eilf Franken
und wenn man die Tour am See noch eine Strecke —
bis Vevey oder Villeneuve ausdehnt — fünfzehn bis
zwanzig Franken. Für den Einspänner sechs bis zehn
Franken und für ein Maulthier, das einen Reiter von
Montreux nach Glion hinauf oder hinunter bringt, drei
Franken. Dadurch sind die Leidenden, die nicht steigen
können, in Glion ziemlich an ihren Fleck gebannt, denn
außer der Promenade nach der Terrasse der Pension du
Midi, ist ihnen nur der Anfang des Weges zugänglich,
der sich hier oben längs der Schlucht hinzieht, durch
welche die Baie de Montreux aus dem wilden einsamen
Vallée des Verraux zum See hernieder rauscht. Und doch
ist der Weg, den Quellen des Wassers entgegen, so verlockend, es geht sich zu jeder Tageszeit so köstlich in dem
Waldesgrün auf diesen Bergen, daß man immer nur mit
Bedauern sich zum Umkehren entschließt wo die Kräfte

---

*) Dies ist seitdem geschehen. (1868.)

nicht weiter langen, und wo ein Esel, der mit einigen Sous bezahlt sein würde, so vortrefflich weiter führen könnte.

Es wird Einem ganz sehnsüchtig zu Muthe, wenn man die rüstigen Fußgänger von den Touren sprechen hört, welche sie hinüber nach der andern Seite der Schlucht, nach den Avants, und weiter hinauf nach dem spitzen Felskegel der Dent de Jaman und den Rochers de Naie, oder nach der grünen Kuppe des Kübli unternehmen, bisweilen in Mondscheinnächten unternommen haben; und neulich, wo ein geistreicher, uns hier bekannt gewordener italienischer Edelmann, der seine dreizehnjährige außerordentlich schöne Tochter halbwegs à la Jean Jaques Rousseau erzieht, um Mitternacht mit diesem Mädchen und mit zwei Führern von Glion aufbrach, um mit dem Vollmond oben auf den Rochers zu sein, und dort die Sonne aufgehen zu sehen, konnte man sich des Neides auf die Jugend kaum erwehren.

Aber auch das, was wir zu Fuß erreichen können, ist schön genug, und meine alte Vorliebe für die heiße, Alles sättigende Mittagshitze kommt hier zu ihrem Rechte. Alltäglich gehen wir am Mittage auf den Weg nach der Schlucht hinaus, und das Gehen ist dann ebenso genußreich wie das Rasten auf dem üppigen Rasen, auf dem Maaslieb und Campanula in ganzen Büscheln bei einander stehen, und Rosmarin und Quendel und Thymian und Citronenmelisse fast berauschend duften. Von den breiten Aesten der riesigen Nußbäume geschützt sehen wir auf all die Matten und Waldungen hinunter, über denen die Luft vor Hitze zittert. Drüben auf der Höhe brüten

Brent, Charney, Sougy im Sonnenlichte. Fernab zieht das Dampfschiff seine Furchen durch den warmen blauen See, brauft das Dampfroß an den Hügeln hin. Wir sehen das nur, wir hören es nicht, denn hier oben ist es immer still. Nur das Rauschen der Baie in ihrer Schlucht vernehmen wir, und das leise Schwirren der Bienen und der Käfer, die mit den Schmetterlingen um die Wette von Blume zu Blume flattern und sich ihres kurzen Daseins freuen wie wir. So müßte man aus einem Jenseits herniederschauen auf die Erde: Alles sehend, ohne wünschenden Antheil an den Dingen, ohne Bedürfniß, ohne ein Verlangen, mit dem All in Harmonie, in stillem Betrachten, in sanftem Insichselbstberuhen.

Ohne die Gesellschaft, von der man hier in allen Sprachen und Zungen umwälscht wird, könnte man sich in dieser friedlichen Stille zum Braminen heranbilden; aber das Betrachten der hier täglich neu aufkommenden Reisenden ist ein gutes Mittel gegen das Versinken in sich selbst und gegen das Hinträumen im Naturgenuß. Wenn wir mit den beiden Freundinnen, welche uns, die eine aus Italien die andere aus dem Norden Deutschlands, nach Glion nachgekommen sind, vor unserer Thüre sitzen, belustigen wir uns oft damit, die Nationalität und die Lebensverhältnisse der Reisenden zu errathen, und das Erstere ist in der Regel leicht. In diesem Augenblicke herrschen England und Amerika hier oben vor, daneben haben die Russischen Ostseeprovinzen ein starkes Kontingent gestellt, Deutsche sind nicht eben viele vorhanden, Franzosen kommen in der Regel nur als seltene Touristen vor. Dazu kommen noch einige vor der Cholera geflohene Italiener, die sich meist in ihren Zimmern aufhalten, und eine holländische Familie, die wir hier schon vorgefunden haben. Aber das Haus und die Säle und die Gartenanlagen sind so groß und so geräumig, daß man einander nicht berührt, wenn man sich nicht sucht, und ich wüßte in der That nicht, wo man angenehmer und behaglicher aufgehoben sein könnte, als eben hier auf diesem schönen Berge.

Dreizehnter Brief.
Das Waadtland und seine Geschichte.

Glion, Juli 1867.

Der beabsichtigte Friedenskongreß, sein Zustandekommen, seine mögliche Wirksamkeit bilden hier oftmals den Gegenstand der Unterhaltung, und es ist uns bisweilen überraschend, mit welcher Hartnäckigkeit, man möchte fast sagen mit welcher gläubigen Inbrunst im Uebrigen ganz verständige und obenein herzensgute Menschen die allzeitliche Nothwendigkeit der Kriege verfechten. Wozu sie nothwendig sind, das freilich wissen die Kriegsbedürftigen nicht recht anzugeben. Der Eine, ein vortrefflicher Mann in recht gesetzten Jahren, der gar nicht mehr so übermäßig vollblütig aussieht, behauptete gestern gegen mich ganz ernsthaft: „Das Aufhören der Kriege ist eine Unmöglichkeit, denn so lange noch ein frisches Männerherz an die Rippen pocht, ist der Kampf ein Gebot der menschlichen Natur; ja noch mehr: der Krieg ist ein Hauptmittel, ein Sapeur der Civilisation!" — Könnte denn Ihr Herz nicht für etwas Gemeinnützlicheres und weniger Blutdürstiges an Ihre Rippen pochen? erlaubte ich mir, ihn sehr bescheiden anzufragen; oder was würden Sie zu einem Löwen sagen, wenn ihm einmal durch ein Wunder die Sprache käme, und er Sie eines Morgens mit der unumwundenen Erklärung überraschte, daß das Ochsen- und Pferdewegschleppen und das Men-

schenfressen ein Gebot der löwischen Natur sei, und daß
also die Tribus der Kabylen und Beduinen in der Wüste
sich nur in alle Ewigkeit so weiter fort berauben und ver=
speisen zu lassen hätten. Sie würden gegen dieses Gebot
der Löwennatur wahrscheinlich ganz dieselben gerechten
menschlichen Bedenken hegen, die nur Ihr kriegslustiges
Herzklopfen erregt. Daß aber die Civilisation beispielsweise
hier im Waadtlande größer gewesen wäre, als noch dort unten
in Chillon und da oben auf dem Kübli und weiterhin
im Chateau Chatelard und im Schlosse von Blonay die
Grafen und Ritter saßen, die Alle auch noch sammt und
sonders mit dem naturwüchsigen männlichen Herzklopfen
behaftet gewesen sind, mit dem sie sich untereinander und
den Bürgern der Städte, wie den Landleuten Jahraus
Jahrein in den Haaren lagen, das möchten Sie selber
doch schwerlich behaupten wollen. Zugegangen ist es in
jenen männlichen kriegerischen Zeiten hier reichlich so wüst
und blutig wie anderwärts, und ich glaube, das Herzklopfen
wird nicht bei den männlichen Rittern, welche die Kriege
anzettelten, sondern bei jenen Elenden, die unter dem blutigen
Geraufe zu leiden hatten, am stärksten gewesen sein.

Ich für mein Theil habe aber grade an dem Frieden,
der uns hier umgiebt, meine größte Freude; und wenn
man so alltäglich dieselben Wege auf denselben Höhen be=
tritt, und das Auge immer wieder auf diesen freundlichen
Ortschaften, auf diesen Schlössern und Burgen ruhen läßt,
bekommt man für sie und für das ganze Land ein mit
jedem Tage wachsendes Interesse, und möchte mehr von
ihnen wissen, als man bei dem gewöhnlichen Durchreisen
der Gegend über sie erfährt.

Es ist mit diesem Durchfliegen und Ansehen der Länder eben so wie mit unserem Leben in den überfüllten Gesellschaften der großen Welt. Die Menschen in der fremden Gesellschaft und die Ortschaften in dem fremden Lande prägen sich uns nur oberflächlich mit ihrer Gestalt und mit ihren Namen ein. Begegnen wir ihnen wieder, so erinnern wir uns dieser Aeußerlichkeiten mehr oder weniger deutlich. Kommt es hoch, so fällt uns vielleicht auch ein besonderes Merkmal, eine vereinzelte Nachricht ein, die wir über sie erhalten, eine Anekdote, die wir von ihnen gehört haben. Damit ist es denn in der Regel aus, und es bleibt uns nicht vielmehr als ein schattenhaftes Bild von solchen Erlebnissen und Begegnungen zurück. Wir wissen nicht, woher die Menschen kamen, nicht, wie sie eben so geworden sind wie sie sind, oder was ihnen geschehen ist, ehe wir sie kennen lernten. Wir gewöhnen uns, an ihnen wie an den Schaufenstern eines Photographen mit flüchtigem Blicke vorüberzugehen, und — was das Schlimmste ist — wir finden diese billige Antheillosigkeit großstädtisch und wissen uns noch Etwas mit ihr.

Grade, aber ganz grade so, verhalten wir uns oft genug auch zu den Ortschaften, in denen wir bei unserem Reiseleben verweilen. Clarens ist Clarens! Verner ist Verner! Montreux ist Montreux! Und damit ist's genug — und doch wahrhaftig wenig genug! Denn lieb kann einem verständigen Menschen im Grunde doch nur dasjenige werden, wovon er etwas weiß, und ich habe in dieser Hinsicht oftmals die Naturforscher und die Historiker beneidet, zu denen Gegenstände eine beredte und anregende Sprache sprechen, an welchen unser Einer wie an einer

Dekoration unbelehrt und stumpf vorübergeht. Ja ich lege jetzt eigentlich nur darum noch auf das Reisen werth, weil es uns veranlaßt, unser Wissen von den Ländern und Menschen im Einzelnen zu erweitern, und weil es uns eben dadurch, wie Göthe es nennt: „die Welt zu einem belebten Ganzen macht!"

Ich habe mir denn auch außer unsern Handbüchern in diesen Tagen an Büchern über das Waadtland allerlei zusammen tragen lassen, um mich wenigstens einigermaßen mit dem Boden bekannt zu machen, auf dem nun für eine Weile unser flüchtiges Zelt aufgeschlagen worden ist. Stundenlang kann ich mich damit beschäftigen, es mir auszumalen, wie hier, wo jetzt an den grünen Reben die Trauben in friedlicher Ruhe der Lese entgegenreifen, sich durch die pfadlosen Urwälder, die unstäten Wogen kriegerischer Völkerwanderungen ihre Bahn gebrochen und einander in immer neuen Kämpfen vor- und rückwärts gedrängt haben, bis ein noch mächtigeres Volk diese Kämpfenden unterjochte, und nach immer neuem durch die Jahrtausende währendem Kriegen und Morden und Blutvergießen, endlich die Tage der friedlichen Gesittung eingetreten sind, deren Segnungen wir jetzt mit genießen.

Der Weg von dem Zustand des Uferbewohners, dessen Spuren man in den Pfahlbauten aufgefunden hat, bis zu der Cultur der jungen Frau, die ich gestern Abend nach ihrer gethanen schweren Arbeit, oben in den Bergen vor der Thüre einer entlegenen Wohnung sitzen, und die Gazette de Lausanne lesen sah, während sie ihren Knaben säugte, ist ein kaum zu verfolgender; und er ist eben so lang als rauh und wild und blutgetränkt. Daran muß man denken, und auf die Dauerhaftigkeit des Erdballs hoffen, um Muth zu behalten gegenüber dem Barbarischen und Ungerechten, gegenüber dem Unmenschlichen und Unvernünftigen, das uns auf Erden auch heute noch beleidigend und hart entgegentritt.

Wenn ich mir es im Einzelnen und plastisch vorzustellen unternehme, wie Celten und Gallier, Römer, Helvetier, Germanen, Burgunder und Franken, sich hier herumgeschlagen und gemordet und vertrieben haben, wie sie einander von den Bergen in die Ebenen, aus den Wäldern in die Sümpfe und von den blutgetränkten Ebenen wieder zurück in die Wälder und in die Gebirge gejagt haben, kommt es mir vor, als wären die Menschen- und Völkergeschlechter auch nur wie die Saaten, die in wechselnder Fruchtfolge einander ablösen müssen, um dem Boden die rechte Kultur zu verschaffen. Es liegt aber sicherlich etwas sehr Gefährliches darin, die Geschichte der Menschheit in ihren großen Zügen und Umrissen zu betrachten, wenn man nicht daneben sich in dem Eingehen auf das Wesen und das Bedürfniß des Einzelnen, das Mitgefühl und die werkthätige Liebe zu bewahren weiß.

Wir sind einmal so geartet, daß in der Regel massenhaftes Erleiden weniger auf unsere Empfindung wirkt, als das Erleiden des Einzelnen, und doch hat hinwiederum die Freude, von welcher eine große Masse Menschen bewegt wird, etwas Fortreißenderes und Erhebenderes für uns als die Freude eines Einzelnen. Es ist das wie eine Art von Nothwehr in unserer Natur. Wir hören: dieser und jener Volksstamm ist hier beinahe ausgerottet worden, und wir nehmen das hin ungefähr mit derselben Stimmung, mit welcher wir den Novemberstürmen zusehen, wenn sie die Blätter von den Bäumen schütteln und sie in die Luft verstreuen. Sobald aber ein bestimmter Name, ein bestimmtes Einzelschicksal vor uns hingestellt werden, wird unsere Aufmerksamkeit gefesselt, und Bewunderung und Mißbilligung, Liebe und Abneigung reichen mit Lebhaftigkeit in die weiteste Vergangenheit zurück; und ist man erst einmal dahin gekommen, den Menschen, den man vor sich hat, im Zusammenhange mit den Geschlechtern zu denken, welche ihm vorangegangen sind, so wird er uns plötzlich in einem erhöhten Sinne ein Gegenstand der Betrachtung und der Neugier, ja der einfachste Mensch wird uns merkwürdig dadurch.

Wer kann es heute dem Manne, der uns hier französisch sprechend den guten Morgen wünscht, oder der Frau, welche uns mit höflichster Wendung auf unsern Weg weist, ansehen, in welchem von den barbarischen Volksstämmen, die hier durchgezogen sind, sie ihren Ursprung gehabt haben mögen? Oder was ist heute noch übrig geblieben von den Städten, welche die Römer hier gegründet hatten? Nicht viel mehr als die Spur des lateinischen Namens, und hier und da ein altes Gemäuer, eine in der Erde verborgen gebliebene Medaille, ein Stück von einer Mosaik, eine Inschrift in einem Stein. Eine solche, die man bei Coppet gefunden, hat mir, als ich sie gestern in einem historischen Werke abgedruckt fand, mit ihrer antiken Resignation das Herz bewegt. Es klingt, als habe ihr Verfasser mit prophetischem Auge in die Zukunft gesehen, als habe er es gewußt, daß einst noch andere große Seelen, andere lebensgeprüfte Herzen in dem kleinen Coppet ihre Ruhestätte finden würden; als habe er geahnt, wie viel Tausende eben an diesem Orte der Vergänglichkeit des Einzelnen gedenken würden. Die Inschrift lautet: „Wie Du lebst, habe ich gelebt, Du wirst sterben, wie ich gestorben bin. Das ist die Arbeit des Lebens. Lebe wohl Wanderer und gehe Deinen Angelegenheiten nach."

Von den Städten des Waadtlandes sind Nyon, Yverdun und Avanches römischen Ursprungs. Die Letztere, das alte Aventikum, war die Hauptstadt der römischen Besitzungen in Helvetien, der Geburtsort Vespasian's. Sie soll zur Zeit ihrer Blüthe 40,000 Einwohner besessen haben. Die Spuren weitreichender und sehr dicker römischer Mauern gehen in Avanches noch jetzt bis zum See hinunter, obschon sie, wie so viele andere — grade um der Stärke ihres Materials willen, das spätere Jahrhunderte zu Neubauten benutzten — zum größten Theil zerstört worden sind. An dies alte Aventikum aber knüpft sich eben auch wieder eine jener Einzel-Erinnerungen, eine Sage von der Kindesliebe eines jungen Mädchens, die man liebt und an der man hängt, obschon man weiß, daß sie erdichtet ist.

Thatsache ist es, daß in den Kämpfen zwischen Vitellius und Galba, die Stadt Aventikum sich auf die Seite des Letztern schlug, und, da sie von seinem Tode keine Kunde erhalten hatte, noch für ihn Partei nahm, nachdem Vitellius das Scepter schon ergriffen hatte. Das bot Vitellius den erwünschten Anlaß zu einem Kriege gegen die Helvetier, und der römische Feldherr Cecina eroberte Aventikum, das der Plünderung überlassen werden sollte. Die Entschlossenheit eines Bürgers, seine Beredtsamkeit wendeten dies Schicksal von der Stadt ab; nur einer ihrer ersten Bürger, Julius Alpinus, mußte dem Zorne des Siegers zum Opfer fallen; und an den Tod dieses Unglücklichen knüpft jene vorhin erwähnte Sage an.

Nach ihr besaß Alpinus eine Tochter, eine jugendliche Priesterin der Stadtgöttin, der die Verurtheilung ihres Vaters das Herz zerriß. Sie begab sich, da Niemand es wagen wollte, sich ihr anzuschließen, unbegleitet in das Hauptquartier des Feindes, und sich Cecina zu Füßen werfend, flehte sie um Gnade für den Vater. Sie ward ihr aber nicht gewährt.

Eine angeblich altrömische Inschrift sollte das Gedächtniß an diese That für die Nachwelt bewahrt haben und bewahrheiten. Sie hieß in der Verdeutschung: „Ich, Julia Alpinula, die Priesterin der Göttin Aventia, die Tochter eines unglückseligen Vaters schlafe hier. Ich habe den traurigen Tod nicht von ihm abwenden können, den das Schicksal ihm bestimmt. Ich habe dreiundzwanzig Jahre gelebt!"

An dieser Inschrift haben sich viele Jahre hindurch die Menschen arglos und glaubensvoll erhoben — unter ihnen auch Lord Byron — bis einer seiner Landsleute, ein Lord Mahon, im Jahre 1846 in dem Juniheste der Quarterly Review, man möchte sagen „leider" den Nachweis geführt hat, daß von einer Tochter des Julius Alpinus nirgend eine Kunde existirt, und daß die Inschrift eine sentimentale Fälschung aus dem siebzehnten Jahrhundert sei.

Damit ist allerdings eine Unwahrheit aber auch ein Stück Poesie zerstört, wenn wir uns nicht entschließen, die poetische Thatsache und Wahrheit an die Stelle der historischen zu stellen, was für die Empfindung ganz auf Eins herausläuft; denn Schiller's Tell und seine Jungfrau von Orleans bleiben für die Menschheit stehen, was die historische Kritik auch gegen sie versuchen mag. Als Lord Byron jene Inschrift in gutem Glauben an ihre Aechtheit las, schrieb er in sein Tagebuch: „Ich kenne gar keine menschliche Dichtung, die so rührend wäre als diese Inschrift, oder eine historische Thatsache, die lebhaftere Theilnahme einflößte als diese. Das sind die Namen und die Handlungen, welche nicht sterben dürfen. Sie sind es, zu denen wir uns mit einer wahren und gesunden Theilnahme zurückwenden, so oft unser Gemüth durch die unheilvolle, wenn auch glänzende Schilderung all der vielen Schlachten und Eroberungen zu einem fieberhaften Mitgefühl erregt worden ist, von dem uns in der Erinnerung nicht mehr übrig bleibt als jenes Unbehagen, welches wir auch nach einem wüsten Rausch empfinden!"

Der Herrlichkeit von Aventikum, wie der ganzen Römerherrschaft in der Schweiz, machten die Züge und Eroberungen der Alemannen, Germanen, Vandalen, Slaven und Hunnen, ein Ende, die das Land in eine Wüste verwandelten. Was von seinen früheren Bewohnern, von den Helvetiern und Römern, übrig geblieben war, hatte sich in die Wälder und in die Hochgebirge geflüchtet, als die Burgunder vorwärts drangen und sich unter ihrem Könige Gonthahar an den beiden Seiten des Jura festzusetzen anfingen.

Unter diesen Burgundern soll das Christenthum im Waadtland zuerst gepredigt worden sein, aber für die Milderung der Sitten unter den völlig verwilderten Völkerschaften war am Anfange mit dem Christenthume noch nicht viel gethan. Von allen Volksstämmen, welche hier gewohnt hatten, oder hier durchgezogen waren, waren einzelne Gruppen in dem Lande zurückgeblieben, und da jede von ihnen an ihren Gewohnheiten, an ihren Gebräuchen, an ihrer Religion und an ihren Gesetzen festhielt, war des Zusammenstoßens und des Kämpfens nie ein Ende, bis im sechsten Jahrhundert unserer Zeitrechnung ein Häuptling, ein sogenannter König der Burgunder, Gondebard genannt, den gesammten hier ansässigen Volksstämmen ein gemeinsames Gesetz vorschlug, das sich für die damaligen Zeiten durch seine Milde wie durch seine verhältnißmäßige Gerechtigkeit auszeichnete, und welchem Gondebard Geltung zu verschaffen wußte, nachdem die Burgunder den größten Theil des Landes in ihre Herrschaft gebracht hatten.

Nach diesem Gesetze wurde der Mord nicht mit dem Tode des Mörders, sondern mit Geld gebüßt, und was für jene Tage als ein Beweis hoher Gerechtigkeit angeschlagen werden muß, der Mord eines Burgunders ward nicht höher bestraft als der eines jeden Andern, obschon die Burgunder damals die Macht in Händen hatten. Die Tortur durfte nur gegen Sklaven angewendet werden; die Zeugen bewährten ihre Glaubwürdigkeit durch einen Zweikampf. Die Grafen, des Königs Gefährten, saßen im Beistande ihrer prud'hommes zu Gericht, und — was wir Frauen dem König Gondebard heute noch freundlich gedenken mögen — das neue burgundische Recht, das überhaupt eine gleichmäßige Erbvertheilung anordnete, erkannte auch die Gleichberechtigung der Frauen bei allem Erbe an, während die früheren Rechte sie von demselben völlig ausgeschlossen hatten. Dieses burgundische Gesetz, „la loi Gombette" ist hier im Lande die Unterlage aller späteren Rechte und Gesetzgebungen geworden.

Indeß die Burgunder blieben damals im Waadtlande auch nicht lange am Regimente. Sie wurden von den Franken verdrängt, und während an den vereinzelten Punkten, an denen das Christenthum Boden gewann, die Anfänge einer neuen Kultur sich zu zeigen begannen, brachen durch diese neue Einwanderung auch auf's Neue Zerstörung und Verwilderung über das Land herein. Nach ungewissen Angaben sollen es aus England kommende Mönche gewesen sein, welchen es gelang, die ersten christlichen Kultusstätten in dem jetzigen Waadtlande zu gründen. Nach Andern soll ein zum Christenthume bekehrter Eingeborner, den alte Inschriften als einen Ritter bezeichnen und Marius benennen, um 595 eine Kirche erbaut und eine Meierei angelegt haben, um die herum dann das jetzige Payerne entstanden ist. Jedenfalls soll die eine, im romanischen Style erbaute, nun in eine Kornhalle verwandelte Kirche von Payerne sehr frühen Ursprunges sein.

Dieser bekehrte Kirchenerbauer, der zum Bischofe von Aventikum ernannt wurde, als diese Stadt bereits zerstört war, blieb jedoch nicht lange in Payerne, sondern gründete eine neue Niederlassung und eine Kapelle der Gnadenmutter, der Notre-Dame-de-Pitié, an der Stelle des Landes, auf der sich das jetzige Lausanne erhebt. Man hält es für möglich, daß jene erste von Marius errichtete Kapelle noch in einer der Kapellen der Lausanner Kathedrale fortbesteht, welche viel älter als die Kathedrale selbst und anscheinend aus römischem Baumaterial zusammengesetzt sein soll.

Selbst die Fortschritte des Christenthums und die

mit ihnen wachsende Gewalt der christlichen Geistlichkeit trugen jedoch für's Erste nur dazu bei, die Anarchie im Lande zu erhöhen, denn sie erzeugten eine neue herrschsüchtige Macht in den christlichen Bischöfen. Die Fürsten, der Adel, die Bischöfe und die freien Leute befehdeten einander durch die Jahrhunderte ohne allen Unterlaß, bis die eiserne Faust Karl's des Großen dem Kampfe für eine Weile Einhalt that, um ihn nachher nur so heftiger entbrennen zu lassen. Schon Karl der Kahle konnte die wachsende Kraft seiner mächtigen Edeln nicht mehr niederhalten. Er machte das Amt der Grafen zu einer erblichen Würde, und die Grafen zögerten danach nicht, sich ihre völlige Unabhängigkeit zu erkämpfen. Das war das Signal für den übrigen Adel, sich ebenso von der Obermacht der Grafen zu befreien, und nun begann das Thurm= und Burgenbauen, in dem Lande. Ein Edelmann verschanzte sich gegen den Andern; „so viel Thürme im Lande, sagt Bulliemin, so viel Reiche!" — oder „so viel Kriegsherren" füge ich hinzu; und als dann noch über alle diese, von dem mannhaften thatendurstigen Herzklopfen besessenen Kriegsherren die Sarazenen mit einer großen Völkerwanderung hereinbrachen, werden die armen nicht kriegerischen Unterthanen und Leibeigenen der kleinen und großen Kriegsherren sehr in ihrem Rechte gewesen sein, wenn sie, wie es in den alten Pergamenten heißt, „den Untergang der Welt vor der Thüre glaubten", da ihre Welt mit ihnen und ihrem Leben in dem Elende thatsächlich zu Ende ging.

Mit aller unserer Phantasie sind wir, glaube ich, nicht im Stande, uns den Graus und das Entsetzen jener Zeiten vorzustellen. Auch das geistreichste historische Genre=

bild — ich denke dabei an Victor Scheffel's „Eckehard" — kann die Gräuel jener Zustände nicht wiedergeben, weil dies gegen die Schranken aller Kunst verstoßen würde. Wo indessen in einer Chronik der wirklich geschehenen Ereignisse, und meist mit der Gelassenheit Erwähnung gethan wird, mit welcher wir von einem alltäglichen, fast als Nothwendigkeit betrachteten Vorgange sprechen, schaudern wir zusammen. Grade so wird es aber hoffentlich nach neuen achthundert oder tausend Jahren, der dann lebenden Menschheit auch ergehen, wenn sie in den Geschichtsbüchern von den sogenannten Kriegsthaten und von den Siegen und Triumphen der jetzigen sogenannten Großmächte lesen, und von der eigentlich ganz unbegreiflichen Apathie Kunde erhalten wird, mit welcher verständige und oft hochgebildete Menschen sich noch in unseren Tagen auf Befehl ihres Kriegsherrn den Kanonen gegenüberstellen, um für ein Interesse, welches ihrem eigenen Vortheil oft schnurstracks entgegensteht, sich todt schießen zu lassen, oder andere eben so verständige und eben so unbetheiligte fremde Menschen todt zu schießen.

Man muß sich damit trösten, daß in allen Dingen und Fällen das Uebermaaß sich selber tödtet! Man muß auf den Ausspruch von Pierre Dupont bauen, auf die prophetische Einsicht dieses wahren Volksdichters, der schon um 1850 einem seiner Chansons populaires den immer wiederkehrenden Refrain verlieh:

Le glaive brisera le glaive,
Et du combat naîtra l'amour!

Auch im Waadtlande wie in Genf und wie überall hat das Uebermaaß des Einzelkampfes allmählich zu den

Verbindungen geführt, die sich ihm entgegenstellten. In der völligen Auflösung, welche hier im Lande herrschte, war es einem entschlossenen Fürsten, dem Fürsten Rudolf von Burgund, geglückt, ein neues burgundisches Reich zu gründen, und es selbst nach außen hin, gegen die Angriffe der deutschen Kaiser zu behaupten. Sein Nachfolger Rudolf II., versuchte sogar, die Herrschaft seiner Waffen jenseits der Alpen geltend zu machen. Dieses Unternehmen mißlang völlig, aber in seine heimischen Berge zurückgekehrt, befestigte er, unterstützt von seiner wohlthätigen Gemahlin, der Königin Bertha, deren Andenken noch heute in der Sage des Volkes märchenhaft fortlebt, durch seine Gerechtigkeit das Ansehen seines Hauses und die Liebe des Volkes für dasselbe. Oben in den Bergen zwischen Lausanne und Vevay, liegt ein kleiner See, der noch den Namen der burgunder Fürstin, der Königin Bertha trägt. Ebenso zeigt man in Payerne, in der vorhin erwähnten ehemaligen Kirche, der Königin Bertha Grab, und auch ihr Sattel und andere Erinnerungen an sie werden dort aufbewahrt — für Denjenigen, der Reliquienglauben mit sich bringt. — Die Zeit, welcher sie angehörte, war übrigens noch wie geschaffen für das Märchen und die Sage. Die Könige hatten noch keine festen Wohnsitze, sondern zogen rechtsprechend im Lande umher. Bald waren sie in den Städten, bald in ihren Schlössern, bald als Gäste in des Adels Burgen, und an solche Könige hat Shakespeare gedacht, als er seinen König Lear von einem Schlosse zu dem andern ziehen und den Stürmen des Himmels auf offenem Felde trotzen läßt. Die zweite burgundische Herrschaft hatte jedoch, trotz des zweiten Rudolf's Gutthaten, ebenfalls keinen langen Bestand; denn schon Rudolf der Dritte sah sich genöthigt, sich vor seinen kriegerischen Edelleuten unter den Schutz des deutschen Kaisers zu flüchten und ihn zu seinem Erben einzusetzen.

Das kam hier im Lande der Entwicklung der Bürgerschaft und dem Gedeihen der Städte zu Hilfe. Für die deutschen Kaiser, welche in die Streitigkeiten mit den Päpsten verwickelt waren, hatten die Angelegenheiten im Waadtlande, neben jenen gewaltigen Kämpfen, keine große Bedeutung. Die Grafen von Zäringen regierten als Statthalter der Kaiser in der Schweiz, und da ihnen weder ein festes Heer, noch ausreichende Geldmittel zu Gebote standen, konnten sie sich gegen die Selbstwilligkeit des Adels nur behaupten, indem sie sich auf die Städte stützten und diesen besondere Gerechtsame verliehen. Dadurch zogen sich die freien Leute und der niedere Adel mit seinen Hörigen mehr und mehr aus dem unbeschützten Lande in die Mauern der Städte zurück, in welchen eine verhältnißmäßige Sicherheit ihrer wartete. Die schon bestehenden Städte, wie Lausanne, Bern, Freiburg, wuchsen mit unerwarteter Schnelle; Morges, Rolles, Moudon wurden gegründet, und die Freiheiten, welche die Zäringer der Stadt Moudon bei ihrem Entstehen zuerkannten, wurden später die Grundlage für die Freiheiten aller übrigen Städte dieses Landes.

Als darauf aber im dreizehnten Jahrhunderte der letzte der Grafen von Zäringen verschied, erhoben der noch immer mächtige Adel und mit diesem die noch mächtiger gewordene Geistlichkeit, sofort ihre Häupter. Unter diesen Letzteren war der Bischof von Lausanne, Berchthold von Neuchâtel, der Einflußreichste wie der Gewaltthätigste. Er hatte sich immer nur mit Grimm der Oberherrschaft des kaiserlichen Statthalters gebeugt, und er benutzte dessen Ableben, um sofort von seinen wahren Gesinnungen Zeugniß abzulegen. Unter dem großen Portale der Kathedrale von Lausanne, von seinem ganzen Klerus umringt, verfluchte er das Andenken des Zäringers. Eigne Feste wurden von dem Bischofe angeordnet, die Befreiung von dem Joch des Zäringers zu feiern. Von allen Seiten strömte dazu die Schaar der gläubigen Pilger herbei, um von der Absolution, welche bei diesem Anlasse gespendet ward, zu profitiren; und unter diesen frommen Wallfahrern, welche vor der Gnadenmutter von Lausanne demüthig ihre Knie zu beugen kamen, befanden sich auch zwei Brüder, die später eine ganz andere Rolle an derselben Stätte spielten.

Es waren die Grafen Peter und Philipp von Savoyen; dieselben, welche kurz darauf der beginnenden Alleinherrschaft der Kirche im Waadtlande eine Schranke stellten, um sich selber fast zu den ausschließlichen Gebietern und Herren des Landes aufzuwerfen.

Gegen die Macht dieser Grafen von Savoyen konnte auf die Länge ein Theil der Edelleute sich nicht halten. Es blieb ihnen Nichts übrig, als ihre Selbstständigkeit opfernd, sich dem Grafen Peter und seinen Absichten dienstbar zu machen. Edelleute und Geistliche folgten ihm bald bei seinen kriegerischen Unternehmungen. Sie begleiteten ihn auch auf seinem Zuge nach dem heiligen Grabe. Im Jahre 1285, siebzehn Jahre nach dem Tode dieses Grafen Peter, des Erbauers von Schloß Chillon aber, vererbte sein Bruder, Graf Philipp von Savoyen, der sein Nachfolger geworden war, die Baronie von Vaud auf seinen Neffen Ludwig von Savoyen als Apanage.

Graf Ludwig hatte unter dem heiligen Ludwig in Afrika gefochten und sich später mit Bern verbunden, gegen das er vorher mit den Freiburgern und den Grafen von Gruyère und Neuchâtel zu Felde gezogen war. Eine Stadt war im dreizehnten Jahrhundert wieder mit der andern in Fehde, von einer Burg rückte man wieder gegen die andere aus. Graf Ludwig bekämpfte wieder den wieder aufständisch gewordenen Adel, der Bischof von Lausanne schlug sich zu dem Adel; des Kampfes, des Blutvergießens war kein Ende; kein Mensch war auf der Landstraße seines Lebens sicher. Handel und Wandel lagen völlig darnieder, selbst zu den Wallfahrtsorten mußten die Pilger sich heimlich durch die Wälder hinzuschleichen suchen. Niemand kümmerte sich um Recht und um Gesetz im Lande, obschon die Richter sich nach alter Sitte unter der großen Eiche von Montpreveyes mit ihren prud'hommes versammelten, um Recht zu sprechen vor dem Volke. Die Kreuzzüge hatten eine neue Art von Unruhe in die Geister gebracht, alle ruhige Thätigkeit in ihrem alten Gange unterbrochen.

Die waadtländischen Edelleute zogen als fahrende Ritter auf Abenteuer aus, und auch die Herren des Landes, die Grafen von Savoyen, suchten Kampf und Ehre in fernen Ländern und an fernen Höfen. Graf Ludwig der II. wurde von dem deutschen Kaiser zum Gouverneur von Rom ernannt, und focht dann wieder mit seinen Rittern wenige Jahre später unter den Fahnen des Königs von Frankreich. Der Krieg, das höchste aller Jagdvergnügen, war der

Fürsten Lebenselement geworden. Während dessen hatten aber die niederen Leute in der deutschen Schweiz sich zu erheben angefangen. Der Schwur auf dem Grütli war gethan worden, während im Waadtlande zwischen den Städten der Krieg noch fortdauerte. Ihn beizulegen sendete Graf Ludwig seinen Sohn ab. Aber dieser Graf Johann von Savoyen büßte seine friedlichen Vermittlungsversuche mit dem Leben. Der verzweifelte Vater suchte Zerstreuung in einem neuen Feldzuge. Er fiel auf dem Schlachtfeld von Crecy und seine Tochter verkaufte 1359 das Waadtland für 60,000 Goldgulden an Einen ihres Hauses, an den Grafen Amé den VI. von Savoyen.

Der Stern der savoyenschen Grafen war und blieb nun trotz ihres unruhigen Treibens geraume Zeit im Steigen. Die Grafen Amé der VI. und der VII., man nannte sie nach ihren Farben, welche sie in ihrer Kleidung, ihren Möbeln und ihren Geräthschaften, bis auf das Sattelzeug ihrer Pferde in Anwendung brachten, den grünen Grafen und den rothen Grafen, vergrößerten die Macht ihres Hauses, und auch das Waadtland befand sich unter ihnen und ihrem Nachfolger Amé VIII. einmal gut. Die Freiheiten, welche die Grafen den Städten in den Zeiten der Noth zugestehen müssen, wurden nicht angetastet. Die Städte verwalteten ihre Angelegenheiten selber und gediehen, da das Haus Savoyen, ohne viel von ihnen zu begehren, sie mit seinem Ansehen vor Angriffen bewahrte. Nach einer beschworenen Zusage durften den Städten keine neuen Gesetze gegeben werden, wenn sie sich weigerten, dieselben anzuerkennen. Sie kamen vielmehr in Mondon zu gemeinsamen Berathungen zusammen, und was sie beschlossen, wurde

Gesetz für sie, sofern es die Zustimmung des Grafen erhielt, dessen Herolde danach die Gesetze auf dem Markte ausriefen und für ihre Aufrechterhaltung Sorge trugen.

So bildete sich allmählich eine Art von republikanischem Leben in den Städten aus, das der Adel, der angefangen hatte, sich um die Hofhaltungen der Fürsten zu versammeln, mit Mißvergnügen wachsen sah; und während er sich in dem Luxus der Höfe ruinirte, kamen die Städte um so schneller empor, denn der Adel brauchte immer auf das neue Geld, und verschaffte es sich, indem er Rechte verkaufte und Freiheiten verlieh. Er hatte noch die Jurisdiktion innerhalb seiner Besitzungen, aber man appellirte zu Ende des 14. Jahrhunderts bereits an die Grafen von Savoyen, die dann nach den alten unangetasteten waadtländischen Gesetzen Recht sprechen ließen. Die Vertheidigung des Landes lag den Bürgern ob, sie waren jedoch nur zu „Ritten von acht Tagen" verbunden. War der Graf beliebt, so folgte man ihm länger und leistete ihm mit Abgaben und Mannschaften freiwillig Vorschub und Hilfe, war er unbeliebt, so mochte er sehen, wo er Beistand fand, denn man hatte ihm keine festen Abgaben zu leisten, und gewährte sie immer nur mit dem ausdrücklichen Vorbehalte: „daß daraus kein Anspruch und keine Folge für die Erben erwachsen dürften, da man zu keiner Abgabe verpflichtet sei!"

Die mächtigste von allen Städten war Lausanne geworden, das seinen Vortheil darin fand und es sich zur Ehre rechnete, von einem geistlichen Fürsten beherrscht zu werden. Die Messen, welche an den großen Kirchenfesten gehalten wurden und die Anzahl der unablässig zu der

Gnadenmutter von Lausanne herbeiströmenden Wallfahrer bereicherten die Bürger, und sie hatten mit den zweiunddreißig Canonici der Kathedrale, mit den Edelleuten und den Abgesandten der Communen, als Stände Sitz und Stimme in dem Rathe ihres bischöflichen Herrn. Das Wohlbefinden und die Anhänglichkeit der Lausanner Bürger an ihre Bischöfe waren es denn auch, welche es den Grafen von Savoyen unmöglich machten, Lausanne unter ihre Botmäßigkeit zu bringen, so oft sie's auch versuchten.

Nach dem Tode Amé's des VIII. nahmen die Grafen von Savoyen den Herzogstitel an, aber das Geschlecht selbst begann seine bisherige Kraft zu verlieren, und alle Parteien im Lande standen wieder einmal auf, als Karl der Kühne von Burgund 1476 seine Händel mit den Schweizern auf dem Boden des Waadtlandes auszufechten kam. Jakob von Savoyen schlug sich auf Seiten Karl's, die Schweizer stürzten aus dem Simmenthal und über die andern Pässe wie ein Bergstrom verheerend in das Waadtland hernieder. Dreihundert Männer aus Nyon mußten über die Klinge springen, viele Schlösser der Abligen, die sich bei dem Kampfe nach der einen oder der andern Seite betheiligt hatten, wurden niedergebrannt, Yverdun dem Boden gleich gemacht, andere Städte in Asche gelegt, Lausanne mit schweren Summen gebrandschatzt. Verey ging in Flammen auf, ein Theil der Ortschaften, wie Aigle und andere, mußten schon damals sich der Herrschaft der siegreichen Berner unterwerfen.

Im folgenden Jahre ein neuer Feldzug des Burgunder Herzogs, bei dem die mächtigsten waadtländischen Edelleute wieder auf seiner Seite standen. Die Besitzungen, welche den Edelleuten von den Schweizern abgenommen wurden, wurden von diesen an die Städte Bern und Freiburg abgetreten. Lausanne wurde zum zweitenmale geplündert, die Herzogin Volande von Savoyen, die sich nach Lausanne geflüchtet hatte, als Geißel fortgeführt und erst nach der Niederlage Karl's erhielt sie durch den Frieden, der in Freiburg abgeschlossen wurde, ihre Freiheit wieder. Indeß die eroberten Theile des Waadtlandes blieben im Besitz von Freiburg und von Bern; Lausanne schloß ein Bündniß mit den Bernern, Neuchâtel und Genf wurden in die schweizerische Eidgenossenschaft eingereiht, und Bern konnte sich schon zu Anfang des sechszehnten Jahrhunderts als die Besitzerin des Waadtlandes betrachten.

Von Bern aus, das der Reformation bereits gewonnen war, verbreitete die neue Lehre sich über das Waadtland. Man schickte die reformirten Geistlichen Farel und Viret in das Land, das geläuterte Bekenntniß zu predigen. Neue Kämpfe zwischen den Reformirten auf der einen, und den Bischöfen, den Herzögen von Savoyen und dem katholischen Theil des Adels auf der andern Seite, waren die nächste Folge der Reformation. Aber sie trug, von Bern auf das Lebhafteste unterstützt, den Sieg auch in dem Waadtlande davon, und die Herrschaft von Bern wurde dadurch hinwiederum auch in diesem Theile der Schweiz vollständig begründet und befestigt. Die Klöster wurden säkularisirt, das Kirchenvermögen, das ein Drittheil der Landeseinkünfte ausgemacht hatte, von Bern in Beschlag genommen, das ganze Land in Bailly'en eingetheilt, welche bei der Einsetzung der Richterkollegien die erste Stimme hatten und auch das Vermögen der Städte verwalteten, und um das Werk der Bekehrung zu krönen, ward in dem bis dahin bischöflichen Lausanne eine Universität errichtet, an welcher vor Allem die protestantische Theologie gelehrt werden sollte.

Natürlich unterwarfen die Besiegten sich nur widerwillig und es fehlte nicht an Auflehnungen aller Art; der Friede wurde aber von außen nicht unterbrochen und der Wohlstand des Landes fing wieder zu gedeihen an. Da der katholische und romanische Adel es verschmähte, sich die Kirchengüter, welche man verkaufte, anzueignen, fielen sie in kleinen oder größern Parcellen den reformirten Landleuten und Bürgern anheim. Diese bestanden theils aus Eingebornen, theils waren es in das Land gezogene Berner und deutsche Schweizer. Aus ihnen bildete sich ein neues bürgerliches Element im Waadtlande, zugleich mit einer neuen zweckmäßigeren Vertheilung des Bodens und einer weit einträglicheren, große Vermögen erschaffenden Bewirthschaftung desselben.

Indeß die Herzöge von Savoyen hatten ihre Gelüste auf das Waadtland noch nicht völlig aufgegeben. Vierundzwanzig Jahre nachdem Bern es erworben hatte, erhob der von Frankreich unterstützte Herzog Emanuel Philibert, der Sieger von St. Quentin, seine Ansprüche auf dasselbe; die katholischen Kantone traten aus Eifersucht gegen das protestantische Bern auf die Seite des Herzogs, und um neuem Kriege auszuweichen, entschloß sich Bern 1564 im Lausanner Friedensvertrage Ger und einen Theil des südlichen Seeufers an Savoyen abzutreten. Karl Emanuel, der Nachfolger Emanuel Philiberts, begnügte sich damit nicht. Er versuchte 1589 durch heimliche Einverständnisse im Waadtlande Auflehnungen gegen die Herrschaft von Bern zu erregen, bei denen er sich wieder zum Herren des Landes zu machen hoffte, sie mißglückten aber vollständig. Dennoch entbrannte in ihrer Folge ein Krieg; indeß er wurde ohne Energie geführt, und man legte die Waffen nieder, ohne daß etwas in dem früheren Stande der Dinge geändert worden wäre.

Damit ruhten für eine lange Reihe von Jahren die Kämpfe der Waadtländer und der Schweizer gegen ihre äußeren Feinde. Man konnte an die Gestaltung und Erneuerung der inneren Verhältnisse denken. Im Waadtlande machte man Gesetz-Revisionen und Verbesserungen aller Art. Nachdem man dem herrschenden Bern 1653 gegen die aufständigen Bauern, und 1656 und 1712 gegen die katholischen Kantone Beistand geleistet hatte, suchte man von ihm die Bestätigung der alten waadtländischen Freiheiten zu erhalten. Aber verwildert wie die Völker und der Adel durch die früheren unabläßigen Kriege es überall geworden, wußten auch im Waadtlande eine Menge Edelleute und eine gute Anzahl des Volkes im Frieden weder ihr Brod zu erwerben noch eine ihnen entsprechende Beschäftigung zu finden. Aus ihrem friedlich gewordenen Vaterlande zogen die Einen hinaus, den Protestanten in Deutschland und in Frankreich beizustehen; Andere traten als Söldner in die Dienste Ludwigs des XIV. um — Lessing nennt es „als Schlächterknechte" — als Söldner einem Fürsten zu dienen, der seine Völker und seine Söldner für sich gegen andere Völker fechten ließ. Als jedoch nach Widerrufung des Edikts von Nantes Tausende von protestantischen Flüchtigen in der Schweiz eine Zuflucht und

eine neue Heimath suchen kamen, hatten die protestantischen
Waadtländer, welche in Ludwig's Diensten standen, doch
Ehrgefühl genug, aus dem französischen Heere auszutreten.
Da sie aber von ihren mittelaltrigen Kriegsgelüsten immer
noch nicht genesen waren, blieb die Mehrzahl von ihnen
unter neuen Fahnen, in Holland und Savoyen, bei dem
alten und unheilvollen Handwerk und morbeten zum Brod-
erwerb in fremden Ländern auf Kommando weiter fort.

Dem Waadtlande schlug dies jedoch zum Heile aus.
Seine wilden Elemente warfen sich in die Fremde, während fremde friedliche Bürger und Edelleute sich in seinen
Städten, in seinen Bergen und an seinen Ufern nieder-
ließen. Für die Freiheit der Religionsübung, welche den
französischen Flüchtlingen hier zu Theil ward, brachten die
neuen Bewohner eine verfeinerte Gesittung, hohe Geistes-
bildung, eine veredelte und entwickelte Sprache, schöne gesellschaftliche Umgangsformen und häufig auch noch große
Capitalien in das Land; und „bald, sagt Bulliemin, galt
die Gesellschaft von Lausanne für eine der höflichsten und
liebenswürdigsten in Europa."

Gibbon wählte Lausanne zu seinem Wohnsitz, Voltaire
brachte seinen Winter dort zu. Rousseau verlegte den
Schauplatz seiner neuen Heloise nach Bevey, nach Clarens,
nach Chillon. „Wenn sich meiner die Sehnsucht nach
jenem glücklichen und sanften Leben bemächtigt, welches
mich stets geflohen hat, schreibt er einmal, wendet meine
Phantasie sich immer nach den freundlichen und ländlichen
Ufern des Genfersee's." — Und von jenen Zeiten, bis zu
den Tagen, in welchen Necker und seine Tochter Madame
de Staël, und Benjamin Constant und der berühmte Arzt

Doktor Tissot, und später Lord Byron und wie viele edle und große Geister nach ihm, hier an den rebentragenden Ufern dieses See's Ruhe, Friede und Erholung suchen gekommen sind — und sie gefunden haben — sind Gesittung und Kultur und Wohlstand hier im Lande steigend fortgeschritten.

Die Waadtländer waren ein in allem Wesentlichen sehr aufgeklärtes Volk, als sie gegen das Ende des vorigen Jahrhunderts von der oligarchischen Tyrannei frei zu werden strebten, in welcher Bern ihre Heimath noch gefesselt hielt. Morges hatte schon um 1790 mit Vorlegung seiner alten Dokumente gewisse Leistungen verweigert. Bald darauf wurde ein Geistlicher, ein Pastor Martin, bei nächtlicher Weile in seiner Wohnung aufgehoben und nach Bern geführt. Man legte es ihm zur Last, daß die Landleute den Zehnten von der Kartoffelernte nicht mehr nach Bern entrichten wollten. Der Zwang von Seiten der Berner Herren, und die französische Revolution jenseits der Grenzen waren aber doch gar zu starke Gegensätze. Man feierte in Rolles die Erstürmung der Bastille wie in Frankreich selbst. Zur Strafe rückten sechstausend Berner in das Waadtland ein, und die waadtländischen Freiheitsfreunde wurden exilirt und hingerichtet. Viele dieser Exilirten traten in die Reihen der französisch republikanischen Armeen. Einer von ihnen, Amédée Laharpe, zählt unter den edelsten Kämpfern, welche sich der französischen Republik geweiht haben.

Der Zusammenhang, welchen diese verbannten waadtländischen Patrioten aus der Ferne mit ihrer Heimath unterhielten, kam der französischen Republik zu statten, nachdem die Schreckensherrschaft gestürzt worden war, und die habsüchtige Politik des Direktoriums die Gewalt in Händen bekommen hatte. Man muß es in Paul Lanfrey's Geschichte Napoleon's I. lesen, wie das Directorium und die Konsuln die Schweiz behandelten, welche Summen sie von dem Lande erpreßten, um es empörten Herzens zu begreifen, was ein Land ertragen, was es leisten kann, wenn von einem grausamen Tyrannen die eiserne Geißel des Krieges über ihm geschwungen wird. Aber ein Gutes ging für das Waadtland und für die Schweiz selbst aus diesen napoleonischen Angriffen und Kriegen hervor: alle die einzelnen Kantone wurden es inne, daß ihre Freiheit auf ihrer Einheit beruhe, und trotz der Unbill, welche das Waadtland unter der Herrschaft Bern's erduldet hatte, weigerte selbst das Waadtland sich entschieden, aus dem alten Verbande auszutreten, um sich von Napoleon an die Spitze einer République Rhodanique stellen zu lassen, welche aus dem Tessin und der Westschweiz zusammengesetzt werden sollte.

Von da ab ist die Entwicklung des Waadtlandes mit der ganzen übrigen Schweiz gleichmäßig und wenig unterbrochen fortgeschritten, und weder die Bedrohungen von außen, noch die verschiedenen schnell vorübergegangenen Störungen innerhalb des Bundes haben dem Fortschritt und dem Gedeihen des Landes wesentlich oder nachhaltig geschadet.

Vielleicht muß man wie wir, graden Weges von Rom an diese Ufer kommen, um die Segnungen einer freien Volksentwicklung völlig zu empfinden. Man muß gesehen haben, wie unter einem Klima, das glücklicher nicht gedacht werden kann, durch ein seit einem Jahrtausende währendes schlechtes Regiment die einst so herrliche Ebene der römischen Campagne zu einem fiebererzeugenden, für Menschen nicht mehr bewohnbaren Weidelande heruntergekommen ist, um sich an dem Anbau dieses Landes doppelt zu erfreuen, um über diese wohlgelegten Weinberge und Wiesen, diese guten Landstraßen, die tüchtigen Häuser, die gutgekleideten Kinder förmlich ein Entzücken zu haben. Und nun vor Allem dasjenige, worauf und woraus alles Uebrige sich auferbaut — der Volksunterricht!

Es ist ein Vergnügen, hier auf den Waldwegen in den Bergen das erste beste Kind anzuhalten und sich die Schreibe- und Zeichenbücher zu besehen, oder mit den jungen Mädchen zu plaudern, welche Wäsche oder eine Näharbeit in's Haus bringen. Alle können sie gut schreiben, fast Alle wissen schicklich eine Rechnung zu machen; besser Unterrichtete zeigten uns Bücher aus der Schule von Glion, in welcher sie eine Art von Buchhaltung durchgeführt hatten, so weit der kleine Handel einen solchen nöthig hat — und einer der gewöhnlichen Sonntagswege ist für Alt und Jung in die gemeinsame Bibliothek, in welcher sie sich für die Woche ihre Bücher wechseln gehen.

Keine Soldaten als bei den seltenen Inspektionen, keine scharf eingreifende Polizei, keine Mönche, eine kaum fühlbare Obrigkeit und ein Wohlstand, wie wir ihn in unsern Dörfern selten begegnen. Dabei Alles fleißig, Alles läßlich — alle Tage hat man seine Freude daran.

Vierzehnter Brief.
Joseph Hornung als Maler und Dichter.

Glion sur Montreux.

Wir haben neulich einen angenehmen Besuch gehabt, den alten schweizer Maler Joseph Hornung aus Genf, und mit dem trefflichen Manne, dessen Bekanntschaft wir Professor Vogt verdanken, seitdem schon manche gute Stunde verplaudert. Einen schöneren alten Mann, Herr Hornung ist sechsundsiebenzig Jahre alt, habe ich selten gesehen. „Der Berges-Alte!" dachte ich, als er neulich plötzlich vor uns trat; hoch — weit über gewöhnliche Größe — vollkommen wohlgebaut, aufrecht, noch immer schlank und breitbrüstig, auf stracken Füßen, das von reichem, weißem Haar umwallte Haupt noch völlig ungebengt. Und welch ein schönes Haupt, mit graden, festen, regelmäßigen Formen, mit hellen, großen Augen, neben denen die scharfen Linien und Furchen in der Stirne und in den Wangen ganz unwahrscheinlich aussehen, und mit einem langen, weißen Barte, der weit auf die Brust herniederwallt! Eine ganz prächtige Erscheinung! Wenn ein mächtiger Eichbaum, der viel Geschlechter der redenden Menschen an sich vorübergehen sah, selber in einen Menschen verwandelt werden könnte, müßte er aussehen, wie dieser schöne, kräftige und heitre Greis. Ich weiß im Augenblicke nicht, wo sie her sind, aber mir fielen bei seinem Anblick die Worte aus einer englischen Dichtung „erect and free" (aufrecht und frei) ein, als ich ihn zum erstenmale sah, und noch immer wiederhole ich sie in meinem Herzen, wenn ich ihm begegne und ihn erblicke.

Johann Jacoby schrieb mir einmal: „schilt mir das Alter nicht, es ist die Krone des Lebens!" — Ich habe diese Meinung nie getheilt, denn es ist mir selten ein Lebensabend vorgekommen, dem die Trübung und der Verfall der Kräfte erspart geblieben wären; aber wenn einmal wie bei unserm neuen Bekannten sich mit der klaren Weisheit des Alters die warmherzige Frische und Fröhlichkeit der Jugend in einem kerngesunden Greise zusammenfinden, so ist das freilich ein herzerquickendes Wesen, und Jung und Alt hält sich auch hier zu Joseph Hornung, der bei allen Unternehmungen, bei allem Gehen, Steigen und Erklettern immer noch der Anführer und der am besten Ausdauernde von Allen ist, weil er, wie er mit heiterm Lachen behauptet, sich „zu Allem Zeit läßt und Alles langsam macht".

Wir freilich hören von diesen Partien nur, denn für uns sind sie nicht möglich. Dafür kommt Herr Hornung aber in den Ruhestunden von der Pension du Midi, in der er wohnt, zu uns herunter, und in dem heitern Plaudern wie in den ernsten Gesprächen, zu denen es mit ihm sehr leicht kommt, ist er uns immer lieber geworden, denn er ist im wahren Sinne des Wortes ein vollkommen freier Mensch, und nebenher ein Mann, der Alles, was er ist, sich selbst verdankt. Er ist zu Genf, in dem Hause, in welchem jetzt die Uhrenfabrik von Patek ist, am fünfundzwanzigsten Januar 1792, also recht im Anfange der großen französischen Freiheitskämpfe geboren, die auch auf Genf ihre Rückwirkung gehabt haben. Seine Eltern waren arme

Leute, aber Dank den Schuleinrichtungen seiner Heimath, fehlte ihm ein gewisser Unterricht nicht. Indeß das Sitzen in den engen Bänken war nicht die Lust des Knaben. Er lernte nur, was er eben mußte, und strich dafür um so eifriger in Wald und Feld umher. Seine Eltern hatten ihn zum Uhrmacher bestimmt und er hatte also in der Bürgerschule den nothdürftigen Zeichenunterricht erhalten, der dort im Hinblick auf die in Genf am meisten verbreitete Industrie, auf die Uhrmacherei, den Schülern ertheilt wurde. Man brachte danach den jungen Hornung erst zu einem Formschneider, dann zu einem Uhrschaalen-Fabrikanten in die Lehre, diese Arbeiten wollten jedoch dem Jünglinge nicht gefallen. Je älter er wurde, um so unwiderstehlicher wurde seine Neigung, ein Maler zu werden, und er setzte es nach Ueberwindung großer Schwierigkeiten endlich durch, in dem Atelier eines Zeichenlehrers Aufnahme zu finden, welcher jedoch noch ganz und gar der französisch akademischen Schule angehörte. Das war für Hornung ein glückliches Mißgeschick. In eine solche konventionelle Naturanschauung konnte er sich nicht finden. Die Natur, wie er sie in voller Freiheit gesehen, und wie er sie von Kindheit an in allen ihren Stimmungen und Wechseln kennen gelernt hatte, sah anders aus als die Landschaften und Gestalten seines Meisters, und eines schönen Tages entschloß der junge Künstler sich, den Meister Meister und die Schule Schule sein zu lassen, und sich auf seinen eignen Füßen mitten in die Natur hineinzustellen und sie wiederzugeben, wie sein Auge sie erfaßte.

Aber — Hornung war arm, und die Mittel zur Beschaffung der nothwendigsten Malergeräthschaften fehlten ihm. Da kam eine junge, ihm befreundete und ebenfalls unbemittelte Arbeiterin ihm zu Hilfe. Sie borgte ihm zwölf Franken, mit denen er auf seine eigene Hand zu malen anfing. Das war jedoch nichts Leichtes, denn da er vorzeitig das Atelier verlassen, fehlte ihm für das Malen die ganze Technik, und er war genöthigt, sich diese mühsam selbst zu suchen und zu schaffen, während er als Zeichenlehrer nur eben sein Brod gewann, so sehr man seine Lehrmethode auch belobte. Er konnte nicht in Aufnahme kommen, er konnte nicht daran denken, sich zu verheirathen — und er war verliebt. Verliebt? — In wen? — Nun natürlich in das schöne, röthlich blonde Mädchen, das ihm seine erarbeiteten zwölf Franken geborgt hatte. Da kam eines Tages ein guter Freund zu ihm. „Nun mein Lieber! redete er Hornung an, wie geht es Ihnen? wie geht es mit den Stunden?" — Hornung zuckte die Schultern. „Nicht sonderlich! versetzte er, man scheint kein rechtes Zutrauen in meine Kunst zu haben!" — „Eure Kunst! rief der Freund, Eure Kunst! An Eurem Talente zweifelt man nicht, nur Euch selber traut man nicht. Wie wollt Ihr auch, daß vorsorgliche Familien einem sechsundzwanzigjährigen Burschen von Eurer Statur, mit Eurer breiten Brust, mit solchem Lockenkopf und solchen Augen ihre Töchter anvertrauen? Verheirathet Euch! dann wird man weiter zusehen! Glaubt Ihr, daß unsre jungen Mädchen keine Augen haben? Ihr seid es nicht, dem man mißtraut; aber die Julie's sind nicht ausgestorben hier im Lande, und es sind zärtliche Herzen genug vorhanden, die in Euch ihren St. Preur erblicken könnten. Verheirathet Euch! das ist Alles, was ich Euch zu sagen habe."

Der junge Mann stand da, als wäre ihm eine neue Sonne aufgegangen. Er verlangte es gar nicht besser. Wie er da war, lief er zu seiner Freundin. „Wir müssen heirathen! sagte er." — „Aber worauf? aber wovon leben? fragte sie." — „Das wird sich finden — vor allem Andern verheirathen wir uns!" — Und man verheirathete sich, und die Prophezeiung jenes Freundes fing sich bald als richtig zu erweisen an. Der Schülerinnen fanden sich mehr und mehr, Hornungs Leben wurde leichter und leichter, er konnte dem braven Herzen, das ihm mit seinen Ersparnissen zu Hilfe gekommen war, bald eine kleine Häuslichkeit, freilich in bescheidenstem Style anbieten, aber noch heute, da Herr Hornung ein berühmter und unabhängiger Mann geworden ist, leben die greisen Gatten nach fünfzigjähriger Ehe in denselben kleinen Zimmern, und noch heute spricht der Greis von seiner Gattin nicht, ohne daß seine dunkeln Augen leuchten und ein heller Schimmer von Jugendliebe über sein Gesicht streift.*)

Joseph Hornung versuchte es zuerst, und nicht ohne Erfolg, mit der Landschaft, aber wie im Leben seinem heitern Geiste und seinem offenen warmen Herzen der Verkehr mit Menschen ein unabweisliches Bedürfniß war, so fing er bald auch an, den Menschen zum Gegenstande seiner Darstellungen zu machen, und zwar mit der ihm eigenen Naturwüchsigkeit diejenigen Gestalten, die ihm zunächst zur Hand waren. Landleute, ländliche Scenen und vor

---

*) Frau Hornung ist seitdem — im März 1868 gestorben. Als wir auf diese uns mitgetheilte Nachricht dem Greise ein paar Freundesworte gesendet hatten, lautete seine Antwort, einfach und bezeichnend wie jedes seiner Worte: Mes bons amis! Conservez-vous l'un pour l'autre! C'est le voeux de votre vieil ami. J. Hornung.

Allem die kleinen Savoyardenknaben, von denen früher sich eine noch größere Anzahl als jetzt in Genf aufzuhalten pflegte, waren Modelle, die keine großen Kosten machten. Hornung kannte von seinem Herumstreifen und seinen Wanderungen das Savoyen'sche Gebirgsland, wie das Volk, welches es bewohnt. Selbst ein Kind des Volkes und mit jenem Humor begabt, in welchem Herz und Geist sich gleichmäßig zusammenfinden, wußte er dem Volkscharakter seine liebenswürdigsten Seiten abzugewinnen, und seine Genrebilder gewannen eben dadurch einen ungewöhnlichen Beifall bei den Laien, und eine große Anerkennung bei den Künstlern. Eines derselben, savoyardische Schornsteinfeger-Knaben, erregte in Paris unter dem Titel „Plus heureux qu'un roi" das größte Aufsehen, und Hornung's Lebensstellung, die schon vorhin günstig gewesen war, befestigte sich damit vollends und wurde frei und unabhängig.

Aber er war keiner von den Künstlern, die sich selber leicht genügen, und für welche mit dem erreichten Erfolge das Streben aufhört. Als er seiner meisterlichen Herrschaft über das Genre sicher war, wendete er sich dem historischen Bilde zu, und auch hier ergriff er wieder das ihm Nächste, das ihm so zu sagen Angeborne. Hornung gehört der reformirten Kirche an: er wurde der Maler der Genfer Reformationsgeschichte. Im Jahre 1835 trat er mit seinem ersten Historienbilde auf, das sich noch heute unter dem Titel „Les derniers moments de Calvin" in dem Genfer Museum befindet, wo wir es, ebenso wie seine Katharina von Medici mit dem Haupte Coligny's, und seinen Bonivard gesehen haben, ehe wir den Maler kannten. Auch Farel's letzter Besuch bei Calvin — Servede's Abführung zum Richtplatz — Calvin an den Festungswerken von Genf arbeitend — und das Gemälde, mit welchem Hornung noch neunundzwanzig Jahre nach seinem ersten Auftreten als Historienmaler, im Jahre 1864, als ein Greis von zwei und siebzig Jahren seine dauernde Kraft bewährte, „Fromment's Predigt auf der Place Molard in Genf" behandeln sammt und sonders die schweizer Reformationsgeschichte. Für eine andere Reihe von historischen Gemälden hatte er seine Stoffe aus der französischen Reformationszeit entnommen. „Theodor Beza's Bibelvorlesung vor Jeanne d'Albret und ihrem jungen Sohne, dem nachmaligen Heinrich IV." — das oben erwähnte Gemälde „Katharina von Medici mit dem Haupte Coligny's" — der „Morgen nach der Bartolomäusnacht", der sich in England befindet, gehören dem zweiten Kreise an, und auch die deutsche Reformation hat in Hornung's Gemälden mit einem „Luther auf dem Reichstage in Worms" ihren Platz gefunden.

Abgesehen von der ernsten Farbe und der einfachen Composition, die man Hornung trotz mancher technischen Mängel allgemein nachgerühmt und die wir auch in den beiden in Genf befindlichen Bildern bemerkten und erkannten, obschon sie nicht zu seinen vollendetsten gezählt werden, liegt seine Bedeutung vor allem andern darin, daß er — ohne sonderlich viel von Göthe zu wissen, denn er spricht keine andere Sprache als das Französische und daneben den Volksdialekt von Piemont — bei seinem Schaffen immer von der Ueberzeugung beseelt gewesen ist, die Göthe so einfach und so schlagend in dem Satze ausgesprochen hat, daß „bei jedem Kunstwerke der Stoff doch immer die Hauptsache" bleibe.

Ich glaube mit dieser Erkenntniß unterscheidet sich in allen Künsten der wahre Künstler von den Virtuosen, deren Zahl in unseren Tagen so außerordentlich gewachsen ist, und deren oft sehr glänzende Leistungen einem wirklich gebildeten Menschen nur unangenehmer werden, je mehr der nichtige Stoff und seine meisterhafte Behandlung einander widersprechen. Wenn ich mitunter solch ein Bild ansehe, in welchem zwei, drei, vier Figuren zu keinem anderen Zwecke und mit keinem anderen Gedanken neben einander gestellt sind, als um darzuthun, wie rother und gelber Atlas, und brauner und schwarzer Sammet, sich gegen einander und gegen die dunkle Tapete des Hintergrundes und gegen den türkischen Teppich des Vorgrundes ausnehmen, und wenn ich dann schließlich noch glauben soll, daß diese Figuren, die Alles und Nichts bedeuten können, einen Inquisitionsrichter, oder einen Kerkermeister, oder gefangene Verschwörer vorstellen sollen, so wird mir dabei eben so schlecht zu Muthe, als wenn ich hübsche Melodien zu albernen Texten absingen hören muß. Es fehlt aber der modernen Koloristenschule und der neueren Musik an solcher aufgeschminkten Leerheit nicht; und es ist kein gutes Zeichen für den Zustand unserer Kunst auf beiden Gebieten, daß man sich in ihnen mit dem bloßen Sinnenreize zu begnügen gelernt hat und dessen Befriedigung als die eigentliche Aufgabe der Kunst zu betrachten geneigt ist. Es ist etwas Krankes, Halbes, Unmächtiges darin, und man braucht unserm prächtigen alten Meister Hornung nur anzusehen, um zu wissen, daß es ihm nie möglich gewesen ist, sich mit dem schönen Scheine abzufinden, sondern daß er mehr oder weniger vollkommen, immer nur dasjenige gemalt hat, wobei er mit dem Herzen und mit dem Verstande gleichmäßig sich hat betheiligen und erwärmen können.

Dafür ist der Horizont seiner Theilnahme auch noch heute ein sehr weiter. Wie einen Jüngling setzen große und gute Gedanken ihn in Feuer, wie einen Mann in voller Kraft empört ihn jede Tyrannei, und er ist noch rüstig genug, die nothwendigen Aenderungen in den Zuständen nicht „dem Walten der Zeit" in greisenhaftem Quietismus überlassen zu wollen. Er hält noch auf das eigene Hand=
anlegen. Der gute alte Wahlspruch: hilf Dir, so wird Gott Dir helfen! ist noch immer der seine. In seinem Urtheil über Kunst, über Litteratur, über den Staat, über Religion, überall ist er derselbe, als ein Kind der Revolutionszeit, als ein geborner Republikaner, als ein Genfer Protestant, vor Allem aber als eine klare, freie Seele, sich mit Ent=
schiedenheit auflehnend gegen jede willkürliche Beschränkung und gegen jedes Vorurtheil; und sein heiter=satyrischer Geist weiß überall dem Irrthum und der Verkehrtheit seine schwache Seite abzusehen und sie mit einer schlagenden Klarheit darzuthun. Er ist ein ganz prächtiger Mann.

Jetzt liegt auch ihm das Zustandekommen des Friedens=
kongresses sehr am Herzen, und als wir in diesen Tagen einmal bei dem Gespräch über diesen beabsichtigten Kongreß, auf die Noth und das Elend des Krieges zu sprechen kamen, sagte er, er habe wohl auch einmal ein Bild der Kriegsnöthe entworfen. Wir fragten ihn, ob es ein Schlachtbild sei?

Oh! entgegnete er, es ist gar kein gemaltes Bild, es ist ein geschriebenes.

Sie sind also auch Schriftsteller? —

Je suis un peu de tout! — Ich pfusche so in Allem herum! gab er uns zur Antwort; aber mit dem Beginn meiner litterarischen Versuche war es ein eigenes Ding. Ich bin — nun! ich bin mein Lebelang ein Nichtsnutz gewesen, denn ich habe immer meinen Spaß daran gehabt, wenn ich den Superklugen, namentlich den gelehrten Kritikern, einmal es recht deutlich machen konnte, wie es mit ihrer Allwissenheit beschaffen war. Ich habe ihnen manchen mauvais tour gespielt. Einmal habe ich ihnen — es sind beinahe dreißig Jahre her — viel Kopfbrechen verursacht mit einer Serie von radirten Kupferplatten. Es gab große Freude darüber, viel Nachfrage danach — es waren jedoch Nichts als Federzeichnungen, die ich lithographiren lassen; und als sie dann von Paris aus, eine meiner Kupferplatten begehrten, habe ich ihnen den Gefallen gethan, und ihnen eine derselben geschickt; einen schönen großen Lithographie-Stein, der seinen halben Zentner und darüber weg. — Mit einem solchen Spaße haben auch meine litterarischen Versuche angefangen. Es hatte unter meinen Bekannten, Künstlern wie Gelehrten, immer viel Redens darüber gegeben, daß der alte satyrische Geist, der Rabelais'sche Geist, verschwunden sei, daß in dem Genre nichts mehr geschaffen werde, was ihm gleiche, und daß man den Geist und Charakter jener Zeit in dem kleinsten Blatte bis zur Unwiderleglichkeit herausfühlen könne. Das brachte mich einmal, als ich gerade gut aufgelegt war, auf den Einfall, ihnen zu beweisen, daß ihre Kennerschaft gar nicht so unzweifelhaft sei. Dazu kamen mir die Studien, die ich Behufs meiner historischen Bilder, in den Chroniken des fünfzehnten und sechszehnten Jahrhunberts gemacht hatte, sehr zu statten. Ich verfaßte einen Brief im Sinne und Styl eines alten Genfers, welcher der Reformation und dem Reformator Calvin entgegen war; ich würzte ihn stark mit Rabelais'schem Pfeffer, so gut er mir zu Gebote stand. Das Schriftstück ließ ich von einem Freunde, der sich darauf verstand, auf vergilbtem altem Papiere in den Lettern des sechszehnten Jahrhunderts kopiren, und — meine gelehrten Freunde und eine gute Anzahl anderer Autoritäten, gingen in die Falle. Als ich sie aber dann darin hatte — so unwiderleglich fest darin, daß sie mir nie mehr leugnen konnten, darin gewesen zu sein — ließ ich Gnade für Recht ergehen und sagte ihnen, daß ich sie betrogen hätte, und daß diese „Départie de Calvin" nichts mehr und nichts weniger sei, als ein Scherz ihres Freundes, des Malers."

Aber damit sind doch Ihre schriftstellerischen Arbeiten nicht zu Ende gewesen? fragten wir.

Schriftstellerische Arbeiten! Sie machen mich erröthen unter meinen Runzeln, rief er, wenn Sie meinen Kritzeleien solchen Namen geben. Es sind wohl noch ein anderthalb Dutzend geschriebener Federzeichnungen oder Skizzen vorhanden, zum Theil im Patois, so daß Sie sie kaum verstehen würden, und ich habe sie auch drucken lassen, aber nur in vierzig Exemplaren, für mich und ein paar Freunde. Wenn Sie es annehmen wollen, steht ein Exemplar dieser „Gros et ménus Propos" zu Ihren Diensten. Eine der Skizzen, eben die, deren ich vorhin erwähnte „Le départ de Crimée" (1856) will ich Ihnen morgen Nachmittag selbst vorlesen kommen.

Der treffliche Greis hielt denn auch sein Wort. Er brachte uns das kleine, im Geschmack und mit den Lettern des sechszehnten Jahrhunderts ausgestattete, und 1865 bei Jules Guillaume Fick in Genf erschienene Heftchen. Es ist auf einem Papier, dem man künstlich ein altes Ansehen gegeben hat, meisterhaft gedruckt, und trägt als Motto ein Citat, das mit Rabelais' Namen unterzeichnet, aber von Hornung erfunden ist. Dazu hat Marc Monier, ein Freund des Malers, noch als Einleitung die folgende sehr charakteristische Strophe vorangeschickt:

> Prends, lecteur, ce gai volume
> Qu'en la ville de Rousseau
> A produit certaine plume
> Qu'on tailla dans un pinceau.
> Notre auteur, peintre et poëte,
> A bon coeur et bonne tête,
> Dit tout franc les mots tout nus.
> Galant homme et joyeux sire,
> C'est un sage aimant a rire.
> Qu'ils soient donc les bienvenus,
> Ces propos gros et ménus.

Es war wirklich ein Genuß, den schönen Greis, wie einen Barden, seine zum Theil höchst poetischen und zugleich durchaus naiven Dichtungen vortragen zu hören. Man sah sich immer um, ob seine Harfe nicht an dem Baume hing, unter dem wir mit ihm saßen.

Ein Theil der Skizzen ist für unsern Geschmack und unsere Zeit allerdings zu sehr im Geiste des sechszehnten Jahrhunderts gehalten, wie die Départie de Calvin und Andere. Da Ihr aber unsern alten Freund nicht lesen hören könnt, und sein Büchelchen Euch auch nicht zugängig ist, will ich wenigstens ein Paar von den Skizzen für Euch übersetzen und sie mit nach Deutschland schicken, und zwar: Erstens „den Abzug aus der Krim"; zweitens „ein Gewitter in Samoëns", drittens „den Zahnstocher des Julius Cäsar", und endlich die Skizze „Auf dem Kirchhofe von Monetier". Ihr habt dann eine Probe von seiner Art und Weise und von den Farbentönen, die er auf seiner Pallette hat. Also:

Der Abzug aus der Krim (1856).

Der Abmarsch war auf Tagesanbruch festgesetzt. Die Armee sollte sich am Strande versammeln. Wir sollten unser Vaterland wiedersehen; aber es hatte sich unserer in dem Augenblicke, in welchem wir diesen Boden verlassen sollten, der Zeuge gewesen war von so viel Leiden, so viel Kämpfen, so viel Blutvergießen, eine große Traurigkeit bemächtigt. Das Schweigen, welches diesem wilden Treiben folgen sollte, schnürte uns das Herz zusammen; denn unter dieser, von dem Donner der Kanonen erschütterten Erde, ließen wir Waffenbrüder zurück, die uns geliebt hatten, und die hier für uns das Vaterland und unsere Familie gewesen waren.

Auch war, als die Nacht herauf kam, kein Abschieds= lied zu hören. Alle gingen schweigend umher, und wen= deten einen letzten Blick nach jenen Gräbern hin, aus denen die tiefe Klage derjenigen hervor zu bringen schien, die hier für immer verlassen werden sollten. Wir waren Alle traurig.

Als es dann völlig Nacht geworden war, sahen und hörten wir mit dem Herzen sonderbare Dinge. Alles war

Lärm um uns her: Reiter, Fußvolk, Artillerie, Alles eilte in die Schlacht. Unzählige Regimenter rüsteten sich zum Abmarsch; unsere Augen konnten sie nicht absehen. Eine grausenhafte und schreckliche Armee.

Die Banner hingen, vom erstarrten Blute steif, an ihren Stöcken nieder; die Waffen hatten den Glanz des Stahls verloren; die Uniformen, von Kartätschen zerrissen, ließen das dunkle Roth der klaffenden Wunden sehen . . . Aber Alle stellten sie sich in Reihe und Glied mit bewundernswerther Ordnung auf. Man schritt zum Appell; es fehlten sehr Wenige, und man hörte bei den Namen der Fehlenden die Antwort: „Für das Vaterland am Leben!"

Darauf setzten sie sich in Bewegung. Die Trommeln und Trompeten ließen einen Todtenmarsch erschallen. Die ganze Armee fluthete vorüber wie finstere Wolken vom Sturme gejagt.

Am Ufer machten wir Halt. Da erhoben sich aus der Armee der Hingegangenen die rührendsten Klagen. Sie flehten uns an, ihre ruhmvollen Reste mit hinüber zu nehmen nach dem Lande, in dessen Erde ihre Väter ruhten. Sie waren Alle, Alle, jung gestorben, und Jeder von ihnen verlangte die Thräne seiner Mutter auf sein Grab. Jeder sehnte sich nach dem Kirchhofe seines Dorfes, nach dem Bedauern eines Freundes, ja selbst nach dem Ton des Schrittes von einem gleichgültigen Bekannten. Sie flehten uns an, sie drückten mit ihren kalten Händen unsere bebende Hand, und riefen mit Thränen, die blutig aus ihren Augenhöhlen niederfielen: „Wenn die Pflugschaar des Tartaren unsere glorreichen Gebeine an das Licht des

Tages bringen wird, wird er sagen: „das sind die Gebeine unserer Feinde! und er wird voll Abscheu unsere Knochen mit dem Fuße in die Furche zurückschleudern."

Aber wir hatten keine Ordre, sie mit uns zu nehmen. Dem Kaiser war ein Sohn geboren: der Kaiser war glücklich! — Vive l'empereur! erscholl's in unseren Kolonnen. Wir marschirten dem Ufer zu, und hinter uns begann der große Rückzug der Gebliebenen, der Todten, der Rückzug der Verzweifelten. In strenger Ordnung marschirten sie in ihre Gräber zurück, in das letzte Nachtquartier der ruhmvollen Entschlafenen, die erst die Trompete des jüngsten Tages aus ihrem Schlafe wecken wird! —

Ein Gewitter in Samoëns.

Der Tag war außerordentlich heiß gewesen. Eine unüberwindliche Schläfrigkeit bemächtigte sich unser Aller und der ganzen Natur. Die Hühner hatten sich mit niederhängenden Flügeln auf dem Platze unter die Bänke geflüchtet; die Hunde machten ein paar Schritte und warfen sich auf die Seiten nieder; eine tiefe Stille herrschte um uns her; kein Vogelsang zu hören; selbst die Grille, diese Schwätzerin der Wiesen, schwieg. Nur einzelne Schwalben schossen mit ungewissem, stoßweisem Fluge, wie rekognoszirende Soldaten umher, und flohen vor dem Nahen des furchtbaren Feindes: vor dem Gewitter. In dem Augenblicke ging der Herr Pfarrer vor uns vorüber. Wir fragten ihn, wie der Barometer stehe? — So tief als möglich, meine Herren! wir werden einen ganz gehörigen Spektakel bekommen. Es wird ein erhabener Anblick sein, Herr Maler! steigen Sie zu der Kapelle hinauf, und wenn Sie meinem Rathe folgen wollen, so bleiben Sie unter der Thürbrüstung stehen."

Ich folgte dem Rathe des Pfarrers und kletterte mühsam die Höhe hinan, welche Samoëns etwa um hundert Fuß überragt.

Sofort konnte ich die Macht des Wetters voraussehen, das sich über uns zusammenzog. In der Ebene und auf den Bergen die Lautlosigkeit des Todes. Alles Grün hatte die Farbe von gebräuntem Rohr; die Luft bedeckte wie ein finstrer Schleier alle Berge ohne sie zu verhüllen; lange Blitze zogen sich wie feurige Furchen über alle Berggipfel hin, und beleuchteten sie mit einem wunderbaren Lichte; die Natur bereitete sich auf die große Schlacht vor; es sah aus als sammle sie alle ihre Kräfte für diesen furchtbaren Kampf.

Das dumpfe Schweigen wurde plötzlich durch einen jener Donnerschläge unterbrochen, die man nur im Hochgebirge hört. Die Natur zittert bei diesem Zeichen. Die entfesselten Winde begannen sich zu regen; sie fuhren gegen die Gipfel der Berge an, wurden von ihnen zurück gestoßen und kehrten wieder mit erneutem Wüthen. Sie zerbrachen die großen Tannen, sie entwurzelten die Eichen; die Blätter der Bäume wurden im Wirbelwinde umhergetrieben, die Zweige schossen schnell wie Pfeile durch die Luft. Die Wälder glichen in ihrer wilden Bewegung einem vom Sturm gepeitschten Meer. Das verworrene lärmende Toben der Elemente war schreckenerregend; das Rollen des Donners, das schallende Stürzen der Wasserfälle wurden davon übertäubt; die Schornsteine stürzten von den Dächern nieder, die Dachsteine flogen durch die

Luft. An der entgegengesetzten Seite des Thales hatte das Feuer des Himmels eine Scheuer verzehrt.

Unterhalb des Platzes auf dem ich stand, in dem Eingangsbogen der Kirche, beschworen der Pfarrer und seine Vikare, umringt von einer Anzahl von Landleuten, mit flehendem Gebet das Ungewitter. Ein aufzuckender Blitz zeigte sie mir wie in einer Erscheinung, und Alles versank darauf wieder in die Nacht. Die Glocken der Kirchen ließen sich in mächtigen Schwingungen vernehmen. Dann fiel der Hagel nieder und bedeckte die große Zerstörung mit einem weißen Leichentuche. Der Regen folgte dem Hagel; die Nacht sank völlig nieder, und bis auf die Knochen durchnäßt kehrte ich in meine Behausung zurück.

Am nächsten Morgen ein glänzender Tag; aber der Boden war mit Trümmern übersäet, die Bäume entblättert, der Weizen lag niedergeschlagen auf den Feldern, die Früchte waren von den Bäumen abgeschlagen. Die Menschen waren alle traurig und alle voll Ergebung; voll von dieser Tugend, welche denen eigen ist, die sich zunächst unter der Hand des Herrn befinden.

Als ich am verwichenen Abende an der Kapelle emporgestiegen war, hatte ich in dem Gipfel eines Baumes ein Finkennest bemerkt. Ich war überrascht, es am Morgen völlig unbeschädigt wieder zu finden. Es hatte dem Sturme widerstanden. Ich sah die Mutter, frohen Fluges mit Beute-beladen zu ihren Jungen wiederkehren, und in ihrem Gesange glaubte ich zu vernehmen: „der Herr liebt und beschützt die Schwachen."

Julius Cäsar's Zahnstocher.

Drei der gelehrtesten Genfer Archäologen haben so eben eine höchst merkwürdige Entdeckung gemacht. Sie halten sie noch geheim, um sie nicht eher bekannt zu machen, bis sie über die Zweifel einig sein werden, durch die sie gegenwärtig in Bezug auf diese Entdeckung veruneinigt sind. Da es aber nach einer ihrer Verhandlungen, der ich beigewohnt habe, mir nicht wahrscheinlich ist, daß sie sich bald verständigen dürften, so werden Sie es mir vielleicht Dank wissen, wenn ich den gelehrten Herren zuvorkomme und Ihnen sage, um was es sich handelt.

Sie haben einen antiken Zahnstocher nebst dem dazugehörenden Etui gefunden. Das hat den Einen der drei Gelehrten ein schweres Stück Geld gekostet; aber was will das sagen, wenn es erwiesen wird, daß diese Gegenstände wirklich dem Julius Cäsar gehört haben. Das kleine Besteck ist von reinem Golde, von ausgesuchter Arbeit, im edelsten Geschmack verziert und zwölf Centimeters groß. Der Zahnstocher ist von Elfenbein. Er trägt die Inschrift:

Nihil Nimis C. J. Caesar.

Nun hören Sie die Ansichten der drei Herren. Der Besitzer dieser kleinen Antike behauptet, daß sie aus dem Jahre 42 vor Christo herrühre, was seine beiden Collegen auch zugeben, da sie aus den Ausgrabungen von Alesia herstammt. Indeß über die Inschrift, über das Nihil Nimis, über dies „Nichts zu viel" können sie sich nicht vereinigen.

Denn der Eine der denkt, dies „Nichts zu viel" bedeute, nicht zu viel in den Zähnen, was bei der Bestimmung eines Zahnstochers ziemlich natürlich klingt.

Der Zweite ist weniger realistisch in seiner Erklärung. Er sagt: diese beiden Worte drücken den Gedanken eines Mannes aus, der eine große Idee verfolgt, ohne alle Rücksicht auf dasjenige, was ihrer Verwirklichung im Wege stehen könnte — und eben darin erkenne man den Cäsar.

Was den Dritten anbelangt, so bedeutet nach ihm „Nichts zu viel" genau dasselbe, wie „nie genug", also das Streben nach der höchsten Gewalt und den Vorsatz zur Eroberung der Welt.

Das ist jedoch noch nicht der ganze Streit; die Herren gehen noch weit mehr in der Schätzung des Instrumentes selber und über den Gebrauch auseinander, den der Besitzer des Zahnstochers einst von demselbigen gemacht hat.

Um sich darüber aufzuklären, haben die Herren eine Büste des Cäsar gekauft. An dieser Büste ist in der rechten Wange eine wesentliche Vertiefung bemerkbar, was zu verrathen scheint, daß dem Cäsar an dieser Seite Zähne fehlten. Dagegen ist der Zahnstocher an seiner linken Seite abgenutzt; er ist also in den Zähnen der rechten Kinnlade gebraucht worden; er zeigt außerdem eine Spur von Gold an dem abgenutzten Ende, was der zweite Archäolog von der Reibung in dem goldenen Etui herleitet. Dieser Annahme widerspricht der erste Gelehrte nicht entschieden; aber er stützt sich grade auf die außerordentliche Gelehrsamkeit des zweiten in den römischen Alterthümern höchst bewanderten Archäologen, der es aus den „Zwölf Tafeln" klar bewiesen hat, wie es verboten war, das Gold aus den Zähnen der Leichen zu entwenden. Er zieht also den Schluß: daß man lange vor Julius Cäsar die kranken Zähne mit Gold ausfüllte, und zweitens ist er geneigt zu glauben, daß die Spuren von Gold von den Zähnen des Cäsar herrühren." Ja! sagt der dritte Archäologe, aber wie viel Zähne trug Cäsar mit Gold ausgefüllt? Von welcher Art war seine Zahnkrankheit? Und durch welche Art von Excessen ist die Einsenkung entstanden, die man in seiner Büste wahrnehmen kann?

Die Diskussion würde, nachdem sie einmal auf diesem Punkte angelangt war, kein Ende gefunden haben, wenn nicht der zweite der gelehrten Herren den sinnreichen Einfall gehabt hätte, die Büste zu zerbrechen, um womöglich die Zahl der fehlenden oder schadhaften Zähne zu entdecken. Darauf haben die beiden Gegner sich die Bemerkung erlaubt, wie das vorgeschlagene Mittel ihre äußerlichen Beobachtungen unterbrechen würde . . . . und der Antragsteller war nahe daran, diese Einwendung gelten zu lassen, als ihm plötzlich der Einfall kam, daß man sich ja eine neue Büste schaffen könne, nachdem man die erste Behufs der Untersuchung zerschlagen haben werde.

Es scheint nun als ob auf dieser Voraussetzung eine Vereinbarung zu Stande kommen könnte. Die Herren beabsichtigen ihre Forschungen der Pariser Akademie der Inschriften und schönen Wissenschaften vorzulegen, und ich bin sicher, sie werden dort die größte Anerkennung finden. Es kann gar nicht fehlen, daß der Kaiser diese höchst bedeutende Antiquität zu erwerben suchen wird, um sich ihrer beständig zu bedienen, und daß er wissen wird, die Auslegungen unserer gelehrten Archäologen bei seinen eigenen Untersuchungen zu benutzen.

Es fragt sich nur noch, wer von den Dreien das Kreuz der Ehrenlegion erhalten wird. Wäre ich Napoleon der

Dritte, so würde ich nicht anstehen, es demjenigen zu geben, der den geistreichen Gedanken gehabt hat, die Büste zu zerbrechen.

Auf dem Kirchhofe von Monetier.

Ich machte neulich einen Spaziergang nach den dreizehn Bäumen hinauf, und kam dabei an dem Kirchhofe von Monetier vorüber, wo ich Coelestin in der frisch aufgeworfenen Erde eines eben wieder geöffneten Grabes knieen sah. Ich ging zu ihm, der arme Junge hielt seinen zusammengedrückten Hut in seinen zitternden Händen, und die dicken Thränen fielen ihm aus den Augen. Der Todtengräber sagte: Du siehst, es ist Deine Mutter, die ich ausgrabe; sie muß ihrem Gevatter Carréar Platz machen. Es ist ein Hauptspaß, daß die nun Beide in demselben Grabe liegen werden. Sie waren Beide gute Leute .... Aber willst Du Dich denn mitbegraben lassen, daß Du hier wie eingewurzelt liegen bleibst? Steh' auf, damit ich vorwärts komme.

Coelestin erhob sich und kam ganz gerührt an mich heran. „Ich habe gar nicht gedacht, sagte er, daß ein Mensch so traurig sein könnte. Als ich diesen Morgen hier vorbeiging, sagte der Todtengräber: Wenn Du Deine Mutter sehen willst, will ich sie heute ein Bischen Luft schnappen lassen." Ohne recht zu denken was ich that, ging ich ihm nach, und gleich darauf kam der Kopf der armen Frau zum Vorschein. ... Die Augenhöhlen waren voller Erde. Ach! als ich den Kopf gesehen habe, der sich so oft zu mir herabgebeugt, den Mund, der mich so oft geküßt hat, als ich die Seiten der Brust gesehen habe, die uns Alle genährt hat! Es war grade als hätte ich meine Mutter vor mir wie sie leibt und lebte, und das Herz hat sich mir in der Brust umgedreht.

Coelestin schwieg und wir stiegen schweigend nebeneinander in die Höhe. Er nahm mir, ohne mich zu fragen, den Ueberzieher und den Handsack ab, hing sie über seine Schultern und sagte dann nach einer Weile plötzlich: Wir sind alle Lumpe gegen unsere Eltern, besonders gegen unsere Mütter....

Wie kommst Du darauf? fiel ich ihm in die Rede.

Ich sage Ihnen, wiederholte er, wir sind alle Lumpe, denn wir glauben unsere Schuldigkeit gethan zu haben, wenn wir sie nicht zu sehr gequält haben; aber wenn sie dann erst todt sind, dann sieht man all das Unrecht, das man ihnen angethan hat. Wenn ich jetzt an meine Mutter denke, die sich strapazirte bis auf's Blut, um das Haus in Ordnung zu halten, und damit wir immer reinlich und in ganzen Kleidern wären, und damit das Essen immer da war. Ich sehe noch, wie sie auf dem Felde in der Sonne schwitzte, wie sie sich keine Sekunde ruhte! Ich darf gar nicht daran denken....

Und Dein Vater? fragte ich, denkst Du nicht auch an ihn?

Mein Vater? mein Vater war auch recht gut, er machte Alles, was just nöthig war, aber Nichts darüber. War das fertig, so ging er in den Krug. Er hörte nicht viel auf die Mutter, wenn Sie ihm zureden wollte. Bei unser Einem ist die Mutter Alles, und wo die Mutter Nichts taugt, da wird es Nichts.

Ist Deine Mutter schon lange todt?

Sechs Jahre; aber es kam so jämmerlich. Einen

Mittag holte sie Salat aus dem Garten; wie sie sich aufrichten will ist's Nacht um sie her, sie war mit einem Male blind. Der Doktor sagte, das Wasser wäre ihr in die Augen getreten. Sechs Wochen darauf war sie todt. Sie hatte sich's so sehr zu Herzen genommen, daß sie nicht mehr sehen und nicht mehr arbeiten konnte. Dazumal hatten wir noch die Muhme im Hause, der Mutter Schwester, aber sie war krank von altersher. Sie war auch eine Seele von einem Mädchen. Sie machte alle Hausarbeit, weil sie fürs Feld zu schwach war. Sie konnte den Kessel nicht einmal heben; aber was ihre Augen sahen, konnten ihre Hände machen und pflegen that sie uns, wenn's Noth that, wie kein Anderer. Bald nach meiner Mutter Tode, legte sie sich auch. Sie war so mager, daß die Sonne fast durch ihren Körper durchschien. Wir sagten, es würde ein Glück für sie sein, wenn sie nur sterben könnte; aber wenn ich Ihnen die Wahrheit sagen soll, so wären wir recht glücklich gewesen, sie abziehen zu sehen. Meine eine Schwester hatte müssen ihren guten Dienst aufgeben, um aus der Stadt zu uns zu kommen und um die Tante zu pflegen. Sie war darüber sehr verdrießlich, und wir Alle hatten es bald satt, die Tante zu warten, die doch in's Feuer gegangen wäre für uns Alle. Wie sie dann meiner Mutter nachgegangen war, ward's im Haus wie ausgestorben, und Jeder machte sich Vorwürfe im Stillen, wir sagten es aber einander nicht.

Glauben Sie mir, Herr Hornung, die Kinder sind alle Lumpe gegen ihre Anverwandten, besonders gegen ihre Mütter. Wie ich heute den Kopf so habe vor meine Füße rollen sehen, ist mir's recht auf das Herz gefallen, und es war grade als wäre sie wieder da, mit all ihrer Güte und Geduld, mit den schönen schwarzen, strengen und doch so guten Augen, daß ich niemals lügen konnte, wenn sie mich ansah. Niemals war sie ärgerlich, sie setzte Alles mit Gutem durch. Ach, Herr Hermung, so eine Mutter, das ist die Hauptsache, ihr verdankt man Alles. Die Väter arbeiten auch, das ist wohl wahr; sie würden indessen eben so arbeiten, wenn sie Junggesellen wären; sie würden dann vielleicht noch Etwas mehr im Kruge trinken, und vielleicht auch das nicht einmal. Aber wenn ich mir einen Vorwurf mache, so ist's, daß ich lange nicht genug Messen habe lesen lassen für meiner Mutter arme Seele . . .

Mein guter Junge! Deiner Mutter Seele hat der Fürbitte vor Gott nicht nöthig! sagte ich. Gott verlangt Nichts, als daß wir mit der Einsicht, die er uns gegeben hat, unsere Pflicht hienieden thun, denn er ist die höchste Güte und Gerechtigkeit . . .

Cölestin sah mich bei diesen Worten mit Verwunderung an; ich merkte, daß ich für ihn bereits zu viel gesagt hatte, und war stille. Als wir aber bei den dreizehn Bäumen angelangt waren, trennten wir uns.

Er setzte seinen Weg nach Pommier fort. Ich ließ mich an der Stelle nieder, an welcher er von mir gegangen war; und wie ich über den letzten Blick nachdachte, mit welchem der junge Bursche mich angesehen hatte, mußte ich mir sagen, daß die stärksten Einwendungen der Vernunft gegenüber einer lebhaften Empfindung nicht schwer in die Waage fallen und nicht viel vermögen.

Fünfzehnter Brief.
Eine Goethefeier am Genfersee.

Glion, den 29. August 1867.

Wie die englische Hochkirche überall ein gut Theil von ihrer katholischen Stammmutter beibehalten, so hat sie ihr auch die wandernden Prediger abgesehen. Wo immer auch sich eine Gesellschaft von Engländern zusammenfindet, fehlt unter ihnen niemals ein schwarzgekleideter, glatt rasirter Gentleman, dessen langer Ueberrock, weiße Kravatte und salbungsvolle Miene, schon die ganze Woche hindurch den Sonntag einläuten; und da sich nun die nöthige Anzahl von Gläubigen — und ich vermuthe von Zahlern — auch hier oben in Glion zusammengefunden hat, werden wir armen Ungläubigen Sonntag's Vor- und Nachmittag durch das Litaney-Singen, Beten und Predigen der Engländer aus dem großen Saale excommunicirt. Von zehn bis zwölf Uhr und von vier bis sechs Uhr hören wir durch die schöne feierliche Stille der Alpenwelt, die eintönigen Melodien des anglikanischen Kirchengesanges zu uns herüberschallen. Dazwischen hält noch irgend eine andre anglo-amerikanische Sekte ihren Gottesdienst im Saale des Châlet, und es ist ein Trost, daß wenigstens die Vögel sich in ihrem fröhlichen Jubel durch diese aufdringliche Religiosität nicht stören lassen.

Als ich neulich einer aristokratischen Ehstländerin die Bemerkung machte, daß ich in einem Gasthofe diesen

Gottesdienst auf Kosten von anderer Leute Ruhe und Behagen völlig unberechtigt fände, daß er ein Eingriff in die Freiheit aller Derjenigen sei, welche mit ihrem Nachdenken und ihrer innern Erhebung anders als in Masse fertig werden könnten, meinte sie: es sei doch höchlich anzuerkennen, wenn ein Volk so religös sei; und daß die Engländer ihrem Gottesdienste überall so ohne Rücksicht Ausdruck gäben, das fände sie sehr groß und schön.

Würden Sie es eben so groß und schön finden, erkundigte ich mich, wenn wir und unsere Freunde hier, Ihnen die Benutzung des Saales entzögen, um eben darin nach unserer Ueberzeugung Vorlesungen halten zu lassen? Oder was würden Sie sagen, wenn die sechs, sieben Juden, die wir hier eben haben, sich genöthigt fühlten, nach Art der Engländer uns ihrer Seits Sonnabend Vor- und Nachmittag mit ihren ebräischen Gesängen zu beglücken? Denn sie hängen ebenso an ihrem Kultus als die Engländer, sind ebenso berechtigt als diese, und haben obenein das, in Ihren Augen gewiß achtungswerthe Vorrecht der Anciennetät für sich.

Meine schöne und geistreiche Ehstländerin ist mir die Antwort schuldig geblieben, und es lag mir auch nicht daran, sie zu erhalten; denn was mich innerlich heute mehr beschäftigte, als die Friedensstörung, welche wir allwöchentlich durch den englischen Gottesdienst erleiden, das ist die Nachricht, daß Garibaldi zum Friedenskongreß nach Genf kommen wird, und daß dieser auf den 10. und 11. September festgesetzt ist.

Inzwischen haben wir denn hier oben gestern Abend auch ein erhebendes Friedensfest, den Geburtstag Goethe's, gefeiert. Es steht geschrieben: „wo zwei versammelt sind in meinem Namen, da werde ich unter Euch sein." Wo aber wären jetzt eine Anzahl Deutscher beisammen, in denen sich nicht zwei oder drei fänden, die zu Goethe und zu Schiller, wie zu ihren Lehrmeistern emporsähen, und die in der erhebenden Erinnerung an diese größten Geister unseres Volkes eine Herzensbefriedigung genießen. Wir indessen waren noch besser daran. Wir waren unserer Neun, Männer und Frauen, und wir hatten einen jungen Franzosen, Dr. Eduard Schuré in unserer Mitte, der ein Verehrer des deutschen Geistes und ein Verehrer Goethe's wie wir, zu der Zahl von Männern gehört, welche sicher dazu berufen sind, den von Goethe gehegten Gedanken einer Weltlitteratur verwirklichen zu helfen. Eine Vorbereitung hatten wir für unser Fest nicht gemacht; die Blumenvasen, welche die junge Freundin, in deren Zimmer wir uns nach dem Abendessen vereinigten, auf den Tisch gesetzt hatte, waren der einzige Schmuck, unsere gute Stimmung und der strahlende Mondschein, der durch die geöffneten Flügelthüren hineinfiel, thaten das Uebrige. Die treffliche Sängerin, Fräulein Katharine Baum aus Berlin, die zugleich eine sehr gute Klavierspielerin ist, leitete mit der Egmont-Ouvertüre von Beethoven den Abend ein. Die Zueignung zum Faust, das schöne Gedicht auf Mieding's Tod, der Prometheus wurden der Reihe nach gelesen. Dazwischen Gesang: der Erlkönig und einige andere Goethe'sche Lieder in Schubert'scher und Mendelsohn'scher Composition, und ein paar von Schuré's Uebersetzungen Goethe'scher Gedichte, von denen ich als Beispiel nur die lieblichen, an Christiane Vulpius gerichteten Strophen, das: „Gefunden!" und die paar Strophen „an den aufgehenden Mond" hierherſetzen will.*)

Trouvée.

Dans la forêt profonde
J'allais tout à loisir,
Ne cherchant rien au monde,
Au gré de mon désir.

Je vis debout à l'ombre
Fleurette éclose au jour,
Ses beaux yeux d'un bleu sombre,
Deux étoiles d'amour.

J'étends la main vers elle;
La fleur dit à ravir:
Quoi! je suis jeune et belle
Et je devrais mourir!

Je sortis la fleurette
Du sol bien doucement,
Et portai la pauvrette
Dans mon jardin charmant.

J'y plantai la mignonne
Dans un endroit chéri;
Toujours elle bourgeonne,
Toujours elle fleurit.

A la pleine lune qui se levait.

Veux-tu t'en aller si vite?
Tu brillais si près de moi!
Tu te caches, tu me quittes,
Me voilà bien loin de toi.

---

*) Dieſelben ſind ſeitdem in unſres Freundes vortrefflicher „Geſchichte des deutſchen Liedes" (Histoire du Lied allemand par Ed. Schuré Paris 1868.) gedruckt erſchienen.

> Mais tu sens que je suis triste;
> Tu reviens, bel astre d'or!
> Tu me dis: Ne sois pas triste,
> Loin de toi je t'aime encor.
>
> Monte donc! suis ta carrière,
> Monte et brille fièrement!
> Souffre, ô mon coeur solitaire;
> Splendide est le firmament.

Den Schluß unseres Gedenktages machten wir mit Vorlesung der „Trilogie der Leidenschaft."

Als wir dann auf den mächtigen Balkon des Hôtels hinaustraten, war es schon ziemlich spät geworden. Die Bewohner des Hauses waren größtentheils in ihre Zimmer und zur Ruhe gegangen. Die Terrassen des Gartens sendeten ihren Duft nur für uns empor, der weite Spiegel des See's, der Himmel mit all seinen Sternen, der Mond, der sein volles Licht über die ruhenden Wasser und die feierlich ernste Bergkette von Savoyen ergoß, die durch die Luft zuckenden Strahlen der Sternschnuppen, die eben in dieser Nacht sehr zahlreich waren, wir genossen das Alles in der Aufgeschlossenheit des Geistes und des Herzens mit doppelter Empfänglichkeit. Göthe's Naturempfindung hatte durch seine Dichtungen auf uns zurückgewirkt; und als wir uns endlich in vorgerückter Stunde trennten, waren wir einander alle noch enger verbunden, denn wir hatten etwas Edles mitsammen gedacht, etwas Schönes zusammen empfunden und genossen — und wir hatten einen erhebenden Kultus geübt, wir hatten die Bedeutung der „Gemeinde" auf unsere Weise wieder einmal an uns selbst erfahren.

Unser junger Pariser Freund und seine Frau waren

ganz ergriffen davon; aber Eduard Schuré ist auch, wie nicht viele Ausländer im Stande, sich in deutsches Wesen zu versetzen, sich an deutschem Geiste zu erfreuen, denn er hat, nachdem er auf verschiedenen deutschen Universitäten studiert, seit Jahren das Studium des deutschen Volksliedes zu seiner Lebensaufgabe gemacht, und die Liederübersetzung, welche ich hier mitgetheilt habe, ist seiner ganz vortrefflichen und ebenso gründlichen als poetisch dargestellten „Histoire du Lied ou La Chanson Populaire en Allemagne" entnommen, die eben in diesem Augenblicke bei La Croix in Paris gedruckt wird.*) Herr Schuré ist ein in Straßburg geborner Elsasser, der jetzt vielleicht sieben oder acht und zwanzig Jahre alt, und vielen unserer Berliner Freunde von der Zeit seines dortigen längeren Aufenthaltes bekannt ist. Geistreich und von schneller Auffassung, dabei tiefsinnig und von hoher poetischer Empfänglichkeit, selbst eine dichterisch und musikalisch angelegte Natur und dazu des Deutschen wie des Französischen, als ihm angeborner Sprachen, als doppelter Muttersprachen mächtig, ist er wie kaum ein Anderer dazu geeignet, den Franzosen, seinen Landsleuten, die Vorzüge der deutschen Volkspoesie eingänglich zu machen, und er ist in seiner Arbeit mit einer männlichen Offenheit zu Werke gegangen, die frei von aller nationalen Voreingenommenheit, eben einen Beweis für die Möglichkeit jener rein auf das Schöne und Wahre gestellten allgemeinen Bildung liefert,

---

*) Die erste Auflage des seitdem erschienenen Werkes, ist im Zeitraum von wenig Wochen vergriffen worden, so daß schon eine neue Auflage vorbereitet wird.

welche Göthe von der internationalen Weltlitteratur erhoffte, und die hinwiederum nur die Folge einer kosmopolitischen Bildung, einer litterarischen Friedensliga der Völker sein kann.

Zu denen, welche schon in früherer Zeit dieser Annäherung der Völker durch Uebersetzungen aus ihren verschiedenen Litteraturen vorgearbeitet haben, gehört auch der treffliche französische Schriftsteller Edgar Quinet, der jetzt in freiwillig aufrecht erhaltenem Exil, still und zurückgezogen von der Welt, die ihn nicht vergessen hat, unfern von hier, am Ufer des See's sich seine vorläufige Heimath gegründet hat.

Wir hatten durch einen seiner Landsleute, der wie wir hier in Glion seine Sommerfrische hält, durch den Freund von Bastiat, Herrn Prosper Paillotet, in dessen Armen Bastiat in Rom gestorben ist, und der danach die Werke Bastiat's herausgegeben hat, vielfach von Edgar Quinet sprechen hören. Herr Paillotet, ein früherer Industrieller, ein älterer, äußerst aufgeklärter und freisinniger Mann, ließ selten eine Woche vergehen, ohne seinen berühmten Landsmann in seiner Einsamkeit aufzusuchen, und die Verehrung und Freundschaft, mit welcher sowohl er als Alexander Herzen uns von Edgar Quinet, als Charakter und als Privatmann, gesprochen, hatten in uns den Wunsch gesteigert, Quinet, dessen Geschichte der französischen Revolution und der Schlacht von Waterloo uns sehr wichtig gewesen waren, persönlich kennen zu lernen.

Aber unser erster Versuch, Herrn Quinet zu sehen, war uns nicht geglückt, und hätte uns leicht das Leben kosten können. Das Pferd vor dem Einspänner, der uns vom

Rigi Vaudois hinunter und nach Veytaur bringen sollte, stürzte zu Boden, weil der achtlose Kutscher es den sehr steilen obern Theil des Berges im Trabe hinunterlaufen ließ; die Gabel, in der es ging, wurde in die Höhe geschnellt und zerbrach am Felsen, der Wagen stellte sich quer in den Weg, und nur der Besonnenheit Stahr's, der das Pferd mit raschem Eingriff in die Zügel im letzten Augenblicke noch nach links herumriß, hatten wir es zu danken, daß wir mit dem Schreck davon gekommen und nicht in den Abgrund hinabgerollt waren.

Ein paar Tage später machten wir uns abermals auf den Weg und langten in den sonnigen Nachmittagstunden in Veytaur an, in denen wir sicher sein konnten, Herren Quinet zu Hause zu treffen, der eines Nervenleidens wegen die Sonne meidet, und immer nur in den frühen Morgenstunden oder nach Sonnenuntergang seine regelmäßigen Spaziergänge, von Veytaur über Chillon nach dem obern Ende des See's hin, unternimmt.

Veytaur ist die vorletzte Ortschaft an der nordöstlichen Seite des Sees. Es liegt ein Wenig über dem Ufer erhaben am Fuße des Mont Sonchon, der bei Schloß Chillon seinen weitesten Vorsprung hat, und die sanft aufsteigenden quellenreichen von großen Nußbäumen beschatteten Wiesenflächen, welche Veytaur umgeben, machen es im Sommer viel frischer als Montreur und Clarens, während es im Winter, weil es durch seine Lage einen spätern Sonnenaufgang hat, auch kälter als die genannten Ortschaften ist. Neben der Pension Bonnivard geht der Weg von der großen Landstraße nach Veytaur hinauf, und noch etwa fünfhundert Schritte höher, nahe bei der in einem schönen

Garten gelegenen, von den Fremden sehr gerühmten Pension Massen, wies man uns das einer achtzigjährigen Matrone gehörige Haus, in welchem Quinet seit einer Reihe von Jahren das untere Stockwerk bewohnt. Es ist ein bescheidenes Haus, aber die drei, vier Zimmer sind groß, ziemlich hoch und haben einen Austritt auf die Terrasse eines Blumen- und Wein-Gartens, der an einen prächtigen Obstgarten stößt, und eine Aussicht, die schöner gar nicht sein kann.

Herr Quinet und seine Frau empfingen uns mit jener zutraulichen Freundlichkeit, die ich das Freimaurer-Zeichen der Guten nennen möchte. Wo Menschen sich gegenseitig schätzen und an einander glauben, macht der Verkehr sich leicht. Edgar Quinet ist in der ersten Hälfte der sechsziger Jahre, und er muß ein schöner Mann gewesen sein. Er ist groß, seine Gestalt und sein Gang sind etwas schwer geworden, sein noch blondes, langes Haar und die feinen länglichen Formen seines Kopfes und seiner Nase, die blauen Augen und der schöne, fein geschnittene Mund geben ihm eher das Ansehen eines Deutschen oder eines Engländers als eines Franzosen. Mitunter fiel uns Varnhagen ein, wenn wir ihn ansahen, mitunter erinnerte sein Profil uns an Lord Byron, und ein Reliefportrait, das David von ihm gemacht hat, wie ein Jugendbild, das unser gemeinsamer Freund, der treffliche Sebastian Cornu einst in Rom in Bleifeder skizzirt, zeigen diese letzterwähnte Aehnlichkeit auf das Entschiedenste. Die Zeichnung von Cornu hat auch schon jenen Zug von Schwermuth mit Lord Byron gemein, die jetzt ihren trüben Schatten über die edle Stirne Quinet's ausgebreitet hat.

Madame Quinet ist jünger als ihr Gatte, aber — — ich füge hier Vieles nach späterer, längerer Erfahrung hinzu, denn wir haben den Winter hindurch viel mit einander verkehrt — — es sind das auch zwei Existenzen, die nur ein Leben haben, und auf welche die mit Unrecht verspotteten und doch oft so bezeichnenden Worte von Halm: „zwei Seelen und ein Gedanke, zwei Herzen und ein Schlag", ihre volle Anwendung finden. Madame Quinet ist keine geborne Französin, obschon ihr Auge, ihre Lebendigkeit und ihre Sprache sie als solche erscheinen lassen. Sie ist in der Moldau zu Hause, einer der dortigen großen Familien entsprossen, aber ganz in Frankreich erzogen worden. Ehe sie die Gattin Quinet's wurde, war sie mit einem angesehenen Edelmanne ihres Volkes, dem Fürsten Mourousi vermählt, dessen Vorfahren einst über die Donaufürstenthümer geherrscht haben, und sie brachte aus dieser Ehe ihrem jetzigen Gatten einen Sohn zu, der ihnen nicht erhalten geblieben ist. Sie war es, deren rasche Entschlossenheit, mit Beihilfe ihrer Freundin, der Fürstin Maria Calimachi, zur Zeit des Staatsstreichs die Flucht ihres Gatten möglich machte, und wie sie dem von seinem Vaterlande Entfernten, Vaterland und Heimath in der Fremde ist, so war und ist sie zugleich die treue Theilnehmerin an seinen Arbeiten und Studien, ist sie ihm eine Pflegerin und Hausfrau, die keine Arbeit und keine, selbst nicht die härteste Mühewaltung scheut, welche das Behagen ihres Gatten fördern oder ihm ein Unbehagen und eine Störung sparen kann. Beide Eheleute verstehen unsere Muttersprache. Edgar Quinet hat in seiner Jugend einen Theil der Herder'schen Werke übersetzt und sich mit unsern Klassikern beschäftigt, aber das Deutsche ist ihm doch mit den Jahren wieder, namentlich im mündlichen Gebrauche weniger geläufig geworden, während Madame Quinet es in Wort und Schrift ganz vollkommen handhabt und es mit größter Leichtigkeit beherrscht.

Wir fanden die trefflichen Menschen von den Zuständen in ihrer Heimath mehr gedrückt und mehr entmuthigt, als wir es erwartet hatten. Sie hatten für ihr Vaterland nur Wünsche, nicht Hoffnungen, sie arbeiteten Beide — denn auch Frau Quinet ist Schriftsteller und eben jetzt mit der Herausgabe von Mémoires de l'exil beschäftigt — sie arbeiten Beide, Jeder auf seine Weise, daran, den Gedanken der Freiheit in ihrem Volke lebendig zu erhalten, — indeß es ist, als habe die Gewalt, welche die Freiheit in ihrem Vaterlande zertreten hat, auch ihnen einen Theil der Spannkraft gebrochen, als glaubten sie, daß die Endlichkeit keine Gewalt habe über die großen Vergewaltiger, als sei irgend Jemand auf der Erde, der nicht sterblich sei, als mache das ewige „Alles fließt" vor denen Halt, die sich über die Reihen der großen Massen emporgeschwungen haben, weil sie sich über Alles hinweggesetzt, was andern Erdgebornen heilig und eine Schranke ist.

Sie erhoben gewisse Seiten in unserm Volke und in unserem Nationalcharakter über ihr eigenes Volk, sie bezeichneten die Kriegs- und Ruhmsucht der Franzosen, die zuletzt ihre Quelle in der That nur in den niedrigsten Seiten der Menschennatur, in Neid und Eitelkeit haben, als die gefährliche Handhabe, die man nur zu ergreifen brauche, um die Franzosen von dem Wege einer friedlichen und edeln Entwicklung abzuleiten — und sie übersehen dabei, daß überall in Europa die Bildung nach dieser Seite hin noch sehr gering ist. Der Friedenskongreß, zu welchem Herr Quinet ein Memoir vorbereitet, da seine Gesundheit ihn von dem Besuche desselben abhält, wurde dann auch in Bezug auf seine mögliche Wirksamkeit besprochen, und als wir von einander schieden, hatten wir die Empfindung, in einer geistig reinen Luft, und bei guten, edeln und großen Menschen gewesen zu sein.

Man muß wissen, was Paris für den Franzosen ist, um den Idealismus zu begreifen und zu verehren, der lieber auf das Vaterland verzichtet, ehe er die Luft der Knechtschaft athmen mag. Es ist schön hier am See, sehr schön! Es lebt sich hier gut im Schooße der Freiheit; aber um dieser schönen Gegend, dieser schweizerischen Freiheit froh zu werden, muß man auch in sich frei sein, muß man nicht den Schmerz in der Seele tragen, daß man die Heimath nicht wiedersehen kann, ohne auf die Freiheit zu verzichten. Die trefflichen Menschen leiden schwer unter der Sehnsucht nach dem Vaterlande, und ich glaube, daß ihnen thatsächlich die Möglichkeit der Rückkehr gegeben ist, daß sie nur zu wollen brauchten. Das steigert ihre Leiden; denn es giebt gar viele Fälle, in denen es Wohlthat ist „keine Wahl zu haben", und in denen die Nothwendigkeit eine Gunst ist!

Sechszehnter Brief.
Garibaldi im Hôtel Byron.

Glion, den 9. September 1867.

Wir haben Garibaldi gesehen und gesprochen! —

Seit acht Tagen war hier eben die Rede davon, daß er, auf seinem Wege nach Genf, in Villeneuve von einer Anzahl seiner Verehrer empfangen und nach dem Hôtel Byron begleitet werden sollte, wo man ihm ein Festmahl herzurichten dachte. Sein Eintreffen und das Frühstück waren ursprünglich auf den siebenten angesetzt gewesen, indeß Garibaldi's Ermüdung verzögerte seine Ankunft, das Fest mußte also aufgegeben werden, und wir hatten schon die Hoffnung verloren, diesen größten und menschlichsten der Helden, nicht blos unsers Jahrhunderts, zu sehen, als eine Depesche uns die Kunde brachte, daß Garibaldi am achten mit dem Mittagszuge nach Villeneuve kommen werde, und unser Entschluß, am Morgen hinunter zu fahren, stand damit fest.

Aber ein Gutes kommt nie allein, und grade vorgestern und gestern, wo uns Garibaldi in Aussicht stand, sind uns noch zwei andere, jede in ihrer Art bedeutende, Bekanntschaften zu Theil geworden. Die erste war die des greisen Baron Prokesch Osten, der nach Glion hinaufgekommen war, um eine höchst geistreiche, der östreichischen Aristokratie angehörende Frau, die Baronin

Helene v. G., zu besuchen. Da wir viel mit einander sind, forderte sie uns auf, auch ihren alten Freund kennen zu lernen, und wir hatten ihr dies sehr zu danken, denn Herr von Prokesch ist noch äußerst rüstig; und seine jugendliche Frische neben der ruhigen Behaglichkeit des Greisenalters war eben so originell, wie seine großen dunkeln Augen in dem bräunlichen kräftigen Gesichte, unter dem völlig weißen Haar. Wie alle diejenigen, welche länger im Oriente und unter Orientalen gelebt haben, hängt er mit großer Vorliebe an dem Lande, an dem Volke und an den Sitten und Gebräuchen desselben. Er wollte nichts von jenen europäischen Anschauungen hören, welche die Türkei als den „kranken Mann" zu bezeichnen lieben; er hielt die Türken durchaus für ein lebensfähiges Volk, so lebensfähig „als ein Mensch es bleiben kann, der von habgierigen Feinden eingeschlossen, nicht mehr Herr seiner freien Bewegungen ist, und es weiß, daß ihm der Boden unter seinen Füßen untergraben wird, daß man nur darauf wartet, ihn in die gelegten Fallen stürzen zu sehen, um sich seine Hinterlassenschaft zu theilen Und was nachher?" — Selbst das häusliche Leben der Türken und der Mohamedaner überhaupt, fand in dem schönen Greise seinen Vertheidiger. „Sie hier in Europa sind so gewöhnt, sagte er, nur mit Ihren Maaßstäben zu messen, nur Ihre Zustände als berechtigt anzusehen, daß Sie darüber das Auge und das Urtheil verlieren für Alles, was sich auf andere Weise entwickelt hat. Sie wollen Nichts gelten lassen als die Monogamie! Aber wenn Sie die Sache nicht nach dem offiziellen Scheine, sondern nach der Wahrheit betrachten, wie viel Männer werden Sie in Ihrer

occidental civilisirten christlichen Gesellschaft finden, welche
sich rühmen können, im wahren Sinne des Wortes sich
in der Ehe dieser monogamistischen christlich occidentalen
Ordnung der Gesellschaft unterworfen zu haben? Und,
fügte er lebhaft hinzu, grade die Frauen der Orientalen würden gegen die Aufhebung der Vielweiberei zu
protestiren haben, denn diese beschützt sie, denn diese hält
innerhalb der gesetzlichen bürgerlichen Zustände eine große
Zahl von Frauen aufrecht, welche jetzt im Occident als
outcasts, als Verstoßene, dem Elende, der Schande und
der Verachtung Preis gegeben sind. Aber ich kenne unsere
vornehme Frauenwelt. Sie hat sich groß genährt an den
Ideen von George Sand. Sie wollen Alle geliebt werden,
Sie wollen nicht mehr lieben. Wir Männer sollen die
Sklaven sein, welche lieben, welche sich hingeben, welche
auf den Wink gehorchen. Im Occidente lebt man wie in
der sogenannten verkehrten Welt. Nur die orientalischen
Frauen verstehen es noch, was Liebe und Demuth, was
Hingebung und Selbstverleugnung heißen. Sie — Sie sind
Alle sehr geistreich, sehr gebildet, sehr anziehend — aber
lieben kann nur noch die Frau des Orients." Und nun
fing er an, bald ernsthaft, bald wieder scherzend, uns eine
Reihe von Anekdoten mitzutheilen, deren Heldinnen türkische Frauen waren, die gar nicht reizender erzählt werden
konnten, als er es that. Man hätte ihm nur einen Turban
und einen Kaftan zu geben brauchen, um den prächtigsten
Märchenerzähler vor sich zu haben, wie er da im warmen
Scheine der Abendsonne, zwischen den glühenden und
duftenden Rosenstöcken auf der Terrasse vor uns saß, der
zwar nicht das Quellenrauschen, wohl aber Bulbul's Klänge

fehlten; denn Nachtigallen giebts hier eben und, wie man behauptet, auch im ganzen Waadtlande nicht.

Der Begleiter des Barons mußte ihn endlich daran erinnern, daß der Abend sinke, daß man bis Bevay noch anderthalb Stunden zu fahren habe, und daß es nach dem Sonnenuntergange kühl werde. So schied er denn von Glion! Aber es war wirklich wie ein Hauch und ein Schimmer des Orientes über uns gekommen, des Orients den nicht gesehen zu haben und nicht sehen zu können, mir immer ein schmerzliches Bedauern bleiben wird.

Heute früh hingegen haben wir einen der Männer zum Besuche bei uns oben gehabt, der mitten in der Geistesarbeit, mitten in der sozialen Bewegung des Abendlandes und speciell Deutschlands steht: den tapfern Dr. Friedrich Lange, den geistreichen Verfasser der Geschichte des Materialismus, der Arbeiterfrage u. s. w. — Er sieht mit seiner kräftigen, gedrungenen Gestalt, mit den großen braunen Augen, die unter der mächtigen Stirne schnell und klug und forschend umher sehen, selber wie ein rüstiger Arbeiter aus, wie Einer, dem das Arbeiten an und für sich Befriedigung und Genuß gewährt. Ich glaube, wenn Lessing nicht den Satz ausgesprochen hätte, der das ehrliche unausgesetzte Suchen der Wahrheit über den Besitz der Wahrheit selbst stellt, so hätte Lange ihn denken und aussprechen können. Wie Lessing's Leben ist auch Lange's Leben, der sich jetzt in Winterthur niedergelassen hat, bisher ein bewegtes Wanderleben und ein rastloser Kampf gewesen. Weder an dem Gymnasium, noch an der Universität, an denen er lehren wollen und lehren sollen, hat man einen Mann wie ihn belassen zu können geglaubt, und er ist damit auf eine Lehrthätigkeit durch Bücher hingewiesen werden. Wie groß nun in dieser seine Wirksamkeit auch sein mag, so hat man ihm doch eine seiner Schwingen gebrochen, denn Lange spricht vortrefflich, hat eine außer= ordentliche Klarheit des Wortes und sein belebtes, offenes Auge, aus dem das helle feste Ueberzeugtsein strahlt, übt sicherlich eine große Gewalt über die Menschen aus. Er ging zu einer Arbeiter=Versammlung nach Lausanne und wollte sich von dort zu dem Friedenskongreß nach Genf begeben. So war uns denn nur ein kurzes Beisammen= sein gegönnt, und um so kürzer als wir selber mit zwei uns befreundeten Frauen die Abrede getroffen hatten, nach Villeneuve hinunter zu fahren, um Garibaldi dort an= kommen zu sehen.

Es war ein prachtvoller heller Vormittag, als wir mit Lange zusammen von unserer Höhe hernieder fuhren, und weil man sich getrieben fühlte, in diesen letzten Viertel= stunden von einander noch so viel zu haben und zu er= fahren, als man sich in ihnen gewähren konnte, war die Unterhaltung ernst, zusammenhängend und belebt. Für mich, der es schwer wird, eine philosophische Doktrin in ihrem geschlossenen Gange folgerichtig nachzudenken, schien sich als eines der Ziele, welche Lange vorschwebten, die Er= hebung des Nothwendigen zum Schönen, herauszustellen, und er selber wies uns auf Schiller's „Künstler" hin, als auf eine Dichtung, in welcher eine tiefe philo= sophische Idee eben auch zur Schönheit erhoben und aus= gestaltet sei.

Unten in Montreux, wo die Wege nach Vernex und nach Villeneuve sich trennen, schieden wir von einander.

Vorgestern, an dem Tage, an welchem man eigentlich Garibaldi erwartet hatte, war viel Gehen und Fahren am See gewesen. Heute war Alles ruhig. Unter Weges trafen wir Herren M. L., der uns mit einer neuen Depesche von des Helden Ankunft benachrichtigt hatte, und der ebenfalls mit ein Paar Damen nach dem Bahnhof fuhr. Im Bahnhof von Villeneuve war Alles noch ganz todt und still — man wußte Nichts. Plötzlich kam eine Depesche für Herrn L. — „Garibaldi wird im Hôtel Byron rasten, dort holt das Genfer Comité ihn ab!" — Also nach dem Hôtel Byron zurück, das man vom Bahnhofe zu Wagen in wenigen Minuten erreicht. In der prächtigen Halle des Hôtels kein Mensch zu sehen. Es war Sonntag, war Mittags zwölf Uhr, die Engländer hatten ihren Gottesdienst. Während wir unser Frühstück einnahmen, hörten wir ihre Gesänge aus dem großen Saale. In einem kleinern Zimmer hatte man für Garibaldi und seine Begleiter einen Imbiß vorbereitet.

Wir Frauen blieben in der Halle sitzen, um den Erwarteten im Vorübergehen zu sehen, Stahr war hinausgegangen unter das Portal, als man das Rollen eines Wagens hörte. Wir vermutheten, es sei das Genfer Comité, und der Wirth und seine Leute schickten sich an, dieses zu empfangen. Plötzlich aber entstand eine rasche Bewegung unter dem Dienstpersonal, man öffnete hastig die beiden Flügel der Eingangsthüre; ein paar Männer in Reisekleidern, unverkennbar Italiener, traten schnell herein — und langsam, auf seinen Stock gestützt, folgte ihnen, mit ruhigem Blicke um sich schauend und sichtlich müde, der Mann, der seines Gleichen nicht hat in seiner

Zeit. Ein paar andere Männer, wie er selbst in bürgerlicher Reisetracht, gingen neben und hinter ihm her, aber wie schnell das Alles verhältnißmäßig auch an uns vorübergezogen war, ich hatte doch Zeit gehabt, den Helden zu betrachten.

Ich hatte sein Bildniß, ich weiß nicht wie oft gesehen, ich hatte soviel von ihm durch die mündliche Erzählung von Personen gehört, die ihm nahe gestanden, ich kannte die Formen und Züge seines Gesichtes — und doch rührte mich seine Erscheinung, doch kam es mir vor, als verstehe ich es jetzt erst völlig, was Er sei und in welcher Lage er sich befinde. Garibaldi ist nicht sehr groß, aber er muß eine äußerst kräftige und elastische Gestalt gehabt haben, ehe Leiden und Krankheit und die Verwundung von Aspromonte ihn angegriffen und mitgenommen haben. Sein Haar ist noch bräunlich blond und wenig mit grau gemischt, aber die Jahre haben sein Antlitz stark gefurcht und eine tiefe Schwermuth über seine Stirne gebreitet. Er sieht traurig, recht eigentlich traurig aus, traurig und so erbarmungsvoll wie manche Christusköpfe.

Er hatte einen kleinen grauen Hut auf, und einen weiß und grauen Poncho übergeworfen, der ihm tief herabhing, ohne es zu verbergen, daß Garibaldi's Gang gehemmt ist. Als er leicht grüßend an uns vorüberging, und sein Auge auf uns fiel, war er auch schon vorüber. Es war Niemand dagewesen, ihn zu empfangen — das Genfer-Comité kam erst später an — und allein Stahr hatte dem italienischen Helden beim Eintritte in das Haus, aus vollem Herzen seinen italienischen Segensgruß entgegengebracht. Ihn hatten darauf die Begleiter Garibaldi's, sein Arzt und einer der heldenhaften edeln Brüder Caireli eingeladen, dem General in die für ihn bestimmten Gemächer zu folgen, und dort hatte er ganz unerwartet den Obristlieutenant Gustav Frigyèsi wiedergefunden, den wir ein Jahr vorher in Como kennen gelernt hatten, wo das Offizierkorps der Freischaarenarmee Garibaldi's im Oktober 1866 Behufs ihrer Auflösung zusammengekommen war.

Inzwischen wurde es im Hause lebhaft. Die Engländer und Amerikaner waren mit ihrem Gottesdienste zu Ende und drängten sich nun nach dem Corridor, an welchen die Zimmer des General's gelegen waren; auch aus den obern Stockwerken stiegen die Fremden hinunter, und es währte nicht lange so kam auch die Genfer Deputation mit Festrednern, mit Damen, welche Blumensträuße trugen und mit einem ziemlich großen Gefolge an, das sich auf gut Glück ihr angeschlossen hatte. Die ganze große Halle, die Treppe, die Gallerien waren voll Menschen. Wir auf unserer Bank an der Wand sahen und hörten nicht mehr viel. Da trat plötzlich ein junger schöner Mann in Bürger-Kleidung vor mich hin, reichte mir die Hand, und grüßte mich mit meinem Namen. Ich erkannte ihn nicht: es war der Obristlieutenant Gustav Frigyèsi, der treue beständige Waffengefährte des Generals, einer seiner ausgezeichnetesten Offiziere. Als ich ihn in Como gesehen, hatte er die glänzende Uniform eines Garibaldi'schen Major's getragen, den rothen, festanliegenden Rock mit reicher goldener Zierrath, die blauseidene Schärpe, das rothe Käppi; und obschon man seinem Gange den Reiter anmerkte, war er so leicht einhergeschritten, daß das Wort, welches seine Kameraden damals von ihm sagten: „Der geht in den Kugelregen wie ein Anderer in's Kaffee!"

sehr glaublich geklungen, wenn man in sein festentschlossenes jugendmuthiges Gesicht sah. Jetzt in dem schwarzen Rocke kam er mir ganz fremd vor.

„Haben Sie den General gesehen?" fragte er, nachdem wir uns begrüßt hatten. Ich bejahte es. „Und gesprochen?" — Wie sollte ich das? — Oh! Sie müssen mit zu ihm kommen, ich führe Sie zu ihm, rief er, Ihr Mann ist auch bei ihm! —

Aber ich weigerte mich, ihm zu folgen. Stahr's Name war Garibaldi, wie ich wußte, nicht ein fremder; mit mir war das ein Andres, und er hatte so müde ausgesehen der General, daß mich dünkte, jeder, der ihn bewunderte wie ich, mußte aus Pietät ihm seine Ruhe gönnen. Indeß der Obrist blieb bei seinem Willen — und ich ließ mich endlich gern gegen meine bessere Ueberzeugung von ihm fortführen.

Garibaldi's Reisegefährten hatten sich bei dem Frühstück niedergelassen, er selbst saß mit Stahr im Gespräch auf dem Ecksopha eines kleinen Nebenstübchens. Stahr und Frigyesi stellten mich ihm vor; und wie ich nun neben ihm war, wie er mir die Hand reichte, und ich mir dachte, mit dieser feinen nervigen Hand, die Du jetzt in der Deinen hältst, hat er einem Könige, der ihm dies mit einer Flintenkugel und mit Kerker lohnte, zwei Königreiche geschenkt, und für sich Nichts behalten, Nichts — als die Stätte, auf der er einsam rastet, sein Bewußtsein und die Bewunderung der Welt — da kamen mir die Thränen in die Augen, und von Allem, was mir auf dem Herzen lag, konnte ich Nichts sagen, als die Worte: „haben Sie Dank, daß Sie uns das Beispiel der höchsten menschlichen Selbst-

verleugnung gegeben haben!" — „Ich habe meine Schuldig=
keit gethan!" gab er mir mit einem Händedruck zur Ant=
wort, und obschon sie mich zum Verweilen nöthigten, konnte
ich nicht bleiben. Ich dachte immer, daß er Ruhe nöthig
habe. Und wie ich dann von ihm gegangen war, saß ich
wieder in meinem Winkel mit den beiden Freundinnen,
und es war mir wie Einem, der in die Sonne gesehen hat.

Ich versäumte es darüber, in den großen Saal des
Hauses zu gehen, in dem die Deputation und die Be=
wohner des Gasthofes und alle Andern, die dazu gekommen
waren, seiner harrten, und wo er in einer längeren Aus=
einandersetzung seiner politischen Ansichten die Herzen er=
wärmte. Dann fuhren die Wagen vor. Er und sein ganzes
Gefolge gingen noch einmal an uns vorüber, er erkannte mich
unter den Umstehenden, gab mir mit den Worten: „auf
Wiedersehen in Genf!" noch einmal die Hand, ich sah ihn
den Wagen besteigen und unter den lauten und wieder=
holten Visatrufen der Menge, entschwand er unserm Auge.

So wie ich ihm nachsah, habe ich oft in meiner Jugend
dagesessen, wenn ich das erste Kapitel des Fouqué'schen
Zauberringes gelesen hatte, und wenn der ganze Zug der
gen Osten pilgernden Ritter und Ritterfrauen vor meinem
innern Auge mit glaubensvollem Lied vorübergezogen, und
all die Herrlichkeit nun wieder verschwunden war; und
unwillkürlich kamen die alten Worte jenes mir so lieben
Pilgerliedes mir wieder in den Sinn:

„Man geht durch Nacht in Sonne,
Man geht durch Graus in Wonne,
Durch Tod in Leben ein!"

Möchte sich das an Garibaldi bewahrheiten! Möchte

sein schönes trauriges Auge nicht geschlossen werden, ehe er als Lohn seines kampfreichen Lebens, die Sonne hat leuchten sehen über dem Kapitole des durch ihn befreiten Rom's.

—

Was der General gesprochen zu denen, die im Saale versammelt waren, erfahrt Ihr durch Stahr, der die Erlebnisse dieses Morgens für Euch ausführlicher aufgezeichnet und der auch mehr dabei erlebt hat als ich. — Nach Genf zum Congresse gehen wir aber nicht. Indeß hat Professor Vogt versprochen, meiner Idee wegen der Traktätlein dort zu gedenken, und ich habe ihm eine Probe davon eingesendet, wie ich mir sie wirksam denke. Es sind: „Zehn Artikel wider den Krieg!" — Und damit für heute Lebewohl!

Siebenzehnter Brief.
Montreux und die zu ihm gehörenden Ortschaften.

Montreux, den 12. Oktober 1867.

Wie im Fluge sind die drei Monate in Glion an uns vorüber gegangen, und obschon der Sommer heiß gewesen ist, haben wir auf der luftigen frischen Höhe nur die Annehmlichkeiten der Wärme genossen. Man sagt uns, daß der September und der Oktober oft noch völlig sommerlich in Glion sein sollen; einige Frauen, die den verwichenen Herbst dort zugebracht haben, erzählen, daß sie im Jahre 1866 noch Ende Oktober in dünnen Sommerkleidern im Mondschein auf der Terrasse gesessen hätten, und ich will gern glauben, daß es so warme Herbste hier zu Lande giebt. Dies Jahr aber hat schon Mitte September ein wesentlicher Luftwechsel stattgefunden. Die Morgen waren mehr als nur frisch; man konnte in Glion ohne Kaminfeuer nicht gut in den Stuben ausdauern bis die Mittagssonne heraufkam, die dann allerdings einige sehr schöne Stunden, von eilf bis fünf Uhr brachte, aber dann wurde es wieder kalt, und wie die Leute es in den andern kleinen Pensionen ausgehalten haben, in denen nicht alle Zimmer zu heizen sind, weiß ich nicht. Wir im Rigi Vaudois hatten es in dieser, wie in jeder Beziehung gut. Indeß da wir uns — wider unser Vorhaben und Erwarten — doch genöthigt sind, den ganzen Winter hier am Genfersee zu bleiben, so war es für uns gerathen, zeitig nach Montreux

hinunter zu ziehen, um hier noch einer guten Wohnung
theilhaftig zu werden. Eine gute Wohnung haben wir
nun auch gefunden und uns in derselben am ersten Oktober
bei schönem Wetter recht behaglich einrichten können; aber
schon am dritten ist das Wetter regnerisch und kalt geworden, am vierten war es ganz empfindlich kalt, die Berge
lagen bis tief herunter voll Schnee, am fünften Sturm,
Regen, Schnee, wie ich es in meiner ostpreußischen Heimath um diese Zeit nie schlimmer erlebt habe, und das ist
so fortgegangen bis gestern, wo es heller und heute, wo
es milder geworden ist. Die Segnungen des waadtländischen Winters fangen dadurch an, mir sehr zweifelhaft
zu werden, und wir müssen abwarten, wie das Wetter sich
weiter gestaltet, um danach unsere Entschlüsse zu fassen.
Freilich sagt man uns, ein Oktober-Anfang wie dieser sei
in Montreux seit dem Jahre 1787 nicht vorgekommen, und
einige ständige Wintergäste von Montreux erzählen mir von
den Rosen, die hier am See um Weihnachten blühen sollen.
Da aber bei dem ersten Schneefall in der vorigen Woche,
die Knaben aus allen Häusern mit Handschlitten, mit Pelz-
mützen und mit Fausthandschuhen hervorgekommen sind, so
müssen Schnee und Schlittbahn doch hier nicht zu den
Ungewöhnlichkeiten gehören, denn auf Ausnahmefälle richtet
eine ganze Einwohnerschaft sich nicht leicht ein. Nun —
wir müssen eben zusehen und abwarten!

Da man in dem Wetter nicht an irgend welche weitere
Spaziergänge denken konnte, haben wir unsere Zeit dazu
angewendet, in den Mittagsstunden uns in unserer nächsten
Umgebung umzuschauen, und zuzusehen, wo wir uns denn
eigentlich befinden; und wir sind dabei immer ein paar

Verse aus dem geheimnißvollen Text der Euryanthe eingefallen, in welchem einer der Chöre sich in einem höchst tiefsinnigen und äußerst poetischen Dilemma bewegt. Er singt:

> Man weiß dann nicht am ersten Mai,
> Was Rose und was Mädchen sei!

Darüber pflegten wir andern prosaischen Menschen nun freilich zu allen Jahreszeiten völlig im Klaren zu sein; aber heute am zwölften Oktober des Jahres der Gnade achtzehnhundert sieben und sechzig, habe ich doch auch in tiefsinnigen Zweifeln dagestanden, und es nicht gleich herausfinden können, was eigentlich Montreux, was Verner und was Clarens sei? Denn die drei Ortschaften reihen sich so sanft aneinander, daß man, wenn man sie durchschreitet, keine Grenze wahrnimmt, während wir sie von Glion, aus der Vogelperspektive, sehr gut unterscheiden konnten.

Der westlichste der drei Orte, das liebliche Clarens, dessen Wiesen und Nußbäume, dessen Gärten am Ufer und dessen reizende Villen etwas höchst Anheimelndes haben, liegt auf alt kultivirtem Grund und Boden, denn die Römer haben da schon Ansiedlungen besessen. Oberhalb Clarens auf dem Wege nach dem Dorfe Tavel, hat man z. B. in Mitten alten Gemäuers einst einen gut erhaltenen kleinen Merkur von Bronze und verschiedene römische Münzen ausgegraben, und achtzehnhundertundvier ist in einem Weingarten von Clarens, unter einem Steinblock, eine kleine versilberte Kupfervase aufgefunden worden, die auch römische Silbermünzen enthalten hat. Im Mittelalter gehörte dieser Theil des Landes den Herren des oberhalb Clarens gelegenen Schlosses Chatelard. Einer derselben, Girard d'Oron, setzte in Clarens seinen Mayer nieder, den Beamten, der in seinem Namen

Recht sprach. Es war, wie es in den alten Dokumenten heißt, ein gewisser Petrad, des seligen Rudolph Sohn; und von diesem ersten „Mayor" von Clarens, leitet Alles, was hier herum Mayor heißt, und der Name ist sehr verbreitet, seinen Ursprung ab.

Von mittelalterlichen Baulichkeiten ist jedoch in Clarens jetzt nicht mehr viel zu finden. Auf dem Wege, der vom See durch das reinliche und freundliche Dorf nach der Eisenbahn hinaufführt, sieht man wohl ein paar alte Wände, die trotz ihrer reinlichen Abputzung und bürgerlichen Sauberkeit doch noch etwas Feudales, wie alte Umwallungs- oder Thurmmauern in sich zu verstecken scheinen, aber sie umschließen keine Kerker und keine Gefangenen mehr, sondern nur Scheunen und Ställe; und in dem einen Hause, das auch solch ein Stück altes Mauerwesen in sich birgt, stand der Hausherr heute, ein wahres Bild des Friedens, in breiter Gemächlichkeit auf der Schwelle, den Rücken gegen die Thürbrüstung gelehnt, seine Zeitung lesend, während er seine Pfeife rauchte.

Vernex, das sich an Clarens anschließt und hinter dem großen Hôtel du Cygne anfängt, ist ganz in neuer Zeit entstanden. Es ist, wenn man will, städtischer als Clarens, städtischer und gewerbtreibender. Clarens hat Wiesen, Meiereien, schöne Bäume, ein eigentliches Dorf mit Landwirthschaft; Vernex hat von dem Allen Nichts. Sein einer Theil zieht sich vom Schwan am Wasser bis zur Mündung der Bay de Montreux hin, der andre liegt höher an der Straße von Clarens nach Montreux. Von den ersten Häusern von Clarens bis zu den ersten von Vernex geht man etwa zwanzig Minuten. Vom Bahnhofe von Clarens bis zu dem von Verner-Montreux fährt man auf der Bahn nur drei Minuten; und ebenso sind die nächsten Stationen von Montreux nach Chillon-Veytau, und die von Veytau nach Villeneuve gleichfalls nur drei bis vier Minuten von einander entfernt.

Unser alter Freund, der Maler Hornung aus Genf, sagte mir, daß als er vor etwa dreißig Jahren, zum erstenmale nach Montreux gekommen sei, von dem ganzen Verner noch Nichts zu sehen gewesen wäre, als oben ein paar geringe Häuser hoch über der jetzigen Straße, und ein paar elende Fischerhütten am See, wie deren noch eine auf der kleinen Landzunge sehr malerisch gelegen ist. Jetzt hat Verner eine Post und ein Telegraphenbüreau — in denen freilich eine wahrhaft mittelalterliche Unordnung und Unzuverlässigkeit herrschen — eine Eisenbahnstation, einen Landungsplatz für die Dampfboote, eine Apotheke unten am Wasser, einen Gasthof der Eisenbahn gegenüber; eine Anstalt, die Klaviere und Noten vermiethet; ein Filial der Wedel'schen Leihbibliothek von Lausanne, eine photographische Anstalt, der ein früherer Karlist, ein ehemaliger Grand von Spanien, ein Herzog von Armero, vorsteht; eine Anzahl kleiner Magazine, in denen man sich mit allem Nöthigen und mit vielem Unnöthigen versehen kann, und unter diesen Magazinen ist der sogenannte „Bazar" von Madame Faber immer ein Gegenstand meines besonderen Vergnügens, seit ich ihn von Glion aus zuerst besuchte.

Monsieur Faber war, wie man mir erzählt hat, früher seines Zeichens ein Briefträger, der aus irgend einem Grunde seinen Abschied genommen hat. Madame Faber aber war eine rüstige und gescheidte Frau — sie ist Beides

auch noch heute — und sie war es, die auf den Gedanken
kam, einen Laden anzulegen. Man fing die Sache klein
an, sie sieht auch noch nicht prächtig aus. Es ist ein
niedriger, durchaus nicht großer Raum, in dem Hause
dicht neben dem kleinen Postbüreau. Der Laden hat ein
paar breite Schaufenster, die eine reinliche Markise beschattet, und vor denen eine schöne grüngestrichene Bank
befindlich ist. Von Commis, von eleganten Verkäuferinnen
ist hier keine Rede. Madame Faber, mit dem eng an-
liegenden dunkeln Kattun-Anzuge der waadtländischen Land-
frauen und mit der schwarzen Tellermütze von Taffet, von
der die schwere Tüllspitze locker um das Gesicht fällt, ist
die Seele des Geschäftes; eine andere, etwas hinkende,
ältere Person, ebenfalls in Landestracht, ist ihre Gehilfin,
und meine junge, sehr gescheidte Freundin, die fünfzehn-
jährige Louise, ist der Lehrling, der sich ganz vortrefflich
anläßt und überall Bescheid weiß. Nur in einzelnen seltenen Momenten wird Mr. Faber sichtbar, wenn er
wie die Gestalt Napoleon's in Holtey's „altem Feldherrn"
im Hintergrunde über die Bühne schreitet, aber ich
glaube, Monsieur zählt nicht eben für viel in diesem
Handlungshause.

Was mich an diesem Magazine interessirt, ist seine
Vielseitigkeit, sein Reichthum in der Enge, seine Ausgiebig-
keit bei unscheinbarster Gestalt. Es kommt mir immer
vor wie die Tasche des Unbekannten in Chamisso's Peter
Schlemihl, aus der Alles und Jedes hervorgeholt wird.

Haben Sie schwarzes Seidenzeug? — Du Taffetas?
ou du Grenadin? fragt Madame Faber. — Ein Paket
Stearinlichte! — Louise! des bougies! ruft sie der Kleinen

zu. — Zeigen Sie mir Reisedecken! — En quelle couleur, Madame? — Ich möchte eine englische Theekanne! — De combien de tasses, Madame? — Haben Sie Papier zum Trocknen von Pflanzen und Käfernadeln? — Mais assurement, Monsieur! — oder wie sie hier in der Regel provinzial zu sagen pflegen: parfaitement, Monsieur! — Fordern Sie englische Kravatten oder Bindfaden und Stricke, Regenschirme oder Arbeitstaschen — fordern Sie Cold cream oder Thran — feine Weine oder Stiefelwichse — Tüllstickereien oder Fußkratzen — Porzellan-Service, Photographien, Wollstickereien, Zündlichte — Apfelsinen oder eiserne Schrauben — fordern Sie, was Sie wollen — on ira vous le chercher! Und wenn Sie — wie jener Spanier, der bei dem Besuch eines großen Pariser Magazines das Wort Falbalas erfand, um einem Pariser zu beweisen, daß in Paris doch nicht Alles zu haben sei — von Madame Faber einen „Carabillion" begehren würden, so würde auch sie, wie jene Verkäuferin, die dem Spanier ohne Weiteres eine Kleidergarnirung vorlegte, die davon den Namen Falbalas behalten hat, irgend eine Kravatte oder eine Spielerei aus irgend einer Ecke ihres Bazars hervorholen, und es Ihnen mit einem freundlich fragenden: C'est ça? so zuversichtlich hinreichen, daß Sie — glauben würden, eben das gefordert zu haben, und mit Ihrem Carabillion beruhigt nach Hause gehen würden, gleichviel ob es eine vorgasfluthliche Lichtscheere oder eine der neuerfundenen Einfädelmaschinen wäre, die zu benutzen man geschickt sein und gute Augen haben muß.

Oben in dem engen Sackgäßchen aber, das den Bazar von dem Postbüreau trennt, hat Madame Faber nun neuerdings einen wirklich sehr eleganten Laden von Parp- und Lederarbeiten und ähnlichen Luxusgegenständen er- öffnet. Dem steht ihr Sohn vor, ein junger Mann, der außer seiner Muttersprache schon deutsch und ich glaube selbst englisch spricht, und es sollte mich gar nicht wundern, wenn das Haus Faber zu einem Hause von Bedeutung in die Höhe wachsen würde.

Auch eine Delikatessen-Handlung, eine Modewaaren- Handlung, Stiefel- und Schuhmagazine, zwei Laden mit Holzschnitzereien, eine Maison de Confections de toilettes, ein paar Putzmacherinnen und Schneiderinnen, Weiß- stickereien u. s. w. fehlen nicht, und — wie gesagt, Verner bietet vernünftigen Ansprüchen in dieser Beziehung, was man von einem Dorfe nur irgend wie erwarten kann.

Montreux, das eben mit oder gleich nach der vor- trefflichen Apotheke von Mr. Mellet anfängt, ist im Gegen- satz zu Verner ein sehr alter Ort, und wird ein gut Theil Umgestaltungen nöthig haben, um sich seiner jetzigen Würde als modischer Kurort auch nur einigermaßen anzupassen.

Man braucht, von Verner kommend, auch nur nach Montreux hinzublicken, um zu sehen, daß dies Letztere nicht von gestern ist. Die Dächer der zunächst am Fuße der Höhe lehnenden Häuser haben mit ihren sie überragen- den Spitzen und kleinen Thürmen, noch etwas von dem Charakter der „festen Häuser", und die schöne kleine Kirche am Fuße des Rigi Vaudois spricht es in dem feinen Thurme deutlich aus, welcher frühen Zeit sie ihre Ent- stehung zu verdanken hat.

Montreux gehörte einst mit seiner ganzen Umgebung den Herren von Oron, und den Thurm ihres einstigen

burgartigen Sitzes, der jetzt in ein zwischen den beiden
Pensionen Bautier gelegenes Wohnhaus hineingezogen oder
mit diesem Hause umbaut worden ist, hält man für das
älteste Gebäude des Ortes.

Nach den Untersuchungen eines schweizer Geschichts-
forschers soll er noch älter als selbst der große Mittelthurm
von Chillon, und wie dieser ein Wartthurm, wer weiß
es welchen Völkerstammes, gewesen sein. Die Wahrheit
dieser Thatsache kann ich weder beweisen, noch will ich sie
in Zweifel ziehen. Daß die Wände des Thurmes ungewöhnlich dick sind, daß sein Portal sehr alt ist, habe ich
aber selbst gesehen, denn das Haus, dessen Treppen sich in
dem Thurme hinziehen, gehört dem greisen Arzte, Dokter
Buenzod, dessen Sohn — beiläufig gesagt — ebenfalls ein Arzt
ist und sich uns und vielen unserer Bekannten als ein sorg-
samer und verständiger, auf deutschen und heimischen Universitäten gebildeter Mann, sehr vortheilhaft bewährt hat.

Der alte Sitz der Seigneurs d'Oron hat aber im
Mittelalter doch nicht ausgereicht, die umwohnenden Hörigen
und die Bürger und Landleute vor den Ueberfällen der
feindlichen Nachbarn zu beschützen, und eben deshalb hatten
die Herren von Oron, nach einem Uebereinkommen mit
dem damaligen Landesherrn, dem Grafen von Savoyen,
es übernommen, ein festes Schloß in der Herrschaft Châtelard zu bauen, deren Namen es erhielt. Für die Dienste,
welche die Bewohner von Montreux, froh endlich einen
sichern Zufluchtsort zu bekommen, den Herren von Oron
freiwillig bei dem Schloßbau leisteten — und Männer
und Frauen gingen abwechselnd Tag für Tag an's Werk —
verliehen die Herren von Oron ihnen dazumal die ersten

Freiheiten. Die Montreuxer gewannen das Recht, sich für die Verwaltung ihrer Kommunal-Angelegenheiten selber drei Syndici zu wählen, und später kauften sie von Gérard von Oron sich mit dreihundert Livres ein für allemal von der Verpflichtung frei, ihrem Herrn Steuern zu bezahlen, wenn er oder einer seiner Söhne zum Ritter geschlagen wurde, wenn die älteste Tochter des Hauses sich verehelichte oder wenn das Oberhaupt des Stammes „über das Meer hinauszog!" — Es waren das die Prinzen-Apanagen, die Prinzessinnensteuer und die Kriegssteuern in Miniatur, von denen man sich befreite.

Indeß nicht allein der Thurm des Buenzob'schen Hauses ist so alt, es sind auch unter den gewöhnlichen Wohnhäusern einige, die sich ihres Alters rühmen können. In dem engsten Theile der Straße, welche von dem einen freien Platze zu dem andern, oder wenn man will, von dem einen Röhrbrunnen zu dem andern führt, haben wir an kleinen, reinlich gehaltenen und neugetünchten Häusern die Jahreszahlen 1576, 1585 und 1648 gesehen, und an dem stark herniedersteigenden Wege, der von dem Röhrbrunnen nach der Pension Moser hinabführt, fanden wir über einer Thüre die Jahreszahl 1615.

Was Montreux so malerisch macht, ist seine Lage hoch oben auf den beiden baumreichen Felsenufern, durch welche die Baie sich ihren Weg zum See gesucht hat. Ein schön geschwungener Brückenbogen spannt sich wohlgemauert und gefügt über die tiefe, tiefe Kluft. Hinter der Brücke steigen die gelblich braunen Felsgeschichte des Rigi Vaudois in zackigem Gelüft hinauf. Die Baie stürzt schäumend an ihnen hinunter und vorüber, und niemals noch sind wir über die Brücke gegangen, ohne stehen zu bleiben und hinab zu sehen in das Brausen und Wogen der weißlich grünen, schaumgekrönten Wassermassen, die so pfeilschnell zu Thale schießen, als könnten sie nirgend Ruhe finden als in der sanften blauen Fluth des See's.

Es ist ein sehr malerischer Punkt oder, wenn er vielleicht das nicht wäre, ist es ein immer wieder fesselnder und überraschender Anblick. Das Durcheinander von alten und neuen Häusern, von Schuppen und Hütten, das man an den beiden Abhängen der Felsen, nach dem See zu, zwischen den Gärten und Bäumen und Wiesen überall vor Augen hat, diese völlige Unregelmäßigkeit, der doch nirgend die Spur der ordnenden Menschenhand fehlt, welche das Einzelne geschaffen hat; das wilde, dem Geschaffenen Zerstörung drohende Montreux-Wasser, der weite See und drüben die ganze lange Reihe der schneebedeckten Bergriesen von der Aiguille d'Argentiere, die noch zur Montblanckette gehört, und die hinter der Dent du Midi in dem Rhonethale sichtbar wird, bis zu den Rochers de Mémise und den Felsen von Meillerie — alle Tage kann man's sehen und immer mehr und mehr bewundern.

Ein anderer Punkt, der mich in Montreux, so oft ich ihn betreten, festhielt, ist der Platz oben an dem ersten Röhrbrunnen in dem Orte. Ein paar der größten und schönsten Häuser liegen, sich breit hinstreckend, wie ein freier Mann, der sich's wohl sein läßt auf seinem Grund und Boden, zur Linken der Straße. Die behagliche Rampe, das weit über den drei Stockwerken vorspringende giebelartig geschwungene Dach, das das Haus noch über seine Grenze hinaus beschützen will, haben Etwas, das zum Eintritt ladet. Man denkt, da müsse der Gast, da müsse der Wanderer willkommen sein. Zur Seite dieses Hauses steigt eine Straße in die Enge auf, die Häuser rücken da zusammen, oben ist die Straße abgeschlossen durch ein hohes Haus. Aber von all den Treppen und aus all den Häusern und Höfen kommen gegen den Abend hin, die Menschen und die Thiere zu dem Brunnen heran. Da stehen die Frauen in ihren schwarzen Hauben, die an einem der Brunnenbecken waschen; da stehen und lachen die jungen Mädchen, welche ihre Gemüse gleich am Brunnen putzen. Da kommt der rüstige Bursche mit seinen vom Bergweg müden Gäulen herunter, und aus dem Hause in der engen Straße, sieht von der hölzernen Laube, deren ganze Wandung mit hellleuchtendem gelbem Mais behängt ist, die alte scharfblickende Waadtländerin hernieder nach dem Manne, der die drei schönen schweren Kühe mit den breiten Stirnen die steile Straße zu der Tränke hinabführt. Der Hund will, wenn Alles sich erfrischen geht, auch nicht dahinten bleiben. Eiligen Schrittes ist er Allen bald voraus, und es kennen ihn auch Alle. Niemand widersetzt sich, wenn er sich an den Brunnen drängt; nicht die Mägde, nicht die Knechte scheuchen ihn von dannen, wenn er hoch auf den starken Hinterfüßen aufgerichtet, die heiße Zunge trinkend in dem Brunnen kühlt, und selbst die Kühe heben kaum die großen Augen nach ihm auf, so gut ist Alles hier mit einander bekannt, so guter Frieden waltet zwischen Allem was hier lebt. Sogar die Tauben und die Schwalben und die Dohlen, die bald hoch, bald niedrig, bald in engen, bald in weiten Zügen diesen kleinen Platz umkreisen, sind wie eingeheimst in diese Welt. Und dazu funkeln die feuerrothen blühenden Granaten in dem Garten, der an der andern Seite der Straße sich in Terrassen niederzieht, von denen der Schnee wieder weggeschmolzen ist. Dazu blühen die rothen und weißen Rosen, dazu schimmern an den niedrig gehaltenen Spalieren die Trauben im letzten Schein der Abendsonne — der Abendsonne, deren Sinken uns nicht des Lichts beraubt, denn schon steigt es empor an den weißen Spitzen der Berca de Chambarn, und die prachtvolle Kuppel des Mont Grammont und der Dent Doche schimmern, als fiele der Wiederschein der hier nicht sichtbaren in Purpur glühenden Dent du Midi auf sie zurück — heute wie gestern — und immer neu — und immer ein überwältigendes Schauspiel.

Nun raffen die Frauen ihre Leintücher zusammen, nun schwenken die Mägde noch einmal ihre Kübel aus, die Arbeit ist gethan. Der Knecht schnalzt mit der Zunge, die Pferde folgen seinem Zeichen, sie wenden sich zum Gehen. Auch die Kühe heben die schönen Köpfe von der frischen, aus der Bergeshöhe niederströmenden Fluth empor, und langsam schreitend, daß die Glocken sanft erklingen, während den Thieren noch das Wasser von den breiten, satten Mäulern niederträuft, geht jedes den wohlbekannten Weg, der wohlbekannten Stätte zu — und die Sonne ist hinter dem Jura niedergesunken, und es ist wieder ein Tag zu Ende auf der schönen Erde, in der Welt, der kleinen Welt, die wir jetzt die unsre nennen.

Den 21. Oktober.

Wenn ich hier umhergehe und sehe, wie jeder dieser kleinen Orte seine Apotheke und seine Leihbibliothek, seine

Handwerker aller Arten hat, und wie man sich hier so gut einrichten und mit allem Nöthigen versehen kann, und ich denke dann an die fast dicht vor den Thoren von Rom gelegenen Städtchen zurück, in denen Römer und Fremde von allen Nationen ihre Villegiatur zu halten pflegen, an: Albano, Arriccia, Genzano, an Castel Gandolfo und Frascati — so mache ich meine Betrachtungen über den Unterschied zwischen Freiheit und Knechtschaft, zwischen Selbstregierung und Absolutismus billigen Kaufes.

In Arriccia war kein Gasthof mehr zu finden, als wir im Frühjahr sechsundsechszig dort gewesen sind. Alles, aber Alles war seit zwanzig Jahren dort zurückgekommen. Die Brunnen auf dem Platze waren versiegt, die Wasserleitung war zerbrochen und Niemand da, der das Geld zu ihrer Herstellung hätte liefern mögen. — Die Häuser waren verfallen, das Gras wuchs in den Straßen, und selbst das Kaffee, dieser Zufluchtsort des italienischen Volkes, war so heruntergekommen, so höhlenartig und schmutzig, daß es uns, obschon die sieben Monate in Rom uns in diesem Betrachte nicht verwöhnt hatten, anwiderte und wir nicht einzutreten im Stande waren. Junge starke Bursche und kräftige Mädchen lungerten, ohne Etwas zu arbeiten, und es war kein Sonntag, kein Feiertag, auf den Straßen, vor den Thüren herum. — Es war traurig anzusehen.

Hier ist das Volk in hohem Grade arbeitsam, Männer so wie Frauen. Ich habe das seit den fünf Monaten, die wir nun am See sind, überall gefunden, und dabei sind sie verhältnißmäßig sehr gut unterrichtet, aufgeklärt und leselustig. Wo man einen Menschen in der Feierstunde vor seiner Thüre sitzen sieht, liest er gewiß die

Zeitung. Ein hier seit Jahren lebender Fremder, erzählte mir, daß allein hier in Montreux und Vernex, welche zusammen ein paar tausend Einwohner zählen, dreihundert Zeitungen von den Einwohnern gehalten werden; und allerdings haben diese freien Bürger ein ganz anderes Interesse daran zu erfahren, was sich in ihrem Lande und in der Welt zuträgt, denn Jeder von ihnen hat in jedem besonderen Falle über das, was in seines Vaterlandes Angelegenheiten zu geschehen hat, seine Meinung in die Waagschale zu legen; und weil er das weiß, hat hier ein Jeder, auch der Dienende und Unbemittelte eine gewisse selbstherrliche Haltung, die mir immerfort sehr wohlthuend entgegentritt.

Die dreihundert Jahre seit der Kirchenreformation, haben hier in diesem freien Lande, eine große Kultur in dem Volke erzeugt, und was Calvin's, in Bezug auf die Volksschulen musterhaftes Regiment, in dieser Beziehung für die ganze Schweiz gewirkt hat, ist nicht hoch genug anzuschlagen. Wenn ich hier Sonntags ein paar Dienstmädchen, ein paar Bürgertöchter oder oft auch kleine Schulmädchen auf den Schwellen der Hausthüren bei einander sitzen und einander vorlesen höre, so denke ich auch wieder an das arme Volk im Kirchenstaate zurück, für das Lesen und Schreiben zum großen Theile noch geheimnißvolle Gaben sind, deren sie nicht theilhaftig werden, da der Himmel es nicht angemessen findet, sie an einem neuen Pfingsttage mit diesen wundersamen Künsten zu begnadigen.

Wenn wir in Florenz, und vollends mit freisinnigen Römern von Politik zu sprechen pflegten, und sie dann immer mit ihrem zuversichtlichen: è vero, l'Italia ha ancor da fare molto! ma l'Italia fara da sè! (Italien hat allerdings noch viel zu thun") dazwischen fuhren, wobei sie an irgend welche große politische Umgestaltungen dachten, konnte ich es selten unterlassen, ein bescheidenes „vor allen Dingen lesen und schreiben zu lernen!" hinzuzufügen. Hier im Waadtland kann Jeder lesen, schreiben und rechnen, und mehr als das. Was mich aber vollends auf das Angenehmste berührt, das ist die Bildung der weiblichen Dienstboten aus den französischen sowohl als aus den deutschen Kantonen.

Ich bin nicht lange genug im Lande, um abschließend über sie urtheilen zu können, aber sowohl in Genf, wie in Glion und hier in unserm Hause, waren wir von jungen Frauenzimmern bedient, theils von deutschen, theils von französischen Schweizerinnen, deren Bildungsgrad denjenigen unserer weiblichen Dienerinnen bedeutend übersteigt. Ich meine damit nicht allein, daß sie*) wesentlich besser unterrichtet waren, als die unsern, sie hatten auch eine viel klarere Einsicht über das, was sie wollten und was ihnen frommte. Jede von ihnen hatte einen Plan für ihre Zukunft, der nicht allein darauf hinauslief, einen Mann zu bekommen, welcher sie ernähren sollte; aber allerdings werden ihre Dienste hier auch doppelt so hoch bezahlt als bei uns, und sie haben also eher Aussicht Etwas vor sich zu bringen und zu einer eigenen Selbstständigkeit zu gelangen, als die dienenden Frauen bei uns.

---

*) Spätere Anmerkung. Ich habe im Laufe eines Jahres in den verschiedenen Häusern fünf solcher dienenden Mädchen kennen lernen.

Unter diesen fünf Mädchen waren drei Französinnen, zwei Deutsche, und diese Letzteren waren den Ersteren noch bedeutend überlegen. Eine dieser deutschen Schweizerinnen, die uns durch sechs Monate bedient hat, konnte grabezu für ein Muster ihres Standes gelten. Sie war die Tochter eines Schulmeisters aus Burgdorf im Canton Bern und diente seit etwa zehn Jahren in verschiedenen Stellen. Ihre Arbeitsamkeit, ihre Unverdrossenheit, und namentlich ihr gutmüthiger Wunsch, es „den Leuten recht zu machen" waren sich immer gleich. Dabei blieb ihr Sinn bei den schwersten Arbeiten, in einem unruhigen Hause, immer ruhig, immer frei. Einmal, bald nachdem wir in's Haus gekommen waren, hatte sie eine Gedichtsammlung bei uns gefunden, die man uns zugesendet hatte. Sie bat um die Erlaubniß, sie dann und wann, wenn sie Abends nicht gar zu müde sei, mit sich nehmen zu dürfen, und wir machten uns das Vergnügen, sie ihr gleich zu schenken. Darüber hatte sie eine große Freude. „Nun kann ich diese schönen Gedichte doch allmählich auswendig lernen! sagte sie. Es thut einem Menschen gar zu gut, wenn er so alle Tage bei der gleichen Arbeit ist und seine Sorgen hat, daß Einem dazwischen einmal solch' ein Gedanke einfällt, der Einem ein Trost und eine Ermuthigung ist, und daß man sich an solch' einem Schönen erfreut!" — Ich habe die Worte grade nachgeschrieben, wie sie sie uns sagte. Ihr feines Empfinden, ihre richtige Urtheilskraft, ihr Tact gegenüber den verschiedenen Personen, die sie zu bedienen hatte, blieben sich immer gleich; und wenn ich sie mit einer guten Anzahl der Frauen verglich, welche ihre Dienste zu fordern hatten, ist mir manch liebes Mal das

Wort Figaro's im Barbier de Seville von Beaumarchais eingefallen: „aux vertus qu'on exige dans un domestique, Votre Excellence connaît-elle beaucoup de maîtres qui fussent digne d'être valet?" —

Eines Tages, als wir schon gute Bekannte und Freunde geworden waren, sprach Lina uns den Wunsch aus, den Dienst in einer Pension wo möglich mit dem meist viel leichteren Dienste in einem Privathause zu vertauschen; und wenn es anginge eine Stelle zu finden, in der sie und ihr Bräutigam, ein gelernter Kunstgärtner, zusammen als Ehelente eintreten könnten. Sie holte, um uns zu beweisen, daß sie einer Empfehlung werth sei, ihr Attestbuch herbei, es waren ihr darin von einer bürgerlichen Familie und von einer deutschen, am Thunersee begüterten Fürstin, denen sie gedient hatte, die besten, ehrenvollsten Zeugnisse ausgestellt, und jedes dieser Zeugnisse begann mit den Worten: die Bürgerin Lina M.... hat in meinem Hause so und so lange als Hausmädchen u. s. w. gelebt. — Das klang anders als jenes bei uns in den Dienstbüchern von der Polizei beliebte „die unverehlichte Marie u. s. w."

Der ganze Unterschied zwischen dem monarchischen Polizeistaat und der Republik klang mir aus den Zeugnissen eines armen Mädchens entgegen. Es ist ein ungeheurer Unterschied, ob der Arme, der seine persönlichen Dienste vermiethet, es von Kindheit und Jugend an vor Augen hat, daß weder Armuth noch verhältnißmäßige Unwissenheit, noch die Art seiner Arbeit, so fern er sich nicht entehrt und so fern er seine Pflicht thut, ihn jemals des Rechtes berauben können, das der Reichste und Gebildetste als seine Ehre ansieht, des Rechtes, der Bürger eines freien Landes zu sein; oder ob er von Jugend auf die Erfahrung zu machen hat, daß seine Armuth und der daraus erwachsende verhältnißmäßge Bildungsmangel ihn ohne Weiteres zu einem Gegenstande des Mißtrauens für die Behörde machen, welche für ihn der Vertreter der Regierung ist. Es ist eine Erhebung für jedes mit Vernunft begabte Wesen, sich sagen zu können, die Regierung des Landes, die sich aus meines Gleichen zusammensetzt, beschützt mich; es ist ein demüthigendes und entsittlichendes Gefühl, sich sagen zu müssen, die Behörde, welche über mich Gewalt hat, überwacht mich. Denn unter einer mißtrauischen polizeilichen Aufsicht steht in den alten kontinentalen Monarchien auch der angesehne Mann; und ich habe hier in der Schweiz oft begreifen lernen, was Heinrich Simon meinte, wenn er ungeachtet seiner tiefen Liebe für sein Vaterland Preußen, in den langen Jahren seines Exils oft seufzend zu sagen pflegte: „ich fürchte, ich würde zu Hause nicht mehr leben können!"

Achtzehnter Brief.
Die Waadtländer und der Weinbau.

Montreux, Anfang November 1867.

In der Welt draußen muß es ein paar Tage gestürmt haben. Hier bei uns in unserer stillen Ecke merkten wir es daran, daß der See so hohe Wellen schlug und sie mit lautem Schalle an das Ufer warf. Die Luft war trübe, der Himmel bewölkt und die Möwen, deren es hier eine große Anzahl giebt, schossen kreischend in unruhigem Fluge über dem Wasser hin und flogen leuchtend und wie vom Winde getrieben, durch die Luft. Sie sahen noch viel glänzender als gewöhnlich aus, wenn sie an den dunkeln Bergwänden vorüber jagten, und dann, mit einer plötzlichen, scharfeckigen Bewegung ihren Flug umbrachen, und sich hinabsenkten in den See. Die vielen Möwen und die Silbertaucher, aus deren Gefieder elegante Kragen und Muffen für Frauen gemacht werden, geben dem See ein eigenes Leben. Vier, fünf, sechs solcher Vögel habe ich oft an ruhigen Mittagen nebeneinander auf dem Wasser sitzen und sich bei leiser sanfter Bewegung im Sonnenscheine schaukeln sehen.

Heute ist die Luft wie im Frühling mild; dafür ist denn auch auf den Höhen die schöne Blüthe des Nieswurz in diesen warmen Stunden über dem Schnee erblüht. An allen Abhängen der Höhen haben sich ihre dunkelgrünen, der Fächerpalme ähnlich gestalteten Blätter kräftig entfaltet, und in ihrer Mitte steigt nun der hellgrüne saftige Stengel mit der schöngeformten, weißlichgrünen Blüthe, wie der Jahreszeit zum Trotze, ganz vergnügt empor; und man genießt es mit jeder solchen neu hervorbrechenden Pflanze wieder, daß man im Freien und nicht in den einbannenden Mauern der Städte, daß man nicht im Norden lebt, wo der Schnee sich für Monate und Monate, alles Leben bedeckend, über den Boden lagert.

Die ganze Zeit her hat es doch immer ein oder das andere Blümchen, ein oder die andere schöne Flechte, ein oder das andere frische Grün gegeben, das man mit nach Hause nehmen und an dem man sich erfreuen konnte. Bis vor Kurzem blühte der Laurus noch überall und die Monatsrose hing oft hoch oben zwischen den Zweigen irgend eines Taxusstrauchs hernieder. Noch vor vierzehn Tagen, ehe der starke Frost eintrat, fanden wir Maaslieb, Kampanula, Ringelblumen und rothen Klee auf allen Matten: dann, als es schon gefroren hatte, hielten sich die grünen Blätterkronen der Wolfsmilch noch ganz kraus und keck auf ihren rothbraunen Stengeln an dem Rand der Bergwässerchen, und wir nahmen alle paar Tage einige frische Pflanzen davon nach Hause, um unserm Blumenkorb damit zu Hilfe zu kommen, der uns am Fenster den heimischen Blumentisch ersetzt.

Dieser Blumenkorb ist nun freilich das einfachste Ding von der Welt. Ein Korb, in welchem man uns einmal Trauben brachte — eine tüchtige Lage Sand, ein Theil fest aneinander gedrückten Mooses, bilden seine Unterlage, und nun haben wir, was wir finden konnten, an einzelnen grünen Reisern, Laurus und Taxus, Lärchen und Lerbeeren, Stechpalmen und Mahonien, Hagebutten mit ihren rothen reifen Früchten, und die schwarzen Beerendolden des Ephen, und Wolfsmilch und Ringelblumen, nebeneinander hineingesteckt, bis es einen ganz lustigen Anblick gegeben hat, den wir uns immer wieder bereiten können, und mit dem wir unser Stillleben erheitern, das einen täglich wachsenden Reiz für uns gewinnt.

Alle Tage von zwölf bis zwei Uhr gehen wir spazieren, und wenn man sonst nur Anlage dazu hat, kann man hier so gut flaniren wie in Paris oder in London. Wir stehen hier auch bisweilen wirklich eben so andächtig vor den Ladenfenstern dieser kleinen Ortschaften stille, wie vor den Kunsthandlungen und Magazinen in den großen Städten, und machen hier unsere Betrachtungen so gut wie dort. Bei unserm Herumschlendern haben wir übrigens bemerkt, daß die Handwerker hier zu einem großen Theile Deutsche sind, oder doch aus den deutschen Kantonen stammen. Die Schneider, Schuhmacher, Sattler, Klempner, Kürschner u. s. w. sind fast durchweg Deutsche oder Deutsch-Schweizer; die Maurer, die Steinsprenger, und die bei den Wegebauten beschäftigten Leute, haben wir hingegen meist italienisch sprechen hören, und auf unsere Anfragen erfahren, daß sie nicht aus den schweizerisch-italienischen Kantonen, sondern wirklich aus dem regno, wie sie auch hier das geeinigte Italien gleich den Römern kurzweg nannten, herübergekommen wären. Sie klagten dabei, daß Handel und Gewerbe im Königreiche sehr darniederlägen und fürchteten Nichts so sehr als einen neuen Krieg.

Von dem sogenannten natürlichen und doch so unnatürlichen Racenhasse, an den die Kriegsfreunde und

Kriegsherren die Menschheit gern noch glauben machen möchten, habe ich übrigens hier in der Schweiz, wo Deutsche, Franzosen und Italiener, in einem Staatsverbande auf engstem Raume zusammen wohnen, noch keine Anzeichen gefunden. Sie leben im Gegentheil in den Beziehungen, welche sie selbst in Freiheit festgestellt haben, sehr friedlich neben einander, denn es ist Niemand vorhanden, der seinen Vortheil darin findet, sie gegen einander zu hetzen, wie die Corpsburschen es auf den deutschen Universitäten mit ihren Doggen thun.

Die Vielsprachigkeit des Landes hat vielmehr für die allgemeine Erziehung des Volkes etwas sehr Förderſames. Nicht nur, daß begüterte Eltern ihre Söhne in die sprachlich fremde Provinz senden, um ihnen mit der Kenntniß verschiedener Sprachen eine größere und freiere Erwerbsfähigkeit zu geben; auch die Unbemittelten suchen ihren Kindern den gleichen Vortheil zuzuwenden, den Töchtern ebensowohl als den Söhnen, und man thut sehr wohl daran. Aber man stößt die jungen Frauenzimmer dabei nicht wie es bei uns in diesen Ständen geschieht, auf gut Glück in die Fremde und unter die Leute, sondern man führt grade aus, was ich in den „Osterbriefen" für die Mädchenbildung so dringend vorgeschlagen habe: man giebt sie förmlich in die Lehre. Man läßt sie ein Jahr bei einer Näherin, Schneiderin, Putzmacherin, oder in einer Pension oder in einem Magazine ohne Gehalt, gegen volle Verköstigung und Wohnung arbeiten, während sie die Sprache erlernen, und danach einigt man sich über die weitere Stellung und über das Gehalt des weiblichen Lehrlings. Ich habe die jungen Mädchen aus den deutschen Proringen, denen ich hier in solchen Lehrverhältnissen begegnet bin, geflissentlich über ihre Lage befragt, und sie waren sammt und sonders gut bei ihren Herrschaften aufgehoben. „Wir müssen brav arbeiten, hieß es jedesmal, aber man ist nicht hart mit uns!" — und wenn hie und da auf meine Erkundigung auch der Bescheid kam, daß die Schlaf= stuben nur klein wären, so meinten sie doch „man könne ja aber doch von Morgen bis Nacht die Fenster aufthun" und die Kost nannten sie immer „ganz vorzüglich." — Zwei von den Mädchen, die ich kenne, gingen noch zum Confirmanden=Unterricht und die Eltern hatten ihnen die dafür nöthige Zeit bei den Lehrherrschaften „gleich aus= gemacht!" — Sie nannten sich, je nach ihrer Stellung in den Geschäften: Lehrtöchter oder Gehilfinnen. Wir sind bei Mademoiselle Genten (meine Schneiderin) jetzt zwei Lehr= töchter, die Andern sind schon Gehilfinnen und Arbeiterinnen, sagte mir vor ein paar Tagen eine junge Seletburnerin.

Die fremden Hausfrauen, welche hier leben, ziehen im Ganzen für den Dienst im Hause die Mädchen aus den deut= schen Kantons vor. Sie behaupten, die Genferinnen und Waadtländerinnen gäben sich, wenn es nicht in ihrer eigenen Wirthschaft sei, nicht gern zu grober oder schwerer Hausarbeit her, weil ihnen immer die Möglichkeit vor= schwebe, im Auslande als Bonnen, bei geringerer An= strengung höheren Lohn zu erzielen; und man kann ihnen das natürlich nicht verdenken. Gute Manieren haben die Frauen und Mädchen hier sammt und sonders; hat nun solch eine manierliche junge Person ein paar Jahre in England oder Frankreich als Kinderwärterin oder Näherin gelebt, die dortige Landessprache zu ihrem Französisch noch dazu gelernt und sich in Handarbeiten vervollkommnet, so geht sie dann als Gouvernante, die zwei Sprachen lehren kann, ihren Weg weiter, und wird als Dame gehalten, was ihr als Dienerin in der Heimath nicht zu Theil werden würde. Trotzdem habe ich Frauen jedes Alters hier in den Weinbergen unermüdlich bei der Arbeit gesehen, und der Weinbau ist schon wegen des immerfort nöthigen Aufhackens des Bodens um die Rebstöcke her, da das Erdreich hart ist und schnell wieder zusammen trocknet, sicherlich keine leichte Arbeit.

Der Waadtländer ist aber, wie diejenigen behaupten, welche ihn genau kennen, vor allem Andern Winzer und zwar mit Leidenschaft Winzer. Bulliemin, der eine Monographie des Waadtlandes geschrieben hat, sagt von ihm: „wie mühevoll die Bearbeitung des Weinstockes auch sein mag, der geborene Winzer trennt sich schwer von der in seiner Familie herkömmlichen Arbeit. Es ist ihm wohl auf den Hügeln, auf denen er von Kindheit an die Sonne auf und nieder gehen sah, und deren Boden er mit seinem Schweiße getränkt hat. Er liebt die Pflanze, um derentwillen und zu der er sich so oft herabgebückt hat, ohne daß sie seinen kräftigen Nacken beugen konnte; sechs Tage in der Woche hat er an dem Weinberg sich müde gearbeitet, und den siebenten geht er dorthin spazieren. Alt und matt schleicht er doch noch jeden Morgen nach dem Weinberg, und wenn er dort selber Nichts mehr schaffen kann, lehrt er die Jungen, wie sie die Reben zu behandeln haben, deren er Jede wie seine eignen Kinder kennt."

Wann der Weinbau im Waadtlande zuerst eingeführt worden, ist wie mir scheint, nicht genau festgestellt. Die

Einen behaupten, daß schon die Römer hier am See Wein gebaut haben, und das ist sehr wahrscheinlich, da sie hier große und feste Niederlassungen gehabt haben. Man will es aber zum Ueberflusse durch einen mit einer Inschrift versehenen Stein beweisen, der bei Cully unweit Lausanne gefunden worden ist, und der einem dort errichtet gewesenen Bachus=Tempel angehört haben soll. Nach Andern heißt es, die schon früher erwähnte Burgunder Fürstin, die zur mythischen Gestalt, zu dem Bilde einer wohlthätigen Fee gewordene Königin Bertha, habe im Anfange des eilften Jahrhunderts die ersten Rebstöcke aus ihrer Heimath in das Waadtland gebracht. Sicher ist es, daß Mönche aus dem Freyburgischen Kloster von Haut Crêst im zwölften Jahrhundert an dem Nordrande des Sees auf den Felsen von La Vaux, nahe bei Lausanne, Weinpflanzungen angelegt haben; und möglicher oder wahrscheinlicher Weise, haben alle diese drei Traditionen eine historische Wahrheit. Da die Völkerwanderungen und die Kämpfe in der Schweiz, die römische Kultur, und mit ihr denn auch den römischen Weinbau zerstört haben, werden im eilften und zwölften Jahrhundert neue Kulturanfänge nöthig geworden sein; und die jetzigen protestantischen Winzer werden mit gleichem Rechte den heidnischen Dionysos, wie die Mönche von Haut Crêst, als ihre Schutzpatrone in Anspruch nehmen können.

Die von diesen frommen Brüdern bepflanzten Felsen liefern übrigens noch immer einen der besten schweizer Weine, den weißen La Vaux. Für den vorzüglichsten des Waadtlandes achtet man aber den La Côte, wenn er alt und abgelagert ist, und diesen Beiden zunächst steht der weiße Wein von Yvorne.

Seit dem dreizehnten Jahrhundert schon hat man hier auf die Weinkultur Werth gelegt, und man hat schon früh eine Art von Kommissionen eingesetzt, den Weinbau zu überwachen. Als die Herren von Bern das Waadtland im Besitze hatten, hatten sie auch den en gros Handel des Weines für sich monopolisirt, und ließen Weinberge mit geringen oder schlechten Pflanzen ohne viele Umstände zerstören, um dem Rufe der waadtländischen Weine nicht Schaden thun zu lassen. Jetzt besorgen die einzelnen Weinbergsbesitzer den Weinbau nach ihrem Ermessen, aber der Verein der Weinbauer sendet in jedem Frühjahr und in jedem Herbste seine erfahrenen Kenner aus, um die Pflanzungen zu untersuchen, und er belohnt nach Angabe dieser „experts" die Züchter der besten Reben, wie das von unsern ähnlichen Vereinen auch geschieht, mit Prämien und Medaillen.

Dieser Verein der Weinzüchter ist sehr alt. Er heißt — vielleicht zur Erinnerung an die Mönche, welche den Weinbau hier begründet haben — l'Abbaye des Vignerons. Man müßte es durch „Winzer-Brüderschaft" übersetzen; denn da man auch l'Abbaye des Jardiniers sagt, so wird dies Abbaye auf das italienische Confraternita hinauslaufen, und hier wie dort wird man, als Bezeichnung einer gewerblichen Vereinigung, den Namen von den geistlichen Vereinen entlehnt haben, welche man als Organisationen vor Augen hatte.

Die Abbaye des Vignerons feiert übrigens alle fünfzehn oder zwanzig Jahre in Bevey ein großartiges Winzerfest. Die Feier solcher Erntefeste ist in der Schweiz sehr alt, so alt, daß man sie auf römische Bachus- und Ceresfeste zurückführen möchte. Indeß die Freude an der vollbrachten Ernte scheint mir ein so durchaus natürliches Gefühl zu sein, daß nicht eine besondere Ableitung von einem besondern Cultus zu ihrer Erklärung nöthigt ist. Hat doch selbst das Judenthum, das an plastischen und phantasievollen Erfindungen nicht eben reich ist, in dem Laubhüttenfeste seine mit Früchten und Zweigen geschmückte Erntefeier, und auch in der Schweiz haben viele Städte solche Feste gehabt. Sie sind aber im Mittelalter in häßliche Orgien ausgeartet und deshalb abgeschafft worden. Nur die Winzerfeste von Vevey haben sich erhalten, und gleichviel ob sie heidnischer Herkunft sind, oder ob sie ihre Anfänge in den Prozessionen der Mönche von Haut Crêt gehabt haben, es ist jedenfalls erfreulich, daß sie noch bestehen. Die beiden letzten Winzerfeste hat man 1833 und 1851 in Vevey begangen und mit dem wachsenden Wohlstande des Landes sind sie zu großartigen Fest- und Maskenzügen herangewachsen, zu deren Einrichtung man von Paris die Kostüme und Maschinisten kommen lassen, und die in dem reizenden Vevey, mit der Natur des Genfersees und der Alpen zum Hintergrunde, wirklich einen bezaubernden Anblick gewährt haben müssen.

Was ich hier von der Weinlese wahrgenommen habe, entsprach jedoch jenen prächtigen Aufzügen, in denen Hunderte von geschmückten Winzern und Winzerinnen, in denen Gott Bachus mit seinem Gefolge von Nymphen, Faunen und Satyren, in denen Pan und Ceres und daneben die mönchischen Urheber des waadtländischen Weinbaus stolz und friedlich nebeneinander hergezogen sind, in keiner Weise.

Das sehr schlechte Wetter im Oktober, der Schnee,

der auf die, noch eines warmen Nachsommers bedürftigen, Trauben vorzeitig herabgefallen war, hatte die Weinlese sehr verspätet, und die Weingärten sahen häßlich und verregnet aus, als man die Lese in den letzten Tagen des Oktobers begann. Aber von der Fröhlichkeit, mit der man das „Herbsten" z. B. in Würtemberg betreibt, habe ich hier Nichts gemerkt. Die Sache wurde in den einzelnen kleinen Bergparzellen, ich möchte sagen stehenden Fußes abgemacht. Da die Arbeit des Lesens nicht anstrengend ist, waren fast überall alte Frauen damit beschäftigt, die hier oft sehr scharfe, sehr runzlige Gesichter haben und durch die landesüblichen äußerst häßlichen Strohhüte — sie sehen wie Grapendeckel mit einem unförmlichen Knopfe aus — natürlich nicht verschönert werden. Diese alten Frauen gingen gebückt und frierend zwischen den Rebstöcken umher, schnitten die Trauben, warfen sie gleich im Weinberg in eine Butte, in welchem ein Mann sie mit einem Stampfer preßte, und dann wurde der junge Wein in Kübeln auf dem Rücken in die Keller getragen und zur Gährung aufgelagert. Die Trebern der Weinbeeren sah ich später wie Lohkuchen zusammengepreßt vor den Häusern liegen. Sie riechen sehr gut und werden als Düngungsmittel gebraucht. — Von einer Auslese der Trauben ist mir hier in den bäuerlichen Gütern nichts vorgekommen, und von dem Singen und Schießen und Raketenwerfen, ohne das in Schwaben kein „Herbsten" abgeht, war, wie gesagt, erst recht nichts zu spüren. Es war eine Arbeit ohne Sang und Klang. Der „Sorgenbrecher", der „Freudenspender" wurde sehr alltäglich behandelt, und nur noch mehr Betrunkene als sonst, habe ich in der Zeit der Weinlese auf den Straßen gesehen.

Die Trunkenheit ist leider hier ein sehr verbreitetes Laster unter den sonst so thätigen und freundlichen Landleuten, und auch in den Städten soll es schlimm damit stehen. Ich habe nie und nirgend so viel Betrunkene bemerkt als hier. Sie sind nicht grade so weit herunter, daß sie auf der Straße liegen bleiben, aber sie taumelnd auf den Straßen und Wegen zu finden, hat man mehr Gelegenheit als gut ist. Ein sehr gebildeter Waadtländer, der einer der bedeutendsten Industrie-Unternehmungen des Landes versteht, und kein Freund des Weines ist, erzählte mir, daß er, als er zuerst in das Geschäft eingetreten sei, bei allen seinen Verhandlungen und Abmachungen auf ein widerwilliges Wesen gestoßen sei, selbst wo die Leute entschlossen waren, das ihnen vortheilhafte Geschäft zu machen. Er habe sich erkundigt und nachgeforscht, worin das liege, und endlich habe ein ihm befreundeter Mann ihm vertraut, daß er den Leuten nicht gefalle, daß man ihn für hochmüthig halte, und daß man sage, er spiele den Stolzen, den vornehmen Herrn! — Unser Freund wußte nicht, was er gethan haben könne, solchen Verdacht zu erregen. Oh! Sie haben Nichts gethan! gab man ihm zur Antwort, Sie haben nur das Gewohnte unterlassen. Man macht hier keine Kontrakte mit trocknem Munde ab. Man hält Sie für hochmüthig, weil Sie es verschmähen, mit den Leuten zu trinken. — Aber ich kann nicht trinken! wendete unser Freund ein. — So nehmen Sie bei solchen Verhandlungen Jemand mit, der es an Ihrer Stelle thut. Es ist den Leuten gleich, ob Sie grade mit ihnen trinken, oder ob es ein Anderer thut — nur getrunken muß werden. Das ist die Wagenschmiere, ohne welche die Geschäfte hier nicht von der Stelle kommen. — Seitdem nimmt jener Fabrikant immer einen mit glücklichen Durste begabten Commis mit sich, wenn er Geschäfte zu besprechen hat, und während dieser mit dem andern Kontrahenten trinkt, bespricht und ordnet sein Herr die Angelegenheiten.

Ein anderer Waadtländer, der im Uebrigen die beste Meinung von seinen Landsleuten an den Tag legte, theilte doch auch mit, daß die Neigung zum Trunke sehr verbreitet sei, und daß verhältnißmäßig nirgend so viel Fälle von Delirium tremens vorkämen, als zwischen Villeneuve und Lausanne.

Das ist aber doppelt zu beklagen, da die Waadtländer ein schöner stattlicher Menschenschlag sind. So kurze Zeit ich hier am See auch lebe, habe ich doch auch schon die Erfahrung gemacht, daß ein paar junge Leute, Männer von fünfundzwanzig, dreißig Jahren, ein Kutscher und ein anderer Arbeiter, die ich hier im Anfang Juli anscheinend noch als ganz tüchtige Menschen antraf, jetzt das unverkennbare Zeichen übermäßigen Trinkens, in den rothen aufgeschwemmten Gesichtern tragen, und ich habe sie selbst schon zu verschiedenen Malen völlig betrunken gesehen. Bei uns in Berlin ist das seit den letzten dreißig, vierzig Jahren doch sehr viel seltener, ja fast eine als schmachvoll gebrandmarkte Ausnahme geworden. Hier hingegen sieht man das übermäßige Trinken als die Ursache an, daß verhältnißmäßig so viel Männer in den kräftigsten Jahren sterben, und daß namentlich auf dem Lande die Zahl der Wittwen das Durchschnittsmaaß übersteigt. Ich berichte damit, was man mir von wohlunterrichteter Seite gesagt hat.

Neunzehnter Brief.
Auf dem Kirchhofe von Clarens.

Montreux, den 10. November 1867.

Wir haben heute einen unserer gewohnten Spaziergänge auf dem nur mäßig ansteigenden obern Wege nach Clarens gemacht, der sich auf der halben Höhe des Hügelzuges befindet.

Zu unserer Rechten Weinberge, in denen die Lese nun schon lange beendet ist; zu unserer Linken Weingarten an Weingarten, nur durch den breiten Damm der Eisenbahn unterbrochen, jenseits dessen die Weingärten sich wieder fortsetzen und niedersinken bis zu der großen Fahrstraße am See, an welcher die Pensionen von Clarens gelegen sind. Der schöne See und die Savoyen'schen Alpen waren wie treue Genossen immer zu unserer Seite, und in weiter Ferne, haftete das Auge an den sanft geschwungenen Linien der langen Jurakette.

Hie und da wird die Straße durch kleine Schluchten unterbrochen, in denen die von den Bergen niederrieselnden Quellen auch noch in dieser Jahreszeit ein frisches Grün erzeugen und fette Rasenplätze wässern. Gleich neben dem einsam auf stumpfem Kegel gelegenen Schlosse Chatelard breitet wie ein Teppich die schönste dieser von mächtigen Nuß- und Kirschbäumen beschatteten Wiese sich aus. Eine Bank unter einem der Bäume hart am Wege lud uns zum Sitzen ein. Die Sonne schien durch die noch immer dichte, wenn schon gelbe Krone des Nußbaumes so voll und warm hernieder, als wären wir noch mitten im August, und nur der Wind, der schärfer durch die Aeste zog, verrieth den Herbst. Er warf ein paarmal die zurückgebliebenen Fruchtballen von den Zweigen nieder, daß sie auf den Boden fallend platzten und die bräunliche Schaale der Nuß blank und hell hervorbrach.

Die Gegend sah so heiter, so friedlich aus. Wir saßen und ließen uns träumend von dem noch immer heißen Sonnenscheine wärmen. Die Sonne kam mir schön und heilig vor wie die rechte Liebe, die es uns auch nicht merken läßt, daß die Stunden entfliehen — und wir mit ihnen.

Dicht vor uns hemmte ein kleiner hölzerner Schuppen unsern Blick. Ein paar Marmorblöcke lagen daneben, die Thüre stand offen, Niemand bewachte sie. Ich sah hinein — der Raum war ganz mit fertigen steinernen Grabdenkmalen angefüllt. Die freilich trägt man nicht leicht fort! Flache kleine und große Steine zum Auflegen auf den Boden, Kreuze in verschiedenem Marmor, hohe Denktafeln mit Urnen, mit Fackeln und mit Schmetterlingen — sie waren von mannichfacher Art vorhanden — nur die Namen und die Inschriften fehlten noch. Hier hingen Kränze von gebleichten Binsen mit schwarzen Perlen vielmustrig umwickelt, dort trug ein Kreuz eine ganze Menge bleichgelber Immortellenkronen. Es war Alles vorbereitet, Alles auf einen reichlichen Verbrauch berechnet; und die Erde war doch so schön, das Athmen in diesem Sonnenschein bei frischer Luft so süß!

Wir standen an dem Kirchhof von Clarens, dem größten hier an diesem Ende des See's. Wir hatten von

Glien oft auf ihn und seine Cypressen hinabgeschaut, die
in dem hellen Grün der Weinberge sich auch von der
Höhe kenntlich machten. Heute gingen wir zum erstenmal
hinein. Eine niedrige Hecke von kurz geschnittenen Tannen
umgiebt den Friedhof nach der Straße hin. Die Gräber
breiten sich in ziemlich geregelten Reihen neben einander
aus. Ich sah den Stein zu meiner Linken an, ich las
den fremden Namen unbewegt. Daneben erhob sich ein
kleines, ein ärmliches Kreuz aus schlichtem schwarzem Holze.
Der Hügel, an dem es aufgerichtet, war fast eingesunken,
die Sonne hatte den Rasen längst versengt, nur ein
Büschel Stiefmütterchen blühte an dem Fuß des Kreuzes, und

     Bernhard Kähler, Dr. med.

war darauf zu lesen. —

 Bernhard Kähler! — Wie stand er plötzlich vor mir,
der frohe, glückliche und lebenslustige Genosse meiner
frühen Jugend, der Sohn meines Religionslehrers, des
edeln und geistreichen Consistorialrath Kähler, der Bruder
meiner Freundin, der kleine rührige muntere Student mit
dem goldblonden Lockenkopfe, mit der hohen Stirne und
den großen funkelnden Augen, mit der starkgebogenen Nase,
mit der frischen Schönheit, die ihm und allen seinen Brüdern und Schwestern eigenthümlich gewesen war. Wie oft
hatten wir heiter mit einander gelacht, wie oft waren wir
im Tanze mit einander beim Klange fröhlicher Musik dahin-
geflogen! Und nun schlief er hier einsam, von der Heimath, von den Seinen allen fern, den langen endlosen
Schlaf des Vergehens, und keine liebende Hand war da
— keine als eben jetzt die meinige — sein eingesunkenes
Grab mit einem Kranz zu schmücken.

Ich hatte wohl erfahren, daß er gestorben sei, gestorben nach langem Leiden, nach einem oft von Sorgen schwer gedrückten Dasein, noch ehe er des Mannesalters Höhe überschritten hatte; aber ich wußte nicht das Wie, das Wo! — Nun stand ich unerwartet hier an seinem Grabe, und in dem Licht der Sonne stieg die Vergangenheit vor mir empor, seine Jugend und die meine, die auch schon lange, so lange entschwunden war und ganze Reihen von heitern schönen Gestalten umgaben mich und ihn, und bewegten sich vor meinen Augen, Todte und Lebende, als ob sie Alle noch auf der grünen Erde und in dem hellen Schein des Tages wandelten wie ich selbst. Und das Sein und das Vergehen flossen mir in Eins zusammen, und während ich sie alle, alle die fröhlichen Genossen meiner jungen Tage in liebendem Empfinden in meinem Herzen trug, kam eine unbeschreibliche Wehmuth über mich, und mit des herzenskundigen Dichters Worten konnte ich mir sagen:

> „Ihr bringt mit Euch die Bilder froher Tage,
> Und manche liebe Schatten steigen auf:
> Gleich einer alten, halbverklungnen Sage,
> Kommt erste Lieb' und Freundschaft mit herauf;
> Der Schmerz wird neu, es wiederholt die Klage
> Des Lebens labyrinthisch irren Lauf,
> Und nennt die Guten, die um schöne Stunden
> Vom Glück getäuscht, vor mir hinweggeschwunden!

Und Bernhard-Kähler war nicht der einzige Bekannte, den ich hier wiederfand! — Hier, wo Todte aus allen Zonen und aus allen Himmelsgegenden zu Grab getragen werden.

Wir gingen lesend und betrachtend durch die Gräber=

reihen hin. Da hatten Eltern, Kurländer, in zwei aufeinander folgenden Jahren zwei jugendliche Töchter zur Ruhe bestattet, dort ruht aus Indien eine junge Frau, nicht weit davon ein Greis aus hohem Nord, Holländer, Deutsche, Russen, Engländer, Moldauer, Amerikaner — ach! sie waren Alle, wohl Alle mit Hoffnungen, mit Wünschen hierher gekommen, und das Wünschen und das Hoffen hatte sein Ende hier erreicht. Der See, die lachenden Ufer, die freudeversprechenden Rebgelände verloren ihren Glanz für mich. Wie viele Augen, Augen voll ängstlicher Lebenslust, voll zagendem Hoffen, voll schmerzlicher Ahnung eines letzten Genießens, hatten noch im verwichenen Herbste, noch in diesem Frühjahr, noch vor wenigen Wochen an der Gegend gehaftet, sich an der Schönheit erfreut, die uns jetzt entzückte — und sie waren gebrochen und geschlossen worden für immer.

Wenn man wüßte, wer sie gewesen, was sie gewollt, gelitten, die hier schlafen! —

Zwei Grabsteine, größer, dunkler, schwerer als die andern Alle, Grabsteine mit starken Eisenketten rings umgeben, fielen uns sehr auf. Sie gehörten Männern, Polen, die hier gestorben, nicht mehr jung, gestorben waren. Unter der Angabe ihres Namens, ihrer Lebensverhältnisse fand sich auf beiden Leichensteinen das Beiwort „Belvederschik!" Sie hatten Beide zu den jungen Offizieren gehört, welche bei der polnischen Revolution von 1831 das Belvedere gestürmt, und damit die ersten Schritte zu der damaligen Erhebung ihres Vaterlandes gegen die russische Herrschaft gethan hatten. Es lagen frische Kränze auf den Gräbern. Wer weiß es, wer sie hingelegt? — Alles ist

hier Schweigen! Alles Geheimniß! — Aber es ist mit
Clarens so wie mit dem Friedhofe der Protestanten im
fernen Rom, mit dem Kirchhofe an der Pyramide des
Cestius. Clarens ist eine gute Ruhestätte. Der Fleck
Erde ist so schön, den Lebenden geht dort das Herz auf,
und sie denken dort der Todten. Man wird dort immer
wieder von Freunden aufgesucht, man wird dort nur be=
graben — nicht vergessen, wie hinter den Kirchhofsmauern
in den großen Städten — und im Frühjahr blüh'n die
Gräber hier doch ganz von selbst.

Wir waren lang umher gegangen in den stillen Reihen.
Auch an der andern Seite des Friedhofs hält ein Marmor=
arbeiter ein Magazin von Leichensteinen. Es ist vorgesorgt
für das Bedürfniß derer, welche von der Trauerstätte rasch
zu scheiden wünschen, an die sie Nichts mehr bindet, wenn
das Herz zu schlagen aufgehört hat, dessen Leben zu er=
halten sie hieher gekommen waren. Und es muß furchtbar
sein, von hier fort zu gehen und sein Ein und Alles hier
zurück zu lassen. Mit wie viel Thränen ist der Rasen
hier getränkt! — Und wie ich aller Derer dachte, die in
bittrem Schmerz von diesem Platze geschieden, wie ich
Derer dachte, deren Sehnsucht sich aus ferner Ferne in
ungezählten Stunden hierher wendet, da drängte sich un=
ausgesprochen das flehende Gebet von Christus auch auf
meine Lippen: ist es möglich, so gehe dieser Kelch an mir
vorüber!

Von wildem Wein, von wuchernden Winden und
von Epheuranken schlangen wir Zweige in einander und
legten sie als leichten Kranz auf des gestorbenen Jugend=
freundes Grab. Dann traten wir den Rückweg an, und

laut pfeifend, sausten von Osten und von Westen her, die beiden Züge der Eisenbahn nahe an uns vorüber, die von Italien kommend und nach Italien gehend, hier in Verner einander begegnen. So gehen auch wir aneinander hin, nach rechts, nach links, dem Auge rasch entschwindend, vergehend, uns auflösend in das All, wie die Wolke von Dampf, die jetzt noch da ist — jetzt noch — ein heller und heller sich klärender weißer Schein — auch jetzt noch sichtbar — auch jetzt noch — und dann nicht mehr! —

Zwanzigster Brief.
Clarens, die Schlösser und Erinnerungen an Rousseau.

Montreux, 1867.

Alle Tage bedaure ich es hier, daß ich mein Zeichnen liegen lassen, daß ich mit dem Bleistift und dem Pinsel nicht so gut Bescheid weiß, als mit der Feder; und ich begreife nicht, weshalb unsere großen Landschaftsmaler diesen Theil der Schweiz nicht weit mehr für ihre Vorwürfe benutzen. Die großen Bergzüge, die schön geformten hügligen Mittelgründe, die reichen Vorgründe, die prachtvollen Bäume, Alles ist malerisch, und Luft und Licht und Farben sind südlicher als sonst irgendwo diesseits der Alpen. Im Gegensatze zu den Künstlern von Fach thun dafür die Dilettanten hier ein Uebriges. Man bekommt mit der Gegend bisweilen ordentlich ein Mitleid, als könnte sie die Unbill empfinden, die ihr mit diesen dilettantischen Versuchen von Bewohnern aller fünf Welttheile angethan wird. Es ist kaum zu glauben, welchen Widersinn von Linien und von Farben man gelegentlich als Dent du Midi oder als Chillon oder als sonst einen bekannten Punkt erkennen soll. Ich denke dabei oftmals an unsere alte Königsberger Näherin, welche einmal den über seine Schulter zurückblickenden Portraitkopf van Dyck's, weil er Locken hatte wie ich, für mein Portrait ansah, und als wir darüber in Lachen ausbrachen, unschuldig und ehrlich sagte: „lieber

Gott! es ist immer schwer so ein Bild zu erkennen, wenn man doch nicht weiß, wer's sein soll!"

Dabei ist es immer noch ein Glück, wenn die Dilettanten ihre Missethaten gegen die Kunst auf dem Papiere und nicht auf dem Klaviere begehen, wenn sie nur sich selber abplagen und nicht Andere quälen; und wenn sie es dann wenigstens bei jenen Gegenden bewenden lassen, die gar nicht zu verkennen sind, wie eben Chillon oder die beiden Schlösser auf den Hügeln oberhalb von Clarens.

Von diesen Schlössern stammt das eine, das Châtelard aus dem Mittelalter, das andere les Crêtes ist ganz neu, und sie liegen auf ihren Höhen einander gegenüber, als dächten die Vergangenheit und die Gegenwart einmal über die Kluft der Zeiten hinweg einander in die Fenster zu sehen und zu einem gemüthlichen Zwiegespräch zusammen zu kommen. Wir sind neulich, als grade an einem Mittage die Sonne so warm schien, daß man die kalten Oktobertage vergessen und sich im schönsten Spätsommer glauben mußte, gleich vom Kirchhofe von Clarens durch Tavel nach dem Châtelard hinaufgegangen, und in der Mittagssonne war der Weg, auf dem kegelartig sich erhebenden Schloßberg hinauf, besonders da wir nicht den Fahrweg, sondern einen Fußsteig von der Seeseite eingeschlagen hatten, steil und unbequem genug. Wenn man das Schloß Châtelard von der Fahrstraße oder von dem Wege betrachtet, der sich an dem Kirchhof von Clarens hinzieht, so ist jetzt von dem Schlosse nichts mehr als ein längliches, thurmartiges Gebäude zu sehen, welches auffallend wenig und auffallend kleine Fenster hat. Aber die Form des Gebäudes und namentlich des Daches ist schön, und von der Landseite ist das Schloß viel ansehnlicher. An der Seeseite, gen Morgen, Mittag und Abend hin, ist der Hügel bis an den Fuß der Burg mit Weingärten bedeckt, die Nordseite hingegen, zu welcher sich der wohl angelegte und gut gehaltene Fahrweg hinaufwindet, ist mit Bäumen bepflanzt, und eine schöne waldige Parkanlage umgiebt das Schloß.

Wir fanden das Thor in den Mauern, welche die Burg einschließen, geöffnet. Kein Mensch war zu sehen, Alles war still. Wir schritten, ohne daß wir auch nur unsern Fußtritt hörten, über den Hof, denn das fallende Laub der Bäume bedeckte den ganzen Boden wie ein dicker Teppich. Die kleineren und größeren Anbaue, welche sich an das Haupthaus lehnten und reihten, waren Theils aus den alten Thürmen zu Wirthschaftsgebäuden umgeschaffen worden, Theils neu hinzugefügt. Man hatte dabei augenscheinlich nur an das Bedürfniß gedacht, es sah in dem Hofe weder schön noch wohnlich aus, aber er war groß und räumlich, und unbeachtet kamen wir auf die Terrasse vor das Schloß hinaus. Ein hübsches spitzbogiges Portal führt in das Schloß. Die Steineinfassung war sehr wohl erhalten, ein Klingelzug in dem Steinportale angebracht, von neuster Form. Innen in dem Hause, dessen Thüre ebenfalls offen stand und dessen ungewöhnlich dicke Mauern uns Verwunderung erregten, sprang der Thüre gegenüber, in dem kleinen Vorflur eine scharfe Ecke hervor. Zwei spitzbogige Thüren befanden sich an dieser thurmartigen Ecke hart neben einander, aber von einander abgewendet. Sie hatten auch schöne Einfassungen von einem schwarzen glänzenden Gestein, und waren so gelegen, als führten sie zu verschiedenen Treppen. Wir konnten uns nicht erinnern, je eine ähnliche Bauart gesehen zu haben. Diese innern Thüren waren verschlossen, an einer Seitenwand hing eine alte Waffe.

Wir besahen die schön gezeichneten Dachfirsten des Schlosses, den alten Brunnen; wir saßen an dem rieselnden Springquell, wir gingen auf der Terrasse und zwischen ihren gutgehaltenen Anlagen umher, und ließen uns in einer der beiden Lauben nieder, die an den beiden Ecken der Terrasse angelegt sind. Keine lebende Seele ließ sich blicken. Vor dem Portale, an dem sonst die Reisigen abgesessen, und an dem man die Verwundeten niedergelegt haben mochte, stand ein Kinderwagen; eine Puppe, der die Arme fehlten und deren Kopf im Regen und Wetter Schaden gelitten hatte, lag daneben. Kein Wächter sah von dem Thurme spähend in das Thal hinunter, keine Kette versperrte dem Fremden das Thor. Nur eine schöne Gabelweihe umkreiste mit ihren braunen, weit ausgespannten Flügeln das Schloß, nur muntere Buchfinken flogen zutraulich bis nahe an uns heran, uns betrachtend wie wir sie; und die warme herbstliche Sonne schien friedlich auf die Wirthschafts- und Arbeitsgeräthe hinab, die statt der Spieße und Hellebarden an den alten dicken Mauern lehnten. Die Zeit hat auch hier den Frieden gebracht; und was man vor fünftehalb hundert Jahren für eine Nothwendigkeit ansah und für die Ewigkeit gegründet zu haben glaubte, ist in seiner einstigen Herrlichkeit zerfallen und in seiner jetzigen Gestalt unnütz ja unbequem geworden.

Vor alten Zeiten, d. h. vom neunten bis zum Ende des dreizehnten Jahrhunderts umfaßte die, den Bischöfen

von Sion gehörende Herrschaft Châtelard, das ganze Land
von Chillon bis zur Baie von Clarens, und schloß selbst
noch einen Theil des Distriktes von Vevay ein. Aber
wie so viele andere ging auch diese Herrschaft aus den
Händen der Geistlichkeit in die des Adels über, und zwar
zuerst in die jenes Herren Gérard d'Oron, der in Montreux angesessen war. Er erwarb sie 1312 und verkaufte
schon 1317 den Theil, welcher sich östlich von der Baie
von Montreux bis nach Chillon erstreckt, an die Grafen
von Savoyen. Gérard d'Oron hinterließ nur eine Tochter,
Maria, welche 1338 einen Herren von Sarraz ehelichte,
und die Herrschaft Châtelard ist, Dank den alten bur-
gundischen Gesetzen, in den nächsten hundert Jahren vielfach im Besitz von Frauen aus der Familie der Herren
von Montreux gewesen, die damals noch in einem festen
Hause in Chailly, in dem sogenannten la Tour de Chailly
wohnten. Dieser Thurm von Chailly war aber, wie ich
schon früher erzählt, nicht groß genug, die Bevölkerung
der Umgegend in Zeiten der Noth in sich aufzunehmen.
Die Landleute und die Einwohner von Montreux waren
also genöthigt, in Chillon oder in andern Schlössern, welche
sie erreichen konnten, ihre Zuflucht zu suchen, wenn Feinde
sie bedrohten, und obschon die Grafen von Savoyen bei
dem Kauf der halben Herrschaft Châtelard die Bedingung
gestellt hatten, daß auf der andern Hälfte ein festes Schloß
errichtet werden müsse, war dieser Pakt nicht erfüllt worden,
bis 1440 Jean de Gingins, Herr von Divonne, der die
Herrschaft erheirathet hatte, den Bau des Schlosses Châtelard begann. So entstand mit Hilfe der Einwohner von
Montreux ein Schloß, das seiner Zeit um seiner Mauern

wie um seiner Schönheit willen sehr gepriesen war, und
daß der Mailändische Gesandte Alpano, bald nachdem es
vollendet worden, als einen „Palast in mitten einer Fe=
stung" bezeichnen konnte.

Natürlich theilte das Châtelard in den folgenden
Zeiten das Schicksal des übrigen Landes. Während Peter
von Gingins sich im Jahre 1476 gegen die Walliser schlug,
um den italienischen Truppen die Vereinigung mit Karl
dem Kühnen zu ermöglichen, kam im April ein Haupt=
mann der Freiburger über den Col de Jaman in das
Land und eroberte und plünderte Montreux und das Châte=
lard. Die Flammen, welche die Nacht erhellten, brachten
dem bei Lausanne lagernden Herzoge von Burgund die
erste Kunde von dem Ueberfalle durch die Schweizer. Es
gelang ihm, ihrem Vordringen Einhalt zu thun, aber schon
im Juni drangen die Schweizer unter einem Berner Ka=
stellan abermals in die Herrschaft Châtelard ein. Peter
von Gingins hatte in dem Augenblicke das Schloß Chil=
lon zu bewachen, von wo aus er die Allarm=Glocke im
Lande erklingen hören konnte, noch ehe die Flüchtlinge aus
seinem eigenen Schlosse und aus Montreux zu ihm ge=
langten. Mit allen wehrhaften Leuten dieses Zuzuges
warf er sich nach La Tour de Peilz bei Vevay, um die
Berner Truppen wo möglich doch noch aufzuhalten, aber
er wurde bei der Vertheidigung auf den Mauern getödtet,
denn die deutschen Schweizer gaben keinen Pardon und von
der ganzen Besatzung entkamen, wie die Sage berichtet, nur
einige Wenige mit dem Leben. — Ende des funfzehnten
Jahrhunderts ward dann das zerstörte Schloß theilweise
wieder hergestellt, aber es wechselte seine Herren seitdem

häufig, und durch mannichfache Verkäufe, Abtretungen, Vererbungen ist die Herrschaft sehr verkleinert worden. Das Schloß hat deutschen, savoyenschen und französischen Besitzern gehört, bis es endlich in den Zeiten der französischen Revolution von einem Herren Dubochet aus Montreur gekauft, und von diesem auf einen seiner Verwandten, Herrn Marquis Dubochet übertragen worden ist, dessen Sohn es noch heute besitzt. Dies „Marquis" ist aber ein Familienname und kein Titel. Es sind gewerbtreibende Bürger, welche jetzt das Schloß und den dazu gehörenden immer noch ansehnlichen Grundbesitz zu eigen haben. Die Kommune Châtelard ist auch noch immer groß. Sie umfaßt alle die umgelegenen Ortschaften: Chailly, Tavel, Palans, Veruer, Brent, Charnex, kurz fast die ganze Strecke, die man hier zunächst übersieht, also auch Clarens und das Château des Crêtes.

Das Château des Crêtes ist ganz neu. Es führt seinen Namen nach dem Hügel, auf welchem es liegt, und macht mit seinen blaßröthlichen, nach flandrisch-spanischer Weise in grauen Sandstein eingefaßten Ziegelwänden, auf dieser Höhe eine hübsche Wirkung, trotz der Geschmacklosigkeit, mit welcher die verschiedensten Style sich in dem Bauplane ein Rendezvous gegeben haben. Das Dach ist dem Hôtel de Ville in Paris nachgeahmt, an einer Ecke ist ein wunderlicher viereckiger Vorsprung, an der andern steht ein Thurm mit einer runden flachen Bedeckung, der vollkommen wie ein Leuchtthurm aussieht; aber die Terrassen sind prächtig und die Lage so wundervoll, daß man darüber die Styllosigkeit des Baues vergessen kann. Ein reicher Waadtländer, Herr Vinzent Dubochet, der Mitbe-

gründer der Pariser Gasgesellschaft und anderer großen
gewerblichen Unternehmungen, hat das Schloß gebaut und
innen mit höchstem Luxus, zum Theil im Geschmack des
vorigen Jahrhunderts, eingerichtet. Wir waren hinein=
gegangen, um ein dort befindliches mythologisches Bild
des uns bekannten französischen Malers Glaire zu sehen,
das Herr Dubochet neuerdings von demselben erhalten
hatte. Die Herrschaft war aber abgereist und das Bild
mit Gaze überzogen, also nicht genießbar.

Desto schöner waren die Gartenanlagen, die sich auf
diesem durch die Poesie geweihten Boden erheben. Denn
das Château des Crêtes nimmt die Stelle des schönen
Kastanienwaldes ein, der seit dem Erscheinen von Rousseau's
Nouvelle Héloise unter dem Namen des Bosquet de Julie
bekannt und den Verehrern von Rousseau heilig gewesen
ist. Es sind auch jetzt noch schöne Bäume, besonders eine
schöne Allee, erhalten, die zu dem Schlosse hinaufführt; doch
muß stark auf dem Hügel gerodet worden sein, denn Baum=
massen, welche den Titel eines Gehölzes verdienen könnten,
sind dort nicht mehr vorhanden.

Dafür umschwebt Julien's Geist noch immer diese
Höhen und diese Stätten, und obschon die Ueberschwäng=
lichkeit der Zeit, in welcher die Héloise entstanden ist, uns
fremd berührt, sind doch grade in dieser Dichtung Rousseau's
Töne von solcher Wahrheit, daß sie ewig in den Herzen
fühlender Menschen ihren Anklang und Nachhall finden
werden. Die Héloise ist auch dasjenige von Rousseau's
dichterischen Werken, gegen welches unser sittliches Bewußt=
sein sich am wenigsten empört, und ich habe es nie be=
greifen können, was diesem Romane den Vorwurf — ich

möchte sagen — so großer Feuergefährlichkeit zugegegen hat. Es ist wahr, Julie, die Tochter einer angesehenen abligen Familie, wird von St. Preur, der als ihr Lehrer in das Haus gekommen ist, verführt, und die Leidenschaft, welche die beiden Liebenden ergreift, schlägt schnell und gewaltig über ihnen zusammen; aber trotz der Sophismen, mit denen St. Preur sich und Julie über ihre Abweichung von der gebotenen Sitte zu beruhigen strebt, ist in der Neuen Heloise keine Spur von der trotzigen Auflehnung gegen die Sittlichkeit überhaupt zu finden, die seit achtzehnhundertdreißig in der Mehrzahl jener französischen Romane fast zum Dogma erhoben worden ist, die man überall in den Händen der Frauen antreffen kann; und der lange thränenreiche Ausgang des Romans darf entschieden als eine volle Buße und ethische Ausgleichung für den Augenblick der selbstvergessenen Leidenschaft erachtet werden.

Es liegt über den beiden Gestalten, über Julie und St. Preur, Etwas von der ewigen Jugend der Liebe, der Shakespeare in Julia und Romeo den höchsten und für alle Zeiten bleibenden Ausdruck gegeben hat; und man kann sich wohl vorstellen, welch eine überraschende und hinreißende Wirkung grade diese Dichtung auf eine Zeit und auf eine Gesellschaft hervorgebracht haben muß, gegen deren Herkommen die Vorgänge in dem Roman verstießen, während die beredte Sprache des Herzens, die Auflehnung der Vernunft gegen das Vorurtheil, der Natur gegen das gesellschaftliche Herkommen, und der Ton einer ebenso heißen als zärtlichen Sinnlichkeit, wie eine Reihe von mächtigen und ungewohnten Akkorden an die Seele der Menschen schlugen.

Am Genfersee zu leben, auf den Höhen von Bevay,

von Clarens zu wandern ohne an Julie zu gedenken, die Felsen von Meillerey am andern Ufer vor sich liegen zu sehen, ohne sich der leidenschaftlichen Briefe zu erinnern, welche St. Preux von dort an die Geliebte schrieb, ist unmöglich für einen gebildeten Menschen; und wenn der Genfersee von den Malversuchen der Dilettanten zu leiden hat, so ist er dafür von großen Dichtern, von Rousseau, von Byron, von Mathison und Andern schön entschädigt worden. Man fragt sich oft, wenn man Rousseau's Confessions liest, wo eben er den Ausdruck einer so sanften Zärtlichkeit, wie die von Julie, in seiner Seele habe finden können; denn nie wohl hat ein Mensch ein Lebensbild von sich entworfen, das seinen Charakter so oft in einem widerwärtigen Lichte erscheinen läßt, als Rousseau es gethan hat.

Als die englische Schriftstellerin Miß Bronte, die früh gestorbene Verfasserin von Jane Ayre, die Rachel gesehen hatte, schrieb sie: „Rachel's Spiel machte mich starr vor Verwunderung, fesselte meine Theilnahme und erfüllte mich mit Entsetzen. In ihr hat irgend ein böser Geist seinen Wohnsitz aufgeschlagen. Die furchtbare Kraft, mit welcher sie die schlechtesten Leidenschaften in ihrer befremdlichsten Form ausdrückt, ist so aufregend wie Stiergefechte oder Gladiatorenspiele, und um Nichts besser als diese Aufregungen der Volkswildheit. Es ist nicht die wahre Menschennatur, es ist etwas Wilderes und Schlechteres, das sie vor uns enthüllt. Sie besitzt die große Gabe des Genies unzweifelhaft, aber mir scheint, sie mißbraucht sie und wendet sie zu nichts Gutem an!"

Die Worte sind mir immer eingefallen, wenn ich hier ab und zu einmal wieder die Confessions angesehen habe, und ich bin neulich wieder an sie erinnert worden, als unser Freund, der junge geistreiche Zoologe, Doktor Anton Dohrn, mir eine Stelle aus dem Cours de Philosophie positive von Auguste Comte mittheilte, in welcher dieser tiefe französische Denker sein Urtheil über Rousseau's Bekenntnisse ausspricht. „Man kann nicht zu streng über dieses verderbliche Werk urtheilen; sagt Comte. Es ist die skandaleuse Nachahmung eines unsterblichen christlichen Werkes (der Bekenntnisse des heiligen Augustinus) in der Rousseau mit sophistischem Stolze und cynischer Selbstgefälligkeit, die schmachvollsten Geheimnisse seines Privatlebens enthüllt, während er die Gesammtheit seines Wesens und seiner Handlungen der Menschheit gleichsam als einen Typus der Moral zur Nachahmung hinzustellen wagt" u. s. w.

Man kann es bisweilen bei dem Lesen der Bekenntnisse kaum verstehen, wie ein Mensch im Stande gewesen ist, eine solche Kette von schlechten und niedrigen Gesinnungen und Empfindungen in sich zu tragen, sie soweit zu erkennen, daß er sie mit der Sicherheit eines Anatomen und Chemikers vor den Augen der Andern zersetzen und mit der Kraft eines Künstlers und eines Dichters wiederzugeben fähig gewesen ist, ohne daß dies eine rückwirkende und erziehende Kraft auf ihn selber ausgeübt hätte. Man wird förmlich in die Mitleidenschaft mit allen Denjenigen gezogen, die von Rousseau zu leiden gehabt haben, und wenn man am Ende das Werk aus der Hand legt, und froh ist, diesem neidischen, mißtrauischen, hinterlistigen und gehässigen Charakter nicht im Leben begegnet zu sein, denkt man urplötzlich an seine entzückenden Naturschilderungen, aus denen eine so tiefe Empfindung für die Schönheit spricht, an die reizende kleine Reise nach Thoune mit den beiden jungen Frauenzimmern, Fräulein Gallen und Fräulein von Graffenried, an einzelne Scenen mit der leichtsinnigen Beschützerin des jungen Rousseau, an die Schilderung dieser Madame de Warens — wie sie in den Bekenntnissen genannt wird — und man steht vor ihrem Liebreiz verwundert da, und weiß sich nicht anders aus dem Zwiespalt zu befreien, als indem man Faust's Ausruf: „zwei Seelen wohnen ach! in meiner Brust!" eben auch auf Rousseau in Anwendung bringt.

Madame de Buarrens war übrigens eben hier oberhalb Clarens zu Hause. Man zeigt in Chailly sogar noch das Landhaus, in welchem sie in ihrer Jugend mit ihren Eltern wohnte. Es heißt auch les Crêtes. Sie war am fünften April 1699 in Vevay geboren, und ihr Mädchenname war Françoise Louise de la Tour. Schon mit fünf Jahren verlor sie ihre Mutter, ihr Vater verheirathete sich bald darauf zum zweitenmale mit einer Mademoiselle Flavard. Vielleicht um die Tochter zeitig los zu werden, verheirathete man Françoise wider ihren Willen mit einem Herrn de Loys de Villardin, Seigneur de Buarrens; aber die junge Frau hielt nicht in dieser Ehe aus. Sie verließ ihren Gatten, floh nach Savoyen und trat mit siebenundzwanzig Jahren zur katholischen Kirche über. Zur Strafe dafür erklärte der hohe Rath von Bern sie des väterlichen Erbes und Besitzes für verlustig, die ihr sonst von Rechtswegen nach dem Ableben ihrer Stiefmutter, welcher der Nießbrauch verschrieben war, zugefallen sein würde. Als dann aber Madame de la Tour 1745 aus dem Leben schied, war man geneigt, eine Milderung dieser Konfiskation des

Erbes, auf die es hinauslief, eintreten zu laſſen, weil es
thatſächlich und bekannt war, daß Madame de Vuarrens
zu jener Ehe gezwungen worden war. Man beſchloß, ihr
den ihr zukommenden Erbantheil zurück zu geben, knüpfte
jedoch daran die Bedingung, daß er unter der Verwaltung
der Behörden bleiben, daß die Entflohene in ihr Vater=
land heimkehren, und vor Allem ſich wieder zu den Grund=
ſätzen der reformirten Kirche bekennen ſolle. — Madame
de Vuarrens nahm keine dieſer Bedingungen an. Sie
blieb katholiſch und ſtarb in ihrem dreiundſechszigſten
Jahre nach einem leidenſchaftlich bewegten Leben. Ich habe
mich erkundigt, ob irgend ein beglaubigtes Bild von ihr
vorhanden ſei, man wußte jedoch Nichts davon; aber
Rouſſeau ſelbſt hat von ihr in ſeinen Bekenntniſſen ein
Bild entworfen. Sie war achtundzwanzig Jahre alt, als
der ſechszehnjährige Jüngling von dem katholiſchen Pfarrer,
Herrn von Pontverre, zu der in Savoyen, in Annecy
lebenden Neubekehrten geſchickt wurde, damit ſie an ihm
die Kraft ihres neuen Glaubens erprobe. „Frau von
Warens, ſo ſagt Rouſſeau, war eine von den dauerhaften
Schönheiten, weil ihr Reiz mehr in ihrer Phyſiognomie
als in den Formen und Zügen beruhte; auch hatte ſie
mit achtundzwanzig Jahren noch den ganzen Glanz der
Jugend. Sie hatte einen einſchmeichelnden und zärtlichen
Ausdruck, einen ſehr ſanften Blick, ein engelhaftes Lächeln,
einen Mund, der dem meinigen gleich kam, und aſch=
farbenes Haar von einer ſeltenen Schönheit, dem die
leichte Nachläßigkeit, in welcher ſie es trug, etwas ganz
Eigenthümliches gab. Sie war klein und ſogar unterſetzt,
ohne deshalb ſchlecht gewachſen zu ſein; aber es war un=

möglich, einen schöneren Kopf, eine schönere Brust, schönere Arme und Hände zu finden als die ihren."

Ein eben so vollständiges Bild entwirft er von dem Charakter seiner verführerischen Freundin. „Ihre Erziehung, heißt es, war ein sonderbares Gemisch gewesen. Sie hatte, wie ich, ihre Mutter bei ihrer Geburt verloren; und da sie Unterricht empfangen hatte, wie er sich eben dargeboten, hatte sie ein Wenig von ihrer Gouvernante, ein Wenig von ihrem Vater, Etwas von ihren Lehrern und viel von ihren Liebhabern gelernt, besonders viel von einem Herrn von Tavel, der selbst viel Kenntnisse und viel Geschmack besaß, und die Frau, welche er liebte, mit den gleichen Vorzügen zu schmücken wünschte. Aber diese verschiedenen Elemente schadeten Frau von Warens nicht, und die wenige Ordnung, welche in ihren Studien geherrscht hatte, machte, daß die natürliche Richtigkeit ihres Geistes durch diesen Wirrwarr nicht beeinträchtigt wurde. — Ihr sanfter, liebevolle Charakter, ihr Mitgefühl für die Unglücklichen, ihre unerschöpfliche Güte, ihre offene und muntere Laune blieben sich immer gleich; und selbst bei dem nahenden Alter, in Dürftigkeit und unter Leiden aller Art, erhielt die Heiterkeit ihrer schönen Seele, ihr bis an das Lebensende den vollen Frohsinn ihrer schönsten Tage."

Es ist vielleicht das reizendste Frauenbild, daß Rousseau überhaupt geschildert hat, und selbst da, wo er die Fehler und die Vergehen seiner schönen Freundin nicht verbergen kann, fühlt man es ihm an, wie er die arglose Sünderin liebt, und wie der Gedanke an das mit ihr genossene Glück ihm noch das kalt gewordene Herz erwärmt. Frau von Warens hat Etwas, das an Goethe's Philine erinnert, und sie ist für die Zeit und den Stand, denen sie angehörte, als eine typische Gestalt zu betrachten. Die ländliche Umgebung, welche später Marie Antoinette in Begleitung ihres Hofes in Trianon suchen ging, genoß Rousseau durch eine Reihe von Jahren neben seiner Freundin und Geliebten in dem Thal von Annecy, und es klingt wie Rückerinnerung und Sehnsucht zugleich, wenn er in seinen Bekenntnissen einmal ausruft: „So oft sich meiner der brennende Wunsch nach jenem stillen und glücklichen Leben bemächtigt, das mich flieht, wendet sich meine Einbildungskraft immer dem Waadtlande, dem See und seinen reizenden Landhäusern zu. Hier an den Ufern dieses Genfersee's, aber an keinem andern, muß ich durchaus noch einmal einen Obstgarten besitzen; hier müßte ich leben mit einem verläßlichen Freunde und einer liebenswürdigen Frau; hier müßte ich meine eigene Kuh und ein feines Boot besitzen; und ich werde nicht eher wirklich glücklich werden, bis ich das Alles erlange." —

Wie oft, wie oft betreffe ich mich auf dem gleichen Wunsche nach einem friedlichen Besitz an diesem lieblichsten der Seen — und er wäre gar nicht unerreichbar, wenn man sich entschließen könnte, auf die deutsche Heimath zu verzichten. Aber wer vermag das, wenn er die Heimath nicht für Rom aufgiebt, indem allein man sich, welchem Volke man auch angehören mag, wie im Schooße der Natur, völlig, jede nationalen Besonderheit vergessend, heimisch und zu Hause fühlen kann.

Einundzwanzigster Brief.
Eine Winternacht am See und Obrist Gustav Frigell.

Montreux, den 28. Dezember 1867.

Mit einer Landschaft ist es grade wie mit einem Menschenantlitz oder mit einem Charakter; man muß sie unter den verschiedensten Bedingungen sehen, um sie richtig zu beurtheilen und vollständig zu würdigen. Wenn wir im Sommer auf dem schönen Balkon des großen Hauses auf dem Rigi Vaudois saßen, und die sanften, warmen, monddurchleuchteten Nächte sich über dem See ausbreiteten, glaubten wir, schöner könne es diesseits der Alpen nicht sein, und einen magischeren Anblick könne der See nicht bieten. Jetzt aber habe ich den See noch herrlicher gesehen, ja recht eigentlich, in Bezug auf die Landschaft überhaupt, eine völlig neue Offenbarung durch ihn erhalten.

Schnee und Eis hatte ich in meiner ostpreußischen Heimath durch meine ganze Jugend alljährlich in solchen Massen und durch so viel Monate vor Augen gehabt, daß ich meinen durfte zu wissen, wie sie durch das Auge auf die Seele wirken. Später hatte ich in manchem Hochsommer die Hochgebirge der Schweiz, die Jungfrau, den Piz Languard, und den und jenen Bergzug seine schneeigen Gipfel über den Matten und Wäldern erheben sehen. Die Lionessa hatte schneebedeckt zu uns hinübergeleuchtet, wenn wir in dem Vatikane aus dem Kabinet des Torso auf den Balkon hinausgetreten waren, und seit den sieben Monaten, die wir nun am Genfersee verweilen, hatten wir abwechselnd den sich breit hinstreckenden glänzenden Gipfel des Montblanc, oder den in wildem Gezack sich aufbauenden Felsenkamm der Dent du Midi mit ihren Schneefeldern betrachten können. Ich glaubte mit den Möglichkeiten fertig zu sein, welche die verschiedenen Beleuchtungen auf dem Schnee erzeugen können. Sonnenaufgänge und Sonnenuntergänge hatten wir bei sehr abweichenden Witterungen beobachtet, und dennoch — als ich eben heute spät am Abende an das Fenster trat, hatte ich einen Anblick vor mir, von dessen zauberhafter Schönheit ich bisher keine Vorstellung gehabt hatte.

Unten auf der Terrasse an unserm Hause war in dem Garten alles hell und deutlich zu erkennen, wie am Tage. Auf dem beschneiten Boden sah man jedes welke Blatt liegen. Jeder Zweig an den immergrünen Sträuchen und Bäumen, die wie auf den weißen Grund hingezeichnet aussahen, war gesondert zu gewahren. Der Lanrus, die Stechpalmen, die Mahonien und die verschiedenen Taxusarten ließen ihre Farbe unterscheiden, das war um so überraschender, als man aus dem Theil des Hauses, den wir gegen Süd=Westen hin bewohnen, den Mond nicht sah. Nur an dem tiefer, gegen den See hin gelegenen Hause, der Maison Haute rive, zeigte die fast blendend hell erleuchtete weiße Wand, daß der Mond schon hoch am Himmel stehen müsse.

Während ich so einsam in die stille Nacht hinaus sah, fing es von Fern zu keuchen, zu schnauben, zu rasseln an. Zwei Flammenaugen werden am Boden sichtbar, eine schimmernde Wolkenschlange biegt und bäumt und rollt sich durch die Luft, schnell entstehend, schnell verschwebend,

sich schnell wiedererzeugend, um sich eben so schnell wieder
aufzulösen. Die Lokomotive stürmt vorüber und trägt
den Zug der Fremden gegen die Alpen nach dem
Süden hin. — Wer zog an uns vorbei in diesem Augenblicke? Welche Wünsche, welche Erwartungen, welche Hoffnungen knüpfen sich an diesen Zug? — Und der Zug ist
schon wieder vorüber, es ist Alles wieder still, die Zweige
regen sich nicht, kein lebendes Wesen ist zu sehen, aber
der Mond ist in die Höhe gekommen und eine wahre
Phantasmagorie von Farben ist plötzlich vor uns auf-
getaucht.

Alles schimmert in einem glänzenden Blau, Alles ist
wie durch Schleier sichtbar, die aus Licht gewoben sind.
Das Wasser ist dunkler als der Himmel und doch so hell,
daß die Sterne und der Mond sich in ihm spiegeln. Völlig
klar liegt die ganze Gebirgskette von Savoyen mit ihren
Schneefeldern, mit ihren schneebedeckten Gipfeln drüben ausgebreitet. Jede Linie ist deutlich und doch ist allen Linien
ihre Härte weggewischt. Man weiß, daß es Gebirge sind,
indeß der Fels ist wie verklärt, es ist etwas Märchenhaftes
in dem Anblick. Das Licht, die Farben, die Umrisse sind
heller, feiner, verschwebender als in der blauen Grotte auf
Capri, und während man deutlich und bestimmt die Ortschaften auf dem andern Ufer unterscheidet, während von
Bouveret und von St. Gingolph hier und da ein Licht
aus den Häusern herüberflimmert, das uns an der Wirklichkeit gebannt hält, steht man und sieht und sinnt und
träumt, und kann es nicht glauben, daß dies uns gegenüber wirklich die trotzige Kuppe des mehr als sechstausend
Fuß hohen Grammont ist, daß man ihn alle die Monate

schon vor sich gesehen hat, und daß er morgen wieder mit seinen dunkeln Wäldern und starren Felslinien vor unsern Augen liegen wird. Man meint, weil der Berg so klar und das Gestein so licht aussieht, nun werde und müsse er sich im nächsten Augenblicke aufthun, und bei dem hellen Mondschein werde man dann hineinsehen in das Reich der Gnomen, in den Palast ihres Königs mit der Krone von rothen Rubinen, und in die Werkstatt der kleinen Arbeiter, die in den Bergen hämmern und schmieden und das Feuer schüren, an dem das Gold der Traube flüssig gemacht und in die Erde ergossen wird, aus der es funkelnd in die Gläser fließt.

Die Bergkette von Savoyen, so weit wir sie hier aus unsern Fenstern in der Pension Moser, und aus Montreux überhaupt vor uns liegen haben, ist sehr imposant. Den Mittelpunkt bildet der erwähnte Grammont, an ihn schließt sich links la Becca de Chambary, die sich fortzieht bis zu der erhabenen Dent du Midi, deren untere Zinken la petite Dent und la Dent Valère heißen, und hinter der Dent du Midi wird, die schon im Rhonethal gelegene Aiguille d'Agentière sichtbar, die zur Montblanc-Kette gehört. Rechts vom Grammont erhebt sich la Dent du Villand, an deren Fuß das Städtchen Bouveret gelegen ist, dann folgt die dreispitzig scharfgezackte Dent Doche mit den Felseinbuchten der Trèpartieu (drei Löcher) und le Creux de Navel, und endlich die Rochers de Mèmise mit dem scharfen Vorsprung der Felsen von Meillerie, hinter denen der Savoyensche Badeort Evian les Bains für uns versteckt liegt.

Diese schöne Gebirgskette, wie sie uns auch erfreut,

verkürzt uns jetzt aber die Tagesdauer sehr. Als wir im Juli nach Glion kamen, ging für uns die Sonne hinter dem Jura, etwa zwischen Lausanne und Genf, zur Ruhe, nun hat die Welt ihren halben Jahresumschwung gemacht, die Sonne geht für uns hinter dem Grammont unter, und wie schöner Beleuchtungsschauspiele wir dadurch auch aus unsern Fenstern theilhaftig werden, sehnen wir doch den Tag herbei, an welchem die Sonne die Felsen von Meillerie passirt haben wird, denn dann gewinnen wir plötzlich mehr als anderthalb Stunden Tageshelle — und der Tag ist so schön.

Wie übrigens das hiesige Stillleben mit jeder Stunde mehr Reiz für uns gewinnt, wie man in dieser Einsamkeit Alles tiefer und inniger und gesammelter genießt, das ist eine wahre Offenbarung für mich. Es kommt mir vor als hätte ich innerlich nie ein reicheres Leben geführt als hier, und wie ich mich jeden Morgen freue, wieder an das Fenster zu treten, und zu sehen, wie drüben Bouveret und St. Gingolph im Sonnenschein glänzen, wie die Möwen über den See hinfliegen, wie die Elstern auf den Zweigen in unserem Garten geschäftig und geschwätzig thun, und wie Licht und Schatten an den Bergen wechseln, so freue ich mich am Nachmittage schon auf die Stunde, in welcher man uns die Lampe auf den Tisch stellt, das Feuer im Kamin anzündet, und in der man uns wieder eines stillen, traulichen Abends sicher sein kann.

Neben seinem friedlichen Arbeiten empfindet man dann die Kriegs- und Leidensnachrichten um so schmerzlicher, die aus dem unglücklichen Italien zu uns herüberklingen, und wir sind viele Wochen lang, abgesehen von der Theilnahme, welche jeder denkende Mensch bei den furchtbaren Ereignissen im Kirchenstaate fühlen muß, bei denen das „Chassepot Wunder gethan hat" noch in besonderer Sorge um das Schicksal des Obristen Frigyèsi, des tapfern jungen Ungarn gewesen, der sich auch diesem neuen Feldzuge Garibaldi's wieder angeschlossen hat, und mit dem wir seit dem letzten Begegnen im Hôtel Byron in Verbindung geblieben waren. Er hatte uns Anfang Oktober geschrieben, daß „der General" ihn von Genf nach Italien gerufen habe. Danach vergingen Wochen und Wochen. Jeden Morgen brachten die Kölnische Zeitung und das Journal de Genève uns die Nachrichten aus Italien: die Verhaftung Garibaldi's in Sinalunga, seine Befreiung, sein Vorwärtsbringen, der Uebergang seiner Truppen auf das Gebiet des Kirchenstaats, die Kunde von dem Siege bei Monte rotondo und die Trauerbotschaft von der Niederlage bei Mentana drangen in unsere stille Klause. Wir hörten mit Schauder von jenen Wundern, welche die Chassepots gethan — von unserm jungen Freunde fehlte uns jede Nachricht; und ein Blatt der Aachener Zeitung, welches uns dortige Freunde bei Anlaß von Karl Vogt's Vorlesungen zugehen lassen, verstärkte nur unsere Besorgniß um den tapfern Frigyèsi. Die Zeitung enthielt den Bericht eines, wie ich glaube, deutschen Zuaven aus der päpstlichen Armee, über die Schlacht von Mentana. Der Hilfe, welche die Chassepots dabei geleistet, war nicht eben gedacht; wohl aber erwähnte der Bericht eines jungen Freischaaren=Majors, der mit einem Muthe „welcher einer bessern Sache werth gewesen wäre" immer in der vordersten Reihe gekämpft, und endlich von vielen Kugeln getroffen, niedergesunken, aber doch nicht todt gewesen sei, bis der berichterstattende Zuave ihm seinen Revolver an das Ohr gesetzt und ihn erschossen habe. Der Name des Gefallenen, wie der Zuave ihn angab, war dem unseres jungen Ungarn so sehr ähnlich, daß man ihn für denselben halten konnte, und es überlief uns kalt, als wir die Worte lasen. Wir schrieben nach Rom, wir schrieben nach Florenz — von beiden Orten erhielten wir den Bescheid, der Obrist Frignési sei es gewesen, der schließlich mit ungeheurer Anstrengung Mente rotondo gestürmt und genommen habe, der auf dem Schlachtfelde von Mentana bis zuletzt gesehen worden, und den Rückzug des Generals zu decken bemüht gewesen sei — was aber aus ihm selber geworden sei, wußte Niemand. Endlich am sechs und zwanzigsten November erhielten wir einen Brief von ihm aus Genf. — Hier bin ich wieder, schrieb er, noch ein wenig lahm, aber doch lebendig! — und die Schilderung des letzten römischen Feldzuges, der Schlachten von Mente rotondo und Mentana, der Wunder, welche die Chassepots gethan, diese Schilderungen wie Frignési sie mit der ihm eigenthümlichen antiken Einfachheit in seinem Briefe gab, war herzerschütternd.

In diesen Tagen ist er nun bei uns gewesen, das Weihnachtsfest mit uns zu feiern, das er seit seiner Kindheit Tagen immer einsam zugebracht hat. Es sind schöne Stunden gewesen, die wir mit diesem jungen heldenhaften Manne zugebracht haben, der zu den größten Charakteren gehört, welche mir auf meinem an bedeutenden Begegnungen doch so reichen Lebenswege vorgekommen sind. Gustav Frignési ist in Ungarn als das Kind unbemittelter Leute aus dem niederen Volke geboren. Er verlor den Vater, dessen er sich als eines stets ernsthaften und bejahrten Mannes erinnert, schon in seinem vierten Jahre, die bedeutend jüngere und von dem Kinde sehr geliebte Mutter als er eilf Jahre zählte. So ward er zu einer alten Großmutter und von dieser in eine geringe Schule gethan, aus welcher er entlief, als die Revolution in Ungarn ausbrach. Aber der funfzehnjährige Frignesi war kein robuster Knabe. Er konnte das schwere Gewehr nicht tragen, man stellte ihn also zur Artillerie, und als es sich erwies, daß er auch dazu noch die Kraft nicht habe, machte man ihn zum Trommelschläger, weil er durchaus in der Armee zu bleiben verlangte; und als Trommler hat er den Kampf bis zu dessen traurigem Ende mitgemacht. Als sein Regiment zersprengt worden war, irrte er eine Weile in den Wäldern umher, bis er zu seiner Großmutter und in seine Schule zurückkehren mußte, in der er jedoch nicht lange blieb, denn er hatte für sein Brod zu sorgen, wie er eben konnte. In dem militairpflichtigen Alter mußte er in die östreichische Armee eintreten und kam so nach Wien. Aber er war immer noch von zarter Konstitution, und er selber erzählte uns, wie nur das Mitleid eines Offiziers ihn einmal von Stockschlägen gerettet habe, als er zu schwach gewesen sei, die vorgeschriebene Anzahl von Futtersäcken von einem Raum des Fouragemagazin's nach dem andern hin zu schaffen. Indeß seine Kräfte fingen zu wachsen an, als sein Körper sich voll entwickelte, und schneller noch als dieser entwickelte sich sein Geist, und wuchsen, durch den außerordentlichen Wissensdrang des Jünglings, seine Einsicht und seine

Kenntnisse. Mit seinem Regimente häufigen Ortswechseln ausgesetzt, und aus einer Garnison in die andere verpflanzt, kam er einmal auch nach Ungarn in die Nähe seines Geburtsortes und „an den einzigen Flecken Erde, an dem er eine Heimath hatte, an das Grab seiner Mutter." Er fand das Grab verfallen und verwildert, und der Gedanke an diesen einsamen verlassenen Hügel ließ ihm fortan keine Ruhe. Als er dort gewesen war, hatte er die Zeit nicht gehabt, die Ruhestätte seiner Mutter zu pflegen „und selbst im Schlafe sah er immer nur das Grab!" bis er sich endlich einen Urlaub von achtundvierzig Stunden erwirken konnte, es noch einmal zu besuchen. Er hatte einen starken Tagesmarsch zu machen von seiner Garnison bis zu seiner Heimath, und es war Abend, als er auf den Kirchhof kam. Dennoch machte er sich an das Werk. Indeß kaum hatte er begonnen, das Unkraut auf dem schon eingesunkenen Hügel auszureißen, als man ihm Einspruch that. Der Geistliche und die Kirche hatten die Nutznießung des Kirchhofs und das Gras auf demselben war ihnen mehr werth als die Pietät des Jünglings. Man wies den Sohn vom Grabe der Mutter fort; aber Frignesi war nicht leicht von einem Vorhaben abzubringen. Was man ihm am Tage zu thun verboten, das vollführte er in der Nacht. Mit hastigen Händen richtete er den Hügel auf das Neue auf, deckte seine Seiten mit frischem jungem Rasen, legte einen Kranz von Feldblumen darauf, und als der Morgen auf dies Werk der Kindesliebe niederschaute, war der junge Sergeant schon wieder auf dem Marsch zu seinem Regiment.

Im Jahre 1859, als der italienische Krieg gegen

Oestreich entbrannte, und Cavour den Versuch machte, die Ungarn gleichfalls zur Erhebung zu bewegen, stand Frigyesi mit seinem Regimente in Italien am Po, und es waren alle Einleitungen dazu getroffen, daß die in demselben befindlichen Ungarn zu den Italienern übergehen sollten. Die vorsichtig eingeleitete Verschwörung wurde jedoch verrathen, der Uebergang der Ungarn wurde verhindert, und nur Frigyesi gelang es, zu den Italienern zu stoßen. Von den östreichischen Kugeln verfolgt, schwamm er, seine kleine silberne Uhr, sein bestes Besitzstück im Munde haltend, über den Po, und trat als Gemeiner — er hatte in Oestreich zum Offizier gestanden — auf sein Verlangen in die Reihen Garibaldi's ein.

Seine außerordentliche Tapferkeit, sein militairisches Talent, seine Energie und Entschlossenheit zogen bald die Aufmerksamkeit Garibaldi's auf sich, und von Schlachtfeld zu Schlachtfeld vorwärts ziehend, errang er in jedem Kampfe einen neuen Grad und die wachsende Freundschaft seines Generals. Als Major der italienischen Armee, mit den Orden des Königreichs Italien geschmückt, von drei italienischen Städten mit dem Bürgerrecht beehrt, ging er aus diesem Kriege für die Befreiung Italiens hervor; um von da ab alle Schicksale seines Freundes und Generals zu theilen. Mit ihm erlebte er den Tag von Aspromonte, mit ihm den Feldzug des Jahres 1866, in welchem Frigyesi es war, der Monte Giove, jene Festung stürmte und nahm, welche einst den Angriffen des ersten Napoleon widerstanden hatte. Neue Ehrenzeichen waren sein Lohn dafür; und am Ausgange dieses Feldzuges, sahen wir den prächtigen jungen Offizier in Como, wo die Armee Garibaldi's damals auseinander ging. Von der Schwächlichkeit des Knaben war an dem mittelgroßen, breitbrüstigen Manne von dreiunddreißig Jahren Nichts mehr zu bemerken, dessen große blaue Augen unter dem schwarzen Lockenkopfe funkelten, dessen Blick und dessen ganzes Wesen so klar und fest bestimmt waren, daß man sicher war, dieser Mann wisse, was er wolle, und zaudre nicht auszuführen, was er wolle. Die Kürze seiner Redeweise, die bildliche Kraft seines Ausdrucks fielen uns schon damals auf. Er spricht meist italienisch und spricht und schreibt es mit Meisterschaft, während sein Französisch und sein östreichisch-ungarisches Deutsch nicht eben mustergültig sind; und neben dem ganzen männlich kühnen Wesen, waren eine Anmuth und ich möchte sagen eine Kindlichkeit in Allem, was er that und sagte, die etwas überaus Liebenswürdiges hatten. Die Neigung, die Vorliebe, mit welcher damals in Como alte und junge Offiziere ihn behandelten, waren unverkennbar. Es sprachen verschiedene seiner Kameraden mit uns von ihm, sie waren Alle seines Lobes voll; und seit wir ihn näher haben kennen lernen, verstehen wir, was ihm ihre Liebe erworben hat: Er ist seines Meisters Garibaldi wahrer Schüler; er ist ein menschlich liebevoller Held, ein Held, der den Krieg nur führt um des Friedens willen, der ihm folgen soll.

In dem Sinne ist es geschehen, daß Frignèsi in einer Rede, die zu dem Besten gehört, was auf dem so wüst verlaufenen Friedenskongreß in Genf gesprochen worden ist, alle seine militairischen Ehrenzeichen von sich abgelegt und den Händen des Präsidenten übergeben hat. „Sie waren mir theuer, sagte er, als Erinnerung an die Tage, an welchen wir für die Befreiung eines edeln Volkes gefochten haben; aber der Krieg, der Menschenwohl verschlingt, ist ein Unglück für Tausende und Tausende, und man soll sich mit solchen blutgetränkten Siegeszeichen nicht schmücken. Verkaufen Sie diese Orden, Herr Präsident, schaffen Sie einem armen Tagelöhner dafür ein Werkzeug, einem armen Kinde dafür ein Schulbuch an, dann werde ich dieser Orden wieder gern gedenken."

Und jetzt, da er heimgekehrt ist, nach den schwersten Leiden des Körpers und des Geistes, das Herz noch blutend von dem Anblick der Schlachtfelder, auf denen die Freunde ihm gefallen sind, niedergedrückt durch die abermals getäuschte Hoffnung, Italien völlig befreit und völlig geeinigt zu sehen, jetzt sitzt dieser Mann der That mit eisernem Fleiße bei der ihm fremden Arbeit des Historikers, jetzt schreibt er die kriegerische und politische Geschichte des Jahres 1867, um es der Mitwelt darzuthun, daß nicht die heldenmüthige Jugend Italiens, daß nicht die Männer, welche sie führten, die Schuld daran tragen, daß heute noch nicht die dreifarbige Fahne vom Capitole weht.

Zweiundzwanzigster Brief.

Montreux, den 10. März 1868.

Heute ist an einem wunderschönen Abende die Sonne für uns zum erstenmale wieder in das blaue Wasser des See's hinabgestiegen, und unsere Tage sind dadurch urplötzlich um ein Bedeutendes länger geworden. So lange die Sonne hinter dem Gramont unterging, war unser Tag recht kurz, und wir sahen es mit Sehnsucht und mit Freude, wie sie weiter und weiter hinter den savoyen'schen Bergen nach Westen rückte, wie sie den Felsen von Meillerie immer näher kam, und manch liebes Mal haben wir uns gesagt: „wenn die Sonne erst wieder um das Kap von Meillerie herum ist, dann haben wir den Frühling!"

Und nun, da die Sonne diesen Weg zurückgelegt hat, und in einer wundervollen Farbenpracht neben dem Kap von Meillerie hinabsank — nun kommt eine Wehmuth über mich, und ich sage mir: der Frühling ist nun da, und nun werden wir von diesem friedlichsten der Seen, von diesem stillen Orte scheiden, an dem ich glücklicher gewesen bin, als je zuvor in meinem Leben.

Das Dasein war hier so sanft in seiner täglichen Gleichförmigkeit, unsere Erlebnisse, die Ereignisse, die uns beschäftigten, waren so einfach, und sie genügten doch vollkommen, jedem Tage seinen besondern Reiz zu verleihen. Am ersten Februar blühten die ersten Primeln; am sechsten

Februar gingen wir Mittags in Clarens am See spazieren und hatten eine reizende Lichtwirkung zu beobachten. Der See und der Himmel waren von der herrlichsten Bläue, die Sonne stand strahlend am Himmel, das Wasser aber war bewegt, und weil die Sonne sich in den Wellen spiegelte, sah es täuschend aus, als ob Flammen aus dem See emporstiegen, als ob feurig beschwingte Vögel sich in die Luft schwängen, oder als ob Legionen von Irrlichtern auf dem Wasser, und ebenein am hellen Tage, ihr phantastisches Wesen trieben.

Den Abend vorher hatten wir auch ein Schauspiel gehabt, an dessen Zauber ich immer noch zurückdenke. Wir waren am Nachmittage ausgegangen, und befanden uns auf der oberen Straße nach Clarens. Als die Sonne untergegangen war, färbten sich plötzlich die Dent de Jamen und die Rochers de Ney, die während des Sommers dieses Vorzugs weniger theilhaftig werden, mit dem feurigsten Purpur des Alpenglühens. Der See war dunkelroth wie glühendes flüssiges Metall, so roth, daß die kahlen braunen Pappeln an seinem Ufer völlig grün daneben aussahen. Die Berggelände, an denen wir gingen, die belaubten Büsche, Alles war dunkelroth, als sähe man es durch ein gefärbtes Glas, und während über dem Feuerroth der Rochers de Ney des Mondes Sichel klar und weiß hinaufstieg, schwebte über der Dent du Midi auf völlig lichtem blauem Himmel ein leichtes rosenfarbenes Gewölk. Es war ein Farbenspiel, wie ich es nie gesehen habe, man traute seinen eigenen Sinnen nicht; und wie hier schon zu den verschiedensten Malen, dachten wir an unsern Berliner Freund, an den Maler Eduard Hildebrandt, der es im Bewußtsein

seiner außerordentlichen Kraft gewagt hat, solche Lichtwir=
kungen, solche Naturereignisse festzuhalten, und dem die
Unerfahrenheit und das Unvermögen häufig Uebertreibung
vorgeworfen haben, weil er mehr gesehen hat als die
Meisten, und weil er mehr als sie wiederzugeben vermochte.

Aber es sind nicht immer solche Wunder gewesen,
nach denen wir unsere Tage abgemessen haben. Es waren
oft sehr friedliche und anscheinend unbedeutende Vorgänge,
an denen wir unsere Freude hatten. Am zehnten Februar
fing man die Reben zu schneiden an; da giebt es nun
seitdem alltäglich nachzusehen, ob die Augen noch nicht
kommen; am siebzehnten Februar begegneten sich die Sonne
und der Merkur, und unser Nachbar, der russische General,
der steif und fest an die Lehren der Kabbala glaubt, er=
wartete davon, ich weiß nicht welches Wunder. Dann wieder
sahen wir große Schwärme von Möven, es mochten über
zwanzig und darüber sein, über den See hinschießen, der
so glatt und hell war, daß er den Flug vollkommen wieder=
spiegelte und die Zahl für's Auge bis zur gänzlichen Täu=
schung verdoppelte. Den ganzen Februar hindurch hatte
man das Knospen der Bäume, und dann die Schäfchen
an den Zweigen und dann jeden Tag neues Werden und
neues Wachsen und Blühen und die allmähliche Belebung
der Natur durch den Gesang der Vögel zu beobachten;
und während wir hier unserer Zufriedenheit kein Ende
kannten, trafen wir eben heute mit Personen zusammen,
welche voll Verlangen der Stunde entgegensahen, die sie
aus der tödtlichen Langweile des hiesigen Aufenthalts er=
lösen würde.

Darüber sollte ich mich eigentlich nicht wundern —

und doch fällt mir solche Gesinnung an Menschen, welche die Jugend und deren natürlichen Hang nach wechselnden Zerstreuungen hinter sich haben — sehr unangenehm auf. Aber die Wenigsten sind sich bewußt, daß jede Muße eine trostlos öde Wüste für Denjenigen ist, der nicht die Aussaat und die Arbeitskraft in sich mitbringt, welche dazu gehören, die Muße fruchtbar und förderlich zu machen. Es ist oft gradezu komisch anzusehen, mit welcher Angst sogenannte thätige, d. h. an äußeres, ihnen auferlegtes Thun gewöhnte Männer und Frauen, vor ihrer freien Zeit stehen, und nicht wissen, was sie nun mit ihr anfangen sollen. Derjenige, welcher ihnen den Befehl geben könnte, Boten zu laufen oder Steine zu klopfen, wäre oft ein wahrer Wohlthäter und Erlöser für sie. Steine werden hier jetzt aber freilich mehr als nur zu viel geklopft. Man schüttet alle Wege frisch mit Steinen auf, und es sieht fast aus, als würden wir Fremden dazu benutzt, sie allmählich fest zu treten; denn an das Walzen denkt man vorläufig noch nicht, und manche Strecken sind dadurch gradezu ungehbar geworden. Es geschieht überhaupt so gut wie Nichts zur Bequemlichkeit der Fremden. Die Luft ist gut, Montreux ist windstill — was will der kranke Fremde mehr? Was hat er mehr zu fordern?

Dreiundzwanzigster Brief.
Schloß Chillon.

Montreux, den 24. März 1868.

Seit wir hier in Montreux leben, sind wir bei unsern Spaziergängen fast täglich bei dem Schlosse Chillon vorbeigekommen, das für uns, die wir langsam hinzuschlendern pflegen, etwa drei Viertelstunden von unserem Hause, und eben so weit von dem, am Eingange in das Rhone-Thal gelegenen Städtchen Villeneuve entfernt ist. Die Eisenbahn-Station von Veytaux ist ganz nahe bei dem Schlosse, aber erst heute, da ich mit unserem jungen Freunde, Dr. Anton Dohrn, der uns hier zu meinem Geburtstage, von Jena besuchen gekommen ist, einen Spaziergang am Seeufer machte, bin ich wieder in das Schloß hineingekommen.

Schon von Glion aus, hatte Schloß Chillon unsere Augen immer auf sich gezogen. Es sah, wenn wir es von oben betrachteten, wie eine riesige zu Stein gewordene Wasserrose aus, die in der Fülle ihrer weißen und braunen Blätter hart am Ufer aus der Tiefe des Sees emporgekommen war. Steht man aber unten vor dem Schlosse, so gewahrt man darin ein wahres Urbild der Zeiten, in welchen es entstanden ist und die glücklicher Weise vorüber gegangen sind. Schön und gewaltthätig — voll Furcht vor den Menschen und den Menschen feindlich — tückisch auf sich selbst gestellt, liegt es auf seinem Felsen im Wasser da, und wird noch Jahrhunderten widerstehen, wie es seit seiner ersten Grundlage einem Jahrtausend widerstanden hat.

Irre ich mich in meinen Erinnerungen nicht, so war das Schloß, als ich es vor dreiundzwanzig Jahren besuchte, noch rundum von Wasser umgeben und mit dem Lande nur durch eine Zugbrücke verbunden. Jetzt sind die Gräben ausgetrocknet, eine schöne steinerne Brücke führt von dem Fahrwege am Ufer, der sich hart an den Felswänden des Mont Sonchon hinzieht, nach dem Schlosse hinüber, während unter dieser Brücke die Lokomotiven, die langen Wagenzüge von und nach dem Süden hindurchführen; und man hat angefangen, nach dieser Seite hin das Schloß mit kleinen Gartenanlagen zu umgeben, deren junge Sträuche und Bäume neben dem uralten Epheu, der die Thürme des Schlosses und die Ecken in den Mauern umrankt, indeß noch wenig bedeuten wollen.

Man behauptet, daß schon die Römer auf diesem Insel-Felsblock eine Feste oder einen Warttthurm aufgerichtet haben; der große, vierecke, schwerfällige Thurm aber, der offenbar der älteste Theil des gegenwärtigen Schlosses ist, sieht jedoch nicht aus, als ob er römischen Ursprunges wäre, wenn schon er alt genug sein mag, denn im Jahre 830 unserer Zeitrechnung, ist in demselben bereits ein Graf Wala, ein Oheim und Feldherr Karl's des Großen, von Ludwig dem Schwachen gefangen gehalten worden. Seine jetzige Gestalt, und diese ist malerisch, von welcher Seite man sie auch betrachten mag, verdankt Schloß Chillon zum Theil den kriegerischen Bischöfen von Sion, für welche diese Feste hier am Eingange des Rhonethals, zwischen dem Wallis, in dem sie herrschten, und zwischen dem Waadtlande gelegen, sowohl für den Angriff als für die Abwehr allerdings ein Posten von hohem Werthe gewesen sein muß.

Dennoch vertauschten die Bischöfe von Sion die Feste Chillon im Jahre 1005 gegen andere Besitzungen an die Bischöfe von Genf. Es muß aber auch von diesen, die schon damals meist Prinzen aus dem savoyen'schen Hause waren, später aufgegeben worden sein, denn zu Anfang des zwölften Jahrhunderts hatten die Herzöge von Savoyen Schloß Chillon wieder von den Bischöfen von Sion zu Lehn, und einer der mächtigsten und energischsten unter diesen Herzögen, der Herzog Peter war es, der die letzte Hand legte an den Ausbau von Schloß Chillon, weil er in demselben mit Vorliebe zu wohnen und Hof zu halten pflegte.

Den Bedürfnissen eines solchen Hofhaltes hat man das Schloß denn auch anzupassen gestrebt, so weit sich dies innerhalb einer Festung, und auf dem ovalen, sich gegen Osten senkenden Felsen thun ließ. Die Gebäude bedecken den Felsen ganz und gar, dadurch ist ihre Form bedingt, und weil so verschiedene Zeiten an dem Schlosse gebaut haben und man Altes und Neues zu verbinden hatte, ist etwas Willkürliches in die Konstruktion gekommen, das dem Schlosse seinen phantastischen Reiz verleiht.

Man weiß, wenn man an der einen Seite steht, nicht mit Sicherheit, was man an der andern finden wird; man wird überrascht, wohin man tritt. Wie sich das bedrohte Landvolk in Zeiten der Gefahr in diese Feste unter den Schutz seines Herrn flüchtete, und wiederum die in ihr versteckten Mannen schreckenverbreitend auf die, solchen Ueberfalles nicht gewärtigen Nachbarn hervorbrachen, so drängen sich die Rundthürme mit ihren zusammengedrückten spitzen Dächern in der Mauer nach der Landseite zusammen, so versteckt sich die sehr beträchtliche Größe des Schlosses zwischen diesen Thürmen und nach der Seeseite hin, so springt der eine, niedrigere und viereckige Thurm mit seinen scharfen noch wohlerhaltenen Krenelirungen an der linken Ecke hervor; und beschützt durch alle diese Thürme und Mauern dehnt sich dann über den See gegen Mittag hin, derjenige Theil des Schlosses, der die Wohngemächer und den Ritterfaal enthält, mit einer verhältnißmäßigen Freiheit und Sicherheit aus. Als Ganzes betrachtet erscheint Schloß Chillon gar nicht groß. Der weite See, die riesigen Gebirge geben dem Auge einen andern als den gewohnten Maaßstab, und wir waren selbst betroffen, als wir, die Länge des Schlosses am Ufer abschreitend, die Bemerkung machten, wie dieselbe dem großen königlichen Schlosse in Berlin nur wenig nachstehe.

Seine glänzendste Zeit hat Schloß Chillon jedenfalls im dreizehnten Jahrhundert, eben unter dem Herzoge Peter von Savoyen gehabt, der übrigens zuerst in diesen Landen sich eine Truppe von bewaffneten Söldnern gehalten hat. Sie war aus Engländern, Italienern und Savoyarden zusammengesetzt, hatte in diesem Schlosse ihr Quartier, und dünkte dem Herzoge verläßlicher als die Landeskinder, wenn es ihm darauf ankam, den Adel des Landes von der Vereinigung mit den Bischöfen von Sion abzuhalten, oder den bequemsten Weg in seine Stammländer gegen das Vordringen seiner Feinde zu vertheidigen.

Früher hat an der andern Seite der Landstraße, am Abhange des Mont Senchen noch ein Festungsthurm gestanden, der die Sperrung des Weges vollkommen machte, und dessen letzte Ueberreste alte Leute noch gesehen haben wollen. Jetzt ist keine Spur davon mehr übrig; dafür sind aber die zwei Reihen krenelirter Mauern, welche einen Hof zwischen sich bilden und das Schloß Chillon nach Norden hin umgeben, völlig unversehrt und werden mit ihren Thürmen und mit dem großen Donjon, unter welchem früher die Gewichte der Zugbrücke befestigt waren, immer noch sorgfältig erhalten.

Chillon hat drei Stockwerke. Ein tief in den Felsen eingehauenes, acht Fuß über dem höchsten Wasserspiegel erhabenes Erdgeschoß oder Souterrain, wie man es nennen will, das sich aus Hallen von verschiedenem Umfange zusammensetzt. Die beiden größten derselben haben schöne Spitzbogengewölbe, die von byzantinischen Säulen getragen werden. Der Hauptsaal enthält deren sieben, und es ist in diesem Unter-Gestocke Platz genug, eine Truppe von einigen hundert Mann, nebst einer guten Anzahl von Gefangenen zu herbergen. Durch die schmalen Schießscharten fällt das Tageslicht gedämpft herein, und die Wirkung der Sonnenstrahlen auf dem Gewölbe der Decken und in den ganzen Hallen, die mit ihren rohen Wänden und den aus gleichem Stein gehauenen Pfeilern, fast wie natürliche Grotten anzusehen sind, ist schön. Ueber diesen Hallen erhebt sich der Gerichtssaal, eine Treppe führt zu ihm direkt aus der einen Halle empor, welche als Gefängniß benutzt worden ist. Oublietten, von deren ersten drei, vier Stufen der Gefangene, den man verschwinden lassen wollte, in das Leere trat und in dem See versank. Folterkammern und Folterwerkzeuge fehlen nicht, und werden heute noch in verschiedenen Gemächern gezeigt; und wenn unsere Zeit über diese Unmenschlichkeiten auch hinaus ist, so stehen doch alle diese Säle des Erdgeschosses auch heute noch voll Werkzeugen des Mordes, voll Kanonen, voll Pulverwagen u. s. w., denn gegenwärtig ist Schloß Chillon das Artillerie-Magazin des Waadtlandes. Wir sind eben noch immer nicht über die Periode der Gewaltthätigkeit hinaus, wir sind noch immer in der Zeit des Faustrechts, nur daß das Morden massenhafter geworden ist und ungefährlicher für diejenigen, auf deren Machtgebot es sich vollzieht. Das müssen wir uns immer und immer wiederholen, um es uns in jedem Augenblicke vorzuhalten, wo wir stehen, und wohin wir wollen und müssen.

Eine zweite Treppe, ein paar enge und winklige Gänge, führen durch kleine spitzbogig in Stein gefaßte Thüren in den großen, an der Decke mit kassettirtem Holzgetäfel ausgelegten Rittersaal. Wie er einst gewesen, ist nicht leicht zu sagen. Zuletzt ist er in Fresko mit den Wappenschildern der Berner Herren bemalt gewesen. Das zeigen uns die ziemlich rohen Ueberreste dieser Malerei. Der Saal ist fünfunddreißig Schritte lang und fünfzehn Schritte breit. Die Fenster sind verhältnißmäßig klein, aber sie haben eine feine byzantinische Form, und namentlich in den, neben dem Rittersaale gelegenen zwei Zimmern des Herzogs und der Herzogin, die an und für sich schiefwandig, nichts weniger als prächtig gewesen sein können, sind die söllerartigen Fenster sehr wohl gebaut und bieten die wundervolle Aussicht auf den See, aus dem das Schloß emporsteigt. In dem großen sieben Schritte langen Kamine des Rittersaales hängen noch die eisernen Ringe zum befestigen der Kessel und der Bratspieße herab, und hier in diesem Saale war es, wo Herzog Peter an der Seite seiner Gattin, wie die Chroniken es erzählen, in den Friedenstagen, denen er nicht abhold war, herrlich und in Freuden Hof hielt. Hier empfing er seine Vasallen, deren Wappen an den Wänden neben denen des Hauses von Savoyen prangten, ehe die Berner Herren die ihrigen an deren Stelle setzen ließen. Hier in diesem Raume rief Hörnerklang die Gäste zu der Mahlzeit. In prächtigen Festkleidern kamen die Ritter, in Gewändern mit ihren Wappen darauf gestickt, die Edelfrauen zu der Tafel, an welcher der Kaplan aus einem in violettem Sammet gebundenen, reich mit Gold verzierten Breviere, die Tischgebete las. Von dem im Kamine lodernden Feuer wurden die dampfenden Braten gleich auf den Tisch getragen, die Trinkhörner gingen in die Runde, Minnesänger und Hofnarren würzten mit ihren Liedern und mit ihren Spässen die Tafelfreuden, und bis tief in die Nächte hinein, ward die Lust nicht müde, die man dann später in der Kapelle des Schlosses, welche jetzt noch am besten von allen innern Räumen erhalten ist, in frommen Gebeten büßte.

Indeß die Bußen und der Friede währten damals nie und nirgend lange, und auch hier am Ufer des Genfersees hörte der Kampf nur selten auf. Sogar von einer Schlacht von Chillon ist zu berichten, wie ich aus dem Dictionaire Historique du Canton de Vaud ersehen. Um das Jahr 1265 oder 66 nämlich, war Herzog Peter auch wieder einmal in einen Krieg mit dem Bischofe von Sion verwickelt, und der dem Herzoge feindliche Adel des Waadtlandes hatte den deutschen Kaiser davon benachrichtigt, daß in diesem Augenblicke ein Schlag gegen den Herzog Peter wohl auszuführen sein würde. Der Kaiser sendete also einen seiner Hauptleute, den einige Geschichtschreiber als einen Herzog von Kerringen bezeichnen, während andere in ihm den Grafen Rudolf von Habsburg zu erkennen glauben, mit einer Truppe ab, an welche sich die mißvergnügten waadtländischen Edelleute anschlossen, und fort zogen sie, um Chillon zu belagern.

Sowie Herzog Peter davon Kunde bekam, brach er in aller Eile aus dem Wallis auf, und es gelang ihm im Schutze der Nacht, mit seinen Schaaren bis nach Villeneuve vorzudringen. Mit zweien seiner Mannen machte er sich, seine Truppen noch zurücklassend, nach Chillon auf, um ungesehen vom Feinde in sein Schloß zu gelangen. Bei Tagesanbruch verfügte er sich auf den großen Thurm, von dem aus er seine Feinde übersehen konnte. Sie lagerten sammt und sonders auf den Höhen rund um Meutreur her und schliefen, nichts Böses ahnend in süßer Ruhe, weil sie den Herzog noch im Wallis glaubten. Der aber hatte seine Umschau kaum gehalten, als er sich eilig in ein kleines Boot warf, das ihn mit raschen Ruderschlägen über die schweigenden Wasser des Sees nach Villeneuve hinübertrug, wo seine Leute seiner harrten. „Als sie ihn dann heiter und wohlgemuthet sein Boot verlassen und sich ihnen nahen sahen, riefen sie ihm entgegen, was er ihnen denn für Kunde bringe? — Gute und schöne! gab er ihnen zur Antwort, denn wenn wir rechte Kerle sind, werden mit unsers Gottes Hilfe alle unsere Feinde uns in die Hände fallen!" Wie mit einer Stimme riefen Alle: Herr! Ihr habt nur zu befehlen! — Darauf waffneten sie sich flugs, und nachdem sie sich gehörig gerüstet hatten, stiegen sie zu Rosse und zogen in schöner Ordnung, ohne es mit dem Trompetenklang zu grüßen, an des Herzogs Schloß von Chillon still vorüber.

So erreichten sie unbeachtet die Schaaren ihrer Feinde und fielen mit einem Schlage über die Zelte und das Lager des Herzogs von Koppingen her, wobei sie wenig Arbeit hatten, denn sie fanden ihn und alle seine Leute unbewaffnet und im halben Schlaf. So klug hatten sie es angefangen, daß sie den Herzog von Koppingen selber zum Gefangenen machten; mit ihm die Grafen von Nidau, von Gruyère und von Arberg; die Barone von Montfaucon, von Grandson, von Caffenay, von Montagny; zusammen achtzig Grafen, Barone, Herren, Ritter, Stallmeister und Edele des Landes. Sammt und sonders ließ nun Herzog Peter alle diese gefangenen Grafen und Herren in seine Feste Chillon führen, aber er behandelte sie nicht als wie Gefangene, sondern er nahm sie anständig und festlich und mit Ehren auf. Der Beute indessen gab es dennoch viele und sie war sehr reich!"

Wenn man jetzt so in Chillon herumgeht, kann man sich keine rechte Vorstellung mehr davon machen, wie man eine solche Anzahl von Rittern und Herren, neben den ständigen Bewohnern des Schlosses dort habe herbergen und bewirthen können, indeß die Herren waren in jenen Tagen freilich nicht verwöhnt! Sie werden wohl nicht Jeder ein besonderes Schlafgemach und vermuthlich auch kein besonderes Toilettenzimmer gefordert haben. Hielt man es doch noch zu den Zeiten von Margarethe von Valois, nach einem damals gedruckten „Manual für einen Hof=mann", nothwendig, demselben ausdrücklich zu bemerken, daß jeder Mann von Stande, der die Ehre habe, am könig=lichen Hofe zu erscheinen, sich jede Woche wenigstens ein=mal zu waschen habe. Dies Manual, das wir in einer erneuten Ausgabe selbst besitzen, ist übrigens mit allen seinen Anordnungen nicht dazu geeignet, eine besondere Bewunderung oder Neigung für die „schönen Tage der Vergangenheit" zu erwecken oder sie zu stärken.

Die siegreiche Schlacht von Chillon hatte aber für den Herzog Peter den Besitz des Waadtlandes entschieden; denn Lausanne und Yverdun mußten sich bald darauf ergeben, und noch im achtzehnten Jahrhundert stand als Erinnerung an die Schlacht von Chillon unweit von der Kirche von Montreux, ein Beinhaus, in welchem man die Gebeine der in der Schlacht von Chillon gefallenen Krieger aufbewahrte. Indeß es war dem Herzoge nicht vergönnt, sich lange des neu gewonnenen Ländereizuwachses zu erfreuen. Er starb schon zwei Jahre nach der Erwerbung dieser Landestheile, als er bei der Rückkehr aus einem in Italien unternommenen Feldzuge, sich eben wieder nach Chillon begeben wollte. Seine Nachfolger bewohnten das Schloß nur zeitweise und selten. Einer von ihnen, Amé der V. von Savoyen, beging 1272 in Chillon seine Hochzeitsfeier mit Sybilla von Baugé, und durch die zweihundertachtundsechzig Jahre, welche Chillon nach dem Tode des Herzogs Peter noch in den Händen des Hauses Savoyen verblieb, beherrschen von dort aus waadtländische Edelleute als Kastelane im Namen des Herzogs das Land, bis Chillon nach der Eidgenossenschaft zwischen Genf und Bern, von den Eidgenossen gestürmt und für Bern gewonnen wurde.

Damals war Anton von Beaufort Kastellan und Kommandant des Schlosses, das von den Genfer Galeeren zu Wasser, und von den Berner Truppen unter Hans

Franz Nägunly zu Lande angegriffen und regelmäßig belagert wurde. Man bombardirte es gleichzeitig von der Seite von Montreux, von Villeneue aus, und vom Wasser; und Antoine von Beaufort, der wohl einsah, daß er den Platz nicht halten könne, da das ganze Waadtland bereits von den Bernern erobert worden war, begann Verhandlungen einzuleiten, um für sich und die ganze Besatzung, bei Uebergabe des Schlosses, freien Abzug mit Waffen und Habe zu erwirken, welchen jedoch der Berner Feldherr nur den italienischen Truppen zugestehen wollte. Man parlamentirte lange hin und her, da, mitten in den schwebenden Verhandlungen, faßte der Schloß-Hauptmann einen heroischen Entschluß. Um sich und die Seinen nicht den Bernern zu überantworten, deren Grausamkeit gegen ihre Gefangenen man fürchten lernen, versuchte er das Aeußerste.

Er warf sich mit einem Theile seiner Mannschaft in die große zum Schlosse gehörende Barke, bahnte sich mit überraschender Schnelligkeit durch die Genfer Galeeren seinen Weg nach La Tour-Ronde, und es ward ihm möglich, sich mit den Seinen auf das Land zu retten. Ehe man es hindern konnte, hatte er vor den Augen seiner Feinde sein Schiff in Brand gesteckt, und dieses gethan, gelang es ihm, sich mit seiner ganzen Schaar in die Gebirge von Faucigny zu flüchten, wohin man ihm nicht folgen konnte.

Nach der Entfernung seines Kommandanten ergab sich Chillon ohne alle Bedingungen, und der Einzug der Berner und der Genfer befreite einen der ausgezeichnetsten Männer, welche Chillon je als Gefangene verborgen hatte, den Prior von St. Viktor zu Genf, Franz von Bonivard, den man gemeinlich als den Helden des Byron'schen

Gefangenen von Chillon ansieht. Aber der „Gefangene von Chillon" ist eine rein dichterische Erfindung. Byron wußte von Bonivard's Geschichte Nichts, als er jenes Gedicht schrieb, und nur das „Sonnet an Bonivard" ist seinem Andenken entsprungen und geweiht.

Bonivard hatte sich bei den Streitigkeiten, welche wie immer, so auch im Anfange des sechszehnten Jahrhunderts zwischen den Genfern und dem Herzoge von Savoyen herrschten, auf Seiten der Genfer geschlagen; und obschon er selbst ein katholischer Geistlicher war, sich der reformirenden Partei zugewendet. Das war in den Augen des Herzogs und des Bischofs von Genf ein doppeltes Verbrechen, und dieser Letztere hatte den Prior plötzlich und arglistig überfallen lassen, um ihn dem Herzoge von Savoyen auszuliefern, der ihn zwei Jahre im Gefängniß hielt. Als man ihn endlich aus demselben entließ, versuchte Bonivard, als Schadloshaltung für sein verlorenes Priorat, sich von dem Herzoge eine Pension zu erwirken, und man schien auf sein Begehren eingehen zu wollen. Um nun über diese Angelegenheit zu verhandeln, hatte der Verarmte sich nach Meudon begeben, wo der Herzog mit seiner Gemahlin im Frühjahr von 1530 Hof hielt. Am Abende vor dem Himmelfahrtstage speiste Bonivard in allem Frieden mit dem Marschall von Savoyen zu Nacht, und schlief bei Noël von Bellegarde, dem Haushofmeister der Herzogin, welcher ihm am Morgen des Himmelfahrtstages einen seiner Diener mitgab, um den Prior nach Lausanne zu geleiten. Sie hatten aber erst einen Theil ihres Weges zurückgelegt, als ihnen plötzlich der obenerwähnte Kastellan von Chillon, Antoine von Beaufort, mit einem Gefolge von zwölf bis fünfzehn Reisigen begegnete.

„Ich ritt, so erzählt Bonivard, der einer der Geschichtsschreiber von Genf und einer der besten Stylisten seiner Zeit war, ich ritt ein Maulthier und mein Führer ein mächtiges Roß. Ich sagte zu ihm: vorwärts! vorwärts! und ich selbst gab meinem Maulthiere die Sporen und legte die Hand an den Degen. Mein Führer aber, statt mir zu folgen, wendete plötzlich sein Pferd, fiel mir in den Zügel und schnitt mir mit einem Messer, das er schon in Bereitschaft gehalten hatte, die Degenkoppel durch. Danach hatten die Andern dann ein leichtes Spiel. Sie führten mich gebunden und geknebelt nach Chillon ab." —

Anfangs behandelte man den Prior in der neuen Gefangenschaft jedoch nicht schlecht. Der Kastellan ließ ihn neben sich wohnen und versuchte ihn in weltlichen und geistlichen Dingen zu seiner sogenannten Pflicht zurückzuführen, indeß da dies nicht gelingen wollte, zog man, als einer der Prinzen des Savoyen'schen Hauses zum Besuche in das Schloß kam, andere Saiten auf. „Als der Herzog da war, berichtet Bonivard, sperrte mich der Kastellan in eine Grotte, die tiefer gelegen war als des See's Oberfläche, und ließ mich an einen Pfeiler schließen, an dem ich vier Jahre angeschmiedet geblieben bin. Ob er das auf Befehl des Herzogs, oder aus eigenem Entschlusse gethan hat, das weiß ich nicht zu sagen; soviel aber weiß ich, daß ich reichlich Muße hatte, um den Pfeiler herum zu gehen, und mit meinen Tritten in den Felsen einen runden Fußsteg einzutreten, als hätte ihn Einer mit dem Hammer eingeschlagen."

Man zeigte uns denn auch heute noch den Pfeiler, an welchem Bonivard geschmachtet hat, und Byrons Namen an demselben. Schade, daß man nicht auch die Verse Byron's, die sich in dem „Gefangenen von Chillon" auf diesen Pfeiler beziehen, an demselben angebracht hat. Die Worte lauten:

> Chillon! thy prison is a holy place,
> And thy sad floor an altar; for 't was trod
> Until these very steps have left a trace
> Worn, as if the cold pavement were a sod,
> By Bonnivard! May none those marks efface!
> For they appeal from tyranny to God! —

Aber auch vor und nach Bonivard hat es dem Fels gewölbe von Schloß Chillon an Gefangenen nicht gemangelt. In der Mitte des vierzehnten Jahrhunderts z. B. als eine furchtbare Judenverfolgung durch ganz Europa ging, setzte man in den Gewölben von Chillon die Juden aus dem Chablais gefangen, die angeklagt waren, die Brunnen vergiftet zu haben, und dadurch die Urheber der Epidemie, eben des schwarzen Todes, zu sein, der um 1348 in der Schweiz wie in dem ganzen übrigen Europa wüthete. Man hatte die Tortur gegen sie angewendet, sie verurtheilt lebendig verbrannt zu werden, und einige Christen, welche der Mitwissenschaft bezüchtigt worden waren, ebenfalls den furchtbarsten Martern ausgesetzt. Aber der Bevölkerung des Waadtlandes war diese Justiz noch immer nicht schnell und nicht grausam genug. Sie überfiel das Schloß, bemächtigte sich der gefangenen Juden, gegen welche auch durch die Tortur natürlich kein wirklicher Schuldbeweis zu ermitteln gewesen war, und

verbrannte sie sammt und sonders ohne alles weitere Ur=
theil, ohne alle Rücksicht auf ihr Alter oder ihr Geschlecht.

Zu Ende des Jahres 1663 setzte die Regierung von
Bern einen der Meuchelmörder in Chillon gefangen,
welche der König von England gedungen hatte, die in
Lausanne und Vevay lebenden englischen Republikaner Lisle,
Broughton und Ludlow zu ermorden. Das Unternehmen
gegen Lisle, der mit Ludlow das Todesurtheil gegen Karl
den Ersten unterzeichnet hatte, gelang in Lausanne. Der
von Savoyen herübergekommene Mörder erstach ihn auf der
Schwelle der Kirche St. François, mit dem Rufe „es
lebe der König!" — und trotz des hohen von der Berner
Regierung auf seinen Kopf gesetzten Preises, entkam er
glücklich. Der andere Bandit, dessen man in Morges
habhaft geworden, wurde am Neujahrstage 1664 in Chillon
verhört. Er gestand, wer ihn und den Entflohenen gedungen,
daß die savoyenschen Edelleute de la Bresse und du Fargis
ihnen bei ihren Versuchen, Lisle und Ludlow beizukommen,
behilflich gewesen wären, und ihnen die Wege zur Flucht
gebahnt hätten. Ludlow ist beiläufig siebenzig Jahre alt
in Vevay gestorben und in der dortigen St. Martinskirche,
ebenso wie Broughton bestattet worden. Seine Grab=
schrift ist noch heute dort zu finden.

Die Inschrift auf dem Hause, das er in Vevay be=
wohnt, hat eine monarchisch fanatische Engländerin im
Jahre 1821 zerstören lassen, die das Haus nur gekauft
hat, um diese Denktafel vernichten zu können. Irre ich
nicht, so ist jetzt die Sillig'sche Erziehungsanstalt für
Knaben in dem Hause.

Im Ende des achtzehnten Jahrhunderts endlich, als

in Frankreich die Revolution schon im vollen Gange war, ließ die Berner Regierung, welcher auch damals das Waadtland noch unterworfen war, drei Waadtländer in das Gefängniß von Chillon führen, welche am 14. und 15. Juli 1791 in Ouchy und Rolles den Jahrestag der Erstürmung der Bastille gefeiert und sich bei den Festgelagen öffentlich zu den Grundsätzen der französischen Revolution bekannt hatten. Es waren der Amtsassessor Henri Rosset aus Lausanne, Georg Albert Müller, Herr von la Motte, und ein Doktor juris aus Grandson, Namens Antoine Mieville; und noch im Oktober 1848 brachte man den in Freiburg residirenden Bischof von Lausanne und Genf, Monsignore Etienne Marilley als Staatsgefangenen nach Chillon in Gewahrsam, weil er sich gegen die Beschränkungen aufgelehnt hatte, welche die neue Konstitution den bisherigen Rechten der Bischöfe entgegenstellte. Indeß seine Haft währte nur einige Wochen, da die Aufregung jener Tage sich in der Schweiz bald sänftigte.

Auch jetzt noch ist Schloß Chillon ein Gefängniß, und wir selber sahen einen Gefangenen über seine Brücke schreiten, als wir auf dem warmen Kiesgeröll am Ufer saßen, und hinträumend in der Mittagssonne, in das blaue Wasser schauten, das mit seinen kleinen glitzernden Wellen leise und linde die Kiesel zu unsern Füßen überspülte. Aber der Gefangene war kein Bischof und kein Ritter, kein patriotischer Freiheitsheld und auch kein des Pesterzeugens angeklagter Jude, sondern ein Handwerker, seiner mit Kalk besprützten Kleidung nach ein Maurer, der sich irgend eine gesetzwidrige Handlung zu Schulden kommen lassen. Er und der ganze Vorgang und der

Landgensd'arme, in seiner grundhäßlichen Uniform, sahen nichts weniger als poetisch oder romantisch aus; dafür saßen wir aber in voller Friedenssicherheit unter den niederhängenden Aesten der Trauerweide, deren Zweige sich grün zu färben begannen; und wir trugen Beide gar kein Verlangen nach jenen Tagen, in denen oben bei der Kirche von Montreux die reisigen Mannen des Koppingers und drüben in Villeneuve die Gewappneten des Herzogs Peter gelegen, und von dem See die Genfer Galeeren ihre Kanonen gegen Chillon gerichtet hatten.

Und doch erinnere ich mich deutlich, wie mich einst entzückt hat, was mir jetzt barbarisch, roh und widrig däucht; wie mir das Herz geklopft hat bei den männlichen Thaten von de la Motte Fouqué's lanzenbrechenden Rittern, wenn sie mit Anrufung des Erlösers und der Madonna zu Gottes Ehren und nebenher zu ihrem eignen Vortheil, kämpfend und mordend durch die Lande zogen. Der Einzelne macht nur seine Wandlungen eben schneller durch, als die Gesammtheit, aber sie geben ihm doch das Recht, von sich und seiner Entwicklung auf die Entwicklung aller zu schließen. Die Zeit bleibt gewiß nicht aus — sie kann nicht ausbleiben — in welcher Allen der sogenannte große Krieg grade so unvernünftig und so unmenschlich erscheinen wird, als uns Beiden heute hier an diesem friedlichen Ufer die lanzenbrechenden ritterlichen, herzoglichen, bischöflichen und städtischen Raufereien.

Ich habe einmal in London ein Bild von Landseer gesehen, das den Herzog von Wellington darstellte, der mit seiner Nichte das Schlachtfeld von Waaterloo betrachtete, auf welchem Ackerleute während der Mittagsrast ihr Mahl verzehrten. It was a famous victory! war unter diesem meisterhaft gemalten Bilde in goldnen Lettern zu lesen.

Ich glaube es kommt die Zeit, in welcher man unter Schlachtenbildern andere Unterschriften setzen, und kein Schlachtfeld — weder das von Chillon noch das von Waaterloo oder Sadowa — anders betreten und betrachten wird, als mit dem Ausruf: welch' eine grauenvolle Zeit, welch' entsetzliche Erinnerung!

Ihr seht, ich komme immer wieder auf dasselbe zurück, und wir sollen auch immer wieder darauf zurückkommen, um es uns und denen, die wir zu erziehen haben, beständig vorzuhalten, daß wir noch im Mittelalter stecken, daß wir noch Wilde und Barbaren sind, und gesittete, vernünftige Menschen werden müssen. Es lebt sich gar zu sanft und gut in diesem freien Lande, ohne Kanonendonner und Trommelschall, unter freien, friedlichen Bürgern, und es ist hoch erfreulich in dem Rittersaale von Chillon, dessen einstige Besitzer Land und Leute ihrer unumschränkten Selbstsucht dienstbar machten, jetzt zwischen den Fahnen der freien Waadtländer, welche die Wände zieren, unter dem Landeswappen mit seiner Inschrift Patrie et liberté, gleichsam als Erklärung derselben die folgenden Verse zu lesen:

> Ces mots sacrés liberté et patrie
> Notre écusson les rappelle à chacun,
> Et la Croix blanche à son tour nous crie:
> Un pour tous et tous pour un!

Vierundzwanzigster Brief.

Montreux 1868.

Schon als wir im verwichenen Jahre in Genf gewesen sind, und vollends hier, wo ich bei meinen verschiedenen Studien über diese Gegend, immer wieder auf die finstere Gestalt Calvin's gestoßen bin, dessen Einfluß auf die Entwicklung des Genfer und des waadtländischen Volkscharakters ein so mächtiger gewesen ist, hat sich es mir aufgedrängt, daß eigentlich noch keine tiefgreifende Lebensgeschichte dieses in jedem Falle sehr bedeutenden Mannes existirt. Die Biographie, die ich in die Hand bekommen habe, war eine schönmalende Verherrlichung mit so unsicheren Umrissen, daß man Mühe hatte, nur die Thatsachen zusammen zu finden; Alles, was von reformirten Geistlichen über Calvin geschrieben worden, hebt, so weit ich es gesehen habe, seine theologische und kirchliche Wirksamkeit geflissentlich hervor und läßt seinen Eingriff in das politische Leben der Republik Genf zum Theil im Schatten liegen. Einzelne Monographien bieten allerdings gutes Material für diese oder jene Charakterseite von Calvin, von dessen Leben ich bisher eigentlich nicht mehr gewußt habe, als davon im Konversationslexikon zu lesen ist, und als man uns in dem Geschichtsunterrichte über ihn mitgetheilt hat. Aber die Geschichte, wie sie uns in den Schulen gelehrt wird, leistet uns für die Kenntniß der Menschheitsentwicklung eigentlich nicht viel mehr, als eine

Landkarte für die Anschauung von den Ländern, und den Städten. Sie liefern beide nur Umrisse. Man sieht es der Landkarte von Süditalien nicht an, wie schön es sich am Golfe von Neapel ruhen läßt, und die Karte von Norddeutschland läßt es auch nicht erkennen, wie öde die nordischen Haideländer sind. So sagte es uns auch die Geschichte in ihren großen Umrissen nicht genugsam, was im Einzelnen gewirkt und gelitten worden ist, und auf welch blutigen Bahnen die Menschheit den Weg des Fortschritts zurückgelegt hat. Diesen Weg aber muß man im Auge behalten, um sich stets daran zu erinnern, bis zu welchen Grausamkeiten das Menschenwesen sich fortreißen lassen kann, wo es sich und seinen Vortheil oder seine Ansicht von den Dingen angetastet und bedroht sieht; und um sich daneben an der Erkenntniß aufzurichten, daß trotz jenes blutigen Weges die Menschheit in den letzten Jahrhunderten doch eine tüchtige Strecke auf dem Pfade der gegenseitigen Duldung vorwärts gekommen ist, und daß die Freiheit des Einzelnen jetzt doch schon einen festeren Boden und einen weit größeren Spielraum gewonnen hat als früher.

Indeß alle Entwicklung vollzieht sich langsam, und ich betrachte immer wieder die Gestalt Calvin's, um es verstehen zu lernen, wie Jemand, der sich gegen die starre Tyrannei der römischen Kirche mit aller Gewalt seines Wesens aufgelehnt hatte, in der Kirche, die er selber gründete, augenblicklich mit der gleichen Unduldsamkeit zu Werke ging; wie der Reformator, der den Ketzergerichten in seinem Vaterlande nur mit Noth entgangen war, Verbannung, Tod und Scheiterhaufen über Diejenigen zu verhängen

vermochte, die nicht ihr Urtheil an das seine gefangen
gaben, die nicht glaubten, wie er glaubte.

Es ist merkwürdig genug, daß die Reformatoren der
katholischen Kirche, mit Ausnahme von Savonarola und
Hutten, sich nur gegen eine gewisse Tyrannei innerhalb
der kirchlichen Lehren und Gebräuche, nicht gegen die staatliche Tyrannei, nicht gegen die Tyrannei überhaupt erhoben; und wie die wirkliche Geschichte der französischen
Revolution erst jetzt allmählich an das Tageslicht gezogen
wird, so wird auch die Geschichte der Reformationszeit,
die mehr als hundert Jahre umfaßt, noch erst geschrieben
werden, und es wird dann erst auch dem Bauernkriege und
den Wiedertäufern, und allen ähnlichen Erhebungen und
Bestrebungen jener Tage, ihr Platz auf dem Wege der
richtigen Erkenntniß, und eine andere Würdigung als die
bisherige zu Theil werden müssen.

Was ich mir über die äußeren Verhältnisse Calvin's
zusammengestellt habe, will ich Euch in einigen Blättern
mitzutheilen versuchen.

Der Genfer Reformator, wie man Calvin zu nennen
liebt, war kein geborner Genfer. Es war ein Franzose und
am zehnten Juli fünfzehnhundertundneun zu Noyon in
der Picardi geboren. Sein Großvater war ein Böttiger
in Pont l'Eveque, sein Vater Gérard Chauvin hatte
studirt, war apostolischer Notar, und bekleidete neben verschiedenen anderen Aemtern, auch den Posten eines Sekre-
tairs bei dem Bischof Charles de Hangest. Da Gérard
Chauvin auf diese Weise mit den Edelleuten des Landes
mannichfach in Verkehr stand, und sein Sohn frühzeitig
gute und hervorragende Anlagen zeigte, erlangte der Vater

es, daß ein Seigneure de Mommor ihn, allerdings auf Chauvin's Kosten, mit und neben seinen Kindern erziehen ließ, also daß Jean seine frühe Jugend in einem reichen und vornehmen Hause zubrachte. Indeß die Ausgabe für diese Erziehung fiel dem Vater schwer. Er wendete sich deshalb um Beistand an seinen Bischof, und erlangte für den der Kirche bestimmten Knaben, als derselbe sich seinem zwölften Jahre näherte, die Stelle eines Kaplan's an der Kapelle la Gésine. Noch ehe er dies zwölfte Jahr beendet hatte, wurde er schon tonsurirt. Die Verleihung einer geistlichen Stelle an einen Knaben, der sie noch nicht verwalten konnte, war allerdings eine Ungehörigkeit, aber in jenen Zeiten etwas nicht Ungewöhnliches. In Portugal hatte es einen fünfjährigen Kardinal gegeben, in Frankreich war Odet de Châtillon mit sechszehn Jahren Kardinal geworden, und Leo der X., der diesen Kardinal de Châtillon ernannte, war selbst schon mit fünf Jahren zum Erzbischof von Aix erhoben worden. Erst das trientinische Concil hat den Mißbrauch abgeschafft, geistliche Aemter als Versorgungen an Unmündige zu verleihen.

Im Genuß seiner kleinen Sinekur und in dem Hause des Seigneurs de Mommor verblieb der Knabe Calvin bis in sein vierzehntes Jahr. Da brach in Noyon die Pest aus, und der Vater, dessen Hoffnung auf die Zukunft dieses Knaben durch dessen schnelle und ungewöhnliche Entwicklung noch gestiegen war, beschloß ihn nach Paris zu senden, um ihn der in Noyon drohenden Gefahr zu entziehen. Calvin wurde also mit den Kindern des Herrn von Mommor nach der Hauptstadt geschickt, dort aber von seinen bisherigen Gefährten getrennt, und einem Onkel zur Aufsicht anvertraut, der ein Schlossermeister war.

Seine Studien fortzusetzen trat Calvin in das Collège de la Marche ein, an welchem Mathurin Cordier, den Calvin später selbst nach Genf berief, einer der beliebtesten Lehrer war. Damals hatte die neue Lehre in Frankreich sowohl im geringen Volke als unter den Vornehmen schon viele Anhänger gefunden, und die durch sie angeregten Streitfragen beschäftigten Alt und Jung durch alle Stände. Doch dachte man im Allgemeinen noch nicht an eine völlige Lossagung von Rom und vom Papstthume überhaupt. Man glaubte vielmehr durch die Abschaffung gewisser Mißbräuche, durch die Aufklärung und Feststellungen der Dogmen, über welche man streitig geworden war, die römisch-katholische Kirche zu erheben und zu festigen, und der junge Calvin, der von einer sehr frommen Mutter zu der strengsten Ausübung aller kirchlichen Gebote angehalten worden war, hatte in Noyon wohl schwerlich an die Möglichkeit einer Auflehnung gegen das Papstthum gedacht. Er sagt von sich selber aus, daß er „mehr als irgend ein Anderer, dem päpstlichen Aberglauben ergeben gewesen sei."

In Paris hingegen trat ihm der Kampf innerhalb der Kirche sofort entgegen, denn man verfuhr dort gegen Diejenigen, welche sich offen zu den Lehren Luther's bekannten, bereits mit größter Strenge, und Calvin war noch nicht lange in Paris, als er auf dem Greveplatz den unglücklichen Jacques Pavannes, einen Lutheraner aus Meaux um seines Glaubens willen verbrennen, und später auf dem Parvis Notre-Dame die gleiche Strafe an einem Einsiedler vollziehen sah, der bis dahin in dem Walde von Lircy im Geruche großer Heiligkeit gelebt hatte.

Welchen Eindruck diese Ereignisse auf das Gemüth des Knaben machten, weiß man nicht, wie man überhaupt wenig von seinem Jugendleben und von seiner inneren Entwicklung weiß. Ein Umriß seines Lebensweges, den er in einer Vorrede zu seiner Arbeit über die Psalmen gegeben hat, sagt wenig aus. Er war überhaupt zurückhaltend, schweigsam und abgeschlossen auch im persönlichen Verkehr; dabei sehr ernsthaft und strenge gegen sich und Andere. Weder das reiche Leben in dem Hause der Familie Mommore, noch die fröhliche Lebenslust seiner Mitschüler in dem Collège de la Marche und in dem Collège Montagu, in das er mit sechszehn Jahren überging, scheinen einen verlockenden Eindruck auf ihn gemacht zu haben. Er warf sich schon hier zum Censor seiner Mitschüler auf, wenn diese sich leichtfertigen Vergnügungen ergaben; und eine Schilderung aus jener Zeit, zeigt ihn weder jugendlich froh, noch in einer liebenswürdigen Gestalt. Sie nennt ihn „mager, blaß, mit strengem durchbringendem Blick." — „Unter einem trocknen und angegriffnen Körper barg er einen frischen und kräftigen Geist, er war dreist im Angriff, schlagfertig in der Entgegnung. Er fastete viel, weil er glaubte, sich damit von der Migraine befreien zu können, an welcher er beständig litt, und auch, weil er durch diese körperliche Enthaltsamkeit den Geist freier und das Gedächtniß stärker machen zu können meinte. Er sprach wenig und immer nur ernsthafte Dinge, die irgendwie entscheidend waren. Man sah ihn nur selten mit den Andern, er war immer für sich allein." —

In dem Collège Montagu beschäftigte ihn neben der Theologie vorzüglich das Studium der alten Klassiker, wie es damals in diesen Collegien betrieben wurde. Er lernte durch einen scholastischen Spanier den Aristoteles kennen übte sich an ihm in einer scharfen Dialektik, und begann den Cicero mit Eifer zu lesen, dessen Styl ihm ein Vorbild wurde, und den er „den Franzosen unter den Lateinern" zu nennen liebte. Mit achtzehn Jahren wurde ihm die Pfarre von Marteville und zwei Jahre später eine Pfarre in Pont l'Eveque, der Heimathstadt seiner Familie verliehen, aber sein Vater hatte inzwischen anders über ihn entschieden, und ihm die Weisung ertheilt, seine theologischen Studien abzubrechen, um sich der Jurisprudenz zuzuwenden. Er gehorchte sofort und begab sich von Paris nach Orleans, wo er nach der Anweisung seines Vaters seine juristische Laufbahn beginnen sollte.

Ob er diesen Wechsel gern vollzogen, ob vielleicht schon damals, durch seinen Freund Robert Olivetan, welcher später zuerst in Genf die Nothwendigkeit einer Reformation predigte, Zweifel in seinen Geist geworfen worden waren, welche es ihm willkommen machten, das theologische Studium aufzugeben, weiß man auch nicht. Aber wie er sich in den beiden Pariser Collegien durch seine Fähigkeiten ausgezeichnet hatte, erregte er auch in Orleans Aufsehen, durch die ungewöhnliche Schnelligkeit, mit welcher er sich in die ihm neue Wissenschaft hineinfand. Man rühmte bald, sowohl die große Leichtigkeit und Schönheit, mit der er sprach und schrieb, als seine Schlagworte und geistreichen Ausfälle; und nach Jahresfrist übertrugen die Meister und Lehrer ihm schon gelegentlich das Amt, sie zu vertreten. Von Orleans begab er sich nach Bourges, wo ein berühmter, in der Schule der Renaissance gebildeter Italiener, der Mailänder Alciati, als Lehrer des römischen Rechtes, eine große Anzahl von Schülern um sich versammelte, und hier geschah es, daß Calvin neben seinen juridischen Arbeiten, ein ernstes Studium der Bibel begann. Er schreckte jedoch Anfangs vor den Widersprüchen bang zurück, welche sich vor ihm, zwischen den Evangelien und den Lehren und Glaubenssätzen der römischkatholischen Kirche aufthaten; und er selber sagt von sich aus, daß er sich „schüchtern und weichherzig vor der Gefahr" gefunden habe. Dazu sträubte sich sein praktischer und logisch geschulter Verstand dagegen, einer Doktrin zu entsagen, eine Form aufzugeben, ehe er eine andere und bessere dafür gefunden hatte. Es handelte sich dabei vor allem Andern um die Lehre von der Erlösung des Menschen durch die Gnade Christi — nicht durch des Sünders zur Buße verübte gute Werke — und um die Anwesenheit Christi in der Hostie.

„Ich war weit entfernt, sagte er, mein Gewissen in sicherer Ruhe zu haben. So oft ich in mich hineinblickte, oder so oft ich mein Herz zu Gott erhob, überfiel mich ein so außerordentliches Entsetzen, daß keine Reinigung oder Genugthuung mich davon herstellen konnten. Und je näher ich mich betrachtete, um so schärfer drückte der Sporn sich in mein Gewissen, so daß mir kein anderer Trost blieb, als mich mit Selbstvergessenheit zu betrügen. Aber obschon ich so hartnäckig in den päpstlichen Aberglauben versunken war, daß es sehr schwer hielt, mich aus dieser tiefen Pfütze herauszuziehen, bändigte Gott mein Herz, dennoch durch eine plötzliche Bekehrung und brachte es zu einer geordneten Unterwürfigkeit. Als ich jedoch erst einigen Vorschmack und einige Kenntniß von der wahren Frömmigkeit erhalten hatte, war ich von einem so unaufhaltsamen Verlangen danach entflammt, daß ich mich allen andern Studien nur noch wenig hingab, wenn ich ihnen auch noch nicht durchaus entsagte!"

Aber man ließ ihm zu seinen innern Betrachtungen nicht lange Zeit. Noch ehe ein Jahr seit seiner Bekehrung vergangen war, wendeten sich diejenigen unter seinen Freunden und Bekannten, welche sich auf demselben Wege befanden, um Rath und Belehrung an ihn. Da er, wie er selber es bezeichnet, „ein etwas schüchternes und verlegenes Naturel besaß, und Ruhe und Stille vor Allem geliebt hatte, machte ihn das Verlangen ganz verwirrt, und er versuchte es, sich davor in die Einsamkeit zurückzuziehen; bis Gottes Fügung ihn an das Licht rief und ihn, wie man so sagt, in das Spiel verwickelte."

Er hatte inzwischen Bourges verlassen und war wieder nach Paris gezogen, wo er mit Unterbrechungen durch verschiedene Reisen, von 1529 bis 1532 verweilt und in dem Hause eines Kaufmanns Etienne de la Forge gewohnt hat, welcher seine Bekehrung und seine Freundschaft für den Reformator, im Jahre 1535 mit dem Märtyrertode büßte. In diesem Hause hielt Calvin Anfangs heimlich, dann fast öffentlich seine ersten religiösen Zusammenkünfte und Besprechungen, und es fanden sich zu denselben Personen aus den verschiedensten Ständen ein; denn wie im fünfzehnten Jahrhundert zu Savonarola's Zeiten, und unter Luther's Bekehrung in Deutschland, so hatte sich auch in Frankreich ein Theil der Gebildeten der Reformation der Kirche geneigt und den Lehren von einer Wiedergeburt der Menschheit zugänglich gezeigt. Ja es sah in Frankreich eine Weile beinah aus, als könne das Oberhaupt des Staates für die Reformation gewonnen werden.

Franz der Erste war geistreich genug und in philosophischer Bildung genug geschult, um an den Streitigkeiten über die Dogmen des Christenthums ein Vergnügen zu finden. Er selbst war nichts weniger als ein guter oder gläubiger Christ. Er besaß den Leichtsinn und die Lebenslust der Großen seiner Zeit, und hatte nebenher sein selbstherrliches Vergnügen daran, demselben Klerus, von dem er, wenn er sich irgend wie in seinem Gewissen beunruhigt fühlte, eine billig und leichtgewährte Absolution verlangte, mit der Möglichkeit seiner Bekehrung zu der neuen Lehre zu drohen, die für Frankreich und für die Franzosen maßgebend geworden sein würde. Es belustigte ihn, seinen Bischöfen mit der Berufung Melanchthon's bange zu machen, und in ihrer Gegenwart die Psalmen, in neuen, von dem Dichter Marot gelieferten Uebersetzung, vor sich herzusingen; und eben deshalb fand auch die Verwendung seiner, den neuen Lehren anhängenden Schwester, Margarethe von Valois, Herzogin von Alençon, lange genug bei ihm ein geneigtes Ohr, wenn sie die Protestanten gegen ihre Verfolger in Schutz nahm.

Margarethe von Valois aber und ihre Schwester, die Herzogin Renata von Ferrara nahmen es mit ihrem Glauben und ihrer Bekehrung ernsthaft. Die Erstere hatte schon seit dem Jahre 1521 die Bibel unter Leitung eines frommen und gelehrten Mannes, Namens le Fèvre, studirt, und kaum bekehrt, religiöse Versammlungen bei sich abhalten lassen, denen der König und des Königs Mutter, Louise von Savoyen, mit wachsendem Antheil beigewohnt, und in denen ein gewisser Michel d'Arande gepredigt hatte, welchen der Bischof von Meaux der Herzogin Margarethe eigens zu diesem Zwecke nach Paris gesendet. Indeß die Schlacht von Pavia, welche durch die Schuld des Herzogs von Alençon verloren wurde, wendete das Interesse des Königs und der ehrgeizigen Königin Mutter nach einer andern Seite hin. Der Herzog von Alençon starb von Gewissensbissen und von Scham gepeinigt, und als die Rede davon war, die nun verwittwete Herzogin Margarethe mit Karl dem Fünften zu verheirathen, lehnte König Franz diese Verbindung ab, und gab seine Schwester dem Könige von Navarra, Henri d'Albret zur Gemahlin. Das entfernte Margarethe von dem königlichen Hofhalt ihres Bruders, und wenn fortan auch die verfolgten Protestanten zu Nerac, in der Residenz der Königin von Navarra eine Zuflucht fanden, so war doch der günstige Einfluß der Königin auf Franz den Ersten damit aufgehoben. Die Anhänger der neuen Lehre hatten dies auch bald zu empfinden, und Calvin war unter den Ersten, welche von der geänderten Stimmung des Hofes betroffen wurden.

Auf den Wunsch des Rektors der Pariser Universität, Nikolas Kop, hatte er für diesen eine Festrede ausgearbeitet, die der Rektor alljährlich zu halten beauftragt war, und in dieser, die sich herkömmlich mit ganz andern Dingen zu beschäftigen pflegte, unumwunden die Erlösung durch den Glauben gepredigt, während er dabei mit großer

Geringschätzung von den guten Werken sprach. Die Sorbonne hatten darüber Lärm geschlagen, das Parlament bemächtigte sich der Angelegenheit. Kop, der benachrichtigt worden, daß ein Verhaftsbefehl gegen ihn erlassen sei, entfloh nach Basel. Aber man kannte den wahren Urheber der Rede und war froh, endlich Hand an ihn legen zu können. Indeß auch Calvin wurde gewarnt, und es blieb ihm grade noch die Zeit, durch ein Fenster zu entwischen. Er flüchtete zu einem Winzer in eine der Vorstädte in Paris, und entkam in einer Verkleidung nach dem Schlosse eines Seigneur de Hazeville. Von da ging er zu einem, der Reformation ergebenen Kanonikus von Angouleme, Louis du Tillet, und endlich zu der Königin von Navarra, bei welcher eine große Anzahl von Verfolgten Aufnahme gefunden hatte.

Ich setze die Reihe derjenigen, welche Calvin bei dieser Flucht beschützten, geflissentlich hier her, weil sie darthut, wie die Reformation sich durch die verschiedenen Schichten des Volkes ihre Bahn brach, und wie damals selbst noch unter der hohen Geistlichkeit eifrige Anhänger der Reform zu finden waren, welche ruhig in ihren Aemtern blieben, weil sie glaubten, die Neugestaltung könne und werde sich innerhalb der Grenzen des römischen Papstthums vollziehen. Auch der Kanonikus Du Tillet hatte in jener Zeit noch kein Bedenken, den von der Sorbonne und dem Parlamente verfolgten Calvin zu beschützen, obschon Calvin's Papiere bereits mit Beschlag belegt, und eben dadurch eine Anzahl seiner Freunde gleichfalls zur Flucht genöthigt worden waren.

Das Erste, was man gegen die Neuerer unternahm,

war, daß man ihnen so viel als möglich das lebendige Wort entzog. Indeß damit war ihnen kein Einhalt zu thun, denn sie wendeten sich zur Presse, und bald war ganz Paris mit Flugblättern überschüttet, die man selbst an die Zimmerthüren des Königs anzuheften nicht versäumte. Eines derselben, das am achtzehnten Oktober 1534 ausgegeben wurde, führte den Titel: Articles véritables sur les horribles et grands abus de la messe papale, und setzte vor Allem auseinander, daß es Gotteslästerung sei, die wirkliche Anwesenheit des Leibes Christi in einem Backwerk anzunehmen, das gelegentlich von Mäusen und Spinnen gefressen werden könne. In gleicher Weise wurde die ganze Messe, als ein rein äußerlicher Gottesdienst kritisirt, und man hatte nicht viel Mühe, diesem Plakate gegenüber, den leichtbeweglichen Geist des Königs dahin zu überreden, daß mit demselben zugleich ein Angriff gegen die Majestät des Königs begangen worden sei; denn von der Auflehnung gegen die göttliche Majestät bis zu der Auflehnung gegen die Majestät des Königs war der Schritt, wie die Orthodoxen dem Könige bemerklich machten, überall sehr leicht gethan werden. Und was durfte ein König für sich erwarten, wenn er den König der Könige ungestraft beleidigen ließ? — Das leuchtete Franz dem Ersten ein.

Derselbe Jean Morin, der Calvin's Papiere durchsucht hatte, wurde beauftragt, die Schuldigen zu ermitteln, und schon nach wenig Tagen waren alle Gefängnisse mit Reformirten überfüllt.

Am fünfundzwanzigsten Januar 1535 aber, verließ eine glänzende Prozession die dem Louvre gegenüber gelegene Kirche Saint Germain l'Auxerrois. Es war mit derselben auf eine Verherrlichung der Hostie abgesehen, eben weil die Plakate sie als ein gewöhnliches Backwerk zu bezeichnen gewagt hatten. Unter einem prachtvollen Baldachine, dessen Stänber von dem Dauphin, von den Herzögen von Orleans, von Vendome und von Angouleme getragen wurden, ward die Hostie in feierlichem Aufzuge durch die Stadt geführt. Der König folgte ihr barhäuptig mit der Kerze in der Hand, als wolle er die Buße für das ganze Land übernehmen. In St. Genevieve wurde ein Hochamt gehalten, nach welchem der König sich in den bischöflichen Palast verfügte, und dort, auf einem eigens für ihn errichteten Throne, umgeben von dem höchsten Adel, dem Parlamente und dem hohen Klerus seines Landes, erklärte und gelobte er, daß er fortan keine Nachsicht irgend einer Art den Ketzern angedeihen lassen werde. „Fände ich, der ich Euer König bin, rief er aus, daß eines meiner Glieder von dem abscheulichen Irrwahn befleckt oder angesteckt wäre, ich würde es Euch hinhalten und sagen: schneidet es ab! Und wenn ich bemerkte, daß eines meiner Kinder davon ergriffen wäre, so würde ich es mit eigner Hand zum Opfer bringen."

Und man ließ es denn auch gleich an diesem Tage der Buße und der Umkehr nicht an Opfern fehlen. Während diese Ceremonie im bischöflichen Palaste vollzogen wurde, brannten auf sechs verschiedenen Plätzen in Paris die Scheiterhaufen, und sechs Reformirte, unter ihnen Antoine de la Forge, der Wirth und Freund Calvin's, wurden an einer Art von schwebenden Balken, die man senken und heben konnte, bei lebendigem Leibe in das Feuer getaucht, hinausgezogen und wieder hineingesenkt, bis König Franz, der ritterliche König par excellence, mit seinem ganzen Gefolge die Revue dieser Scheiterhaufen und Martyrien abgenommen, und sich an der Qual derjenigen geweidet hatte, von welchen er glaubte, daß sie seine Feinde werden könnten, weil sie kühn genug gewesen waren, sich offen als die Feinde des entarteten Papstthums zu bekennen.

Ein Gegner der Reformation, der dieser Thatsachen ebenfalls erwähnt, berichtet sie mit folgenden ergreifenden Worten. „Die Feuer brannten überall, und während die Gerechtigkeit und die Strenge des Gesetzes das Volk in Schranken hielten, setzte die feste Entschlossenheit der Märtyrer, die man zum Tode führte, die Menge in Erstaunen. Man sah junge Weiber sich zu den Martern drängen, um Psalmen singend, und Gott und Christus anrufend, Zeugniß von ihrem Glauben abzulegen. Jungfrauen gingen so heiter zum Tode als wäre es der Weg in's Brautbett; die Männer freuten sich, wenn sie die Marterwerkzeuge erblickten, und blieben halb gebraten und verbrannt, fest wie Felsen gegen die Fluth des Schmerzes. Diese beständig erneuten Hinrichtungen hatten aber nicht nur auf den Geist der geringen Leute, sondern auch auf den der Vornehmen eine gewisse beunruhigende Wirkung. Man fragte sich unwillkürlich, ob diese Menschen nicht vielleicht doch das Recht auf ihrer Seite haben könnten, da sie es mit so großer Entschlossenheit verträten? Andere fühlten unwillkürlich Mitleid bei diesen Verfolgungen, und nicht nur ihre Herzen, sondern auch ihre Augen weinten, wenn sie diese verkohlten Leichname, die Ueberreste der Geopferten, an häßlichen Ketten in der Luft hängen sahen!"

Man hält bei solchen Bildern inne! Man sagt sich mit einer Art von Beruhigung: das ist in unsern Tagen nicht mehr möglich! Und man hat mit diesem Glauben und mit diesem Troste doch nur zum Theile recht. Es ist allerdings nicht wahrscheinlich, daß wir jetzt noch um ihres religiösen Glaubens Willen Menschen zum Tode werden führen sehen. Die Bildung der großen Mehrzahl ist dahin gekommen, dem Menschen eine verhältnißmäßige Freiheit zu gewähren für seine Ansicht von der unsichtbaren Kraft, deren Theil wir sind, und deren uns zum großen Theil noch unerfaßten Gesetzen, wir unterworfen sind. Ob aber in Rom und in dem Kirchenstaate überhaupt, ein Auto da fé nicht heute noch sehr möglich sein würde, das möchte ich nicht verneinen; und auf dem staatlichen Gebiete geschieht noch heute, was zu Franz des Ersten Zeiten in Paris geschah. Es sind in allen europäischen Ländern fortdauernd diejenigen standrechtlich und im gewöhnlichen Verfahren gerichtet worden, die sich gegen die bestehende Ordnung aufgelehnt haben, und was 1852 in Paris heimlich und massenhaft geschehen, darf auch nicht vergessen werden. Die Tyrannei wagt es freilich nicht mehr, diejenigen, von welchen sie ihre Gewalt bedroht glaubt, am hellen Tage auf offenem Markte zu verbrennen. Sie ist auch zu feinfühlend und zu nervenschwach geworden, sich an dem Schauspiel menschlicher Qualen in Prozession ersättigen zu gehen, aber sie schafft ihre vermeinten und ihre wirklichen Gegner im Stillen über Seite. Sie erschießt sie zu Hunderten auf dem Marsfelde im tiefen Schatten der Nacht; sie führt sie nach Cayenne zu Tausenden, und sie hat dabei noch den Vortheil, daß sie das Mitleid weniger hervorruft und nicht zu neuem Martyrthume aufreizt. — Ein Fortschritt ist gemacht worden seit den Tagen der Reformation und zwar ein großer — denn die Tyrannei ist von der Gesittung der Menschen zur Heuchelei gezwungen worden, und auch in diesem Falle ist die Heuchelei eine Huldigung, welche das Laster der Tugend darbringt.

Daß seines Bleibens in Frankreich nicht mehr sei, war natürlich für Calvin unzweifelhaft, dennoch zögerte er, sich zu entfernen. Er wollte in der Nähe derjenigen bleiben, welche seines Zuspruches bedurften, und selbst auf seiner Flucht stand er nicht an, zu verweilen, wo man seine Lehren und seine Ermuthigungen zu vernehmen wünschte. In Poitiers hatten sich zu diesem Zwecke eine Anzahl hervorragender Männer zusammen gefunden. Es waren zumeist Geistliche, die später selbst das Werk der Bekehrung förderten, und hier war es, wo Calvin, von der Gewalt des Augenblickes und von seiner eigenen Begeisterung hingerissen, in einer Fels=Grotte, in welcher man sich um ihn versammelt hatte, auf einem Felsblock, der als Altar diente, zum erstenmale das evangelische Abendmal ertheilte.

Aber eben dieses Abendmal in der Grotte hatte großes Aufsehen gemacht, und Calvin mußte eilen, nach Straßburg und nach Basel zu kommen, wo er vorläufig zu bleiben dachte, um endlich einmal in Ruhe aufathmen zu können. In Straßburg, wo die Reformation seit dreizehn Jahren heimisch geworden war, fand Calvin in dem Hause ihres dortigen Trägers, Bucer, mit dem er schon lange über eine regelmäßige Gestaltung der Gemeinden in Verkehr gestanden hatte, eine bereitwillige Gastfreundschaft. Indeß weder in Straßburg noch in Basel, das bereits ebenfalls für die neue Lehre gewonnen worden, ließen die immer wachsenden Verfolgungen der Reformirten in seinem Vaterlande Calvin in Frieden rasten, und die Unmöglichkeit ihnen mit der That wirklich zu Hilfe zu kommen, vermehrte seine Aufregung. Es war also zu seiner eigenen Beruhigung, wie zur Ermuthigung seiner Glaubensgenossen, daß er eben in dieser Zeit seine Schrift über „die christliche Institution" verfaßte und dem Könige von Frankreich übersendete.

Diese Arbeit, die zuerst mit einer an Franz den Ersten gerichteten, in französischer Sprache geschriebenen Vorrede erschien, trägt das Datum des 1. August 1535, war Anfangs nur sechs Bogen stark und eine Art von Katechismus und Bekenntniß. Sie enthielt jedoch schon die Keime zu dem größten Werke, das Calvin als Schriftsteller und als Gründer eines selbstständigen religiösen Bekenntnisses hinterlassen hat, und an dem er durch mehr als zwanzig Jahre, es beständig erweiternd und erläuternd, fortgeschaffen, bis es das geworden ist, als was es jetzt noch dasteht, das Fundament der französischen reformirten Kirche.

Es ist kaum anzunehmen, daß Calvin, der Franz den Ersten kannte, sich der Hoffnung hingab, an diesem eine Bekehrung zu bewerkstelligen; aber er mochte glauben, mit seiner Schrift von dem Könige Duldung für die Reformirten erlangen zu können. Indeß auch diese Erwartung täuschte ihn, und er war, sein Vaterland abermals verlassend, auf einer Reise nach Italien begriffen, als der Genfer Reformator Farel ihn in Genf zu bleiben überredete. —

Man darf an das jetzige Genf nicht denken, wenn man sich ein Bild desjenigen Genf entwerfen will, das die Reformation vorfand. Genf zählte am Ende des fünfzehnten und zu Anfang des sechszehnten Jahrhunderts sieben Tausend Einwohner, und der Bischof mit seinen zweiunddreißig Canonici, welche zum großen Theil dem hohen Adel angehörten, gaben der kleinen Republik das Beispiel des freiesten und üppigsten Lebensgenusses. Die Frauen von Genf waren der Geistlichkeit und dem Katholizismus blind ergeben, und als sich, durch die Zügellosigkeit eben dieser Geistlichkeit hervorgerufen, in der Genfer Bürgerschaft die ersten Auflehnungen gegen die Herrschaft der Kirche zeigten, standen die Frauen fest zur katholischen Geistlichkeit und zu allen ihren Lehren. Unter den Männern hingegen hatte die Bewegung bald einen politischen Charakter angenommen. Es handelte sich für sie nicht nur um die Lossagung von dem römisch-katholischen Bekenntniß, sondern um die Befreiung von der Herrschaft der Bischöfe, und um den Anschluß an das protestantisch gewordene Bern, das also aus doppelten Gründen seinen Vortheil darin fand, der Reformation in Genf Vorschub zu leisten.

Es war jedoch für die ersten Prediger des Protestantismus nichts Leichtes, sich eine Wirksamkeit in Genf zu ermöglichen, und sie mußten zu einer List ihre Zuflucht nehmen, um sich nur ein Gehör zu verschaffen. So erbat sich Froment, einer der frühesten Predikanten, durch öffentliche Anschläge, Männer und Frauen, auch wenn sie niemals vorher in einer Schule gewesen wären, innerhalb vier Wochen französisch lesen und schreiben zu lehren, und lud alle diejenigen, welche dieses Vortheils theilhaftig zu werden wünschten, ein, sich bei ihm, in dem Saale des goldenen Kreuzes, auf dem Mollard einzufinden, wo er zugleich gratis Anweisung zur Heilung mannichfacher Krankheiten ertheilen wolle. Der Zulauf war natürlich groß, aber es war doch nahe daran, daß Fromment in dem Rhone ertränkt wurde, als er sich eines Tages weigerte, vor einer der großen Prozessionen nieder zu knien; und erst die Bekehrung einer Genfer Bürgerin, die sich Anfangs gegen die Reformation und gegen Fromment ganz besonders feindselig bewiesen hatte, bahnte diesem seinen Weg in der Bürgerschaft und in das Familienleben hinein.

„Es war eine ehrbare Dame, eine gewisse Claudine, die Frau von Amé Levet, eines guten Bürgers der Stadt. Sie war im Lesen wohl bewandert, aber dem Aberglauben an Wunder sehr ergeben und dem katholischen Wesen so anhänglich, daß sie sich weigerte, Fromment predigen zu hören, weil sie ihn für einen Teufel hielt und verdammt zu werden fürchtete, falls sie ihn auch nur angehört hätte. Ihr Abscheu vor ihm war so groß, daß sie ihn nicht sehen, nicht hören wollte, aus Furcht, durch ihn verzaubert zu werden."

„Indeß wurde sie doch endlich von ihrer Schwägerin Paula, der Frau des Jean Level, die dem Worte Gottes sehr ergeben war, mit großer Mühe überredet, ihr zu Liebe Fromment wenigstens einmal anzuhören. Und da sie mit Spotten und Verhöhnung, in dem Glauben, einen Zauberer oder einen Teufel anzutreffen, in die Versammlung kam, war sie so verblendet, daß sie während des Gottesdienstes immer wieder das Kreuz über sich schlug und sich Gott anbefahl, obgleich sie doch nicht umhin konnte, den Prediger zu betrachten und ihm hingebungsvoll zuzuhören."

"Nachdem er nun seine Predigt beendet hatte, fragte sie ihn mit lauter Stimme: Was Ihr da gesprochen habt, ist das die Wahrheit? — Ja! sagte er. — Ist das durch das Evangelium zu beweisen? — Ja! — Steht von der Messe Nichts darin? — Nein. — Und das Buch aus dem Ihr gepredigt habt, ist es das wahre neue Testament?"

"Darauf borgte sie es und sperrte sich drei Tage und drei Nächte fastend und betend in einem einsamen Zimmer ihres Hauses ab, um die Bibel zu lesen; so ward sie davon in Begeistrung hingenommen. Nachdem sie nun die ganzen drei Tage darauf verwendet hatte, ließ sie jenen frommen Mann in ihr Haus rufen, und er fand sie so entschlossen und von solchen Worten, daß es ihm die höchste Bewunderung einflößte, sie also reden zu hören. Ihre Thränen fielen bis auf den Boden nieder, und sie konnte nicht aufhören Gott zu danken, der sie erleuchtet und ihr sein Wort zu erkennen gegeben hatte."

"So fing sie denn mit Thaten und mit Worten an, dem Evangelium zu folgen, so daß die ganze Stadt sich darob wunderte, sie also verwandelt zu sehen und also reden zu hören. Sie disputirte gegen die Priester, bewies ihnen aus der heiligen Schrift was nöthig sei, und wo immer sie sich in der Stadt befand, that sie desgleichen; bis daß sie ihren Mann, der dem Worte sehr entgegen gewesen war, und außer ihm auch mehrere Frauen, zu der neuen Erkenntniß hinüberführte!"

Diese neubekehrten Frauen drangen aber mit ihrem Eifer bis in die Frauenklöster ein, wo sie die heiligen Jungfrauen zur Ehe zu überreden suchten, und sie waren sicherlich treffliche Bundesgenossen für die Verbreiter der neuen Lehre, deren das reformirte Bern immer neue nach Genf hinübersendete.

Der hervorragendste unter diesen war Farel. Aber trotz seines starken Glaubens und seines Eifers fühlte er, daß seine Kraft nicht ausreiche, die Lebenslust der Genfer unter den Bann der neuen ernsten Lehre zu bringen, und er war es also, der Calvin dazu vermochte, auf die Fortsetzung seiner Reise zu verzichten, und zu seinem Beistande in Genf zu bleiben. Damit begann in Genf der reformirende Kampf auf dem Gebiete der Lebensgewohnheiten, denn Calvin war der Ueberzeugung, daß eine geistige Aenderung der Menschen nicht möglich und nichts werth sei, wenn sie nicht einen neuen Menschen aus ihm machte; und während er das Evangelium predigte, fing er gleichzeitig an auf eine Reinigung der Sitten und auf ihre Ueberwachung durch die neue Kirche hinzuwirken. Streng gegen sich selbst und finster, wie er sich schon als Jüngling auf der Schule gezeigt hatte, trat er denn auch sofort den auf Lebensgenuß gestellten Genfern entgegen; aber er ging zu schnell vorwärts und übertrieb die Strenge in dem rückhaltslosen Eifer. Die Folge davon war, daß er nach einer zweijährigen Wirksamkeit in Genf, wieder aus der Stadt verwiesen wurde, als er im Verein mit Farel, um einen entscheidenden Schlag zu thun, den sämmtlichen Anhängern der Reformation auf gut römisch, das Abendmahl verweigerte, dessen ihre leichtsinnige Lebenslust sie unwerth mache.

Ungebeugt durch diese unerwartete Verbannung wendete er sich, mit dem Vorsatze, sich von dem Predigtamte ganz zurückzuziehen und nur seinen Studien zu leben, abermals dem Heimathlande zu, und langte einsam und unbemittelt in Straßburg an. „Die Baseler, so schreibt er einem Landsmanne, dem Erkanonikus Du Tillet am 10. Juli 1538, wollen, da sie mich im Unglück wissen, mich zu ihrem Gaste haben; aber sie haben auch ohne mich Last genug, und ich glaube, daß ich einige Zeit von dem, was Sie mir gelassen, leben kann, wenn ich einen Theil meiner Bücher verkaufe. Meine Bibliothek wird eine Weile meine Nahrung bestreiten, und wenn ich keine Bücher mehr haben werde, werden Sie mir zum Arbeiten die Ihrigen leihen." Indeß es kam nicht so schlimm. Die reformirte Familie Duvergier eröffnete ihm einen Aufenthalt in ihrem Hause, der Magistrat von Straßburg wählte ihn zum Pastor einer Gemeinde von französischen Geflüchteten, und es war während dieses Aufenthaltes im Elsaß, daß Calvin in den Ehestand eintrat.

Seine Freunde hatten ihm, da seine Einsamkeit und seine meist düstere Stimmung sie bei Calvin's Kränklichkeit besorgt um ihn machten, ihm schon lange zu einer Verheirathung zugeredet und er war dem Plane auch nie abgeneigt gewesen; aber auch in diesem Falle zeigte sich sein festes und abgeschlossenes Wesen. „Erinnere Dich, schreibt er einmal an Farel, an dasjenige, was ich in einer Lebensgefährtin vor allem Andern zu finden begehre. Ich bin, das weißt Du, keiner von den unüberlegten Liebhabern, welche selbst die Fehler der Frau anbeten, für die sie entbrannt sind. Die einzige Schönheit, welche meinem Herzen gefallen kann, ist diejenige, die sanft, keusch, bescheiden, sparsam, geduldig, und endlich für die Gesundheit ihres Gatten sorgfältig ist. Vereinigen sich diese Eigenschaften in Derjenigen, von der Du mir gesprochen hast? Ich wage es nicht zu glauben."

Ein andermal schreibt er an Viret: „Man bietet mir eine junge, reiche Person von edler Geburt an, deren Mitgift weit über Dasjenige hinausgeht, was ich wünschen kann. Indeß obschon ihr Lob in aller Munde wiederklingt, und ihr Bruder, der ein eifriger Protestant ist, diese Heirath wünscht, wage ich es nicht, sie zu nehmen, weil sie ein Wenig stolz auf ihren Rang zu sein scheint. Dennoch glaube ich, daß die Sache sich entscheiden wird, und daß ich diese junge Person im kommenden März (1539) ehelichen werde!" — Aber auch diese Heirath kam nicht zu Stande, und dadurch entmuthigt, äußert sich Calvin in einem Briefe an Farel: „Ich verzweifle daran, eine Gefährtin zu finden, es ist das Gescheidteste, das Suchen aufzugeben." Und doch kam grade in diesem Augenblicke ihm die Frau entgegen, welche den Muth und die Kraft besaß, das Leben eines Mannes von Calvin's Charakter und Stellung mit ihm durchzumachen. Es war die Wittwe eines durch Calvin bekehrten wiedertäuferischen Edelmannes, Frau Idelette von Bure, eine Holländerin, die mit großer Anstrengung für ihren und ihrer Kinder Unterhalt arbeitete, nachdem ihr Gatte an der Pest gestorben und sie unbemittelt zurückgeblieben war. Calvin war durch seinen Freund auf die Bravheit und Tüchtigkeit dieser Frau aufmerksam gemacht werden, und obschon Frau von Bure und der Reformator Beide völlig ohne alles Vermögen waren, wurde am 2. Februar 1540, in Calvin's einunddreißigstem Jahre die Ehe zwischen ihnen geschlossen. Aber gleich die ersten Zeiten derselben brachten ihnen Sorgen. Calvin mußte sich wenige Wochen nach seiner Hochzeit auf den Reichstag nach Worms begeben, und in Straßburg, wo seine Frau mit ihren Kindern im Hause einer Familie Richebourg zurückgeblieben war, wüthete die Pest. Die Söhne des Herrn von Richebourg erlagen ihr, und Calvin's Gattin schwankte bei dem Hinblick auf diese Gefahr und Noth, zwischen der Sehnsucht, ihren Mann zu ihrem Troste in ihrer Nähe zu haben und zwischen der Erkenntniß, daß er auf seinem Platze bleiben müsse. Auch Calvin war von Sorge um sie erfüllt. „Ich thue, was ich kann, um meinem Schmerze zu widerstehen, schreibt er ihr. Ich sehe Dich in Verlassenheit und Elend unter dieser Geißel sterben, und ich nehme meine Zuflucht zum Gebet, um den Muth nicht zu verlieren." Kaum aber, daß er sich seiner Aufgabe auf dem Reichstage zu Worms entledigt hat, so kehrt er nach Straßburg zurück; und es folgt ihm, als er dann nach Jahresfrist die Stadt verläßt, um einem erneuten Ruf nach Genf zu folgen, das ehrenvolle Zeugniß, daß er in Straßburg seines Lebens in den Schrecken der Pest nicht geschont, und sich den Kranken und Sterbenden als ein treuer Beistand erwiesen habe.

In Genf hatte die Stimmung sich inzwischen zu Calvin's Gunsten geändert, seit die vier Syndici, welche bei seiner Verbannung mitgewirkt hatten, in höchst auffallender

Weise um das Leben gekommen waren. Einer von ihnen war zum Fenster hinausgestürzt und hatte sich den Hals gebrochen, ein Anderer war wegen Mordes angeklagt und hingerichtet, die beiden Uebrigen wegen Hochverrath verwiesen worden. Dennoch ging Calvin nur mit Widerstreben nach Genf zurück. „Es ist kein Ort in der Welt, den ich so fürchte wie Genf," schrieb er — aber ich biete Gott mein geschlachtetes Herz zum Opfer dar, und meinen gefesselten Geist unterwerfe ich dem Gehorsam." Im August 1541 brach er von Straßburg auf und langte im September nach einer zwölftägigen Reise, die er auf einem „guten Pferde" in Begleitung des Herolds der Republik Genf unternommen hatte, wohlbehalten in seiner künftigen Heimath an. Seine Reise hatte, die Hin- und Rückreise des Herolds und der beiden ihn begleitenden Bewaffneten mit eingerechnet, vierundzwanzig Thaler unseres Geldes gekostet. Für seine Frau, welche ihm zu Wagen gefolgt war, betrug die Ausgabe täglich einen halben Thaler und die Uebersiedlung ihrer Sachen wurde mit dreißig Thalern bestritten.

In Genf hatte der Magistrat für Calvin eine Wohnung hergerichtet. Nach den Angaben, welche Pastor Gaberel in seiner Arbeit über „das häusliche Leben Calvin's" gemacht hat, der ich diese Notizen entnommen habe, existirt dieses Haus nicht mehr. Nur der Platz, auf dem es in der Rue des Chanoines gestanden, ist noch zu ermitteln gewesen, nachdem die ganze Straße zu Anfang des achtzehnten Jahrhunderts eingerissen und neu gebaut worden war, und heute befindet sich auf dem Grund und Boden des Calvin'schen Hauses eine Pensionsanstalt katholischer barmherziger Schwestern.

Ob dies dasselbe, einem Herrn de Fresneville gehörige, von einem gewissen Pierre Améau verwaltete Haus gewesen ist, welches von der Behörde fast mit Gewalt für Calvin in Beschlag genommen wurde, zweifle ich. Es sind mir durch Güte unseres Freundes Carl Vogt verschiedene Aufsätze über das Zeitalter der Reformation zugekommen, und unter diesen auch der, von Professor Galiffe durchgesehene und neu herausgegebene, Prozeß gegen eben jenen Pierre Améau, der dem Fanatismus der Reformationszeit zum Opfer fiel, und bei dessen Verurtheilung ein persönlicher Haß Calvin's im Spiele gewesen sein soll. Es heißt in der Arbeit des Professor Galiffe, daß der Magistrat das Haus des Herrn de Fresneville Anfangs gegen 14 Floren (der Floren zu 54 Franken) für Calvin in Anspruch genommen, dann aber 300 Floren, 1620 Franken, dafür gegeben habe, und daß Calvin es dennoch habe räumen müssen. Für das Haus in der Rue des Chanoines, nahe bei der Kirche von St. Pierre, welches Calvin durch dreiundzwanzig Jahre lang, bis zu seinem Tode bewohnte, ließ der Magistrat ihm die nöthige Einrichtung. Sie bestand aus zwei Betten, vier Tischen aus Tannenholz, zwei ledernen Koffern, einem geschnitzten Sessel, der in der Kathedrale noch aufbewahrt wird, und aus zwölf hölzernen mehr oder weniger guten Stühlen für den Empfang von Fremden. Auch mit Tuch zu einem neuen Anzuge beschenkte ihn die Stadt, während man den Wunsch und die Hoffnung aussprach, daß er Genf in Zukunft nicht mehr verlassen werde.

Mit dieser neuen Rückkehr Calvin's begann seine Herrschaft über Genf und ein theokratisches Regiment, dessen Härte und Unerbittlichkeit an die Schreckenszeit der französischen Revolution erinnert. „Die Kirche, außer welcher kein Heil ist, sagte Calvin grade so wie die katholische Kirche es ausgesprochen hatte, hat ein von Gott eingesetztes Lehramt, dem die Gläubigen zu Gehorsam verbunden sind." — „Keine Gesellschaft kann ohne Zucht und Ordnung bestehen; die Zucht ist mit den Nerven zu vergleichen, welche die Verbindung der Glieder vermitteln und die Ordnung zusammenhalten."

Von diesen Ueberzeugungen ausgehend, verlangte und erlangte er die Errichtung eines wohlgeordneten zuchtübenden Presbiteriums, und er setzte es durch, daß die Gesammtheit des Volkes möglichst von der Beeinflussung der Staatsverwaltung und der kirchlichen Angelegenheiten fern gehalten wurde; denn wie Luther war er, im Gegensatze zu ihrem großen Florentiner Vorgänger, zu Savonarola, der eigentlichen Volksherrschaft entgegen, und die Genfer Zustände erleichtertem ihm sein Vorhaben. Schon zu Zeiten der Savoyenschen Regierung hatte man der General-Versammlung der Bürger, dem allgemeinen Rathe, weil es in ihm sehr stürmisch hergegangen war, den Rath der Sechszig und später den der Zweihundert zur Seite gesetzt; und Calvin brachte es denn dahin, daß man jenen großen allgemeinen Rath nur noch zweimal im Jahre zusammenrief: einmal im Februar um die Syndici zu wählen, einmal im November, um einige niedere Aemter zu besetzen und den Preis des Weines festzustellen. Da nun im großen Rathe nichts mehr vorgeschlagen werden durfte, was nicht vorher im Rathe der Zweihundert angenommen worden war, und dieser nur zu berathen bekam, was die Zustimmung des Rathes der Sechszig gewonnen hatte, so regierte eigentlich dieser Rath der Sechszig, in welchem Calvin's Einfluß und Wille die Gesetze geben ließ, ganz ausschließlich über die Stadt und über die ganze Republik. Dazu kam, daß eben durch die Reformation und durch das strenge Kirchenregiment in Genf, eine völlig neue Genfer Bürgerschaft geschaffen worden war. Die Anhänger der katholischen Kirche, die Freunde des Hauses Savoyen, wie eine Anzahl derjenigen, welche sich der neuen Ordnung der Dinge nicht fügen wollten, hatten Genf verlassen. Die häuslichen Visitationen, die Kleiderordnung, die gegen den Luxus gerichteten Bestimmungen, und die furchtbare Strenge der von Calvin bearbeiteten Kriminalgesetzgebung, waren ihnen unerträglich geworden. Andere wurden verbannt; und da sich auf diese Weise die Zahl der alten Genfer Bürger sehr verringert hatte, waren die aus Frankreich, aus Italien, aus Holland und aus Deutschland massenweise hinzuströmenden Flüchtlinge zu Bürgern aufgenommen worden. Man ertheilte einst an einem Tage dreihundert protestantischen Flüchtlingen, zum größten Theile Franzosen, und unter ihnen dem später verbrannten Michael Servede, das Bürgerrecht, obschon die eingeborenen Genfer, die „Kinder von Genf", sowohl die Anhänger der neuen als der alten Ordnung, sich dagegen sträubten. „Diese Hunde von Franzosen sind die Ursache, sagten die der Reformation und Calvin Abgeneigten, daß wir zu Sklaven werden und Sünden bekennen und vor Calvin Bücklinge machen müssen." — Dafür aber galt Genf unter den Protestanten in Frankreich, und selbst in Schottland, als eine Musterschule des christlichen Lebens.

„In Genf, hieß es, wird in allen Häusern das lautere Evangelium gepredigt, da verstummt niemals der liebliche Gesang der Psalmen, da sind Tag und Nacht die Hände gefaltet und die Herzen zum lebendigen Gott erhoben."

Neben diesem Psalmensingen ging es indessen, wie ich erwähnte, bei der Ausbreitung der reinen Lehre unbarmherzig strenge her und Calvin's Unduldsamkeit gegen jede, von seinen Lehrsätzen abweichende Meinung war ebenso unerbittlich und unnachsichtig als die der katholischen Inquisition. Freilich hatte er es mit einer sittlich verwilderten und durch die theologischen Streitigkeiten zu phantastischen Theorien neigenden Zeit zu thun. Er hatte seine Lehrsätze, und ebenso seine auf Sittlichkeit abzielenden Gebote, gegen die fast in allen religiösen Krisen wiederauftauchenden Ideen der Wiedertäufer zu vertheidigen und zu wahren, welche den Grundsatz aufgestellt hatten, daß die gläubige Frau sich allen Gläubigen hingeben dürfe, weil grade darin die Gemeinschaft der Heiligen bestehe, von der die Bibel spreche; während die von Calvin bearbeitete Kriminalordnung den Ehebruch mit dem Tode des die Ehe brechenden Theiles bestrafte. Aber auch der bloße Zweifel an einer der Calvin'schen Lehren wurde schwer gebüßt. Bolsec, der sich gegen die calvinische Lehre von der Prädestination ausgesprochen hatte, weil diese Lehre Gott zum Urheber alles Bösen mache, wurde verbannt und mit Prügelstrafe bedroht, falls er jemals wiederkehren sollte; Pierre Améaux, der Calvin einen harten und bösen Charakter genannt hat, als welchen er ihn vielleicht bei dem Streite um das de Fresneville'sche Haus kennen lernen hatte, wurde zur Strafe im Hemde und mit einer

brennenden Kerze in der Hand durch die Straßen der
Stadt geführt; und vom siebzehnten Februar bis zum fünf=
zehnten Mai des Jahres 1545 wurden*) vierunddreißig
Personen verbrannt, geviertheilt oder sonst hingerichtet.
Einige von ihnen hatte man vor der Hinrichtung mit
glühenden Zangen gezwickt, und ihnen die Hände abge=
schnitten, weil sie in dem Verdachte gestanden, die Pest
gesäet zu haben.

Unter diesen Verhältnissen konnte es nicht fehlen,
daß sich selbst unter den Anhängern der Reformation eine
starke Auflehnung gegen Calvin entwickelte, und es war
eben der durch Calvin selbst in Genf aufgenommene
Michael Servede, der seinen früheren Meister, als einen
um seiner Unduldsamkeit willen unwürdigen Diener des
Heilands, auf Leib und Leben angriff. Die Libertin's
so nannte man die katholische lebenslustige Partei, und
die Demokraten schlossen sich dieser Opposition sofort
an und steigerten die Erbitterung gegen Calvin. Dadurch
wandelte sich der Anfangs rein theologische Streit mit
Servede allmählich in eine staatlich=kirchliche Angelegenheit
um. Calvin's ganze Existenz stand auf dem Spiele —
aber er trug durch seine Entschlossenheit und Kraft, die
Alles an Alles zu setzen verstand, den grausamen Sieg
davon, und Michael Servede wurde 1553 auf den Hügeln
von Chamvel verbrannt. Trotzdem brach zwei Jahre
später abermals ein förmlicher Aufstand gegen Calvin
unter den Genfern aus, in welchem er und die ihm er=
gebenen Eingewanderten ermordet werden sollten, indeß

---

*) Nach eben jenem Prozesse von Pierre Améaux, den Professor
Dr. Galiffe von der Académie de Genève herausgegeben hat.

auch diese Gefahr wurde von ihm überwunden. Die Häupter der Verschworenen wurden hingerichtet, Calvin's Macht und die Strenge der von ihm beeinflußten Regierung wuchsen durch diese Angriffe wie durch ihre Abwehr, und es ist kaum zu bezweifeln, daß Calvin allmälig dahin gelangte, sich als den Staat und als die Kirche anzusehen, und Kränkungen, die ihm persönlich angethan wurden, als Staatsverbrechen zu betrachten.

Eine Dame aus Ferrara, die sich ungünstig über ihn und das Konsistorium geäußert hatte, mußte die Stadt innerhalb vierundzwanzig Stunden verlassen. Andere wurden gestraft, weil sie die Kirche nicht besucht, wieder Andere, weil sie bei Calvin's Predigten zu lachen gewagt hatten. Solche Fälle, deren in zwei Jahren vierhundert vorkamen, wurden mit Kirchenbuße und Geldstrafen belegt. Sah man, daß die Leute sich nichts aus dieser Art von Strafen machten, so übergab man sie dem Magistrate oder der geistlichen Behörde zur Bestrafung, und Calvin durfte sicher sein, daß man ihrer dann nicht schonte. Man bestrafte junge Personen, welche getanzt hatten; man peitschte ein Kind auf öffentlichem Markte, weil es seine Mutter eine „diablesse" gescholten; und man enthauptete ein anderes Kind, das seine Hand gegen seine Eltern zum Schlagen erhoben. — Calvin sprach es unumwunden aus, daß die Schlechtigkeit der Zeit solch harte Strafen nöthig mache, und wie er die Tortur ruhig fortbestehen ließ, drohte er einmal, daß er verschiedene Bewohner des ihm anfäßigen Stadtviertels von St. Gervais hängen lassen werde, wenn man sich in demselben nicht ruhig verhielte.

Es ist in diesem französischen Reformator ein Etwas,

das mit seinem grausamen Idealismus uns unablässig an seinen Landsmann Robespierre gemahnt; und wenn man mit Entsetzen auf seine Unduldsamkeit hinblickt, wenn man in ihm, wie in dem viel milderen Luther die Beschränktheit beklagt, die da wähnte, auf halbem Wege stehen bleiben und der Bewegung der Geister auf der Bahn zum freien Denken hin, ein „bis hieher und nicht weiter!" zurufen zu müssen, so ist in der Ausdauer und in dem Eifer, mit welchem Calvin für seine Ueberzeugung arbeitet, wie in den einzelnen Zügen, die aus seinem Privat- und Familien- leben aufbewahrt worden sind, doch oft etwas Mächtiges und Großes.

„Schicket uns Holz, so wollen wir Pfeile daraus schnitzen!" sagte Calvin, nachdem er 1559 die Akademie in Genf gegründet und Theodor Beza zum ersten Rektor an derselben erwählt hatte; und es kamen auf seinen Ruf die Schüler aus ganz Europa herbei, so daß oft ein Tausend junger Männer beisammen waren, von seinen Lippen das Evangelium predigen zu hören. Seine Ausdrucks- weise war vortrefflich, sein Styl wird mustergültig und bahnbrechend genannt, seine sarkastische Ader eigens betont. Ein Genfer Schriftsteller, Herr Joël Cherbuliez führt in seinem sehr anziehenden Buche über Genf vielfache Bei- spiele davon an; und er nimmt Calvin auch gegen die Angriffe in Schutz, welche ihm einen harten Sinn und ein rachsüchtiges Gemüth vorwerfen. Ebenso wird in Calvin's Biographie von Bungener gerühmt, daß Calvin Geduld gegen persönliche Beleidigungen, ein lebhaftes Ge- fühl für Freundschaft gehabt, und daß er eifrig nach einer Vereinigung der verschiedenen protestantischen Bekenntnisse getrachtet hat. Seine Freundschaft für John Knox und seine Anhänglichkeit an Melanchthon sprechen allerdings für diese Ansicht. Knox besuchte ihn zuerst um 1554 und kehrte auf den Wunsch des schottischen, protestantisch gewordenen Adels, noch dreimal zu Calvin zurück, um sich mit ihm zu berathen; auch Melanchthon gehörte zu seinen Freunden und stärkte sich an dem festen Sinne Calvin's, wenn er selber sich entmuthigt fühlte. „Gott gebe, daß ich einst an seinem Busen sterbe!" soll er ausgerufen haben.

Von seiner Erziehung in einem vornehmen französischen Hause waren ihm seine Umgangsformen im Verkehr zur anderen Natur geworden, während er sich in öffentlichen Reden voll brausender Leidenschaft und heftig im Ausdruck gehen ließ. Er sagte von sich selber aus: „Von allen Kämpfen gegen meine Fehler, die groß und zahlreich sind, ist der gegen meine Ungeduld der schwerste, aber, wenn ich das wilde Thier in mir auch nicht ganz bezähmen lerne, so sind meine Bemühungen, Herr darüber zu werden, doch nicht völlig vergeblich geblieben;" und es klingt wie ein Akt solcher Selbstüberwindung, wenn er ausruft: „ich würde Luther noch als einen Knecht unseres Heilandes erkennen, auch wenn er mich einen Teufel schelten sollte!" Daneben heißt es denn freilich wieder: „Tausendmal lieber will ich, daß die Erde mich verschlinge, als daß ich nicht horchen sollte auf Dasjenige, was mir der Geist Gottes durch den Mund der Propheten gebietet. — Ich will lieber rasen als nicht mehr zürnen."

Calvin's Lebensbild ist eben noch zu machen, seine Charakteristik ist, wie mir scheinen will, noch bestimmter festzu-

stellen, denn selbst in den wenigen Arbeiten, die ich hier durch=
zugehen vermochte, bin ich überall auf einander wider=
sprechende Urtheile gestoßen, und das geht bis in alle
Einzelheiten hinab. Während also z. B. in einem der
Bücher behauptet wird, Calvin habe gar keinen Sinn für
Naturschönheit besessen, er habe nie und nirgend der
Gegend von Genf oder auch nur des Montblanc und des
Salève jemals Erwähnung gethan, heißt es in der kleinen
Schrift über Calvin's häusliches Leben, daß er die schöne
Natur geliebt habe; und an der Stelle, in welcher von
Calvin's Wohnung in der Rue des Chanoines die Rede
ist, werden zur Bezeichnung ihrer Lage die eigenen Worte
des Reformators angeführt: „Les yeux ont un plaisant
regard sur le lac et les montagnes".

Was Calvin aber allseitig nachgerühmt wird, ist seine
Standhaftigkeit in körperlichen Leiden, und man sieht diese
Leiden wie seinen Muth dem Bilde Calvin's thatsächlich
an, das sich in der Genfer Bibliothek befindet und das
als ächt ausgegeben wird. Auch verlangte Calvin bei der
Wahl einer Gattin, wie ich vorhin erwähnt, ganz aus=
drücklich nach einer Frau, die ihm in seinen Krankheiten
treu zur Seite stehen möchte; und wie hart und grausam
seine Gestalt aus der Vergangenheit an uns herantritt,
scheinen doch seinem ehelichen Leben eine ernste Liebe, eine
warme Hingebung und eine dankbar schmerzliche Erinne=
rung nicht gefehlt zu haben.

Seine Ehe währte nicht mehr als zehn Jahre und auch
die drei Kinder, welche Idelette von Bure ihm geboren
hatte, starben ihm frühzeitig und noch vor ihrer Mutter.
Bei dem Tode seines ältesten Knaben, im Jahre 1542,

schrieb er an seinen Freund Viret: „Grüße alle unsere Brüder, grüße auch Deine Frau, der die meinige ihren Dank darbringt für alle die sanften und heiligen Tröstungen, die sie von ihr empfangen hat. Sie wünschte eigenhändig darauf zu antworten, aber sie hat noch nicht einmal die Kraft mir diese Worte zu diktiren. Der Herr hat uns einen sehr schmerzlichen Schlag zugefügt, indem er unsern Sohn wieder zurückgenommen hat. Aber er ist unser Vater, er weiß, was seinen Kindern frommt." Auch ein kleines Mädchen stirbt ihnen, und bei dem Tode seines zweiten Sohnes meldet Calvin seinem Freunde: „Der Herr hatte mir noch einen zweiten Sohn gegeben, er hat ihn mir wieder genommen. Mögen meine Feinde in dieser Prüfung nicht einen Gegenstand der Schmach und der Züchtigung für mich erblicken. Habe ich nicht tausende von Kindern in der christlichen Welt?" — Und als fast in derselben Zeit ein auswärtiger ihm befreundeter Edelmann ihn zu Gevatter bittet, schreibt er diesem, da er die Einladung persönlich zu erscheinen, ablehnen muß, weil er Genf nicht verlassen kann: „Es thut mir wehe, daß ich nicht wenigstens einen halben Tag mit Ihnen zubringen kann, um einmal en famille zu lachen, ehe man das Neugeborne lachen machen kann, das jetzt in seiner Wiege weint. Diese Thränen sind der erste Ton, den man bei dem Eintritt in das Leben anschlägt. Wolle Gott, daß Ihr Kind mit gutem Gewissen lächeln könne, wenn es einst von dem Leben scheiden wird."

Noch schwerer als der Verlust seiner Kinder traf ihn das bald danach beginnende Siechthum seiner Gattin und ihr früher Tod. Es ist von ihr, so lange sie gesund war, in Calvin's Briefen selten nur die Rede, aber seine Freunde erwähnen ihrer häufig, als einer Frau von besonderen Verdiensten. Ihre Armen= und Krankenpflege, ihre Sorge für die flüchtigen Protestanten, deren Aufnahme für Calvin eine schwere Last war, ihre tröstlichen Bemühungen um den kränkelnden Gatten, dem die Krankheit „ein tödtlicher Schmerz war, weil er sich des Tages schämte, an dem er Nichts zu thun vermochte," werden von Calvin's und von ihren Freunden vielfach hervorgehoben. Von dem Augenblicke an, da Idelette erkrankt, und während der zwei Jahre bis zu ihrem Tode, die sie leidend hinbringt, wird Calvin nicht müde, in seinen Briefen der kleinsten Besserungen und Verschlimmerungen zu gedenken, die sich in ihrem Zustande bemerklich machen. Er hat einen gelehrten Arzt herbeigerufen, der einen Theil seiner Zeit ausschließlich mit Idelettens Pflege zubringt; er richtet schriftlich die kleinen Aufträge seiner Frau an ihre Freunde aus, und als ihre Todesstunde endlich naht, fürchten Calvin's Freunde den Eindruck, welchen er durch den Verlust seiner Gattin empfangen wird, so sehr, daß sie herzueilen, ihm dabei zur Seite zu stehen.

Das Scheiden dieser beiden Gatten, wie es in dem „häuslichen Leben Calvin's" dargestellt wird, hat etwas Würdiges und Schönes. Idelette hinterließ zwei Kinder aus ihrer ersten Ehe, und eine ihrer Bekannten rieth ihr, sie Calvin besonders an das Herz zu legen. „Weshalb sollte ich das thun? entgegnete ihr die Sterbende. Was mir wichtig ist, ist daß sie in dem rechten Geiste erzogen werden. Wenn sie gut und tugendhaft sind, werden sie auch ohne meine Fürbitte in Calvin einen Vater finden; wenn sie es nicht sind, weshalb sollte ich sie ihm empfehlen?" — Und Calvin hinwiederum schreibt an Farel: „Da ich besorgte, daß meine Frau den Gedanken an ihre Kinder in ihrem Herzen berge, sprach ich ihr von ihnen und verhieß ihr die zärtlichste Sorge für sie zu tragen. — Ich habe sie dem Herrn empfohlen, versetzte sie darauf, aber das hindert nicht, daß ihr Schicksal mich beunruhigt; indeß ich gehe in diesem Punkte getröstet aus der Welt, ich weiß, Du wirst nicht verabsäumen, was ich Gott empfohlen habe."

Einige Tage später war Idelette nicht mehr am Leben. Sie starb während ihr Gatte mit tröstlichem Zuspruch ihre Hände in den seinen hielt. „Ich habe die vortreffliche Gefährtin meines Lebens, eine Frau verloren, die ein besonderes Beispiel gab! schrieb Calvin an Viret. Ich habe Diejenige verloren, die mich nie verlassen hat, nicht in der Verbannung, nicht im Elende, nicht in Krankheit. So lange sie gelebt hat, hat sie mir treu geholfen meine Pflicht zu thun. Nie war sie mit sich selbst beschäftigt, nie ist sie ihrem Manne ein Kummer oder ein Hinderniß gewesen. Ich unterdrücke meinen Schmerz, so sehr ich kann, meine Freunde thun auch ihre Schuldigkeit, aber sie und ich gewinnen noch nicht viel dadurch: Du kennst die Zärtlichkeit meines Herzens für diese geliebte Erinnerung. Ich hoffe auf Gott, der die gebeugten Herzen und die zerschlagenen Seelen aufzurichten weiß."

Calvin überlebte den im Sommer von 1549 in seinem vierzigsten Jahre erfolgten Tod seiner Gattin noch um fünfzehn Jahre, ohne zu einer neuen Ehe zu schreiten; und der günstige Einfluß, welchen seine Gattin auf ihn ausgeübt, ward in seinem Leben nicht ersetzt. Es liegen zwei Briefe Calvin's vor, welche er an Frauen schrieb, die in ihrem Glauben und in dem Eifer ihres protestantischen Bekenntnisses schwankend geworden waren. Der Erste, welcher bei Lebzeit seiner Frau geschrieben wurde, ist an eine Neubekehrte gerichtet, die um ihren religiösen Ueberzeugungen nachzuleben, nach Genf zu kommen wünschte, und doch anstand ihre Heimath aufzugeben. Der Brief ist mild und ermuthigend.

„Ich weiß, schreibt ihr Calvin, daß es hart ist, sein Vaterland zu meiden und für Sie, die Sie dem alten Adel angehören, und in vorgerückten Jahren stehen, wird es noch härter sein. Aber fassen Sie sich das Herz, diese Schwierigkeiten zu besiegen, ziehen Sie Ihrer Heimath den Bereich vor, in welchem Gott rein angebetet wird, und denken Sie, daß Sie die beste Ruhe für Ihr Alter in der Gemeinschaft der Kirche finden werden, in welcher der Herr seine Wohnung aufgeschlagen hat."

Der Andere, nach Idelettens Tode, an eine Frau von Rentigny gesendete Brief ist dagegen äußerst hart. Frau von Rentigny, die zum französischen Hofe gehörte, war als Ketzerin zum Scheiterhaufen verurtheilt worden, und hatte sich auf das Flehen ihrer Kinder, die man an dem Abende vor ihrer Hinrichtung zu ihr in das Gefängniß geführt, entschlossen, die Messe zu hören, um damit ihr Leben und ihre Befreiung zu erkaufen. Kaum aber ist sie sich selber wiedergegeben, als sie Calvin ihre Schwachheit bekennt und ihn anfragt, wie sie dieselbe zu büßen vermöge? Und die Antwort, welche die schwer geprüfte und in ihrem Gewissen gepeinigte Frau darauf von ihm erhält, lautet in ihrer grausamen Kürze: „Sie haben vor den Richtern nicht bestanden, wie sie gemußt! Es ist keine kleine Beleidigung des Höchsten, wenn Sie aus Muthlosigkeit vor einem Priester erklären, daß Sie Ihre Freiheit höher achten als Gott. Sie haben Ihren Mann und Ihre Kinder höher gehalten als Ihre Pflicht, Satan hat Sie in seine Schlingen gezogen. Sie haben Gott versucht. Sie sprechen von Buße. Es ist nur eine Zuflucht für Sie zu finden in der unendlichen Barmherzigkeit unseres Heilandes Jesu Christi!"

Ob Ideletten's Wirksamkeit und Milde, wie Calvin's Verehrer behaupten möchten, stark genug gewesen sein würden, den Reformator von der Verfolgungswuth, von der Unduldsamkeit und von den Grausamkeiten zurückzuhalten, welche sein Leben beflecken und ihn zu einer unheimlichen Erscheinung machen — wer will das jetzt erweisen? Oder was erwiese es für Calvin's ursprünglichen Charakter? — Aber auch nach dem Tode seiner Frau und in seiner Vereinsamung trug er seine fortdauernden körperlichen Leiden mit der gleichen Fassung und Geduld, obschon seine Gesundheit mit jedem Jahre schlechter wurde.

Seine Thätigkeit erlahmte erst mit seinem Leben. Als er einmal durch einen besonders heftigen Krankheitsanfall genöthigt ward, zwei Monate lang zu feiern, sendete er sein vierteljährliches Gehalt mit dem Bemerken zurück, „daß er es nicht verdient habe, weil er im Bett gelegen." Er bezog übrigens vom Staate das doppelte des Gehaltes, welches die andern Geistlichen erhielten. Man gab ihm ungefähr fünfzehnhundert Thaler unseres Geldes „als einem Manne von großem Wissen, und weil er von Durchreisen-

den vielfach in Anspruch genommen wurde." Trotz dieses
erhöhten Gehaltes befand Calvin sich aber häufig in Ver-
legenheiten, die er jedoch stets verbarg; und es findet sich
in dem Archiv von Genf ein Aktenstück, in welchem es
heißt: „Da der Magistrat von der Krankheit des Herrn
Calvin erfahren hat, (lequel n'a pas de quoi) denn es
an dem Nöthigen fehlt, weil er sein ganzes Einkommen
für die armen Flüchtlinge verwendet, sendet er ihm zehn
Thaler zum Geschenk; und da er diese zurückweist, beschließt
man, ihm „in der Erwartung, daß er dieses gut aufnehmen
werde, eine Tonne Wein zu schicken."

Vom Beginne des Jahres 1564 war Calvin fast
unablässig krank. Einmal schien eine Besserung einzutreten
und von nah und fern waren seine Freunde und Anhänger
herbeigeströmt, ihn noch einmal zu hören, seine Ermahnungen an seinem Sterbebette noch einmal zu vernehmen.
Das ist die Scene, welche unser Freund, der greise Joseph
Hornung, auf dem im Genfer Museum befindlichen und
durch den Stich und die Photographie vielfach wiederholten
Bilde, dargestellt hat. Die Köpfe von Calvin, von Viret,
von Theodor Beze u. s. w. sind auf demselben den alten
noch vorhandenen Portraits nachgebildet. Calvin starb am
27. Mai 1564 mit klarem Bewußtsein und gefaßter
Seele, und da er verlangt hatte „nach dem gewöhnlichen
Herkommen" beerdigt zu werden, wurde er, wie die Sitte
der damaligen reformirten Kirche es mit sich brachte, ohne
Leichenrede und ohne Bezeichnung seiner Grabstätte beerdigt, so daß — wie ich das in meinen frühern Briefen
aus Genf bereits erwähnt habe — sein Grab nicht mehr bekannt ist.

Die Stadt Genf legte Trauer um ihn an, und in Rom überbrachte der piemontesische Gesandte dem Papste Paul dem IV. die Kunde von dem Tode Calvin's, wie eine Art von Siegesnachricht. Oh! rief der Papst aus, die ganze Macht dieses Ketzers bestand darin, daß weder Geld noch Ehrenbezeugungen Einfluß auf ihn hatten. Mit zwei Dienern wie er, würde meine Kirche die beiden Ufer des Oceans auch heute noch beherrschen!" — Es lag in diesen Worten eine hohe Würdigung von Calvin's Charakter und zugleich auch in unserm Sinne ein richtiges Urtheil über seinen geheimen Zusammenhang mit dem ausschließlichen Geist der Kirche, gegen deren Tyrannei und Auswüchse er gekämpft hatte, bis an sein Lebensende. Er war das Kind seiner Zeit, und obschon befangen und gefangen in ihren Irrthümern und Schranken, hat er die Entwicklung der Menschheit doch auch um ein tüchtig Stück vorwärts gebracht, und den Platz vorbereiten und ebenen geholfen, auf dem wir heute stehen.

Fünfundzwanzigster Brief.
Schloß Blonay.

Montreux, Frühjahr 1868.

Der Weg, welcher für mein Auge in diesem Theile des Waadtlandes den größten landschaftlichen Reiz hat, ist die Straße, welche sich oberhalb Clarens zwischen den beiden Hügeln aufthut, auf denen das Château Châtelard und das Château des Crêtes erbaut sind. Gleich vom Landungsplatz der Dampfschiffe steigt man durch Clarens sachte in die Höhe. Die Häuser des Dorfes, einzelne Villen, der Bahnhof der Eisenbahn, die Pension des Crêtes, hinter der auf einer Wiese Gruppen von schönen Nußbäumen Schatten bieten, geleiten den Wanderer in anmuthiger Abwechslung bis unterhalb des Dorfes Tavel, bei dem man links abbiegt. Ueber eine Brücke passirt man das breite, steinige, neuerdings mit tüchtigen Mauern eingedämmte Flußbett der wilden Baie de Clarens, und tritt dann in eine Thalweitung ein, die, sich gelind erhebend, sich immer mehr ausbreitet, und eines der schönsten Landschaftsbilder enthüllt, deren ich mich erinnere.

Das Land ist nur eben so viel gewellt, daß es dem Auge eine angenehme Abwechslung bietet und den vorzüglichen Anbau, und all die einzelnen Höfe und die verschiedenen Ortschaften und die schönen in ihren Parks gelegenen Schlösser gefällig übersehen läßt. Wir waren neulich an einem sommerlich heißen Tage tief hinein in dieses Thal gegangen, indeß kurz vor dem eigentlichen Ziele unserer Wanderung, vor dem Schlosse von Blonay, hatten wir umdrehen müssen, weil es für uns zu spät geworden sein würde, die Eisenbahn in Clarens wieder zu erreichen, mit deren ein Uhr Zug wir den Rückweg nach Montreux zu machen hatten; und so sind wir denn erst heute, und zwar zu Wagen, nach Blonay hinaufgekommen, wo das herrlichste Frühlingswetter der Gegend noch einen erhöhten Zauber verlieh. Der Weg von Montreux nach Blonay und zurück über Hauteville und Vevay nimmt, wenn man sich in Blonay ein Wenig verweilen will, etwa drei Stunden hin.

Von Tavel steigt die Straße unabläſſig, aber sie ist sehr gut angelegt und wie alle schweizer Straßen vorzüglich gehalten. Das Château des Crôtes bleibt auf seinem Hügel links zurück, ein Ende weiter liegt in der Ebene gleichfalls zur Linken des Weges das im Renaissance=Styl erbaute schöne Schloß la Pouveire. Rechts kommt man an einem einzelnen Hause, an der kleinen Pension Benker vorbei, die im Sommer, da sie viel Bäume in der Nähe hat und ein Ende von der Straße entfernt ist, ein sehr frischer Aufenthalt sein muß, und wie ich im Herbst erkundet habe, zugleich ein billiger Aufenthalt ist. Bald hinter dieser kleinen Pension liegen die ersten Häuser des Dorfes Chailly, in welchem man noch die Besitzung von Madame de Warrens, der früher erwähnten anmuthigen und leichtfertigen Beschützerin von Rousseau zeigt.

Das Dorf ist eng, aber hier und da hebt ein größeres und schöneres Haus sich aus dem Gedränge seiner Nachbarn hervor. Solchem Hause fehlen dann auch das zierliche Gärtchen und ein Stück sauber gehaltenen Gemüse=

laubes niemals, und bisweilen guckt ein Lorbeerbaum zwischen
den Häusern hervor und erinnert daran, daß wir hier schon
dem Süden näher sind.

Heute fehlte zum Theil noch das Grün an den Bäumen,
welche der Winter entlaubt, aber die Matten glänzten schon
in ihrer schönsten Farbe, die Sträuche waren schon überall
wie mit grünen Schleiern überhängt, die Zweige an den
Bäumen waren mit blanken Knospen von den verschiedensten
Schattirungen, wie mit glänzenden Perlen übersäet, und
von dem Rasen und an den Wegen und selbst von dem
Gemäuer der Wegebauten, schimmerte eine Fülle von Blu=
men in allen Farben uns entgegen. Große Büschel von
Veilchen, zehn, fünfzehn beieinander, große Gruppen von
Primeln und Perlblumen, die hier einen sehr kräftigen
Duft besitzen, hoben wir, den Wagen verlassend, mit der
Erde aus dem Boden heraus; und so auffallend war die
Masse namentlich der Veilchen und der blauen wilden
Hyazinthen, daß wir bisweilen selber unsern Augen nicht
trauten und meinten, das könnten doch ganz unmöglich
Alles Veilchen sein. Dazu hatten sie die verschiedensten
Farben: von dem lichtesten bläulichen Lila bis in das dun=
kelste röthliche Violet, und grade so reich war auch die
Verschiedenheit in der Blüthe des Immergrün, das alle
Gehäge und die Rasenwände der Gräben überdeckte. Selbst
zwischen dem Moos, das die Spalten der Mauern aus=
füllte, brach hier und da ein förmlicher Strauß von rothen
Primeln hervor. Wir konnten uns nicht satt sehen an
dem Reiz dieses vielfarbigen und duftigen Blühens. Außer
an der Anemonen=Blüthe in Villa Pamfili, und der Jon=
quillenfülle auf den Wiesen nach Ostia hin, habe ich bis

jetzt nichts Aehnliches gesehen. Man wandelte förmlich auf Blumen. Es ist gar zu schön in einem Lande zu leben, dessen freigebiger Boden ohne unsere besondere Pflege uns Freuden bereitet. Man ist hier, und überall im Süden, glücklich wie ein Kind in einem reichen Vaterhause bei gütigen Eltern. Man hat nur zu nehmen, was in Fülle dargeboten wird. · Im Norden sind wir, wie wir uns auch stellen, arme Leute, mühebeladene Tagelöhner, die der selber darbenden Mutter Erde mit Beharrlichkeit abringen müssen, was hervorzubringen ihr, bei des Klima's Ungunst, hart und schwer genug ankommt. Noch im Traume dieser Nacht genoß ich das farbige Blühen dieser Wiesen als ein wahres Glück.

Aber bald hinter Chailly werden die Matten von Weinbergen abgelöst und dies wechselt nun immerfort, bis man endlich das Schloß von Blonay vor sich hat, das hoch gelegen ist, und sich so stattlich ausnimmt, daß wir durch dasselbe an die Wartburg erinnert worden sind. Die Bauart aller dieser Schlösser hier ist im Wesentlichen gleich, weil sie ja auch Alle denselben Zwecken zu dienen hatten. Der massive überall viereckte, die andern Baulich= keiten weit überragende Thurm, die ursprüngliche Warte, der Donjon, bildet den Punkt, auf welchen die übrigen Gebäude zusammenlaufen. Er und das Wohnhaus und der Theil der Burg, in welchem die Kapelle liegt, haben meist vierseitige Bedachungen, die Eckthürme laufen in Spitzen aus, und hier im Waadtlande sind, so weit ich sie gesehen habe, die Höfe in den Burgen eng, wie denn überhaupt der Umfang dieser Schlösser weit geringer ist, als z. B. der der Ritterburgen in meiner Ostpreußischen

Heimath. Freilich waren diese Letztern zum großen Theile Ordenskomthureien, in denen ganze Abtheilungen des Deutschmeister=Ordens sich verschanzten und vertheidigten, während hier im Waadtlande nur einzelne Familien sich ihre festen Häuser gegründet hatten; und unter diesen waadtländischen Adels=Familien ist die von Blonay die Aelteste. Sie besteht auch heute noch in zwei Linien fort: in einer katholischen Linie, die auf dem Savoyen'schen Ufer in dem alten Schlosse von Maxilly bei Evian an= gesessen ist, und in der protestantischen Linie, die das Schloß von Blonay mit den dazugehörigen Ländereien be= sitzt. Schon am Ende des eilften Jahrhunderts erwähnen die alten Dokumente des Landes eines Vaucher de Blonay, dem sein Oheim, der Bischof von Lausanne, Lambert de Grandson einen Theil der Ländereien von Vevay und Corsier zu Lehn gab. Im zwölften Jahrhundert werden die Herren von Blonay als die ersten weltlichen Edelleute des Chablais und des Waadtlandes bezeichnet. Bald sind sie Landeshauptleute, dann wieder nehmen sie hohe geist= liche Aemter ein. In der Mitte des zwölften Jahrhunderts überträgt einer der regierenden Grafen von Savoyen, der sich einem Kreuzzuge anschließt, dem Vaucher dem Zweiten von Blonay die Schloßhauptmannschaft von Chillon, und die Jahre von 1165 — 1168 bringt dieser Letztere selber auf einem Kreuzzuge nach Jerusalem zu. Damals aber existirte das jetzige Schloß noch nicht. Erst Peter von Blonay, der Sohn des Vaucher de Blonay, der nach dem heiligen Grabe gepilgert war, erbaute es um das Jahr 1175, und seit jenen Tagen ist mit einer Unterbrechung von vierundfünfzig Jahren, in denen die Berner Familie

Graffenried das Schloß von 1752 bis 1806 besaß, dieser Stammsitz immer in den Händen der Herren von Blonay geblieben.

Von dem hohen Alter des Baues und von der einst großen Macht der Familie ist in dem Innern des jetzigen Schlosses nicht mehr viel zu merken. Auf dem sehr engen und ganz mit Wirthschaftsgebäuden umgebenen Hofe, in dessen Stallungen prachtvolle Kühe standen, und in dem nicht Mörser oder sonstige Mordinstrumente, wohl aber riesige Düngerhaufen angefahren waren, sahen wir, daß eine lange Wand des Hauptgebäudes einst Bogenfenstern gehabt haben, und also wahrscheinlich einer Kirche oder einem Rittersaale angehört haben mochte. Indeß diese Bogenfenster sind halb, und obenein unregelmäßig vermauert, und auf unsere Frage, ob man das Innere des Schlosses besehen könne, wurde uns im ersten Stockwerk ein Saal geöffnet, dessen Bauart nichts Charakteristisches hatte, und dessen Einrichtung einer nicht allzufernen Zeit, vielleicht dem achtzehnten Jahrhundert angehört. Ein paar in den Wänden des Saales angebrachte Wasserbehälter von dunkelm Marmor, einige alte Schränke und Komoden, ein Deckengemälde waren nicht bedeutend, nur vier Brustbilder der alten Besitzer des Schlosses aus dem sechszehnten und siebzehnten Jahrhundert, schöne, sehr energievolle Köpfe und recht gut gemalt, waren noch vorhanden und schauten ernsthaft von den Wänden nieder. Drei von diesen Köpfen haben ganz den Typus der alten Brandenburger Markgrafen, und namentlich den des großen Kurfürsten, wie Schlüter ihn in dem Denkmal auf der Kurfürsten-Brücke in Berlin dargestellt hat; Einer der

Herren von Blonay aber saß in seiner Staatsperücke, mit dem festgeschlossenen Munde, dem kraftvollen Kinn und der sich in der Spitze etwas heruntersenkenden großen Nase, so sprechend Theodor Döring in ähnlichen Kostümen gleich, daß es uns Allen der Reihe nach auffiel. Ließe man dies Bild mit der Unterschrift „Theodor Döring als großer Kurfürst" photographiren, so würde sicherlich Jedermann glauben müssen, daß es nach dem Leben gemacht sei.

Neben diesen vier guten Bildern der stattlichen Herren von Blonay hingen noch die Bildnisse einiger Mitglieder des Hauses aus dem vorigen Jahrhundert, und die Blässe und Schmächtigkeit dieser Letztern stach gegen die vollblütige Mächtigkeit des alten Geschlechtes eben so ängstlich ab, als an ihnen die gänzliche Heruntergekommenheit der Malerei im achtzehnten Jahrhunderte überraschend war. Eben noch hatte ich darüber nachgedacht, wie Wohlstand und Pflege diese alten Adelsgeschlechter durch Jahrhunderte zu erhalten und sie in ihrer Gipfelung bis zu den herrschsüchtigen und willenskräftigen Familien auszuprägen vermocht haben, denen bis auf diese Stunde noch die souveraine Herrschaft über die Länder und Völker von Europa zu eigen geblieben ist, während die Geschlechter der weniger begüterten und schwerer arbeitenden Menschen sich so leicht verlieren, und so bald erlöschen — als grade diese Bilder der späteren Besitzer dieses Schlosses, meinen Gedanken eine andere Richtung, und mir damit die Antwort auf die historisch-physiologische Frage gaben, die in diesem alten Hause vor den alten Bildern in mir rege geworden war.

Jetzt wohnen die Herren von Blonay im Winter in

den sichern und freundlichen Mauern ihres Hauses zu Vevay und wenn sie zur Sommerzeit ihr Schloß beziehen, und in ihren Wiesen und Weinbergen spazieren gehen, sind sie freie Bürger unter den freien Bürgern ihres Vaterlandes. Sie haben keine festen Schlösser mehr zu bewachen, keine Kreuzzüge mehr zu unternehmen, aber sie genießen noch des unschätzbaren Vorzuges, aus dem Hause, das ihre Verfahren ihnen fest gefügt, hinabzuschauen auf eine Gegend, die schöner keine Phantasie erdenken kann.

Wir gingen lange auf der Terrasse umher, die sich hoch und wallartig an der Hinterseite des Schlosses, nach dem Lande zu, erhebt. Mächtige Bäume krönen sie, und reichen mit ihren Aesten weit über die tiefliegende Einfahrt in das alte Schloßther hinüber. Eben, so dick, so grün, so starkstämmig wie nur die Jahrhunderte und ein mildes Klima ihn werden lassen, umrankt von außen nur namentlich im Schloßhofe die Mauern. Er zieht sich bis zu dem hohen Dache des Donjon empor, das Wapen des Hauses wie mit einem Kranz umrahmend; und über die Mauerbrüstung des Walles schaut man hernieder auf alle die Dörfer und auf den ganzen Distrikt von Blonay, von Châtelard, la Chiésaz und Vevay, über den sich einst die Herrschaft dieser Schloßbewohner erstreckt hat.

Schöner aber noch und überraschender ist der Blick, wenn man aus dem Saale auf den Balkon hinaustritt, und nun mit einem Male sich die weite Rundschau über den See und über das Vorland, und weit hinaus über die beiden Alpenketten des Waadtlandes und des Savoyenschen Ufers bis hinein in das Rhonethal eröffnet.

Die Schlösser Châtelard und les Crêtes, die sich von

Clarens aus ansehnlich auf ihren Höhen darstellen, hat man tief unter sich. Zur Rechten in der Ebene liegt das Schloß la Ponvoire, links hat man auf der Höhe des Rigi Vaudois die Pensionen von Glion und über ihnen die Villa vor Augen, welche eine Gräfin Ribaupierre, eine geborene Trubetzkoi, sich hoch über Glion zum Sommersitz erbaut hat. Wie auf einem farbigen Teppich aufgerichtet, liegen am Ufer des See's Vevay mit seiner langen Hafenallee und seinem schönen gethürmten Münster, la Tour de Peilz mit den Rundthürmen seiner früheren Befestigung, Clarens in seinen baumreichen Wiesen und Gärten freundlich und friedlich da. Verner und Montreux klettern den Berg hinan, Chillon brütet auf dem Wasser in dem heißen Roth der Abendsonne, Veytaux scheint in den warmen Strahlen in seinem stillen Verstecke schon dem Schlummer entgegen zu dämmern, während die Häuser und die beiden Kirchthürme von Villeneuve nun erst recht im Abendsonnenschein erglänzen. Aber all diese Lieblichkeit verschwindet gegen die Pracht des Feuerballes, der über dem Jura schwebt, und dessen strahlender Wiederschein, wie eine Flammenbrücke sich weiter und weiter über den See ausstreckt, daß das Auge den brennenden Glanz nicht ertragen kann und sich, Ruhe und Kühlung suchend, nach Osten wendet. Da freilich kommt die Kühlung uns in ihrer herrlichsten Gestalt entgegen. Da liegt noch der Schnee zwischen den dunkeln Tannen auf den spitzen Kegeln der Vorgebirge! Da dehnen sich die Schneefelder des Col de Jaman aus, da richtet sich die scharfe Spitze der Dent de Jamen empor, und von den beiden schön gezeichneten Gipfeln der Rochers de Naye folgt das Auge dem sich senkenden Zuge des Mont Cau und Mont Crvel, bis es sich wieder, gefesselt von dem anzuckenden Rosenschimmer der Dent du Midi, zu den Schneegipfeln der Gebirge erhebt, und festgehalten wird von einer Pracht der Farben, wie das Wort und die Feder sie kaum annähernd wiederzugeben vermögen.

Die Sonne ist bereits gesunken — der Tag ist zu Ende! — Aber wie die Erinnerung an einen großen Menschen reiner und klarer wird, wenn er längst geschieden, so steigt die Erinnerung an die Herrlichkeit der niedergegangenen Sonne höher und immer leuchtender an den Gipfeln der Berge empor, und wird farbiger und strahlender je weiter die Sonne selber von uns scheidet. Alles was sie berührt hat, Alles was ihres Blickes theilhaftig geworden, will dies jetzt beweisen, will sich noch einmal in der Glorie des entschwundenen Lichtes sehen lassen und schmücken. Das kleinste weiße Wölkchen beginnt sich zu färben in rosigem Schimmer, der röther und röther wird, bis die flockigen Schaaren der in purpurnem Glanze leuchtenden Wolken, von der Tiefe, in der die Sonne niedergesunken ist, hoch hinauf ziehen zu dem Zenith des blauen Aethers, der sich über uns zum Dome wölbt und an dem das silberne Licht des Mondes und das Flimmern der ersten Sterne sichtbar zu werden beginnen, während all die Licht- und Farbenherrlichkeit des Himmels klar wie in einem Spiegel auf dem Wasser ihre Wiederholung feiert. — Ach! es ist kein Wunder, wenn der Menschengeist darauf verfiel, sich eine Unsterblichkeit zu erdenken. Die Welt ist so schön, daß man nicht leichten

Herzens darauf verzichten kann, in ihr und mit ihr immer weiter fort zu leben.

Mit dem niedergehenden Tage fuhren wir von Blenaw nach la Chièsaz hernieder. Die Kirche des Dorfes wird ihm den Namen gegeben haben, denn chiesa heißt Kirche im Italienischen; und auch an einem Gasthofe des Ortes fanden wir in der sonst in diesem Landestheile nicht vorkommenden Aufschrift Tratteria eine Umgestaltung des italienischen Wortes Trattoria und damit eine Erinnerung an die einstige Herrschaft des savoyenschen Hauses über diese Gegend.

Aber wir waren noch nicht weit in das Dorf hinuntergefahren, als uns noch eine andere originelle und belustigende Ueberraschung zu Theil ward. „Rasch! rasch! wenden Sie sich um!" rief unsere junge Freundin, die auf dem Rücksitz saß, und zeigte mit der Hand nach einem hinter uns liegenden Hause, an dessen Mauer mit Kohle ein paar riesengroße Landsknechte gezeichnet waren, die mit ihren Hellebarden in der Hand trotzig Wache hielten.

Das hat ein Meister gemacht! sagten wir wie aus einem Munde; und in demselben Augenblicke rief Anten Dehrn, der ebenfalls mit uns fuhr: „ach! sehen Sie hier!" — und halb verlöscht, aber immer noch höchst charakteristisch und lebensvoll in jedem Zuge, hatten wir an der Wand einer Scheune ein Stück von einem Bachuszuge vor uns. Wir ließen halten. Vor dem Hause stand ein Mann, der, ohne auf uns und unsern Wagen und unser Verweilen zu achten, ruhig an der Sense hämmerte, an der er Etwas zurecht zu machen hatte. Er mußte es schon gewohnt sein, daß die Leute sich diese Wand besahen.

Wer hat das gemacht, mein Herr! riefen wir ihn fragend an.

Einer aus diesem Dorfe! gab er kurz zur Antwort.
Jemand also, der hier lebt?

Nein! es ist ein Herr Beguin! Er lebt in Paris, und kommt nur alle Jahre mit seinem Vater hier herunter. Er amüsirt sich damit, die Wände zu bemalen, wenn er hier ist. Sie werden da unten noch viel mehr davon sehen!

Und so war es in der That! Kaum ein Haus, kaum eine Mauer, an der nicht ein Einfall dieses kecken lustigen Zeichners oder Malers mit der Kohle festgehalten war. Hier sang ein Don Quixoti'scher Hidalgo seiner sich fächelnden hochbusigen Schönen mit karrikirter Empfindsamkeit seine Liebesklagen zur Mandoline vor; dort schlenderte ein zänkisches Weib ihrem Ehegatten den Besen an den Kopf. Auf der einen Wand prügelten sich Handwerksburschen in buntem Durcheinander; an der nächsten warfen Cankan tanzende Skarabin's ihre Beine in die Luft, daß ihr weibliches vis à vis mit dem breitaufgeschürzten Kleidchen davor erschrecken einen Sprung zur Seite machte. Wir konnten nicht aufhören über die Bilder zu lachen; und wie übertrieben die Chargen bisweilen auch waren, geistreich und von dem keckften Frohsinn eingegeben, und mit sicherer Hand entworfen, waren sie sammt und sonders.

Ein Ende unterhalb la Chiésaz liegt von schönen Alleen umgeben in der Ebene gegen Vevay hin, das Schloß Hauteville im Style des siebzehnten Jahrhunderts, dreiflüglich um einen großen mit schönem Eisengitter geschlossenen Hof erbaut, und wie ein Fürstensitz anzusehen. Die ganze Ebene ist wie ein Park. Villen, schöne einzelne

Wirthschaften der Landbauer mit ihren Höfen und Scheunen, Lusthäuserchen und Pavillons in den Weingärten, lösen einander im Wechsel ab, bis man bei dem neuen großen Hôtel, das eben jetzt am Ausgange von Bevay errichtet wird, in die Fahrstraße einbiegt, und dicht vor dem Städtchen La Tour de Peilz an der Villa Augusta vorüberkommt, welche sich die verwittwete Gemahlin des Königs Friedrich Wilhelm III. von Preußen, die Fürstin von Liegnitz, hier am See erbaut hat.

Es dämmerte bereits, während wir durch Clarens und Vernex nach unserm Hause in Montreux fuhren; und als wir an unser Fenster traten, war der Jura schon in den Schatten des Abends verschwunden. Indeß der Vollmond war nun zur Herrschaft gelangt, und verbreitete wohlthätig und mild sein sanftes Licht über den See und die Berge und bis in die letzte Ecke unsers Zimmers.

Ich habe gestern der schönen Brustbilder der alten Herren von Blonay Erwähnung gethan, und ich will nun noch eine kleine Erzählung, eine rechte kleine Rittergeschichte hier einschalten, die auf sie Bezug hat.

In den sagenhaften Erinnerungen des Volkes leben die alten Herren von Blonay als ein Geschlecht, das es mit dem Lande, dem Volke und dem Fürsten von Savoyen gut meinte, und zu dem man sich alles Heldenhaften und Ritterlichen versehen durfte. Man erzählt, daß ein Blonay, der sich unter den Vertheidigern von Chillon befand, als die Berner und die Genfer es belagerten, sich, da er die Hoffnung auf den Sieg verloren sah, mit seinem Pferde in das Wasser stürzte, und mitten durch die Genfer Flotte schwimmend, das andere Ufer erreichte, an welchem er dann natürlich von dem Herzoge von Savoyen, seinem Lehnsherren, sehr wohl aufgenommen wurde. Ich brauche Euch nicht zu sagen, daß dieses Ueberschwimmen des See's unmöglich ist — aber der Glaube hat ja grade an dem Unmöglichen seine größte Freude.

Beglaubigt und sehr anmuthig ist hingegen eine andere Erzählung, die sich ebenfalls an einen Blonay und an Schloß Blonay knüpft, und deren ich in dem Saale und unter dem Betrachten der schönen Männerportraits mich gern erinnerte. Sie entstammt einer in den Turiner Archiven befindlichen Chronik. Zu den Zeiten Karls des Dritten von Savoyen fanden sich, als er eben mit seinem Hofstaat in Turin war, eine Anzahl von Rittern bei einem Bankett im Schlosse versammelt. Ein Theil derselben war verheirathet, aber es waren auch einige noch unbeweibte unter ihnen, und nachdem man sich in allerlei heitern Gesprächen und in mannichfachen Scherzen ergangen hatte, kamen die Edelleute endlich auch auf die Vorzüge und Nachtheile des Ehestandes zu reden. Die unvermählten Ritter meinten, daß ein Mann, der an Weib und Kinder zu denken habe, niemals so tapfer sein könne als ein Junggeselle; Herr Simon von Blonay aber, der vor nicht allzu langen Jahren sich in die sanften Fesseln der Ehe schlagen lassen, behauptete, daß ein verheiratheter Mann eben so frisch, eben so tapfer, eben so kampfbereit, und siegessicher als ein Unbeweibter sein könne, und daß die Edelfrauen eben so des Ruhmes, des Lobes und der Huldigung würdig wären als die Edelfräulein. Ja er erbot sich dies sofort mit der Lanze und dem Degen darzuthun, so fern sich Einer fände, der Zweifel daran hegte.

Da stand ohne sich lange zu besinnen, ein Ritter aus der Gegend von Bresse, ein Sire de Gersant für die Knappen und die Fräulein auf; und da der Herzog es wohl inne wurde, daß es damit nicht auf Haß und Feindschaft, und auch nicht auf Mord und Todtschlag abgesehen sei, sondern daß die edeln Herren nur auf einen Wettstreit zum heitern Zeitvertreibe in die Schranken zu treten wünschten, willigte er darin ein. Er erlaubte ihnen zwei Rennen mit abgestumpften Lanzen und fünfzehn Gänge mit dem Degen. Unterläge der Kämpe für die Ehe, so sollte er zuerst vor des Fürsten noch unvermählter Tochter, dem Fräulein von Savoyen, und dann vor einem andern Edelfräulein, welches der Sieger zu erwählen hatte, um Gnade bitten; unterläge aber der Verfechter der Ehrlosigkeit, so sollte er sein Knie beugen vor des Fürsten hochgebietender Gemahlin und danach anreisen nach dem Orte, an welchem die Frau des Messire von Blonay ihres Gatten wartete, um vor der hochgebornen Frau ebenfalls auf Knieen um Begnadigung zu bitten.

Als man dies festgesetzt und angenommen hatte, ritten die beiden Kämpfer am zwölften Mai des Jahres fünfzehnhundert vier auf dem großen Platze vor dem Schlosse von Turin, wo in aller Comtoisie der Kampf zum Austrag kommen sollte, in die Schranken. Der Sire von Blonay ritt eine gepanzerte Stute, deren Rüstung mit schwarz und rothem Damast und mit großen Schleifen schön geputzt war, und die gleichen Farben trug er selber an sich. Der von Gersin aber erschien halb in weißem Atlas, halb in grauem mit rothem Sammet aufgeputztem Damast, und also war auch der Behang des Pferdes, das er ritt.

Sobald man ihnen ihre Lanzen gereicht hatte, griffen sie einander mit solcher Geschicklichkeit an, daß der Verfechter der Ehe am Rande seines Kuirasses einen Stoß erhielt, und der der Unverheiratheten einen auf der Halsberge, so daß ihre Lanzen gleich in Splitter brachen. Bei dem zweiten Rennen aber hob Messire von Blonay seinen Gegner aus dem Sattel, daß er niederstürzte und man glaubte, nun sei es um ihn geschehen. Indeß der tapfere de Corsant war sofort wieder auf seinen Beinen und bereit mit dem Degen in der Hand zu thun, was seine Schuldigkeit verlangte.

Nach des Kampfes Sitte konnte er nicht begehren abermals zu Pferde zu steigen, aber Messire von Blonay bot ihm höflich an, es mit einem neuen Pferde zu versuchen, und der Kampf begann in Freundlichkeit und guter Laune noch einmal. Indeß auch in diesem neuen Rennen und in dem Kampfe mit dem Degen, zeigte Herr von Blonay sich dem Ritter überlegen, und der Herzog erkannte, in Anbetracht der Geschicklichkeit und der zuvorkommenden Ritterlichkeit den Champion der Vermählten als den Sieger an, wenngleich er auch dem Verfechter der Unvermählten Ehre wiederfahren ließ.

Als darauf de Corsant sich ein Weniges Ruhe gegönnt hatte und wieder zu Athem gekommen war, eilte er sich vor der gestrengen Frau von Savoyen auf beiden Knieen niederzuwerfen. Er that das auch in einem freiwilligen Kniefall vor den andern verheiratheten Frauen des Hofes und bat sie sammt und sonders, daß sie von ihm nicht Uebles denken sollten. Darauf wendete er sich zu Messire von Blonay mit dem Begehr, er möge ihm sagen, wo die edle Frau von Blonay jetzt verweile, damit er sich aufmachen könne, seine Pflicht zu thun und Gnade von ihr zu erheischen. — „Tapferer und edler Ritter entgegnete ihm Blonay, in Wahrheit ich weiß es nicht zu sagen, wo meine Hausfrau liebden sich jetzt aufhält. Ich habe sie jenseits der Berge im Wochenbett verlassen. Sie wird entweder im Chablais in meinem Schlosse Saint-Pol de Meillerie, oder im Waadtlande in meinem Schlosse Blonay sein."

Ob das nun gleich ein langer und auch ein gar gefährlicher Weg war, bestieg de Corsan doch sofort sein gutes Roß und machte sich, von seinem Stallmeister gefolgt, in aller Eile auf den Weg. Er kam zuerst nach dem Schloß von Meillerie, aber weil er die Herrin dort nicht vorfand, stieg er, obschon es gegen die Nacht ging, in ein Fischerboot, um sich nach Bevay fahren zu lassen. Der See war jedoch in eben der Nacht sehr aufgeregt, sie konnten mit dem Schiff nicht vorwärts kommen und der Tag kam schon herauf, ehe sie in Bevay landen konnten. Als er den Fuß nun wieder auf die Erde gesetzt hatte, verlangte der Ritter gleich ein Pferd, denn ohne zu beachten, daß er müde und von der Reise noch zerschlagen sei, dachte er nur daran, wie er sich seines Wortes entledigen möchte, und ritt durch das Land grad auf nach Schloß Blonay zu. Die erste Person aber, deren er ansichtig wurde, nachdem man ihn eingelassen, war die Herrin des Schlosses, Dame Catherina, selber. Sie saß im Schloßgarten unter den großen Bäumen und hatte ihr Neugebornes an der Brust. Als er sich ihr genähert hatte, warf der Ritter sich ihr rasch zu Füßen und rief dreimal laut und kläglich: Gnade! Gnade! Gnade! —

Darüber erschrack die Dame sehr. Sie hieß ihn aufstehen, sich niedersetzen und fragte ihn, was ihm widerfahren sei und was er von ihr wolle? Alsobald meldete de Cerjan ihr Alles und ein Jedes, wie er von ihrem ritterlichen Herren überwunden worden, und wie er in dies Land gezogen sei, dem Gesetz des Zweikampfs nachzukommen und von ihr das Zeugniß zu erhalten, daß er seine Pflicht erfüllt und sein Wort eingelöst habe nach ritterlicher Ehre Brauch.

Als sie das vernommen hatte, lächelte die Dame lieblich: „Edler und freimüthiger Herr Ritter und tapferer Kämpe der Unveredlichten, es soll Niemand sagen, daß Ihr nicht vollauf gethan, was Ihr verheißen! Seid willkommen! sprach sie. Da es aber einer sittigen und achtbaren Frau nicht zukommt, Euch in Abwesenheit ihres Mannes in ihrem Schlosse zu beherbergen, so bitte ich Euch, Ihr wollet wieder nach Vevay gehen. Ruhet Euch dort aus von Euren Fahrten, nächtigt dort, und so es Euch genehm ist, kommet morgen in Tagesmitte wieder, Eure Bescheinigung und Euren Abschied Euch zu holen." Also sagte sie, und also that er. —

Er ließ es denn am nächsten Tage auch an sich nicht fehlen. Als er vor der Herrin in dem Schlosse erschien, hatte Sie in dem großen Saale ein stattlich Festmahl hergerichtet, und aus der ganzen Nachbarschaft die Sippen des Hauses und die vornehmsten Edelleute zu dem Bankette eingeladen, bei dem es hoch, und wie es im Waabtlande die gute Sitte ist, so fröhlich herging, daß die niedergehende Sonne die Tafelgäste noch in heiterem Gespräch beisammen fand. Als man danach endlich sich von dem Mahl erheben wollte, stand der fremde Ritter auf, und

sagte, nachdem er sich vor der Herrin des Schlosses nach
Gebühr verneigt und auf ihr Wohl getrunken hatte: „es
ist nicht zu meinem Schaden gewesen, viel edle Frau, daß
ich Eurem Manne unterlegen bin, sondern zu meinem Heil
und großen Vortheil; denn wie wäre ich sonst wohl so
großer Ehre theilhaftig geworden, heute in solcher Gesell=
schaft und Verwandtschaft mich zu finden. Es hat sich
wahrlich meine Devise „höher hinauf!" (altius) auch jetzt
bewährt; und ich bin gemeint, daß es auch mir nur an=
steht eine Frau zu nehmen, wonach ich dann die Sache
der Verheiratheten besser als jetzt die Sache der Unver=
mählten zu verfechten hoffe. Also sprechend wendete er
sich zierlich zu Polande von Villette, die an der Dame
von Blenay, ihrer Base, Seite saß. Das war ein schönes
Fräulein aus gutem altem Hause, aber eine Waise ohne
Mitgift und ohne Hab' und Gut, so daß sie sich im Schlosse
aufhielt um Abschied zu nehmen, weil sie in das Kloster
gehen sollte. Da der Ritter sie nun von der Seite freund=
lich anschaute, wurde die Aermste wie ein Scharlach roth
und konnte Nichts sagen und seufzte still.

Wie denn die Gäste ihren Rückzug machten und das
Schloß verließen, blieb Ritter de Corsant noch allein zurück,
als wenn er sich bei der Dame von Blenay noch im be=
sonderen zu bedanken und zu beurlauben verlangte, und
sagte: Ich sehe, Ihr seid huldreich edle Frau! huldreich
so sehr als schön; darum hätte ich eine Bitte vor Euch
auszusprechen, gewährt sie mir, so ferne Ihr mir wohl=
wollt! — Sprechet, antwortete die edle Frau, und wenn
es nicht wider meine Pflicht ist, will ich Euer Begehren
zu gutem Ende führen. — So gewinnet mir Gnade,

sagte de Corsant, bei Eurer schönen Base, damit ich künftig die Sache der Verheiratheten vertreten kann, denn seit ich sie erblickt, habe ich sie zur Dame meines Herzens gemacht und werde sie als solche halten, bis an mein Lebensend." — Die schöne Base, die sich in der Nähe gehalten hatte, schlug die blauen Augen nieder; die Dame von Blonay aber versetzte: Verstehe ich Euch recht, mein schöner Herr! so möchtet Ihr mein Vetter sein; und wenn das Jungfräulein meiner Meinung ist, wird sie Euch von Eurer Schmach befreien und wird aus Euch, der Ihr jetzt nur ein arger Junggeselle seid, in Kurzem einen rechtschaffenen Eheherrn machen."

Die arme Yolande wußte nicht, wohin sie sich verstecken sollte; aber der Weg war nun gebahnt, und Mutter Natur hatte ihre Liebesfackel über den jungen Herzen schon geschüttelt, so daß Yolande, an das Kloster so wenig denkend, als wenn es gar kein Kloster gegeben hätte auf der Welt, bald leise sagte: Ja! wenn mein Vetter Messire Simon, der mein Vormund ist, nichts dagegen einzuwenden hat — so — —

Messire Simon aber, der vier Tage später in sein Schloß kam, war der lieblichen Base natürlich nicht entgegen. Er richtete dem jungen Paare vielmehr ein schönes Hochzeitsgelage in seinem Schlosse Blonay aus; und de Corsant sagte: Edler Vetter! ich habe Nichts dabei verloren, daß Ihr mich besiegtet; ich habe eine schöne und gute Frau davon getragen, und wenn jetzt Einer sich wider die Verehlichten erhebt, so hat er es mit mir zu thun; und will ich es mit ihm machen, wie Ihr mit mir im Schloßhof von Turin.

Sechsundzwanzigster Brief.
Das Klima und die Pensionen als Kurhäuser.

Montreux, den 20. April 1868.

In Nichts habe ich die Mehrzahl der Aerzte unsicherer und unzuverlässiger gefunden als in ihrem Rath bei der Wahl von klimatischen Kurorten, und das ist im Grunde sehr natürlich. Die Wenigsten von ihnen kennen die Orte, nach denen sie ihre Kranken schicken, aus persönlicher Erfahrung, oder wenn sie sie kennen, haben sie besten Falls einige Tage als Gesunde in solchem Orte zugebracht. Ihre Auskunft kommt ihnen in der Regel durch die in diesen Kurorten lebenden Aerzte zu, die ein Interesse daran haben, das Gute von dem Klima und von den sonstigen Lebensbedingungen zu rühmen, und das Ueble und Nachtheilige nicht hervorzuheben, und so macht sich denn der Kranke, der nach einem solchen Kurort gesendet wird, Vorstellungen davon, welche seinem Bedürfniß oder seinen Wünschen, oft weit mehr als der Wirklichkeit entsprechen. — So geht es auch mit dem Klima am Genfersee, das keines Weges so südlich ist, als man es schildert und das auch seine großen Wechsel hat.

Wir sind Anfangs Juni vorigen Jahres nach Genf gekommen. Der ganze Monat war naß und schwül, hatte viele Gewitter und dazwischen eiskalte, schneidende Nordostwinde. In den Bergen lag Alles voll Schnee. Der Juli, der August und der September hatten dann eben in Glion aber ein gradezu idealisches Klima. Es war warm, frisch, und eine Luft, die zu athmen ein Genuß war. Als es danach im Ausgange des vorigen Sommers festgestellt wurde, daß wir nicht in den Norden zurückkehren, sondern den Winter am Genfersee zubringen sollten, machten die Aerzte und die Personen, welche uns dazu riethen, uns die herrlichsten Schilderungen von den hiesigen winterlosen Witterungsverhältnissen; wir haben sie jedoch durchaus nicht richtig gefunden. Es hieß: „bis zu dem Ende des Jahres sei das Wetter beständig schön. Der Januar sei kälter, aber der Schnee bleibe doch nicht liegen, und im Februar blühten schon die Mandelbäume." Das klang fast, als sollten wir am Genfersee auch wieder einem römischen Winter begegnen; und die zweite Feigenernte, welche wir hier im Herbste erlebt hatten, die Granatäpfel, die wir hier hatten reifen sehen, bestärkten uns in dem Glauben an die südlichen Lüfte, die uns in Montreux auch während des Winters umspielen würden. Ich kann aber aus gründlicher Erfahrung jetzt versichern, daß von einem wirklich südlichen Klima in den Wintermonaten hier nicht die Rede ist, wenn schon die Witterung im Vergleich zu der unsern, während der kalten Monate immer noch als eine sehr wünschenswerthe bezeichnet werden muß.

Was ich darüber beobachtet habe, ist Folgendes. Schon in der zweiten Hälfte des September wurde es oben in Glion kalt, so daß die Personen, welche Brustleiden hatten, es für sich zu rauh fanden. Uns, deren Nerven eine frische, belebte Luft zusagte, war der Aufenthalt noch angenehm, obschon die Morgen und Abende auf jener Höhe sich herbstlich scharf anließen, und ein Feuer im Kamine

nöthig machten. Gegen das Ende des September hatten
wir in den Nächten auf dem Rigi Vaudois schon immer
Reif, aber die Mittage waren und blieben schön. Am
ersten Oktober zogen wir nach Montreux hinunter; am
dritten fing es zu regnen an, den vierten lagen die Berge
bis zu den Thälern hinab voll Schnee, den fünften schneite
es in der Ebene bei einem Wetter, wie wir es in Ost-
preußen um die Zeit nicht schlechter haben können; und
als an dem Tage aus allen Häusern die Kinder mit ihren
kleinen Schlitten herauskamen, sagten wir uns, daß man
keine Schlitten haben würde, wenn der Schnee hier zu
Lande wirklich so selten wäre und nicht liegen bliebe. Bis
zum vierzehnten bildeten Regen, Schnee, Kälte, unser täglich
Brod. War dazwischen ein milderer Tag, so hielt er sich
auf 9° Reaumur und glich einem guten Berliner Weih-
nachtswetter. Am 14. Oktober wachten wir mit einem
Male mitten im Sommer auf; 12° im Schatten, 26° in
der Sonne. Danach wieder schwere Luft, Nebel, Regen,
bis zum 20. Oktober, wo das Wetter sich plötzlich auf-
hellte und frisch zu werden anfing. Aber diese Herrlichkeit
währte auch nur ein paar Tage. Es kamen Nebel, durch
welche die Sonne nicht durchdringen konnte, wir hatten
Morgens um 9 Uhr auf der Mittagsseite 4—9° Wärme,
und von da ab hob sich für die Morgenstunden der Thermometer nicht mehr; nur die Mittage waren im November
durchschnittlich wie im Sommer heiß. Das beschränkte
sich jedoch immer nur auf die Stunden von $11\frac{1}{2}$—$3\frac{1}{2}$
Uhr. In den Nächten fror es, und vom 20. November
nahm auch die Mittagswärme bedeutend ab. Da es jedoch
meist windstill war, war die Luft in der Sonne auch bei

sieben und acht Grad Wärme noch sehr angenehm. Ende November stand der Thermometer Morgens um neun Uhr noch oft auf dem Gefrierpunkte, und vom zweiten Dezember bis zum zwölften lag der Schnee fest ohne sich zu rühren. Von allen Höhen und in allen Straßen fuhr man mit Handschlitten nieder, es gab Schlittbahn von hier bis Lausanne und durch das Land, wir hatten Mittags 2, 3, 4° Kälte, indeß die Luft war niemals scharf und man konnte mit Behagen spazieren gehen. So ging das ganze Jahr zu Ende. Die Kastanien, Feigen, Platanen, Linden, Eichen — Alles hatte das Laub schon im November abgeworfen; nur Laurus, Lorbeer, Taxus und die sonstigen Nadelbäume blieben grün, ebenso die südlichen Sträuche, wie die Stechpalme und Mahonie, auch die Cypressen auf dem Kirchhofe von Montreux hielten aus, und Rosen und Laurus blühten noch, als schon Alles längst voll Schnee lag. Eine dritte Feigenfrucht kam nicht zur Reife und erstarrte an den Bäumen.

Anfang Januar gab es Mittags noch 5 Kälte, dann plötzlich am Siebenten Mittags 15° Wärme in der Sonne, und in der zweiten Hälfte des Januar kamen neben einzelnen rauhen Tagen, an denen der Wind den See aufregte, daß er wie ein Meer Wellen schlug und schäumte, und der Nebel uns einhüllte, als säßen wir auf Helgoland, doch wieder Tage vor, an denen man Mittags im dünnen wollenen Kleide auf den Kieseln am See spazieren gehen und es vor Hitze in der Sonne kaum ertragen konnte.

Mit dem Ende des Januar fingen die Wiesenblumen, der Löwenzahn und das Maasliebchen, die bis Anfang Dezember ausgehalten hatten, wieder zu blühen an. Die

Eidechsen hatten mit ihrem Verschwinden und Kommen ziemlich die gleiche Zeit eingehalten. Die ersten Primeln brachen am ersten Februar hervor, und in dem ganzen Monat war das Wetter, mit Ausnahme eines Tages, so schön, so hell, so warm und so gleichmäßig, daß es uns wirklich an Rom gemahnte. Das Blühen auf den Wiesen nahm mit großer Schnelle zu. Es gab Veilchen, Primeln, Tausendschön, Immergrün, blaue Pirolen, Himmelschlüssel, Anemonen, Krokus in großer Fülle auf allen Ecken und Enden, aber die Sträuche und Bäume blieben, obschon alle Knospen schwellten, noch völlig kahl, und der kalte, nasse, schneeige März, dem Hagel und selbst Sturmstöße nicht fehlten, hielt das Werden in der Natur vollends noch zurück. Die Insekten und Vögel machten sich trotzdem schon früh heraus. Am zwölften Februar sahen wir die ersten Schmetterlinge (Füchse und Citronenvögel) fliegen. Die Vögel fingen schon Ende Februar zu singen an — namentlich die Buchfinken — und am fünfzehnten April sah ich die ersten Schwalben.

Aber auch der April ist, obschon die ersten acht Tage schönem deutschem Juniwetter glichen, noch äußerst wechselnd, und Thatsache ist es, daß wir von dem ersten Oktober bis auf diese Stunde unablässig und zwar ganz gehörig haben heizen müssen. Freilich behaupten die Waadtländer dies sei ein ungewöhnlich kaltes Jahr; einen so frühen und so anhaltenden Winter habe man seit 1789 nicht gehabt; indeß eine Freundin aus Deutschland, die uns hier besuchte, hat hier den vorigen März eben so wenig günstig als den jetzigen gefunden, und ist auch im vorigen Jahre am fünfzehnten April in heftigem Schneetreiben von Montreur

fortgefahren, während eben so wie jetzt die Bäume in
voller Blüthe standen. Dabei sind wie in allen Berg-
gegenden und an allen Seen die Wetterwechsel schnell und
häufig.

Trotz allen diesen nicht eben südlichen Erscheinungen
haben wir dennoch das Klima als ein angenehmes gefunden. Es sind in den sechs ein halb Monaten vom
ersten Oktober bis fünfzehnten April Alles in Allem genommen nicht acht Tage vorgekommen, an denen man in
der Mittagsstunde nicht hätte spazieren gehen können, und
selbst im Dezember und Januar hat es Tage gegeben, an
denen man stundenweise auf sonnigen Stellen auch im
Freien sitzend verweilen konnte. Dabei ist die Luft fast
immer weich und doch zugleich erfrischend gewesen, und
von all den katarrhalischen und rheumatischen Beschwerden,
mit denen man sich bei uns in der rauhen Jahreszeit
herumzuschlagen hat, habe ich hier im Ganzen, obschon
meist Kranke hier zu leben pflegen, verhältnißmäßig nicht
viel reden hören. Aufgefallen hingegen ist es mir, daß
seit nahezu dreiviertel Jahren der Keuchhusten unter den
Kindern hier am See immerfort geherrscht, und zwar
so heftig geherrscht hat, daß auch Erwachsene davon angesteckt und lange damit behaftet geblieben sind. Schon
im August kamen Familien von Bevay, um dem Keuchhusten zu entgehen, mit ihren Kindern nach Glion hinauf,
und im Winter hatten wir eine Zeitlang allein hier im
Hause, in der Pension Moser, drei Familien, deren Kinder davon befallen waren, so daß wir auf dem Punkte
standen auszuwandern.

Die eigentliche warme Zone des Genfersee's, von der

als Winteraufenthalt die Rede sein kann, fängt erst diesseits Vevay und zwar erst hinter der Pension Ketterer an. Der Nordostwind, die Bise, ist, wie ich schon zum Oefteren bemerkt habe, in Genf so scharf, daß selbst gesunde Menschen sehr schwer davon leiden. Auch von Lausanne und selbst von Vevay flüchten Kranke sich vor der Bise in den Wintermonaten hieher, und noch unterhalb der Höhe, auf welcher die im Sommer sehr angenehme und luftige Pension Ketterer gelegen ist, ja selbst am Eingange von Clarens empfindet man die Bise noch bis zu einem gewissen Grade. Nach meinen, bei unsern täglichen Spaziergängen gemachten Beobachtungen, ist die Strecke von der Pension Gabarel in Clarens bis jenseits der Pension Masen in Veytaux der wärmste Theil des Genfersee's. Aber bei der Wahl einer Wohnung und eines Aufenthaltes für Kranke kommen noch andere Rücksichten in Betracht, die ich im Herbste, als ich auf der Wohnungssuche war, gründlich zu erwägen Gelegenheit gehabt habe.

Erstens macht die Höhe, in welcher die Ortschaften und die einzelnen Pensionen gelegen sind, einen von den Fremden, die bei ihrer Ankunft das noch nicht übersehen können, sehr zu beachtenden Unterschied aus. Die Mehrzahl aller Pensionen liegt an der großen Fahrstraße, die sich durch Clarens, die unteren Theile von Vernex und von Montreux, durch Territé, Veytaux u. s. w. bis nach Villeneuve erstreckt. Diese Pensionen haben sammt und sonders den großen Vortheil, daß sie nach beiden Seiten hin, nach Villeneuve und Vevay, stundenlange Spaziergänge in der flachsten Ebene möglich machen, was für alle Diejenigen, denen das Steigen beschwerlich fällt, eine wahre Wohlthat ist. Aber alle Pensionen an der rechten Seite dieses Weges, sind dem See sehr nahe, und ich habe sie, obschon man es in Abrede stellt, immer in dem Verdachte gehabt, daß sich in ihnen im Herbst und Winter die Feuchtigkeit in den Zimmern fühlbar machen müsse.

In den Pensionen auf dem oberen Theil von Vernex und vollends in dem oberen Montreux ist die Luft ohne alle Frage besser, indeß der Weg nach Montreux hinauf, ist von beiden Seiten so steil, daß die beliebteste von allen Pensionen, die Pension Vautier, eben durch diese Lage für Personen, die an Brust- oder Herzbeschwerden leiden, eine harte Prüfung sein muß.

Der Lage nach, ist von allen Pensionen in Montreux, nach meinem Ermessen, die Pension Moser, in der wir nun bald sieben Monate leben, die Angenehmste. Sie ist auf halber Höhe, dem Bahnhofe, der Post, den Apotheken nahe, und das Aufsteigen zu ihr von beiden Seiten nur gelind. Das Haus, das nur für circa fünfundzwanzig Personen Raum hat, ist vorzüglich gut gehalten, aber da es alt ist, fehlen ihm allerdings manche fast unentbehrliche Einrichtungen, wie geschlossene Korridore und Waterclosets, was jedoch durch Heizung der Flure und andere Vorsichtsmaßregeln von den Besitzern so gut es gehen will, ausgeglichen wird; und mir sind nie Wirthe vorgekommen, die ihren Verpflichtungen pünktlicher und gefälliger nachgekommen wären, als Herr Moser und seine Frau.*)

---
*) Jetzt (1868 im Juni) führt eine Schwester des Herren Moser, der sich bei Vevay angekauft hat, mit gleicher empfehlenswerther Umsicht und eben so unermüdlicher Gefälligkeit das Haus.

Im Ganzen hat man die gute und gefällige Aufnahme in sämmtlichen Pensionen hier am See zu rühmen, und von den Prellereien und Behelligungen aller Art, von denen man durch die Wohnungsvermiether in Rom häufig zu leiden hat, ist mir hier kein Beispiel zu Ohren gekommen. Auch die Beköstigung ist gut, aber die Zeiteintheilung in den Pensionen ist unzweckmäßig.

Mit Ausnahme der beiden großen Hôtels, des Schwan in Clarens und des Hôtel des Alpes in Territé, die zwei Mittagstische um zwei Uhr und um sechs Uhr haben, nimmt man in allen Pensionen, das aus Suppe, vier Gängen und Dessert, bestehende Mittagbrod um zwei Uhr ein, und das Abendbrod, das sich aus Thee, kaltem Fleisch und süßem Backwerk ziemlich einförmig zusammensetzt, um sieben Uhr, was für alle Jahreszeiten eine schlechte Einrichtung ist. Im Winter verliert man durch das frühe Mittagbrod die schönen warmen Stunden von zwei bis halb vier Uhr, und die Kranken, welche vor zwölf Uhr nicht das Haus verlassen können, werden thatsächlich auf anderthalb Stunden Luftgenuß beschränkt, da für sie nach dem Mittagessen die Temperatur zu kalt wird; und im Sommer ist man durch das Abendessen um sieben, Uhr wieder bei allen Unternehmungen gehindert; ganz abgesehen davon, daß die Eßstunden um zwei und sieben die Benutzung der Eisenbahnzüge und Dampfböte zu Ausflügen fast unmöglich machen — wenn man nicht eben die Mahlzeiten daran geben will. Ein Gabelfrühstück um elf Uhr, ein Mittag um fünf Uhr würden unverhältnißmäßig vortheilhafter sein, und in der Pension Richelieu in Clarens hatte die dort lebende Gesellschaft diese Zeiteintheilung auch durchgesetzt.

Ein anderer Uebelstand besteht darin, daß — wieder mit Ausnahme der beiden großen Hôtels und einiger neueren Häuser, wie in Clarens, in der Pension Richelieu, in der Pension Lorius, und in Montreux, in der Pension von Beau Rivage die Versammlungszimmer überall für die Zahl der Menschen, die sie herbergen sollen, viel zu eng und viel zu niedrig sind. Auch die Mehrzahl der einzelnen für die Fremden bestimmten Zimmer ist in allen Häusern sehr klein, und es kann dies bei den Pensions=Preisen, welche man zahlt, sie wechseln in den verschiedenen Etablissements, je nach der Größe und Einrichtung der Stuben und der Art der Beköstigung von 3¼—7¼ Franken für die Person, wobei der Wein, der Nachmittagskaffee, Heizung und Licht nicht eingerechnet sind — nicht wohl anders sein. Die Personen, welche nun nicht in der Lage sind, besondere Wohnzimmer für sich zu haben, sind am Tage und am Abende auf das Verweilen in den Versammlungssälen angewiesen, und in diesen wird dann, namentlich an den Abenden, die Luft so heiß, so schwer und so beklommen wie in einem überfüllten Theater, so daß ich die Leute immer bemitleidet habe, die in solcher Atmosphäre leben mußten. Für Lungenleidende müssen diese unventilirten Zimmer geradezu verderblich sein. Endlich fehlen Bäder in den Häusern. Das Klima hier am See ist nicht der Art, daß Kranke in den Wintermonaten ohne Gefahr außer dem Hause baden können, und die einzige Badeanstalt unten am Wasser in Vernex, ist äußerst unvollkommen. Es ist aber keine Kleinigkeit durch fünf, sechs Monate der Wohlthat eines Bades beraubt zu sein; und selbst in unserm so gut gehaltenen Hause konnte ich nur auf ausdrückliche Anordnung des Arztes Bäder in unsern Zimmern erringen, die dadurch hoch genug zu stehen kamen.

Was im Gegensatze aber in allen Pensionen im Uebermaß vorhanden ist, das sind Klaviere; und ich rechne das Musikmachen thatsächlich zu den Uebelständen, welche für wirklich Leidende das Leben in den Pensionen sehr bedenklich machen. Unser Haus ist, wie ich vorhin bemerkte, klein, und doch hatten wir außer dem Pianino in dem Saale, das dem Hause zu eigen war, durch fünf Monate noch vier andere von den Fremden gemiethete Klaviere im Hause. Von diesen stand das Eine gerade über unserm Wohnzimmer, das Andere neben der Schlafstube, ein Drittes uns gegenüber auf unserm Flure. Alle Morgen von neun bis eilf Uhr spielte fünf Monate lang die vierzehnjährige Tochter einer sehr unangenehmen englischen Familie, den Karneval von Venedig und noch zwei andere Stücke, die ihr ganzes Repertoir ausmachten; alle Morgen hämmerte um dieselbe Zeit eine junge Russin, die ein wahres Muster von Talentlosigkeit war und die wir ihres entsetzlichen Anschlags wegen, immer nur den „Hacktraber" nannten, den rothen Sarayhan und ein Arrangement des Freischütz und des Oberon; und gleichzeitig spielte eine brustkranke Schweizerin, deren hektisch funkelnde Augen ich im Geiste immer vor mir sah, wenn ich sie die wilden Passagen hinunterjagen hörte, die brillantesten Salonstücke. Alle diese Frauenzimmer waren von Grund aus unmusikalisch; und zwar in dem Grade, daß es keine von ihnen störte, wenn die elendesten Straßenmusikanten während sie übten, in haarsträubenden Dissotanzen unter ihren Fenstern dazwischen quinquelirten; und nicht einmal — nein zehn, zwanzigmal — haben wir dagesessen und diese drei Pianino's und die Dudelsack=spieler oder Orgler gegen einander an= und durcheinander wüthen hören, daß ich oft gedacht habe: warum hat Dante das nicht gekannt? Er hätte einen eigenen Höllenkreis dafür errichtet.

Und da half kein Bitten! kein Vorstellen! Es war noch toller als wir es vor Jahren im Kurhause in Schlangenbad erlebt hatten. — Keinen Augenblick des Tages war man vor der sinn= und zwecklosen Musikmacherei gesichert. Als ich einmal der Mutter des Saraphan, die selbst krank war aber wohl starke Nerven haben mußte, zu bedenken gab, daß es doch unbillig sei, sich Kranken gegen= über so rücksichtslos in seinen müßigen Neigungen gehen zu lassen, sagte sie, die armen müden Augen halb er= hebend: „Que voulez-vous ma chère? das ist nicht zu ändern. Unten in Beau Rivage liegt ein Landsmann von uns im Sterben und man musizirt in allen Zimmern rund umher!" Sie schien diese rohe Eigensucht wie eine Naturnothwendigkeit anzusehen. — Ganz eben so gab man einer mir befreundeten Dame in der großen Pension Bautier, als sie sich darüber beschwerte, daß man bis vier Uhr Mor= gens tanze und ihren Kranken damit störe, den einfachen Bescheid: „die Pension sei kein Hospital": und sie hatte später, als ihr Mann schwer darnieder lag, es als ein Glück zu betrachten, daß sie ihn in einem Zimmer unter= bringen konnte, in welchem er weder von der Musik noch von den eben so lästigen Bällen zu leiden hatte.

Ich erwähne dieser Pianomanie nicht zum Scherze, sondern ganz mit Absicht, um diejenigen, die sich in Pensionen einmiethen wollen, zu der nöthigen Vorsicht zu bewegen. Man muß es sich ausdrücklich ausbedingen, keine Klaviere neben sich zu haben. — Waren wir wohl, so lachten wir gelegentlich, wenn der Harttraber die heitern Weber'schen Melodien mit dem Humor eines Menschen spielte, der zu seiner Hinrichtung geführt wird; und wir lachten dann auch über den unglücklichen Engländer, den, mit ihren drei unabänderlichen Stücken, einzufangen, Miß Charlotte wie ein Dompfaffe abgerichtet wurde. War man aber unwohl, so wurde dies Gedudel zu einer fast unerträglichen Marter; und wenn wir nun das ominöse a-d hörten, mit dem der Karneval von Venedig anhob, während neben an der Sarafahn mitten im Jungfernkranze schwelgte, und die großäugige Schöne Schulhoff oder Liszt zum Besten gab, fuhr es uns durch alle Nerven. Es war als wäre man unter Wahnsinnigen und würde gezwungen ihren Hexensabbath mitzufeiern.

Ich habe mich dieser Erfahrung gegenüber oft gefragt, in welcher Zeit und in welchem Volke man auf den Einfall gekommen ist, den Unterricht in der Musik, und die Fähigkeit wohl oder übel Klavier spielen zu können, als eine der wesentlichsten Bedingungen in der Erziehung und Bildung der Frauen anzusehen, und ich weiß darauf die Antwort nicht; aber es wäre der Mühe werth, dem Dinge nachzuforschen. Ich glaube, das hat die virtuosistische Schule auf ihrem Gewissen. Zu der Zeit unserer Klassiker war die Musik noch nicht das vorherrschende Element in der Frauenerziehung. Göthe's Lilli, Anna

Elisabeth Schönemann, wird allerdings als eine vortreff=
liche Klavierspielerin gerühmt; Schiller hat seine Laura
auch am Klavier besungen; die Schwestern Stock (Körner's
Frau und Schwägerin) waren gleichfalls musikalisch; aber
in den vertrauten Briefwechseln jener Männer und Frauen
nimmt doch die Musik keine so wesentliche Stelle ein;
und so oft ich dies Thema in meinen Arbeiten auch be=
handelt habe, ich kann nicht aufhören, es immer wieder
hervor zu heben, daß es eine große Thorheit ist, un=
musikalische Menschen in Musik unterrichten zu lassen. Ich
habe nie erlebt, daß die geistige Kultur eines nicht auf
Musik angelegten Menschen durch die Beschäftigung mit
Musik auch nur um einen Grad gehoben, oder daß in
ihm auch nur irgend ein fruchtbringender Gedanke da=
durch erzeugt worden wäre; und heute noch behaupte ich
— obschon ich die Musik liebe und sie wohl zu würdigen
weiß — daß man ihre Uebung mit sehr bestimmten Aus=
nahmefällen aus der Erziehung der Mädchen vorläufig ver=
bannen, und ein gründliches Studium der Geschichte, der
Litteratur oder irgend einer Naturwissenschaft an ihre
Stelle setzen muß, wenn man die Kultur der Frauen
überhaupt vorwärts zu bringen beabsichtigt. — Daß aber
in den Badeorten und Kurorten das Musikmachen auf
gut Glück in allen Zimmern betrieben werden darf, das ge=
hört beinahe unter den Bereich der Gesundheitspolizei;
und es werden auch in solchen Orten noch einmal mu=
sikalische Turnhallen errichtet werden, in denen die vir=
tuosistische Fingergymnastik geübt werden kann, ohne daß
die ganze übrige Gesellschaft von diesen musikalischen
Evolutionen zu leiden hat, bei denen mitunter, wie

in unserer Pension, die Hunde vor Verzweiflung zu heulen und die Kellner und Hausmägde seufzend zu klagen pflegten „daß das ewige Gespiele sie ganz wirr im Kopfe mache!" Wir haben in den sechs Monaten den Karneval von Venedig mindestens sechshundert und den Saraphan und den Jungfernkranz sicherlich tausendmal wiederholen hören. Wenn das nicht einen verstumpfenden Eindruck auf diejenigen haben soll, die diese Stücke spielen, so kenne ich die menschliche Natur nicht mehr. Wie wenig Frauen giebt es, die sich hinsetzen, ein schönes Gedicht von Göthe, einen geistreichen Ausspruch von ihm, einen tiefsinnigen Gedanken von Schiller oder Herder so lange zu lesen, bis sie solch ein wahrhaft Förderndes und Erhebendes völlig verstanden, es sich völlig angeeignet, es auswendig gelernt haben! Aber Jahre und Jahre einen Chopin'schen Walzer alltäglich zu spielen und wieder zu spielen, Jahre und Jahre ein und dieselbe Etüde zu üben, werden Hunderte nicht müde; und es würde um die Mütter und Erzieherinnen unserer Kinder doch bald anders aussehen, wenn sie an einen Gedanken von Fichte oder Kant nur den zwanzigsten Theil der Zeit wenden wollten, die sie an die Ergründung und Einstudierung irgend eines beliebigen Scherzo zu setzen, sammt und sonders nöthig, und in der Ordnung finden.

Im Uebrigen ist das Leben in den Pensionen am Genfersee sehr einförmig und still, und ich glaube darauf beruht für Viele die Heilsamkeit des hiesigen Aufenthaltes. Man geht nach Sonnenuntergang nicht aus dem Hause, zwischen den einzelnen oft näher, oft weiter von einander gelegenen Pensionen herrscht für Abendbesuche ein sehr geringer Verkehr, und es kann einen solchen auch nicht wohl geben, da es an billigen Fuhrgelegenheiten gänzlich fehlt. Ein einspänniger Wagen, den man eigens bestellen gehen muß, kostet für die kleinste Tour drei Franken, so daß ein Abendbesuch für Jemand, der die scharfe Nachtluft zu meiden hat, sechs Franken kostet, die man in der Regel doch nicht daran wenden mag.

In dem Hôtel des Alpes hat ein Engländer einmal im Spätherbste einen Ball gegeben und seine ihm befreundeten, hier am See lebenden Landsleute dazu eingeladen, die denn auch von Vevay und Lausanne u. s. w. herbeigeeilt sind. In Bean Rivage hat man Neujahr innerhalb der Hausgenossenschaft einmal Komödie gespielt, sonst ist's, so weit ich davon gehört, überall sehr still hergegangen; und nur in der großen Pension Vautier — es giebt auch eine kleinere Pension des Namens — ist fast allwöchentlich getanzt werden. Eine polnische Gräfin war die Anregerin und Veranstalterin dieser Feste, für die sich die übrige Gesellschaft des Hauses später auch mit ein paar Bällen dankbar bewiesen hat, und Gesunde und Schwindsüchtige und Herzkranke haben dort ihre Galopaden und Quadrillen bis an den hellen Morgen ausgeführt. Ich habe an diese Vergnügungen niemals denken können, ohne daß mir Holbein's Todtentanz und die Radierungen des verstorbenen genialen Alfred Rethel eingefallen sind, in denen er das Erscheinen der Cholera auf dem Opernballe in Paris dargestellt hat. Der Tod spielt grinsend die Fiedel und die ihm verfallenen Opfer tanzen ihm in fanatischer Lust entgegen.

Die große Pension Vautier ist übrigens bei der eigentlichen touristischen Gesellschaft die beliebteste in Montreux, und ich hatte so viel zu ihrem Ruhme sagen hören, daß ich es im Herbste recht bedauerte, in derselben nicht mehr eine uns zusagende Wohnung frei gefunden zu haben. Später bin ich mit diesem Mißgeschick sehr wohl zufrieden gewesen. Sie liegt nämlich, wie ich vorhin erwähnte, für Jemand, der nicht gern steigen mag, zu hoch, liegt dabei weniger luftig als alle anderen Pensionen und ist, wie mir scheint, über ihr rechtes Maaß hinausgewachsen. Sie ist kaum mehr eine Pension zu nennen; sie ist eine aus dem Haupthause und drei, vier jenseits der Straße gelegenen Dependancen bestehende Kolonie. Es sind fast immer zwischen 120—150 Personen in dem Hause versorgt worden, und für solche Menschenmasse schien mir die nothwendige Organisation, schienen mir Portier und das, was ich die nothwendige Hauspolizei eines solchen Gemeinwesens nennen möchte, ganz und gar zu fehlen. Man mußte sich oft durch elende Anbaue und Treppen und Korridore voll allerlei Hausrath herumtreiben, ehe man einen Menschen fand, von dem man erfragen konnte, wo die Personen wohnten, die zu sehen man gekommen war; und von jener auf das Bedürfniß des Einzelnen eingehenden und den einsamen Kranken versorgenden Theilnahme, kann bei dem besten Willen der Besitzer, in einem so zersplitterten und nicht in großem Style organisirten Etablissement auch nicht die Rede sein. Ich würde also Kranken immer mehr zu den kleineren Pensionen rathen, in denen, wie in unserem nicht genug zu rühmenden Hause, ein menschliches Verhältniß mit den Wirthen möglich wird, wenn ihre Mittel es ihnen nicht gestatten, in eines der großen Hôtels zu ziehen. Unter den Ersteren haben die Pension Gabarel und die Pension Laurius, beide in Clarens, den Vorzug, daß ihre Besitzerinnen hoch gebildete Frauen sind, welche bei den Mahlzeiten den Vorsitz führen, was unter Verhältnissen höchst erwünscht sein kann. Es sind obenein Damen, deren Aufsicht die sorglichsten Eltern junge Mädchen, die eine Kur zu machen haben, zuversichtlich anvertrauen können, da Mlle. Gabarel und Mlle. Laurius lange Erzieherinnen gewesen sind. Unter den Hôtels aber würde ich in erster Reihe das Hôtel des Alpes wählen, das eben zwei Mittagstafeln um zwei und sechs Uhr, Bäder, ein Billiard, eine Menge mit Glas bedeckter Gallerien, große schattige quellenreiche Gärten, und obenein einen Omnibus und Fuhrwerk besitzt, so daß dort neben einer sehr schönen, wenn auch von Montreux etwas entfernten Lage, sich alles das zusammen findet, was man in den andern Häusern theilweise entbehrt. Man rühmt dazu die Bewirthung und Bedienung sehr. Dasselbe gilt auch von Beau Rivage, in dem gleichfalls Fuhrwerk gehalten wird; und ich wiederhole es ganz ausdrücklich: Klagen habe ich in dem ganzen Jahre, das wir hier am Genfersee zugebracht haben, über keines der Häuser hören, in denen Fremde aufgenommen werden. Man hatte im Gegentheil überall nur Gutes zu rühmen, und das spricht — wenn man bedenkt, welche verschiedenen Ansprüche von den oft sehr anspruchsvollen Fremden erhoben werden — sicherlich im hohen Grade für den Charakter und die Bereitwilligkeit der Wirthe, mit denen man's zu thun hat. —

Siebenundzwanzigster Brief.
Eine Fahrt nach Vevay.

Den 30. April 1868.

Heute ist für unsere hiesige Lebensweise, deren sanfte Einförmigkeit etwas Einspinnendes hat, der Tag voller großer Ereignisse gewesen. Morgens begleiteten wir eine liebe Hausgenossin, die Gräfin Sophie von J......, mit der wir vom Oktober ab hier zusammen gewesen waren und die uns von Herzen werth geworden ist, nach der Eisenbahn. Sie ist von polnischer Abkunft, altem adligem Geschlechte angehörend, aber von Eltern, die sich freiwillig expatriirt hatten, in der Schweiz geboren, und eine in jedem Sinne feine und edle Natur. Weichen Herzens, von einer Güte, die sich für den Geringsten bewährte und nie verleugnet, geistreich, vortrefflich unterrichtet, sehr musikalisch, in deutscher Litteratur heimisch wie nicht viele Ausländer und lange nicht alle deutschen Frauen, anspruchslos in jedem Betrachte, und äußerst duldsam, obschon sie selbst eine strenge Katholikin ist, war sie uns eine wahre Erquickung in diesem — an solchen Elementen in der That nicht reichen — Hause. Ich habe nie eine fleißigere Frau gekannt, nie Eine, der das stille, sanfte Fleißiglein so natürlich anstand, und die einen solchen Wechsel in ihre Beschäftigungen zu bringen, sich und Andern das Leben so zu verschönern wußte, als sie. Es ist wirklich eine

Freude einem solchen Wesen zu begegnen, und wir haben uns hoffentlich nicht zum letzten Male gesehen!

Mittags trugen wir in einer wahrhaft italienischen Hitze, auf gut altpreußisch: ein Brod, ein Näpfchen voll Salz und ein Geldstück mit obligatem Kranze in die neue Wohnung, welche der treffliche Edgar Quinet heute Abend in Teritet beziehen soll, nachdem er zehn Jahre in Veytau gewohnt hat. Möchte ihm Gutes in dem Hause widerfahren und das Leben darin ihm gesegnet sein! — Ich liebe das Aufrechterhalten solcher symbolischer Handlungen sehr; sie gehören zu dem Kultus, den grade diejenigen nicht entbehren können, welche mit den Symbolen der positiven Religionen keinen Zusammenhang mehr haben; und da wir armen Sterblichen mit unserm Dasein immer zwischen den beiden Polen der Hoffnung und der Sorge schweben, steht es uns wohl an, denen, die wir schätzen und lieben, bei den Abschnitten und Wendepunkten in ihrem Leben ein Zeichen zu geben, das ihnen ausdrückt: wir hoffen und wir wünschen für Dich Glück und Gutes!

Nachmittag da — wie Platen es nennt — „sich der Tag verkühlet" — kam uns der Gedanke, daß es doch schön sein müßte, einmal am Quai Sina in Vevay spazieren zu gehen, und wir hatten grade noch Zeit, den Zug zu erreichen, der von der italienischen Linie hier um fünf dreiviertel Uhr eintrifft. Um sechs Uhr stiegen wir auf dem Bahnhofe in Vevay aus, und dabei ward ich es inne, daß ich seit Mitte November nicht mehr in Vevay, nicht über den Distrikt hinausgekommen war, den wir zu Fuße gehend, nach der einen oder der andern Seite in einer Stunde erreichen konnten. In meiner stillen Zufriedenheit mit unserem hiesigen Aufenthalte, bin ich das gar nicht gewahr worden; aber Vevay gefiel mir deßhalb um so mehr.

Der Ort hat etwas vornehm Freundliches. Der schöne große Platz am See, zu seiner Rechten das reizende schloßartige Haus der Familie Couvreur, unter dessen Garten die prachtvollen Baumreihen der Promenade sich gegen Westen hin erstrecken; die alte, hoch über der Stadt auf den grünen Hügeln thronende St. Martinskirche mit ihrem schönen angloromanischen Thurme, sind sehr eigenartig und sehr lieblich. Links von dem großen Platze liegen die beiden langen, die ganze Stadt durchschneidenden Straßen: die Rue du Lac und die Rue du Simplon, während am See, mit ihnen parallel, die neuen Quais: der Quai Sina und der Quai Perdonnet, sich ebenfalls bis zum Ende der Stadt, fast bis zu dem baumreichen Platze am Eingang des benachbarten Städtchens La Tour de Peilz fortsetzen.

Der Ort ist anheimelnd, obschon sein Klima sicherlich nicht eben das Beste ist. Der große Platz ist dem Winde sehr ausgesetzt, ist dabei in warmer Jahreszeit sehr heiß und die enge, ganz sonnenlose Rue du Lac erscheint wie in Keller kalt, wenn man aus dem Freien in sie eintritt. Vevay kommt mir bisweilen wie eine der kleinen deutschen Residenzen vor, dann wieder hat es etwas Französisches. Ich meine, das Erstere rührt davon her, daß Vevay für seine Größe, bei ansehnlichen Bauten nicht sehr bevölkert ist; das französische Ansehen aber gewinnt es durch die in schönen Höfen liegenden, mit Eisengittern gegen die Straße abgeschlossenen palastartigen Häuser der verschiedenen reichen, hier angesessenen Familien. So oft ich in Vevay war, habe ich bald an Gotha und Meiningen, bald an das Faubourg St. Germain gedacht. Die stille Rue du Simplon, der einsame Platz, auf welchem das Stadthaus liegt; die in jedem Betrachte wohl, ja reich versehenen und auf das Bedürfniß ausländischer Käufer eingerichteten Magazine der Rue du Lac, gehen eigentlich weit über das Maaß einer Stadt von etwa siebentausend Einwohnern hinaus; und man kann und muß in gewissem Sinne Vevay wie einen der Badeorte betrachten, deren halbe Bewohnerzahl sich aus den Fremden zusammensetzt. In Vevay sind im Winter förmliche Kolonien von Russen anzutreffen, und zwar, wie man mir sagt, von Russen aus der vornehmen Gesellschaft, während die Engländer, die im Winter dort verweilen, nicht eben zu den Begüterten zu zählen pflegen. Der Zug der Engländer geht, wenn sie die Mittel dazu haben, in der Regel über die Alpen hinaus, nach Süden hin.

Als ich vor einundzwanzig Jahren zuerst in Vevay war, endete die Promenade am See mit dem großen Platze. Die Hinterhäuser der Rue du Lac, welche alle vorspringende Terrassen hatten und noch haben, lagen hart am See. Das Wasser spielte an die Mauern heran, und aus den meisten Häusern, auch aus demjenigen, welches ich bewohnte, stieg man, durch ein kellerartiges Gewölbe unter der Terrasse gehend, direkt in das Boot, das in einer Art von Grotte dort angebunden und vor dem Wetter geschützt zu liegen pflegte, grade wie an den venezianischen Palästen. Die jetzigen Quais hinter der Rue du Lac sind neuen Ursprungs. Sie sind dem See durch Eindämmungen abgewonnen, und verdanken ihre Entstehung zum Theil der Freigebigkeit des in Wien angesessenen griechischen Bankiers, des Baron Sina, nach dem der eine Quai auch seinen Namen führt.

Ohne die Stadt zu berühren, gingen wir gleich rechts von der Eisenbahn nach der Bevanse und folgten ihrem Ufer. Alle diese Bergwasser muß man im Frühling sehen, wenn der Schnee auf den Gebirgen unter dem Strahl der heißen Sonne schmilzt, und die Fülle des Wassers rauschend und brausend über und zwischen den Steinblöcken, welche frühere Wasserfluthen von den Bergen losgerissen und zu Thal geführt haben, sich ihre Bahn sucht. Die grauen Wellen schossen mit Pfeilesschnelle durch die Blöcke hin, sprangen an ihnen in die Höhe, stürzten aufschäumend über sie hinweg, schon im Niederfalle von den nachfolgenden Wellen verschlungen, bis Wellen an Wellen drängend, und immer kürzer werdend, je mehr sie sich der Mündung des Flusses näherten, dem Auge zuletzt nur noch ein wildes chaotisches Durcheinander zeigten. Aber man konnte es eine ganze Strecke weit verfolgen, wie aus der ziemlich breiten Mündung des Flusses das trübe fahle Schneewasser sich in den See ergoß, der dem Eindringlinge widerstrebend, eine Weile zaudert, ehe er das kalte graue Wasser in seine warme blaue Fluth aufnimmt und sich mit ihm vermischt.

Die Aussicht, wenn man an dem linken Ufer der Bevanse auf den Quai hinaustritt, ist wunderschön. Die Umgebung ist allerdings hier nur ländlich und ärmlich im Vergleich zu dem östlichen Ende desselben. Einzelne Hütten, von Fischern und unbemittelten Leuten bewohnt, Netze, die

am Ufer zum Trocknen hängen, einige Kähne mit einge=
refften Segeln. Aber gradeüber die prachtvolle lange Reihe
der Gebirge, die Gipfel noch alle mit Schnee bedeckt, die
Thäler schimmernd in dem frischen Grün des ersten Früh=
lings. Und man sieht hier von Vevay weit tiefer in das
Rhonethal und in das Wallis hinein, als von Montreux
aus. Während in Montreux die Ferne von einigen Punkten
mit der Dent du Midi schon völlig abschließt, und die
Aiguille d'Argentiere eben nur an einzelnen Stellen, z. B.
von dem Landungsplatze in Verner, deutlich hervortritt,
sieht man von dem Quai in Vevay, hinter der Dent du
Midi sich den schönen Mont Velan und den Mont Cotogne
erheben, der wie eine Schnee=Pyramide sich in regelrechter
Form gen Himmel richtet, und ebenso wie die Dent du
Midi in der Formation etwas Trotziges hat. Es ist son=
derbar genug, aber wenn man so Jahr und Tag diese
Berge vor sich hat, kommt man dazu, sich dieselben zu
personifiziren. Sie gewinnen etwas Titanenhaftes für die
Phantasie, und mit all meiner modernen Bildung, und
mit dem Wissen über die Entstehung der Gebirge, betreffe
ich mich alle Augenblicke auf ganz heidnischen Vorstellun=
gen, in denen sich mir die einzelnen Berge von dem Ganzen
loslösen und einen besonderen Charakter für sich gewinnen.
Dabei drängt sich mir denn auch immer die Erkenntniß
auf, wie die Götterbildung und die Gottbildung unter
allen Völkern und in allen Zonen nur in der freien Natur
geschehen konnte. Hätte die Menschheit von jeher in
Städten, oder auch nur in großen Gruppen und Massen
nebeneinander gewohnt, so würde sie nie darauf gekommen
sein, die Naturerscheinungen zu individualisiren und sie

von der Wirklichkeit so völlig loszulösen, daß sie sie bis zur Göttlichkeit zu idealisiren vermochte.

Auf den steinernen Brüstungen des Quai's saßen ein paar deutsche Knaben und angelten. Einige ebenfalls junge Engländer kamen die Stufen vom Wasser hinauf, sie hatten eine Segelfahrt gemacht. Bevay hat eine Menge Erziehungsanstalten, man hört auf der Promenade junge Leute und junge Mädchen in allen Sprachen reden, wenn man darauf achtet.

Wir gingen den ganzen Quai entlang. An seinem östlichsten Ende, da wo der Flecken La Tour de Peilz anfängt, wird ein recht großes Hôtel, das Nouveau Hôtel du Lac erbaut, es soll indessen kleiner als das Grand Hôtel im Osten von Bevay sein, das wir noch nicht gesehen haben.

Gleich neben dem Hôtel du Lac hat die große Syllig'sche Erziehungsanstalt ihren Turn- und Reitplatz, ihre Schwimmanstalt und ihren Garten. Wir gingen durch die Straße bis zu der alten Burg hinab. Das ganze alte La Tour ist einst befestigt und für jene Tage stark befestigt gewesen. Nach La Tour warfen die Grafen von Savoyen oder ihre Kastellane sich, wenn sie sich in den anderen Festen des Landes nicht mehr halten konnten, und die am Wasser sehr günstig gelegene Burg ist auch die größte aller Festungen an dieser Seite des Genfersee's.

Die dem Lande zugewendete äußere Burgmauer steht noch aufrecht, von zwei starken Thürmen schön flankirt. Gegen die sonstige Gewohnheit ist ein gothisches Fenster, dessen wohlgeformte Pfeiler noch erhalten sind, in diese Mauer gebrochen. Neben dem westlichen Thurme steigt eine herrliche Tannengruppe empor, und wie ein treuer Diener und Vasall des Hauses erhebt sich der Epheu an der einstigen Stattlichkeit desselben, während er mit seinen tausenden von Armen den gegenwärtigen Verfall so zu verbergen weiß, daß er ihn zur Schönheit umgestaltet.

In dem großen Hofe ist ein bürgerliches Wohnhaus aufgerichtet. La Tour de Peilz gehört jetzt einer Madame Rigaud aus Genf; aber man hat in dem einen noch bewohnbaren Thurme eine Sammlung von alten Waffen zusammengebracht, die jedoch nicht viel bedeuten will.

Als wir aus den Zimmern herauskamen, fuhr Besuch im Schlosse vor. Fröhliches, junges Volk in medischer Kleidung. Ein junger Mann, der den kleinen Phaeton selbst geführt hatte, lehnte, als man ihm die Zügel abgenommen, sich an den zierlichen gußeisernen Ständer an, der die Gaslaterne am Eingangsthore trug. Der Jüngling, der sich sein schwarzes Bärtchen strich, die geputzten beiden Mädchen und die Gaslaterne machten einen starken Gegensatz zu den altersgrauen Mauern, auf denen im Jahre 1476 Herr Peter von Gingis im Kampfe gegen die Berner fast mit allen seinen Mannen den Tod gefunden hatte.

Wir gingen an den Mauern in dem ehemaligen Festungsgraben herum. Es muß leicht gewesen sein ihn vom See aus unter Wasser zu setzen. Jetzt ist er halb voll geschüttet und zum Theil als Gartenland für Gemüsebau benutzt. Große Bäume und schönes Strauchwerk wachsen in dem nicht bepflanzten Theile aus dem bluttränkten Boden auf. Ein prachtvoller Rasen grünt über der Stätte der einstigen wüsten Kämpfe, und Tausende von Himmelschlüsselchen und ganze Büschel von blauen großaugigen Vergißmeinnicht nickten in dem beginnenden Schatten des Abends, während in den Gipfeln der Bäume, auf denen noch die Sonne wärmte, unzählige Vögel ihr Abendlied sangen.

Unwillkürlich fragte ich mich wieder einmal, wie wird das Geschlecht denken und empfinden, welches nach andern vierhundert Jahren so auf den Trümmern der Festungen von Danzig und Stettin, von Ehrenbreitenstein und Mainz umhergehen wird? Und ich mußte mir sagen, daß von diesen Festungen kein Stein auf dem andern bleiben wird, wenn man einmal dahin gelangt sein wird, sie als unnütz und den Krieg als ein Verbrechen zu betrachten. Sie sind in ihrer Kolossalität auch viel zu häßlich, als daß man nicht wünschen müßte, die letzte Spur ihres Daseins von der friedlich gewordenen Erde verschwinden zu sehen.

Wir gingen noch einmal in den Schloßhof hinein und wieder in den Festungsgräben auf und nieder, bis es kühl zu werden anfing. Wie sich dann der Schatten der Nacht tiefer und tiefer über den blühenden Rasen niedersenkte, war es, als hörte man, da die Vögel zu verstummen anfingen, eine alte Melodie in den Wipfeln erklingen, die der aufsteigende Abendwind mit seinem frischen Hauch bewegte. Und wie wir recht danach hinhorchten, erkannten wir die Klänge. Es war ein altes Reiterlied, ein Lanzknechtslied:

> Kein schönrer Tod ist auf der Welt
> Als wer vor'm Feind erschlagen
> Auf grüner Haid' im Freien fällt,
> Darf nicht lang Leide tragen!

> O! traur'ger Tod; wer ganz allein
> Muß an den Todes-Reigen,
> Hier findet er Gesellschaft fein,
> Als wie die Kräuter im Mai'n!

Ob es wirklich aus den Wipfeln tönte, ob es nur in uns erklang bei dem Blick auf diesen mit Frühlingsblumen übersäeten Rasen, auf dem so manches Leben ausgehaucht worden ist, das weiß ich nicht. Genug wir hörten's — und wir sangen's auch so vor uns hin.

Achtundzwanzigster Brief.
Eine Fahrt in's Rhonethal.

Den 30. April 1868.

Wir kommen wirklich in den Zug der Vergnügungen wie „die Lustigen von Weimar", aber es ist etwas Ueberwältigendes in solchem Frühlingswetter, wenn man nicht in den Mauern der Städte sitzt, in denen man das Werden in der Natur gar nicht recht bemerkt. Hier fühlt man an jedem Morgen, so wie man nur die Augen aufschlägt und an das Fenster tritt, die Macht jenes Zaubers, den Göthe so vollkommen in den Worten wiedergegeben hat, „es windet und schraubt mich aus Zimmer und Haus". Und wir haben auch heute nicht in den Stuben bleiben mögen. Dazu liegt etwas sehr Verführerisches in der Nähe einer Eisenbahn. Wenn man mit wenig hundert Schritten Dampfschiff und Eisenbahn erreichen, wenn man in einer Stunde, in einer halben Stunde, einer Viertelstunde an einem andern und obenein an einem schönen Orte sein kann, so ist man halb auf dem Wege. Das ist etwas Reizendes hier sowohl wie an den Ufern des Rheines und im Taunus und in allen schönen Gegenden. In großen Städten, die obenein wie Berlin in unschöner Umgebung liegen, wird man in seinen vier Mauern unbeweglich, als gehörte man zu ihnen und wäre wie sie in den Boden eingefugt. Man denkt zuletzt gar nicht mehr daran, daß man fort kommen könnte und man kommt auch nicht fort.

Gestern um halb neun Uhr waren wir von Bevay zurückgekehrt, heute früh waren wir schon wieder im Waggon, und sausten an Veytaux und Chillon, an der reizenden quellenreichen Pension Printanière, die wirklich ein entzückender Frühlings= und Sommeraufenthalt sein muß, dann an Hôtel Byron vorüber nach Villeneuve und in das Rhonethal hinein.

Villeneuve ist ein kleiner unansehnlicher Ort von anderthalbtausend Einwohnern und natürlich seiner Zeit auch befestigt gewesen. Bädecker lehrt, daß die Römer dort eine Niederlassung gehabt, die Penniluens geheißen hat, und Murray versichert, daß in dieser Ebene am Fuße des Mont d'Arvel hundertsieben Jahre vor Christi Geburt ein helvetischer Häuptling, Divifo mit Namen, den römischen Feldherrn Lucius Cassius geschlagen und die Römer gezwungen habe, durch das Joch zu gehen. Das wird ihnen, da sie hier in den Bergen vermuthlich Nichts zu suchen hatten, zur Strafe für ihre Eroberungsgelüste auf jeden Fall sehr heilsam gewesen sein. Wenn das Wetter aber so herrlich und das Jahr so jung ist, daß man selber wieder einmal dazu kommt, wie in der Jugend völlig nur in der Gegenwart und im Genuß des Augenblicks zu leben, so sind Einem Vergangenheit und Zukunft auch wie gar nicht vorhanden; und es war uns heute in der schönen Stunde völlig gleichgültig, was hier einmal geschehen sei, oder was künftig einmal hier geschehen werde. Der Himmel war blau, die Berge grünten von ihrem Fuße bis an den Rand der Schneegipfel hinauf, und diese funkelten in der Sonne. Auf den sumpfigen Wiesen stand das Wasser so hoch, daß die Weiden und die Pappeln und die Obstbäume, die selbst auf diesem nassen Grunde in schönster Blüthe prangten, sich in den Wassern spiegelten, und die gelben Butterblumen, die größer und schönfarbiger waren als ich sie noch irgend sonst gesehen, glänzten auf ihren blanken fetten Blättern wie Gold in diesem Sonnenschein.

Sieben Monate hindurch war die vorspringende Ecke des waldigen Mont d'Arvel für uns das Ende der Welt gewesen, und hätte ich nicht aus früheren Tagen die Erinnerung gehabt, daß dahinter das Rhonethal sich aufthue, ich hätte glauben können, der Weg in den Tartarus fange dorten an.

Die Stationen sind auch hier, wie überall in der Schweiz, sehr kurz, und die Ortschaften, durch die wir zogen, lagen sämmtlich an der linken Seite der Bahn, an dem Fuße des Gebirges, denn zur Rechten ist bis an den Rhone hin Alles Wiesenland und Sumpf. Zunächst kam Roche, wo der Dichter Haller in der Mitte des vorigen Jahrhunderts sechs Jahre lang als Direktor der Salinen von Bex gelebt hat. Dann fuhren wir an Yvorne vorüber, das höher liegt als Roche, und das den besten weißen Wein in diesem Theil des Landes baut. Er hat, wie mir scheint, Aehnlichkeit mit den leichten weißen Burgunderweinen, soll aber bei längerem Gebrauch die Nerven mehr als die andern Schweizer=Weine aufregen. Der Flecken Yvorne streckt sich ziemlich lang hin und sieht sehr sauber aus, seine Bewohner gelten für reiche Leute. Ces paysans d'Yvorne sont tous des richards! bemerkte auch ein Herr, der uns gegenüber saß. Der Boden auf dem Yvorne steht, ist vulkanisch. Im sechszehnten Jahrhundert,

1584, stürzte hier durch ein Erdbeben eine große Bergmasse hinunter und verschüttete einen Theil des Ortes.

Aigle ist größer als Yvorne und hat eine Kirche, deren Thurm ein Miniaturbild der Martinskirche in Vevay ist. Es kommen hier im Lande abwechselnd zwei hübsche Kirchthurm-Formen vor. Die Eine mit einer wohlgeformten fein auslaufenden achteckigen Spitze auf schlankem viereckigem Unterbau. Von diesen ist die kleine Kirche über Montreux wohl die schönste. Sie hat eben so wie die von La Tour de Peilz, da wo der achteckige Spitzbau an den viereckigen Unterbau ansetzt, einen Kranz von acht kleinen nischenartigen Aufsätzen, die wie antike Aschenschreine aussehen, und eine feine Einfassung und einen hübschen Uebergang aus dem Viereck in das Achteck und den Spitzbau bilden. Die zweite Form steigt bis zu ihrem Gipfel in unverminderter Kraft viereckig empor und trägt an einer Art von breiterer Auslegung, gleich der herrlichsten unter ihnen, der Martinskirche von Vevay, vier kleine Thürmchen, wie man ihnen bei den anglo-gothischen Burgen begegnet. Bisweilen sind diese Thürme und Nebenthürmchen die an den Kirchen sowohl als die an den Schlössern, ja selbst die Dachecken mancher alten Herrenhäuser in den Dörfern auch mit hohen metallenen Spitzen versehen, denen dann noch eine Kugel als Zierrath beigegeben ist. Das sieht eigenartig, aber lustig und nicht unschön aus.

Wir hielten uns nicht in Aigle, nicht in Bex auf, sondern fuhren den Rhone entlang vorwärts und vorwärts. Von den Bergen herunter strömten ihm hie und da die wellenden Wassermassen zu, und es war mir grade wieder wie vor Jahren und Jahren, als ich bei Villeneuve das

Dampfschiff verlassend, den Postwagen bestieg, und wußte:
ich gehe jetzt nach Italien, nach Rom! — Ich kann die
Fröhlichkeit dieses Frühlings-Morgens nicht genug be-
schreiben! Ich habe es heute bei dieser Fahrt und bei
diesem frohsinnigen Empfinden zum ersten Male auch ganz
begriffen, was es heißt: „nicht alt werden" und worin
dies „Jungbleiben bis an's Lebens Ende" seinen Ursprung
hat. Es ist eine Fähigkeit, eine Naturanlage wie eine
Andere, und sie rührt von dem Gedächtniß her. Wer mit
einem treuen Gedächtnisse geboren ist, wem also in jedem
beliebigen Augenblicke, je wie der Anlaß sie erweckt, alle
Eindrücke seiner Jugend lebendig werden, der hat diese
Eindrücke noch, der erlebt sie noch, den überkommt noch
im weißen Haare die volle aufwallende Lebenslust, die
Alles — aber Alles — selbst das nicht allzuferne harte
Sterbenmüssen — vollkommen vergessen und sich mit
vollem, freiem Entzücken an den Genuß der Welt hingeben kann. Alles was man Enttäuschendes erlebt hat,
Alles, was uns bedrohen kann, ist wie weggewischt. Man
ist nur noch Ein Genießen, Eine Freude! Eins mit den
rauschenden Wassern, mit den blühenden Bäumen, mit
den hoch durch die Lüfte ziehenden Vögeln — Eins mit
dem All wie der erste Mensch! Und in solchen Augen-
blicken glückseligen Vergessens und Erinnerns ist die Erde
auch noch heut ein Paradies.

Es war ordentlich ärgerlich, als der Zug in den
finstern Tunnel hineinfuhr; ärgerlich — wie wenn man
mitten in einer großen Freude von einem Unberufenen
daran gemahnt wird, daß solche Lust nicht immer währen
könne; und gleich hinter diesem Tunnel, durch den wir

nach St. Maurice befördert worden waren, hatte unsere Fahrt für heute auch ihr Ende.

Wir waren kaum aus dem Wagen der Eisenbahn hinaus, als wir wie bei ähnlichen Anlässen in Italien uns von einer Menge Menschen angesprochen fanden. Wir sollten in das alte Schloß gehen, wir sollten die Abtei und das Kloster besehen, Gefäße von saracenischer Arbeit, alte Gebetbücher und Kelche in Augenschein nehmen; nach Bex fahren; nach den Bädern von Lavey gebracht werden; Mittag essen; ein Hôtel wählen; und wer weiß was Alles noch.

Wir thaten aber Nichts von Alle dem, was wir sollten! Nichts von alle Jenem, was Bädeker und Murray und Berleysch, diese Seelsorger des Touristen-gewissens, angeordnet haben; wir hatten sie ruhig zu Hause liegen lassen. Wir wollten Nichts wissen von Karl's des Großen Evangelienbuch, Nichts von den Geschenken der Königin Bertha von Burgund — auch Nichts von den Römern und von ihren Niederlassungen. Die waren ja Alle wie lange schon todt und wir lebten; lebten in diesem wundervollen Frühling, und hatten in ihm spazieren gehen wollen. Und spazieren sind wir auch gegangen, durch die Stadt und durch das Land.

Zuerst durch St. Maurice. Das sieht und sah besonders heute in dem hellen Lichte schon völlig italienisch aus. Das Kloster und die Kirche mit der sie umgebenden Mauer, hatten in ihrer öden Abgeschlossenheit mitten in all dem frischen Grün etwas Unfruchtbares; aber man muß es sich immer vorhalten, was das Christenthum geleistet und zu bedeuten gehabt hat, als es hier mit seiner

Lehre von der menschlichen Brüderlichkeit vor fünfzehnhundert Jahren in die waldigen Felsschluchten hineingetragen worden ist, in denen halb und ganz wilde Völkerschaften, wie reißende Thiere, um den Flecken Landes kämpften, auf dem sie ihre Wohnstatt aufrichten konnten. Man ist immer ungerecht gegen das Christenthum, so oft man diese Rückerinnerung unterläßt.

Die lange, schmale Straße von St. Maurice hat für solch einen kleinen Ort und für seine Einwohnerzahl auffallend große und ansehnliche Häuser. Die grünen Fensterladen waren fast durchweg geschlossen, die Hausthüren standen offen, und wir sahen auf die Weise, daß wie die einzelnen Stockwerke hoch, so die Häuser auch recht tief, und die Erdgeschosse gut gewölbt, aber anscheinend nicht bewohnt, sondern mehr zu Vorrathsräumen benutzt sind. Wir erklärten uns diese Bauart, durch die hier wahrscheinlich vorkommenden Ueberschwemmungen; und hatten die Stadt bald wieder hinter uns gelassen, denn wir wollten den Weg nach Bex zu Fuße machen, und den Zug der Eisenbahn noch erreichen, der um zwei Uhr uns wieder in Montreur abliefern sollte. Uebrigens fand ich den Zustand von St. Maurice in der Zeit, daß ich es nicht gesehen hatte, sehr gebessert. Vor dreiundzwanzig Jahren war von den verschiedenen ordentlichen Gasthöfen Nichts vorhanden gewesen; dafür aber hatten uns Schaaren von Bettlern und grauenhaften Cretin's umlagert, deren Kröpfe und blödsinnige Gesten furchtbar gewesen waren. Heute sahen wir Nichts von dem Allen und es bettelte auch in dem Städtchen Niemand mehr.

Die Landstraße ist den äußersten Felsvorsprüngen der

Dent du Midi, durch Sprengungen abgewonnen. Sie läuft zwischen dem Felsen und dem brausenden Strome hin, bis zu der Brücke, die mit kühnem weit gespanntem Bogen das Wallis und das Waadtland mit einander verbindet. Der eine Pfeiler dieser aus dem Mittelalter herrührenden Brücke ruht auf den Felsausläufern der Dent du Midi, der entgegengesetzte auf denen der Dent de Morcles, und diese beiden Dents sind ein paar Zähne aus dem Gebiß der alten Mutter Erde, die sich sehen lassen dürfen: der Erstere zehntausend einhundert, der Zweite neuntausend Fuß hoch. Der Schnee auf ihren Gipfeln sah auch noch so unangetastet aus, als wären wir noch im Januar. Die heißen Sonnentage hatten ihm noch gar Nichts angehabt.

Hart am Fuße der Dent du Midi liegt im höchsten Grade malerisch, als Vertheidigung des Brückenüberganges das alte an den Felsen angeklammerte Bergschloß da. Es ist schmal und hoch, seine Thürme drängen sich wie fest zu ihm haltende Recken, dicht an das Hauptgebäude heran; das ganze kleine Schloß sieht eigentlich wie ein gehörntes Ganzes, wie eine Art von Naturwesen, etwa wie ein in Stein gebannter und Stein gewordener böser Berggeist aus; und hätte es sich plötzlich nach vorn gebeugt, um mit seinen Thürmen wie mit einem scharfen Geweih auf einen Gegner loszurennen und loszustoßen, so würde ich mich gar nicht sehr gewundert, sondern einfach gedacht haben: „also so machen's diese Berggeister, diese Gnomen!" — Ich würde nur neugierig zugesehen und darauf gewartet haben, wie sie's anfangen, ihre bockig stoßenden steinernen Köpfe wieder in die Höhe zu bringen.

Glücklicher Weise war aber Niemand da, gegen den

der Grimm dieses Schloß gewordenen Berggeistes sich hätte richten können. Ein Beamter stand gemächlich rauchend vor des Schlosses Thüre, und fragte ob wir es besehen wollten? Am rechten Rhoneufer, an dem man die Badehäuser von Lavey und einige Schanzen vor sich hatte, die im Sonderbundkriege eine Rolle gespielt, war auch eine Wache aufgestellt. Sie that aber Niemandem Böses, sondern leistete als Zuschauer einer Malerin Gesellschaft, die an dem hohen Rande des Stromes unter ihrem aufgespannten Malschirme saß und das Schloß in ihr Album zeichnete.

Drüben im Waadtlande, wo der Weg sich von dem Flusse entfernt, wird das Thal gleich wieder breiter und sehr freundlich. Es war Sonnabend und es kamen Männer und Frauen vom Markte zurück. Sie waren Walliser und fast alle häßlich. Die Frauen tragen immer noch die kleinen runden Männerhüte von Filz oder Stroh, mit den breiten, hoch um den niedern Kopf aufgepufften, gelegentlich mit Silber- oder Goldspitzen eingefaßten Bändern; aber sie sehen mit ihren viereckigen Gesichtern nicht hübscher dadurch aus. Wer weiß welcher hunnische oder welch anderer häßlicher Stamm in den engen Schluchten des Wallis sitzen geblieben sein mag, um seinen spätesten Nachkommen die kleinen unansehnlichen Gestalten, die finsteren tiefliegenden Augen, die eingedrückten Nasen und den weit geschlitzten Mund mit den platten Lippen als unliebsames Erbtheil zu hinterlassen!

Wir freuten uns ordentlich, als wir gleich auf dem Gartenzaune der ersten waadtländischen Campagne ein paar von den schönen Burschen sitzen sahen, an denen es diesseits des Rhone nirgend mangelt. Ihr gewohntes: bon jour Monsieur, Madame! klang uns heimisch und vertraut entgegen. Die Freundlichkeit und Höflichkeit der Waadtländer ist so angenehm; und die ganze Kultur des Landes erquickte uns wieder, als wir schlendernd unseres Weges gingen. Die einzelnen Häuser und Güter auf den kleinen Hügeln sahen so selbstzufrieden aus. Nirgend war eine Unordnung, nirgend ein Verfall bemerkbar, aber man sah kaum einen Menschen, denn es war Mittagszeit und es war sehr warm. Die Hühner hatten sich unter die Büsche geduckt, nur die großen Truthähne gingen kollernd und stolz umher, als wüßten sie sich Etwas damit, daß sie einmal als Festtagsbraten ihr glorreiches Ende finden und also quasi auf dem Felde der Ehre sterben würden. Der Hofhund lag gemächlich in seinem Hause, er schien keines Args gewärtig zu sein, und eben so wie die leise blinzelnde Katze in der warmen Mittagssonne, seine Ruhestunde zu halten. Nur die fleißigen Bienen und die summenden Hummeln tauchten in die Kelche des gelben Rips hernieder und flogen schwelgend von den blühenden Kirschbäumen zu den noch schöner blühenden Apfelbäumen; und die ewig geschäftigen Elstern, die immer die größte Eile haben, schossen von einem Baume zu dem andern, als hätten sie wieder, wer weiß was zu besorgen, als stände das Heil der Welt auf dem Spiele, und Alles läge, Alles, auf ihrer weiß und schwarzen Flügel Schnelligkeit.

Und wir? Wir gingen langsam schlendernd durch den Morgen hin — denn es lag uns gar nichts ob, und wir bildeten uns auch gar nicht ein, daß uns jemals wieder Etwas obliegen könnte. Wir wanderten! — Daß unsere Wanderung nicht lange dauern, daß sie bald zu Ende sein würde — was that uns das? — Alle Dauer ist nur ein Begriff. Der Gehalt des Augenblickes ist es, der das Leben reich macht und es kennzeichnet und auszeichnet. Man braucht nicht Monate gewandert zu haben, um zu wissen, was es heißt, im Frühlinge durch die Welt zu ziehen; durch die grünen Hage und die frischen Hecken sorglos hinzuschlendern, von duftigen Wiesen nach den fernen Bergesgipfeln hinzusehen, aus dem Sonnenbrand der heißen Heerstraße, auf der das Erdreich sich vor Trockenheit zerklüftet, an die feuchte Felsenwand heranzutreten, von der der Weißdorn und der Brombeerstrauch und die wilde Rose niederschatten auf die klare, leise rieselnde Quelle; niederzusitzen an ihrem Rande, so still, so lautlos träumend, daß die Buchfinken sich nicht vor dem Rastenden scheuen, sondern sicher, als wäre man gar nicht da, die Schnäbel in das frische Wasser tauchen, und die kleinen Köpfe schütteln — schütteln — und fortfliegen, hoch hinauf, hoch hinauf! — Sie werden wohl wieder kommen an dieser Quelle Rand — heute und morgen, und wann noch? — Aber wir? Wir müssen auch von ihrem grünen Ufer fort — und wir? — Kehren auch wir zu ihr zurück? Und wann? Und wie? — Man darf nicht daran denken! — Wir haben's ja erlebt, wir haben's ja genossen! Komm! — Laß uns gehen!

Dort hinten tiefer in das Thal hinein liegt Ber. Es sieht wie eine große Stadt aus; aber wir wollten nicht nach Ber. Wir umschrieben nur den Bogen, an dem die zierlichen weißen Pensionen mit ihren grünen Fensterladen dem Fremden einladend winken, denn Ber ist ein beliebter Sommeraufenthalt, wenn es zu warm wird

an den Ufern des See's, und man rühmt von Bex, daß
es in der Ebene mehr als dreißig schattige Spaziergänge
besitze. Wir jedoch schlugen die weite Straße nach dem
Bahnhof ein, ruhten eine Weile in dem mit ausgespannten
Zelttüchern kühlgehaltenen Speisesaal, erfrischten uns mit
gutem Kaffee, und eine Stunde später waren wir in
unserem interimistischen Heim, in unserer guten Pension
Mooser — um einen glorreichen Morgen und um eine
schöne Erinnerung reicher als vorher.

Neunundzwanzigster Brief.
Ein Roman zwischen den Schlössern.

Den 14. Mai 1868.

Wenn wir von Glion aus auf das Châtelard und Blonay hinabsahen, warfen wir uns oftmals die Frage auf: was mag zwischen diesen beiden Schlössern in den langen Jahrhunderten wohl Alles vorgegangen sein? und ich dachte dann oftmals daran, welch eine verlockende Scenerie eben diese Gegend und diese vielen Schlösser für einen Dichter bieten müßten, der es liebt, sich mit den Ritterzeiten und den Zeiten der Renaissance zu beschäftigen. Heute aber finde ich bei meinem Lesen die Umrisse zu einem fix und fertigen Roman aus dem siebzehnten Jahrhundert, die eigentlich nur der Ausführung bedürfen.

In der Mitte des siebzehnten Jahrhunderts besaß ein jüngerer Sohn des Hauses Blonay das Schloß Châtelard, und zugleich eine Tochter, deren Schönheit im ganzen Lande sehr berühmt war. Seit sie der Kindheit entwachsen, hatten die Söhne des Landes sich um ihre Gunst bemüht, und nachdem sie lange angestanden, eine Wahl zu treffen, hatte die schöne Nicolaide von Blonay ihre Hand einem jungen Herrn von Tavel de Villars zugesagt, der als Offizier in französischen Diensten stand, und ihr in jahrelanger Bewerbung gehuldigt hatte. So viel man wußte, war die Wahl des Fräulein eine freie gewesen, denn sie schien ihrem Verlobten sehr zugethan zu sein; waren sie

beisammen, so zeigte sie sich anhänglich und zärtlich gegen
ihn, es fand ein lebhafter Briefwechsel zwischen dem Braut-
paare statt, wenn Tavel seinem Dienst in Frankreich nachzukommen hatte, und man erwartete nicht Andres als eine
baldige Verbindung der Verlobten. Unglücklicher Weise
hielten jedoch die Ereignisse den jungen Offizier eben nun
diese Zeit länger als es sonst geschehen war, von seiner
Braut entfernt und bei der Fahne fest, und die schöne
Nicolaide mochte in der Stille ihres väterlichen Schlosses
schon etwas Langeweile gehabt haben, als einer ihrer
Vettern von der savoyenschen Linie, Herr Franz von
Blonay aus dem Hause Berner, in dem Schlosse Châtelard als Gast erschien. Man nahm ihn freundlich und
mit gebührender Gastlichkeit auf, die nahe Verwandtschaft
erleichterte einen vertraulichen Verkehr zwischen Herrn Franz
und der schönen Nicolaide, und da man sie verlobt wußte
und ihrem Bräutigam durchaus ergeben glaubte, hatte
man kein Arg daran, daß die jungen Leute immer miteinander waren und großes Wohlgefallen aneinander zeigten.

Indessen, das alte französische Sprichwort, nach welchem die Abwesenden immer Unrecht haben, bewährte sich
auch in diesem Falle und gegen den armen Monsieur
de Tavel; denn eines schönen Tages trat ganz unerwartet
Herr Franz von Blonay vor den Herrn des Schlosses hin,
und bat ihn in aller Form um Nicolaide's Hand. Herr
von Blonay that, was an seiner Stelle jeder Mann von
Ehre thun mußte: er wies den neuen Freier ab, um dem
wirklichen Verlobten seiner Tochter sein Wort zu halten,
und er ließ es — wie sich das ebenfalls und besonders
für einen Roman= und Komödien=Vater gebührt — wahr-

scheinlich auch an den nöthigen Vorwürfen und dazu gehörenden Verwünschungen nicht fehlen. Er sagte, er sei ein Blonay, und ein Blonay habe noch nie sein Wort gebrochen. Herr Franz war aber unglücklicher Weise ebenfalls ein Blonay, und der Ansicht, daß ein Blonay durchaus seinem Willen Geltung schaffen müsse, und da er in einer so zarten Familienangelegenheit doch nicht gleich zu Gewaltmitteln seine Zuflucht nehmen wollte, ging er vorläufig nach Savoyen zurück, um sich der Theilnahme der Herzogin für seine Liebe zu versichern. Dann begab er sich, von dieser seiner Beichtigerin sehr wohl empfohlen, abermals nach seines Vetters Schloß, um seine Werbung zu erneuern.

Er richtete jedoch auch jetzt Nichts aus. Dem Vater des Fräuleins stand sein gegebenes Wort höher als der Wunsch und Schutz der Fürstin. Herr Franz wurde zum zweitenmale abgewiesen, und er glaubte also jetzt der Geduld und der Verwandtschaft genug gethan zu haben. Weit davon entfernt, das Land abermals zu verlassen, hielt er sich vielmehr mit einigen Freunden in der Nähe des Châtelard verborgen, und da er von der Geliebten wohl unterrichtet ward, benutzte er die Abwesenheit des Vaters, und einen Tag, an welchem sie sich im Schlosse allein befand, um sie aus demselben zu entführen. Mit Hilfe seiner Freunde gelangte er über den See, und des Schutzes der Herzogin von Savoyen sicher, führte er die Geliebte zum Altar.

Natürlich stand die ganze Verwandtschaft wider die beiden Pflichtvergessnen auf. Der Vater verfolgte die Entflohenen, er that, wie man behauptet, sogar bei den Behörden Schritte wider sie, aber in solchen Lagen wird selbst der ernsthafteste Vater leicht zu einer komischen

Figur, denn es kann ihm nur in ganz ungewöhnlichen Fällen wirklich daran gelegen sein, die einmal vollzogene Ehe lösen zu lassen und die geschiedene Gattin des Entführers wieder in sein Haus zurückkehren zu sehen. Nicolaiden's Vater war obenein ein Protestant, es standen ihm also nicht einmal die Pforten eines Klosters für die Tochter offen, und da Herr Franz von Blonay der katholischen Linie angehörig, seine Ehe von einem katholischen Priester hatte schließen lassen, war die Angelegenheit dadurch nur eine noch verwickeltere geworden. Der Vater gab sich also endlich in seinem Zorn zufrieden, aber Herr von Tavel, der beleidigte Verlobte, sah die Sache anders an, und wendete sich an die Gerichtsbarkeit von Bern, der das Waadtland unterworfen war.

Nun nahm die Angelegenheit urplötzlich einen neuen Anstrich an und drohte aus dem Bereich einer Familienangelegenheit in eine Staatsangelegenheit hinüberzugehen. Die Blonay's hatten in Bern einen mächtigen Anhang, sie hatten Freunde in der Diplomatie, die Gesandten von Frankreich und von Savoyen sprachen sich zu ihren Gunsten aus und riethen dem Herrn von Tavel, die Sache ruhen zu lassen, als diesem in Gestalt eines seiner Verwandten, des General Erlach von Castelen, eines Kriegshelden und mächtigen Parteigängers, welcher der Republik Bern nach außen gegen ihre Feinde, wie gegen die Aufstände im Innern des Landes wichtige Dienste geleistet hatte, eine entscheidende Hülfe zu Theil ward. Da er in seinem Vaterlande augenblicklich keine Beschäftigung für sich und seine Truppe fand, hatte Herr von Castelen sich eben jetzt in französischen Dienst verdungen, und es gelang ihm, da

er gut angeschrieben war, den Blonay's die Verwendung
des französischen Gesandten zu entziehen. Als er so weit
gekommen war, wendete er sich an die Regierung von
Bern und hielt es den gestrengen Herren vor, daß in dem
Raube und der Entführung der schönen Nicolaide durch
Franz von Blonay, ein savoyen'scher Unterthan auf Berner
Grund und Boden ein Attentat gegen eine Berner Unter=
thanin, und damit einen Angriff auf das Herrenrecht der
Republik Bern begangen habe, welches zu rächen die Ehre
der Republik erfordere.

Das schlug ein. Die Berner Herren fingen Feuer.
Ihr Amtmann, der in Chillon saß, erhielt die Weisung,
den in's Stocken gerathenen Prozeß gegen die beiden
Blonay's, den Vater und den Gatten der Entführten,
wieder aufzunehmen. Franz von Blonay und seine beiden
Freunde, welche ihm bei der Entführung Nicolaideus bei=
gestanden hatten, wurden auf das Neue vor Gericht ge=
fordert, da sie alle Drei auch diesseits des See's begütert
und also der Berner Gerichtsbarkeit mit ihrem schweizeri=
schem Habe zugänglich und unterworfen waren. Indeß
Keiner von allen Dreien stellte sich dem Aufruf. Es ge=
lüstete sie nicht, sich aus der Sicherheit ihrer savoyen'schen
Berge in die Höhle des Löwen zu wagen; das Urtheil
wurde also in ihrer Abwesenheit über sie gesprochen. Herr
Franz von Blonay hatte nach demselben das Fräulein von
Blonay sofort in ihr väterliches Haus zurückzuführen und
dem Herrn von Tavel eine Schadloshaltung von drei=
hundertfünfzig Doppellouisdor's zu zahlen; der Herr des
Châtelard aber erhielt einen strengen Verweis wegen Ver=
nachlässigung seiner väterlichen Pflichten.

Der Senat von Bern bestätigte am einundzwanzigsten Juli 1643 diesen Rechtsspruch, und dem Amtmann von Chillon ward befohlen, in aller Strenge gegen die Uebertreter des Gesetzes vorzugehen — sofern er ihrer habhaft werden konnte. Darin aber lag gerade die Schwierigkeit. Die drei verurtheilten Edelleute blieben gelassen jenseits der Berge am anderen Ufer; das Fräulein von Blonay konnte man nicht mehr ausliefern, denn sie war längst Frau von Blonay und glückliche Gattin des Herrn Franz geworden — und die Berner Regierung, deren Ehre man durch dies Rechtsverfahren genug gethan hatte, fand sich für das Weitere durch die Konfiskation der Güter ab, welche die Verurtheilten in der Schweiz besaßen. Der schönen Nicolaide Vater gönnte man in Frieden über die Erziehung des weiblichen Geschlechtes nachzudenken, Herr von Tavel konnte zusehen, wie er mit sich und seinem Herzen fertig wurde, und die vereinten Liebenden — Herr Franz und seine schöne Nicolaide? — Nun es wird ihnen ergangen sehen, wie es allen Denen zu ergehen pflegte, die auf außergewöhnlichen Pfaden an ihr Ziel gekommen sind. Man wird sie verketzert, sie hart verurtheilt, sie endlich in Ruhe gelassen haben, wenn man eine neue Unterhaltung aufgefunden hatte — und je nachdem sie miteinander glücklich geworden sind, sie heilig gesprochen oder verurtheilt haben. Und da dies kein Märchen, sondern eine wirkliche Geschichte ist, kann man sie nicht einmal mit dem guten alten Märchenschluß bœnden — und wenn sie nicht todt sind, so leben sie noch, denn sie sind ganz gewiß und ganz wahrhaftig lange todt.

Dreißigster Brief.
Von Straßen und Plätzen.

Montreux im Mai 1868.

Das Wetter ist hier jetzt so schön und warm, daß man nicht mehr viel an's Lesen und an's Arbeiten denken mag. Es ist sommerlich wie bei uns in der Mitte des Juni. Wir haben schon um acht Uhr Morgens 13, 14° im Schatten, und als wir heute vor dem Frühstück spazieren giengen, sahen wir auf den Matten bereits das Gras mähen. Man rechnet hier in der Regel auf drei Wiesen-Eruten, und bezeichnet den Ertrag derselben mit den drei verschiedenen Namen: le foin, le regain und le recordon. Durch vier ein halb Monate bleibt im Waadtlande das Vieh in den hohen Alpen, aber auch durch den ganzen Winter sieht man auf den Weiden in den Dörfern keine Heerden. Sie sind zum Theil in den höher gelegenen Wirthschaften, zum Theil hier unten in den Ställen, und nur Abends begegnet man einigen wenigen Kühen, die freilich sehr schöne Thiere sind, an den Brunnen, wenn sie zur Tränke kommen. Bei der hiesigen kleintheiligen Landwirthschaft ist der Dünger etwas höchst Werthvolles und Kostbares. Man zahlt den Kubikfuß mit einem halben Frank, und mag also nichts davon verloren gehen lassen. Auch ist „Düngerfahren" ein Spiel, mit dem ich die kleinen Kinder hier sehr oft beschäftigt antreffe. Die erste beste umgestülpte Schachtel bildet den Wagen, sie sammeln am Wege auf, was sie finden, und richten ihren kleinen Dunghaufen mit dem ernsten Eifer der Alten auf. Besser als Soldaten spielen ist es immer, und Soldaten spielen, was bei uns aller Knaben Lust ist, habe ich in dem ganzen Jahre hier die Kinder nur zweimal sehen. Einmal im Herbste nach einer Parade, und jetzt wieder, wo man eine Artillerie-Revue von etwa zwölf hundert Mann in Villeneuve abgehalten hat.

Im Grunde haben die Knaben das Soldatenspielen auch nicht nöthig, denn sie kommen früh genug dazu, es in den Schulen als wirkliches militairisches Exercitium zu üben, da sie ihre eigentliche militairische Lehrzeit auf den Schulanstalten abmachen, und ihre Manöver haben, wie die Erwachsenen. Sie sind für diesen Theil des Unterrichtes vollkommen uniformirt, machen, den verschiedenen Waffengattungen zugewiesen, von ihrem eilften oder zwölften Jahre bis sie völlig erwachsen und ausexercirt sind, ihre regelmäßigen Uebungen durch, und ich erinnere mich noch mit wirklicher Erhebung des herrlichen Cadettenfestes, der Cadetten der Ostschweiz, dem wir als Gäste Heinrich Simon's und seines Bruders — die nun Beide schon hingegangen sind — im Jahre 1856 in Zürich beigewohnt haben. An viertausend Knaben und Jünglinge von zwölf bis zwanzig Jahren kamen dort zusammen. Von den Bergen kamen sie herunter, mit den Eisenbahnen und mit den Dampfschiffen langten sie in kleinen und in größern Truppen an, Infanterie, Artillerie, Sapeurs — Nichts fehlte. Die Behörden der Stadt, der Bürgermeister, die Vorsteher der Schulen, die Professoren der Universität, empfingen die heranziehende Jugend ihres Vaterlandes baarhaupt unter dem Wehen der eidgenössischen

Banner, die ganze Bürgerschaft war auf den Füßen, in allen Häusern hatte man sich darum bemüht, Cadetten zur Einquartierung zu haben und zu bewirthen. Mit einer Art stolzer Zärtlichkeit nahmen selbst arme Hausfrauen und Mütter die Landeskinder wie ihre eigenen Kinder auf — ich werde diesen Eindruck nicht vergessen.

Und die Jungen manöverirten mit ihren Kanonen, die sie selber mit großer Geschicklichkeit Berg auf und ab zogen, ganz vortrefflich. Die „Stückroß" nannten sie selber die zum Ziehen der Kanonen kommandirten Buben. Der Obrist Ziegler, einer der ausgezeichnetsten Militaire der Schweiz, leitete das Manöver. Es stellte die Schlacht dar, welche Massena bei Zürich gegen Suwaroff geliefert hatte, und man konnte es selbst dem kleinsten Burschen anmerken, wie er mit ganzem Herzen bei der Sache war, wie ernst er sie nahm und mit welchem Selbstgefühl der Empfang und die Beachtung ihn erfüllten, die ihm, dem Knaben, von den Männern zu Theil wurden, von denen er sicher immer nur als von Gegenständen der Verehrung hatte sprechen hören. Diese öffentliche, staatlich freie Wechselwirkung zwischen den Knaben, den Jünglingen und den Männern ist ein großes Erziehungsmittel, und es fehlt bei uns.

Hier habe ich von den militairischen Uebungen der Männer Nichts gesehen als — was hier Landes nicht sehr auffällt — betrunken heimkehrende Soldaten. Unter einem Trupp von zwölf Reitern konnten sich zwei kaum noch auf ihren Pferden halten; andere, die zu Wagen nach Hause fuhren, befanden sich in einem sehr ähnlichen Zustande. Das fehlt denn, glücklicher Weise, bei uns auch. Als wir gegen hier heimische Bekannte die Bemerkung machten, wie häßlich diese betrunkenen Soldaten uns aufgefallen wären, entgegneten sie ganz naiv: „Die Leute waren ja nicht mehr im Dienst! Hätten sie sich unter der Fahne so Etwas zu Schulden kommen lassen, so würde man sie bestraft und eingesperrt haben; aber wenn der Dienst vorüber ist — wen kümmert es oder wer hat sich drein zu mischen, wenn sie sich betrinken wollen? Sie sind freie Leute, das ist ihre Sache!" — Ich dachte: „Das ist hier Landes so der Brauch!" aber schöner fand ich es deshalb nicht. Dennoch behauptet man, daß die Waadtländer, gut geführt, durch ihr lebhaftes Temperament und ihre Ausdauer, sehr vorzügliche Truppen wären, und sich in der Heimath wie in fremden Diensten als solche ausgewiesen hätten. Wie gut würden sie dann erst sein, wenn sie auch noch mäßig und nüchtern wären!

Noch begleitet von der Musik des heimkehrenden Militairs, das sich in den Wagen der Eisenbahn befand, fuhren wir am Nachmittage nach Vevay, um dort das neue Hôtel zu sehen, von dem man uns viel gesprochen, und es verdient das Lob, das man ihm gespendet hatte.

L'union fait la force! Diese Devise des Wappens, könnte man jetzt füglich auch als Inschrift über das Grand Hôtel von Bevay setzen, das wir heute besucht haben, denn es ist ein auf Aktien gegründetes und wirklich ein prachtvolles — ich sage nicht ein schönes — Gebäude. Allerdings sind das Hôtel du Louvre und das Grand Hôtel in Paris bei Weitem größer; hier aber kommt die große Garten- und Hafenanlage mit in Betracht, und ich bezweifle, daß Alles in Allem genommen, auf dem Kontinente ein ähnliches Hôtel zu finden ist. Es übertrifft durch seine Lage und Einrichtung das Hôtel Byron, das bisher an diesem Ende des See's unstreitig das prächtigste war, und wirklich ein ganz vorzügliches Hôtel ist, doch noch sehr bedeutend.

Das Grand Hôtel von Bevay liegt, wenn man zu Fuße geht wie wir es thaten, zehn bis zwölf Minuten vom Bahnhofe entfernt, westlich von Bevay, ganz außerhalb der Stadt und völlig frei, in der sich gegen den See niedersenkenden Ebene, wodurch es namentlich für den Sommer, wenn es erst Schatten haben wird, ein sehr angenehmer Aufenthalt sein wird. Nach der Landstraße umschließt eine an sechshundert Schritt lange Mauer den Park. Zwei breite Pforten mit schönem bronzirten Gußeisen-Gitter, bilden den Eingang; und gleich weit vom Lande wie vom See entfernt, vor Staub und Geräusch durchaus gewahrt, liegt mitten in dem Parke, im französischen Roccolostyl erbaut, der hundert Schritt lange und acht und vierzig Schritt breite, viergeschossige Gasthof luftig und behaglich da. Die Halle im Innern erhält ihr Licht von oben, sie ist schön wie in einem italienischen Palaste. Viel farbige Stuccosäulen ahmen den alten gelben und grünen Marmor, den rothen Granit sehr glücklich nach. Der Versammlungssaal, die Speisesäle sind glänzend ausgestattet: hohe Bogenfenster, Marmorkamine, Bronzen, Hauteliffe-Vorhänge an Fenstern und an Thüren, Meubles von Boules, Sopha's und Sessel mit den schwersten Stoffen überzogen, werden vor allen Dingen diejenigen Reisenden entzücken, zu deren Befriedigung das Bewußtsein gehört, daß sie einmal in solchen Zimmern geweilt und auf solchen

Sopha's gesessen haben — und die Zahl dieser Art von Reisenden ist gar nicht klein. Aber auch für andere Leute ist sehr gut gesorgt. Das Lesezimmer ist ganz vorzüglich versehen, die Schlaf- und Badezimmer sind mit großer Bequemlichkeit eingerichtet, und was mir besonders gefiel, das waren der prachtvolle, mit Glaswänden wohlgeschützte Perron nach der Gartenseite hin, und der schöne Hafenbau. Das Hôtel hat nämlich, was ein großer Vorzug ist, einen eigenen Landungsplatz für die Dampfschiffe, und eine gar nicht unbedeutende Mole, in deren Schutz ein großes Räderboot, verschiedene Segelboote und eine Anzahl leichter Ruderboote, wie in einer italienischen Darsena bequem vor Anker liegen. Das macht einen sehr heitern Eindruck, und ich kenne an diesem ganzen Ende des See's keinen Punkt, von dem man eine so allseitige Aussicht auf das Gebirge hätte, wie in diesem Garten. Denn während man bis tief in das Rhonethal hineinsieht, hat man zugleich die Dent de Jaman und die Rochers de Naye in ihrer ganzen Mächtigkeit vor Augen, und der Blick über den See ist auch freier als in Vevay selbst.

Ich weiß nicht, ob es in der Anlage des Gartens oder in dem Hafenbau, oder worin es sonst liegt, aber das Ganze hatte für mich etwas völlig Fremdes, was mir doch gefiel. Ich bildete mir ein, so müßten die amerikanischen Gasthöfe an den Seen und großen Flüssen liegen, und ginge unser Aufenthalt hier in der Schweiz nicht seinem Ende entgegen, so könnte es uns locken, nach der Abgeschlossenheit in dem wohleingefriedeten Montreux einmal so im Offenen und Freien zu athmen — wenn — es keine Bise gäbe, die sich hier freilich schon recht empfindlich fühlbar machen, und das Haus im Winter wild umheulen mag.

Man sagte uns, daß es hundert und einige Zimmer habe, und daß es circa achtzig Gäste täglich beherbergen müsse, damit die Aktionaire zu den Zinsen ihres Kapitales kämen. Ob diese Aktionaire, unter denen sich ein deutscher regierender Fürst mit einem starken Kapital befinden soll, auch die ganze Verwaltung des Hôtels betreiben, habe ich nicht erfahren; aber mir fiel dabei mein alter Gedanke ein, von dem ich Euch im vorigen Jahre aus Genf geschrieben habe. Die Reisenden müßten selber die Gasthäuser unterhalten, und so unter Weges in eigenen Häusern von ihren Haushofmeistern bedient werden. In einer der kleinern hiesigen, auf circa fünf und zwanzig Personen eingerichteten und als gut und billig bekannten Pensionen, hat der Pächter des Hauses in sechs Jahren 80,000 Frs. realisirt und für sich gewonnen. Macht Euch nun selber den Schluß!

Einunddreißigster Brief.
Lausanne.

Den 15. Mai 1868.

Das „gastliche Lausanne" hat uns gestern, wo wir mit lauter freundlichen Absichten hingefahren waren, gar nicht liebenswürdig aufgenommen!

Wir wollten die Stadt wieder sehen, von der wir aus früheren Zeiten einen guten Eindruck bewahrt hatten, wir wollten einer werthen Bekannten zu ihrem Geburtstage gratulieren, und die Fahrt ließ sich sehr vergnüglich an, denn kaum hatten wir Vevay passirt und waren auf dem Bahnhof von St. Saphorin angelangt, als wir zum Fenster des Wagens hinausblickend, auf der Bank vor dem Hause, mit großer Freude Karl Vogt erblickten, der mit den mächtigen Augen scharf umherschauend, eine Ledertasche, aus der Hämmer verschiedener Art hervorguckten, über die Schulter gehängt, den Abgang des Zuges erwartete, während er seine Cigarre rauchte.

Vorvorgestern, als er uns mit der Frau nach kurzem liebem Besuche in Montreux verließ, hatte er gesagt, er mache am Donnerstage seine allwöchentliche Exkursion mit den Studenten der Geologie diesmal nach unserer Seite hin, aber wir hatten nicht gefragt wohin? Wir hatten auch nicht gewußt, um welche Stunde er hier in dieser Gegend sein werde; die Begegnung hatte also den vollen Reiz der Ueberraschung. Als dann seine beiden prächtigen Knaben, mit denen wir ein ganz besonderes Freundschaftsbündniß geschlossen, unserer auch ansichtig wurden, und mit ihrem herzigen „grüß Gott Herr Stahr's" uns um den Hals fielen, sah und empfand ich's wieder einmal recht, wie wir eigentlich überall in der Heimath sind, wo wir Menschen treffen, die wir lieben und die uns Neigung entgegen= bringen.

Die kurze Strecke von St. Saphorin bis Lausanne wurde in der Gesellschaft des „Vielwissenden und immer Geistesfrischen", wie man Vogt nennen müßte, wenn wir noch die Sitte der homerischen Beinamen hätten, zu einem doppelten Vergnügen. „Hier oben über St. Saphorin, der alte viereckte Thurm, hat römische Substruktionen! — Dort unten in Cully ist eine riesige alte Ulme, aus deren Stamm eine Fontaine quillt; der Stamm ist hohl und man hat das Rohr der Wasserleitung hineingelegt. Es sieht sehr hübsch aus; sagte er. Hier ist dies zu sehen, dort ist das interessant!" hieß es, daneben gab es fröhliche Erzäh= lungen von den Mühen und den Wanderungen aus der Zeit, in welcher er hier mit andern Beamten die ganze Strecke abmarschiert war, das Terrain zu untersuchen, auf dem man die Eisenbahn von Villeneuve nach Lausanne gebaut; dann wieder Scherze mit den Knaben, und da= zwischen wurde aus der Ledertasche allerlei Gestein hervor= geholt, das eben heute gebrochen und um dieser oder jener Versteinerung willen mit nach Hause genommen werden war. Die halbe Stunde war in doppelt schnellem Flug vorüber, als wir in Lausanne, des freundlichen Begegnens froh, uns wieder von ihm trennten.

Das Leben auf dem Bahnhofe, das Kommen und

Leben vieler Reisenden hatte, nach der Stille, in welcher wir dies ganze Jahr gelebt haben, etwas ganz Befremdliches für uns, und in den Anblick von Lausanne konnte ich mich zuerst nicht finden. Die Alles umgestaltenden Eisenbahnen haben in gewissem Sinne auch die Lage der Städte verändert, und Lausanne ist durch die Eisenbahn förmlich zu einer Gebirgsstadt geworden. Früher, als man mit der Post ankam, fuhr man mit einer gewissen Gemächlichkeit in die Stadt hinein, sei es, daß man von Freiburg oder auch von Genf dorthin gelangte.

Von Freiburg fuhr man eine Höhe hinunter, von Genf stieg man empor, aber Beides war in einem so gebirgigen Lande nicht beträchtlich zu nennen, und wenn die Post dann in der Ecke, gegenüber der Kirche St. François die Reisenden an Ort und Stelle gebracht hatte, genoß man der schönen Aussicht aus den Fenstern des Hôtel Gibbon ohne sich besonders Rechenschaft darüber zu geben, wie man dorthin gekommen war. Jetzt ist das anders! Landet man mit dem Dampfschiff in Ouchy unterhalb von Lausanne, so wird man in einem mit vier Pferden bespannten Omnibus die steile Höhe nach der Stadt emporgebracht; kommt man mit der Eisenbahn an, so ist der schattenlose breite Weg in die Stadt hinauf auch recht beschwerlich, und Lausanne unterscheidet sich eben dadurch wesentlich von Genf, Vevay und den Ortschaften um Montreur, wo das Ankommen behaglich ist, wie der Eintritt in das Erdgeschoß eines offenen Hauses.

Aber auch im Uebrigen ist Lausanne, trotz seiner wundervollen Lage für Kranke — und ich habe es diesmal mit dem Auge einer Krankenpflegerin angesehen — eben so unbewohnbar, als entzückend für den Gesunden. Lausanne ist auf zwei Höhen gebaut, zwischen denen eine, von einer majestätischen Brücke überspannte Kluft sich aufthut. Der Weg auf dieser Brücke ist eine Promenade, die an schönen Abenden für den Gesunden schon die Reise nach Lausanne werth ist. Aber Lausanne ist eben so wie Genf der Bise, dem Nordwind, ausgesetzt, und sie empfing uns gestern mit einem Ungestüm, als wolle sie uns zeigen, was sie könne, als wolle sie uns thatsächlich beweisen, wie thöricht wir sein würden, das luftstille Montreux mit dem sturmdurchjagten Lausanne zu vertauschen.

Schöner noch als die Aussicht von der großen Brücke, von der man in die waldige Tiefe hinuntersieht, während man auf der stolzen Höhe die stylvolle alte Kathedrale, den einstigen Mittelpunkt des katholischen Waadtlandes vor Augen hat, ist der Blick von der Promenade Montbenon, die sich auf gleicher Höhe mit dem Platze St. François in den prachtvollsten Alleen, weit gegen Südwesten majestätisch hinaus erstreckt. So mächtig, so ausgedehnt als von dem Montbenon überschaut man nirgend sonst die Alpenketten und den See, aber die Bise stürmte durch die Bäume, daß die Blüthen wie ein wildes Schneetreiben durch die Lüfte fahrend, mit Wolken Staubes vermischt vor uns her wirbelten — und obschon die Sonne hell schien, obschon es heiß war und das Licht eine völlig südliche Farbenpracht hervorzauberte, war die ganze Promenade vollkommen menschenleer, denn „bei der Bise kann man hier nicht spazieren gehen", sagte uns die liebenswürdige Lausannerin, die unseren Führer machte, und um derentwillen ein Aufenthalt in ihrer Vaterstadt uns an und für sich erwünscht gewesen sein würde.

Auch auf der andern Promenade unterhalb der Rue du Bourg, waren nur Arbeiter zu finden, die dort ihre Ruhestunde, die Vesperzeit, verbrachten; und eine andere Eingeborene, eine bejahrte Dame, meinte: „man muß gesund sein, um Lausanne zu bewohnen, für Kranke ist das Klima sehr bedenklich." Die Stadt ist aber auch durch ihre auf- und absteigenden Straßen kein geeignetes Terrain für Leidende, und die glänzende Gesellschaft, welche sich in Lausanne zu Ende des vorigen Jahrhunderts zusammengefunden hat, muß sicherlich aus Gesunden bestanden haben.

Man rühmt heute noch die Gesellschaft von Lausanne als eine der angenehmsten in der Schweiz, und was ich von ihr, in einzelnen Personen, in Glion und Montreur kennen lernen, rechtfertigte in hohem Grade das günstige Vorurtheil. Allerdings ruht hier die Geselligkeit auf altem Boden, und ein Hauch von milder Gesittung hat auf diesem Punkte frühe sich gezeigt. Schon im Jahre 1033, als noch ein allgemeines wildes Kriegen die Schweiz in beständigem Blutvergießen erhielt, verkündete ein Bischof Hugo von Lausanne auf dem Concil von Montrieu, ein Gesetz, nach welchem für gewisse Zeiten des Jahres — gleichsam als solle die arme müde gehetzte Menschheit doch dann und wann einmal im Morden inne halten und ruhig Luft schöpfen dürfen — einen Gottesfrieden, in welchem alle Kämpfe ruhen mußten.

Aber er war ein weißer Rabe unter seines Gleichen. Die Kirche,. d. h. die Bischöfe selber, waren der großen Mehrzahl nach sehr kriegerisch. Die Bischöfe von Lausanne im Waadtland und von Sion im Wallis standen wie die Bischöfe von Genf durch das ganze Mittelalter meist an der Spitze der Kämpfenden, waren oft die Urheber des Kampfes, und während die Gläubigen aus der ganzen Schweiz zu dem Gnadenbilde der Gottesmutter von Lausanne wallfahrtend herangezogen kamen, klagte der heilige Bernard, der als Gast in das Bisthum gekommen war, über die Uneinigkeit und die entarteten Sitten des Klerus, legte ein frommer Bischof Bonifaz, den der Papst selber ernannt hatte, da das Kapitel sich über die Wahl nicht einigen können, seine Stelle nieder „weil er nicht vergebens in einem Hause des Unfriedens und Zankes leben und arbeiten möge."

Damals wohnten die Bürger von Lausanne noch in hölzernen und strohgedeckten Häusern, die bald ein Dach, bald zwei Dächer über einander hatten; und die noch jetzt vorkommenden, auffallend hohen Dächer der alten waadtländischen Wohnhäuser, deren wir auch hier in Montreux und in den andern Dörfern einige sehr schöne haben, werden in ihrer Bauart unzweifelhaft auf jene alten „trestes" genannten, zweidachigen Bürgerhäuser zurückzuführen sein. Die „guten Städte Moudon, Yverdun, Nyon und Morges" schufen und bildeten „la Patrie de Vaud" und bildeten ebenso unter sich eine Polizei, die alljährlich zwischen dem Allerheiligen und dem St. Martinstage, also nach gethaner Ernte, zusammenkam, um darüber zu berathen, welche Bräuche einzuführen und welche abzustellen wären. Die Landbewohner zerfielen in Steuer- und Frohnpflichtige (censitaires et taillables). Die Steuerpflichtigen zahlten ihre Abgaben in Geld, Früchten, Thieren und persönlichen Leistungen; aber die Frohnpflichtigkeit (taillabilité) war beschränkter, und die völlige Hörigkeit seltener als anderswo. Der Freihupflichtige konnte fast überall, das was er erworben hatte, auf die Seinen vererben und das Gut des Herren verlassen, wenn er schlecht behandelt wurde.

In Lausanne hingegen versammelten die drei Stände sich im Monat Mai, und im vierzehnten Jahrhundert schon unterwarf man die Rechte des Bischofs, der Canonici und der Bürger einer strengen Revision. Drei Tage lang hörte und urtheilte diese Art von Stände-Versammlung die eingebrachten Angelegenheiten ab. Am vierten Tage durchzog der Plaid, von dem Aeltesten begleitet, die Straßen und die Wege (paquiers) um die nöthigen Verbesserungen anzuordnen. Jeder Bürger war gehalten, mit einer Axt oder einem Degen bewaffnet dem Plaid zu folgen, um nöthigen Falls bei der Ausführung der Verordnungen thätlichen Beistand leisten zu können. Der Bischof bewirthet die Handwerker mit Brod, mit Wein und mit einem Korbe voll Eiern. Dafür hatten die Schmiede und Goldschmiede ihm den Beschlag (le ferrement), die Sattler Sporn und Zaumzeug für ein Pferd, die Wagenbauer einen Wagen zu liefern. Dreimal im Jahre ging der Seneschal des Bischofs durch die Budenreihe der Schuhmacher und berührte mit seinem Stabe das Paar Schuhe, welches er für den Bischof auswählte. In Kriegszeit mußte das Heer des Bischofs, das sich aus der Bürgerschaft zusammensetzte, ihm einen Tag und eine Nacht unentgeltlich dienen; brauchte er die Mannschaft länger, so mußte er sie unterhalten. Er hatte daneben die Verpflichtung, die Gefangenen freizukaufen, die Bürger vor jedem Unrecht zu beschützen, und wenn es Noth that, auch für sie in den Krieg zu ziehen.

Dabei hatte jeder Stadttheil von Lausanne seine besonderen Privilegien. Wer in der eigentlichen Stadt, in der die Kathedrale liegt und in der der Bischof residirte, Jemand schlug, wurde dafür mit 60 Livres bestraft; in der untern Stadt zahlte man nur 60 Sous und außerhalb der Mauern gar nur 3 Sous. — Es wäre zu wünschen, daß man auch noch heute die Strafe nach dem höheren Bildungsgrade der Uebelthäter in solcher Art erhöhte, und daß Rang und Ansehen des Verbrechers die Strenge des Gesetzes — und zwar sehr von Rechtes wegen — schärften, statt sie, wie es nur zu oft geschieht, zu mildern. — Der Bischof durfte übrigens keinen Bürger ohne Mitwissenschaft der Bürgerschaft verhaften, und keine Inquisition an dem Körper eines Menschen vornehmen lassen. Ueber einen Verbrecher zu Gericht zu sitzen war das Vorrecht derjenigen Bürger, welche die Rue de Bourg bewohnten. Sie hatten auf den ersten Ruf zu erscheinen, mochten sie nun bei Tische sitzen mit dem Becher in der Hand, oder mit der Elle in ihrem Gewölbe stehen, und sie hatten, als der Bräuche Kundige (contumiers) rasch dazu zu thun, daß Zwist sich in Eintracht (discords en accords) wandle. Dafür waren sie frei von gewissen Abgaben und durften allein Schaubänke vor ihren Läden haben, wie ihnen auch ausschließlich das Recht zustand, Gastwirthschaften und Herbergen zu halten.

Auch heute noch ist denn die von Westen nach Osten aufsteigende Rue de Bourg von unten bis oben zu beiden Seiten voll von Waarenlagern, und Lausanne ist in dieser Hinsicht bei weitem reicher ausgestattet, als es Zürich noch vor acht, neun Jahren war. Wie sich aber die Gewerb=

treibenden auf ihrem alten Posten erhalten haben, so ist die Rue de Bourg auch der Sitz einer privilegirten Gesellschaft geblieben, sofern von einer solchen in einer Republik die Rede sein kann. „Sie ist das Faubourg St. Germain von Lausanne", sagten die Damen, die unsere Führer machten; und als wir danach auf der unterhalb der Rue de Bourg belegenen Promenade du Casino spazieren gingen, über der sich vor der Rückseite der Häuser der Rue de Bourg reizende hochgelegene Gärten und Terrassen mit der schönsten Aussicht hinbreiten, konnte ich mir wohl vorstellen, wie die alten Geschlechter, wenn sie hier erst einmal angesessen waren, nicht leicht von solchem anmuthigen Platze scheiden mochten. Auf einer dieser Gartenterrassen habe ich einen weiß blühenden Kastanienbaum gesehen, den ich für einen der größten Bäume halte, die mir überhaupt vorgekommen sind. Eines Kastanienbaums von solcher Höhe und solcher Ausdehnung der Aeste erinnere ich mich aber vollends nicht, und ich rechne ihn wirklich mit zu den Merkwürdigkeiten der Stadt. Er war in seiner üppigen Blüthe ein prächtiger Anblick.

Wie Lausanne im Mittelalter der Sitz und Sammelpunkt des waadtländischen Katholizismus gewesen ist, so wurde es im siebzehnten und achtzehnten Jahrhundert zu einem Zufluchtsorte für die um ihres Glaubens willen in England, in Frankreich und in Italien verfolgten Protestanten, und die Gastfreiheit, mit welcher der reiche waadtländische Adel in jenen Tagen die flüchtigen Religionsgenossen bei sich aufnahm, die Zuvorkommenheit, welche die Fremden in der dortigen wohlgesitteten bürgerlichen Gesellschaft fanden, gründete den Ruf, den die Geselligkeit und die Freisinnigkeit von Lausanne noch heute im Auslande genießen, obschon man im Inlande viel von einer jetzt dort vorherrschenden pietistischen Richtung zu hören bekommt. Seine glänzendste Zeit feierte Lausanne im vorigen Jahrhundert, und ich kann mir's nicht versagen, Euch die sehr anmuthige Schilderung hieher zu setzen, welche ich einem kleinen Werke über den Canton de Vaud entnehme.

Nachdem von den ländlichen Festen, den Ernten, den Weinlesen, die Rede gewesen ist, die damals unter Singen und Tanzen gefeiert wurden, wovon jetzt freilich Nichts mehr zu merken ist, denn ich habe in keinem Lande so wenig und so schlechten Volksgesang gehört als hier, heißt es: So fröhlich war das Land, als Voltaire in den Jahren 1756, 1757 und 1758 seine Winter in Lausanne verlebte. Was er in Paris verlassen hatte, den reichen Austausch von kleinen Briefen und von Versen, den Geist, die Galanterie, die ihm gewohnten Huldigungen, er fand dies Alles, er fand Paris in Lausanne wieder, und er selber bezeichnet diese Zeit als eine der glücklichsten Epochen seines Lebens. Er rühmte es, daß er die Herrschaft der französischen Philosophie in der Schweiz fest begründet gefunden habe. Geistliche brachten ihm Artikel für die Encyclopädie, die er, wie er an d'Alembert schreibt, christlicher machen mußte. Von der Kanzel arbeitete man der fröhlichen Spottlust entgegen; man predigte die Höflichkeit der Sitten, man ermahnte zur Freundschaft wie man anderwärts zur christlichen Liebe ermahnte. Und daneben schrieb Voltaire, sicherlich mit einer geheimen Genugthuung: „Man spottet hier über Alles!" während er doch zu gleicher Zeit die Bemerkung macht: „alle Anmuth der Gesellschaft und die gesündeste Philosophie sind in diesem Theile der Schweiz heimisch geworden, in welchem bei dem mildesten Klima Ueberfluß und Wohlhabenheit herrschen, und wo sich die Bildung Athens mit spartanischer Einfachheit vereinigt."

Indeß trotz dieses begeisterten Lobes verließ Voltaire das Waadtland und das gepriesene Lausanne, um sich in Ferney niederzulassen; aber die Geselligkeit, die er in Lausanne vorgefunden und durch seine Anwesenheit gehoben hatte, erhielt sich noch durch lange Zeit lebendig. Die Frühlings-Gesellschaft und die Sonnabende einer Frau von Charrière behaupteten in den Kreisen der damaligen Reisenden aus der vornehmen Welt, einen europäischen Ruf. Zu heitern Abendmahlzeiten, bei gewählter Unterhaltung und trefflicher Musik fanden sich schöne und geistvolle Frauen und bedeutende Männer zusammen. Die Damen von Polier, von Montolieu, Fräulein Curchod, die nachmalige Gattin Necker's, vereinigten Männer wie Boufflers, Fer, Rayval, Servier, Mercier, den berühmten Arzt Dr. Tissot, seinen Freund Zimmerman und den jungen Benjamin Constant in ihren Sälen. Johannes Müller und Bonstetten erschienen als gelegentliche Gäste. Haller kam aus Roche herüber, wenn man Voltaire's Tragödien zur Darstellung brachte, war es auch nur um seine Epigramme gegen die ihm nicht zusagenden Dichtungen zu schleudern; und obschon Gibbon den Mangel an Industrie und Unternehmungsgeist tadelte, der ihm an den damaligen Waadtländern auffiel, konnte er sich doch nicht von Lausanne trennen. Er sagte von Lausanne, die er als eine junge

Schöne personifizirte: „Sie ist nicht eigentlich schön, aber Alles was sie umgiebt, ist reizend und von einer unvergleichlichen Anmuth. Sie hat den heitersten und geselligsten Charakter. Ohne besonders unterrichtet zu sein, hat sie Geschmack und gesunden Verstand, und wenn sie nicht reich ist, ist sie dafür einfach und eine gute Wirthin. Ihr Erzieher (Calvin) hat ihr den Luxus der Kleidung verboten, und wenn sie auf's Gehen auch nicht recht angelegt ist, habe ich noch nicht nöthig gehabt, um ihretwillen eine Equipage zu halten."

Aber die große Gastfreiheit und die fröhliche Lebenslust des waadtländischen Adels hatten ihre Schattenseite. So einfach das Leben in den Familien war, in welchen die Fremden Zutritt erhielten, wurde der Aufwand für diese mit den Jahren immer zahlreicher werdenden Gäste sehr beträchtlich, und mit der geistigen Leichtigkeit, welche diesem romanischen Volksschlage eigenthümlich ist, mußten die Waadtländer, und namentlich die Damen von Lausanne, ihre Partie zu nehmen. Wie die eisengeharnischten Ritter ein paar hundert Jahre früher, als es mit dem gewinnbringenden Kampfe auf eigne Faust im Waadtlande nicht mehr gehen wollte, in die Fremde zogen, um bei fremden Fürsten Dienste zu nehmen, so machten die Damen von Lausanne sich am Ende des achtzehnten Jahrhunderts in ihren heimischen Haushaltungen den fremden Gästen dienstbar, welche an den Genfersee kamen, sich seines anmuthigen Klima's und der an seinen schönen Ufern herrschenden leichten Geselligkeit zu erfreuen. Ihre Vermögen waren zusammengeschmolzen, ihre Lebenslust, ihre Freude an der Geselligkeit, ihr Behagen an den

kleinen gesellschaftlichen Abenteuern, an Intriguen und an
jenen gelegentlichen Klatschereien, die in kleinen Städten
zu der Würze des Lebens gehören, waren dieselben geblieben, und da die Damen eine gute Meinung von ihren
Geistesgaben und ein noch größeres Selbstgefühl bei ihren
alten adeligen Namen besaßen, fanden sie, da kein anderer
Ausweg ihnen die Möglichkeit verhieß, die gewohnte Lebensweise und den bisherigen Verkehr mit Fremden fortzu-
zusetzen, kein Bedenken darin, die Gastfreiheit, welche sie
bis dahin als Gunst gewährt hatten, nun gegen Entgelt und
angemessene Bezahlung auszuüben.

Auf diese Weise entstanden die Pensionen hier am
Genfersee. Es waren einige altadelige Familien, die sich
zu solcher Einrichtung bequemten, und man erwähnt in
der Sittengeschichte des Waadtlandes es ausdrücklich, daß
jene Häuser sich die Auswahl der Personen vorbehielten,
denen sie sich dienstbar machten. Aus Gibbon's Memoiren
wird als Beispiel dieser adeligen Gasthalter eine Familie
von Mézery angeführt. Die Hausgenossen hatten in diesem
Hause die Freiheit auch ihrerseits, gegen einen festen Preis
Gäste einzuladen, für deren Betragen sie dann natürlich
die Verantwortung zu übernehmen hatten. Im Winter
lebte man in der Stadt, im Sommer auf dem Landsitz
der Familie. Frau von Mézery war eine vorzügliche
Hausfrau und eine Dame, die ihrem Salon mit höchstem
Anstande vorzustehen wußte. Nie hatte sie sich über einen
ihrer Gäste zu beklagen, niemals konnte ein Gast sie einer
Versäumniß gegen ihn beschuldigen, oder Jemand sich eines
die andern kränkenden Vorzugs von ihrer Seite rühmen.
Ihr Gatte stand ihr sehr geschickt zur Seite. Er war ein

geistreicher Lebemann, der, während er auf das Genaueste seinen Vortheil wahrnahm, das Ansehen eines reichen Mannes zu behaupten wußte, welcher in großer Gastfreiheit sein Vermögen aufgehen läßt.

Von diesen aristokratischen und weltmännischen Anfängen ist das Pensionswesen am Genfersee jetzt natürlich weit entfernt, und es wäre bisweilen wohl zu wünschen, daß von jener rücksichtsvollen Geselligkeit etwas mehr in den aus allen Zonen zusammengewürfelten Pensionsgesellschaften zu finden wäre. Ein Theil der gegenwärtigen Pensionshalter hat die Häuser nur in Pacht oder in Miethe, andere sind Eigenthümer, aber so viel ich weiß, sind in den Ortschaften, die hier am Ende des See's liegen, nur zwei Häuser, in welchen die Bildung und gesellschaftliche Manier der Besitzer es ihnen möglich macht, an ihren Tafeln den Vorsitz zu führen und somit den Wiederschein der ersten Pensionsunternehmungen aufrecht zu erhalten. Beide liegen in Clarens, beiden stehen Frauen vor, deren ich schon erwähnte. Der Einen die Schwestern Lorins, die sehr lange in angesehenen deutschen Familien Erzieherinnen gewesen, und des Deutschen, Englischen und Französischen mächtig sind; der andern Fräulein Gabarel, die durch und durch eine Frau von Welt ist, ebenfalls lange im Auslande, namentlich in Italien gelebt hat, und in deren Hause die Formen der Gesellschaft, wie Manche behaupten, mit etwas Pedanterie, aufrecht erhalten werden. Was ich persönlich davon gesehen habe, hat mir jedoch einen sehr guten Eindruck gemacht.

Pensionen, die eben nur Gasthäuser — meist aber doch Gasthäuser mit großer Rücksicht und Pflege für den

Einzelnen sind — werden mit jedem Jahre mehr eingerichtet, und eben in diesen Tagen hat der Besitzer unserer Pension Mooser eine ganz reizende neue Pension, Pension Chemenin, in einem von prachtvollen Bäumen beschatteten, lustig und bedeutend höher als Vevay gelegenen Landhause eröffnet. Es war bisher der Sommersitz einer begüterten Familie, und hat vor der Mehrzahl der anderen Pensionen große, hohe Zimmer voraus. Der Abend, den wir vor einigen Tagen dort zugebracht haben, der Sonnenuntergang auf der mit Rosenhecken eingefaßten Terrasse, waren in dem frischen Hauch der Luft, die vom See herauftstieg, wirklich wundervoll. Müßten wir nicht an die Heimkehr denken, so würde dieses Chemenin uns sehr zum Aufenthalte locken, besonders, da es von Vevay aus unschwer zu Fuß zu erreichen ist, und man die Luft der Höhe zugleich mit der Möglichkeit der Wasserfahrt und der Seebäder genießt. Das Etablissement hat sicherlich eine sehr gute Zukunft und der Wirth verdient sie auch.

Zweiunddreißigster Brief.
Drei Nonnen aus dem fünfzehnten Jahrhundert.

Ich habe hier in Montreux die Bekanntschaft einer Schriftstellerin gemacht, welche den Meisten von Euch wahrscheinlich eben so fremd sein wird, als sie es mir bis dahin gewesen ist, und doch sind ihre Arbeiten in hohem Grade interessant. Sie ist weder eine Dame der großen Welt, mit Chignon, mit Schleppkleid und mit „aristokratischen Allüren", noch eine Vertreterin der Frauenemancipation im Bloomer-Costüm; keine russische Nihilistin, keine bürgerliche Hausfrau, die mit gutem Herzen zur Erbauung halberwachsener Mädchen auch in der Litteratur ihre fleißigen Hände regt. Sie schreibt keine historischen und keine socialen Romane, sie hat Nichts mit den feinen sublimirten Seelenkämpfen zu thun, in welchen unser Einer sich zu vertiefen liebt; sie ist gar nicht von unserer Zeit, ja kaum noch von unserer Welt. Sie ist eine Nonne, die — wenn ich nicht irre, selig gesprochene — Katharina von Saulx, die zusammen mit der Fürstin Louise von Savoyen, deren Hoffräulein sie gewesen war, am dreiundzwanzigsten Juni vierzehnhundertzweiundneunzig in dem Kloster der Klarissen von Orbe den Schleier genommen hat.

Ihr werdet mich fragen, wie grade ich auf diese Nonne verfallen bin, und was eben mich ihr Dichten und

Trachten angeht? Und darauf ist die Antwort leicht. Aufmerksam geworden bin ich auf ihre Aufzeichnungen, denn sie hat eine Biographie der Fürstin Louise von Savoyen geschrieben, durch einen Zufall; angezogen haben mich ihre Arbeiten, wie den Naturforscher ein aufgegrabener Schädel anzieht, um des Vergleiches willen, um der Schlüsse und Aufschlüsse willen, die sich daraus für die Vorgeschichte unserer Tage ziehen und gewinnen lassen.

Es sind jetzt etwa sieben Jahre her, daß einer unserer Schweizer Freunde gegen uns mit großer Anerkennung eines Dr. Eduard Fick in Genf erwähnte, und uns zugleich eine in dem Verlag von Jules Guillaume Fick in Genf erschienene Reproduktion, ich weiß nicht mehr welcher Schrift, aus dem fünfzehnten Jahrhundert zeigte. Das Büchelchen und der ganze Vorgang waren mir aber aus dem Gedächtniß gekommen, und erst im verwichenen Sommer, als ich in Genf in der Buchhandlung von George mich nach historischen Werken über Genf umsah, wobei mir verschiedene der Fick'schen Nachahmungen und Wiederherstellungen alter Drucke in die Hände kamen, wurde ich wieder an jenes früher gesehene Heftchen und an die Herren Fick, Vater und Sohn, erinnert. Der ältere Fick war seiner Zeit Buchdrucker und befand sich in dem Besitze alter Typen aus dem fünfzehnten und sechszehnten Jahrhundert. Er hat auch schon verschiedene Reproduktionen veranstaltet. Der Sohn, der studirt hat und ein junger sehr gelehrter Mann ist, hat sich einer Seits die kritische Revision der alten Dokumente, ander Seits eine vervollkommnete Nachahmung der Originale

zur Aufgabe gestellt, und die Handlung liefert jetzt gradezu
historisch=typographische Meisterwerke, die in den Ausstel=
lungen von London und Paris die größte Anerkennung
gefunden haben, und die ich zu den Spezialitäten von
Genf rechnen möchte.

Was ich davon während des Winters gelesen habe,
waren: die Annales de la Cité de Genève attribués
à Jean Savyon, der 1565 geboren und 1630 gestorben
ist. — Notices sur le Collège de Rive, Suivie de
l'Ordre et Manière d'enseigner en la Ville de Genève
au Collège auec la description de la Ville de Genéue,
von 1538. — L'Ordre du Collège de Genève mit den
Eidschwüren welche der Rektor und die Professoren, und
dem langen Glaubensbekenntniß, welches die Scholaren
abzulegen hatten. Ferner war der Sendung noch beige=
fügt ein Schauspiel aus dem siebzehnten Jahrhundert:
Genève delivrée, Comedie sur l'Escalade, composée
en 1662, par Samuel Chappuzeau, homme de lettres
(Publiée par J. J. C. Galiffe et Ed. Fick) — die
übersetzten Memoiren von Thomas und von Felix Platter
— die Memoiren der Nonne Jeanne die Jussie, welche
in Le Levain du Calvinisme, die ersten Anfänge der
Reformation mit großer, allerdings natürlicher Einseitigkeit
und Bitterkeit geschildert hat, und endlich die Aufzeichnungen
der Nonne Katharine de Sanlx. Sie führen den Titel:
Vie de Tres Havlte tres puissante et tres illvstre
Dame Madame Loyse de Savoye Religieuse au Con-
vent de Madame Saincte Claire d'Orbe, escripte en
1507 par vne Religieuse und sind mit historischen Notizen
von einem Abbé A. M. Jeanneret versehen. Beide Schrif=

ten, das Leben der Louise von Savoyen und die viel umfangreicheren Memoiren der Jeanne de Jussie haben mich, wenn ich den richtigen Ausdruck dafür brauchen soll, mit ihrer rührenden Einfalt und mit ihrer gewaltigen Einseitigkeit, geradezu festgehalten und gefesselt.

Als „Drucke" haben alle diese Werke einen großen Reiz. Denn nicht nur daß die Firma Fick, wie ich schon erwähnte, noch die wirklichen alten Typen des fünfzehnten und sechszehnten Jahrhunderts besitzt, und sie für diese Reproduktionen anwendet, sie hat auch die Stempel, die Vignetten, die Titelbilder, das Papier und die Deckelbände vollkommen nachahmen, und auf diese Weise eine Reihe von Werken herstellen lassen, an denen, wenn ich in Betracht ziehe, wie viel Vergnügen sie mir machen, die ich kein Bibliophile bin, die rechten Sammler eine Herzensfreude haben müssen, und dies um so mehr, da einzelne von den Schriften nur in sehr kleinen Auflagen abgezogen werden, also Raritäten sind!

Mein Interesse an diesen Dingen lag jedoch natürlich noch auf einer andern Seite. Es ist so anziehend, der Gegenwart bis in die Vergangenheit nachzugehen, und zu sehen, wo sie, und wo wir mit ihr hergekommen sind; und ich habe eine Genugthuung und eine Hoffnung darin gefunden, mir die Fortschritte, welche die Zukunft machen soll, nach den Fortschritten zu bemessen, welche seit den letzten vier, fünfhundert Jahren gethan worden sind. Denn in der That erschrickt man und wird zugleich gerührt, wenn man auf die Weltanschauung zurückblickt, aus welcher heraus jene Nonnen ihre Aufzeichnungen machten. Man kann nicht umhin, die Hingebung und die Herzensgüte zu bewundern, von denen jene fürstlichen Frauen beseelt waren, welche dem Leben in der Welt und der Lust der Welt entsagten, um sich einer höheren Heiligung fähig zu machen; und man erschrickt, wenn man daneben ersieht, zu welcher furchtbaren Verengung gut angelegte Geister zusammen schrumpfen, wenn sie sich von dem Leben in dem Strom des Lebens und der Menschheit lossagen, und abgetrennt von ihren Mitmenschen sich nur der eigenen Heiligung, also einem immerhin idealen aber doch selbstsüchtigen Zwecke hingeben. — Wie weiche Gemüther eben in jenen Tagen des neuerwachten religiösen Suchens, Ringens und Kämpfens sich dazu getrieben fühlen konnten, aus jener von wildem Hader zerrissenen Welt sich in ein Asyl des Friedens zu flüchten, in dem kein Zweifel und kein Zwist sich ihnen nahen konnten, ist nachzuempfinden gar nicht schwer. Das Leben ist hart und war es zu jenen Zeiten sicherlich noch mehr; die Genußsucht war roh und alle äußere Lust ermüdet und ist vergänglich. Der hadernden Welt zu entfliehen, in Weltabgeschiedenheit Liebeswerke zu üben und von einer bessern Welt zu träumen, konnte für bestimmte Naturen sehr verlockend sein, und Schwester Katharine erzählt denn auch, wie ihre Herrin von Kindheit an diesen Zug gefühlt, und ihr Leben lang die Sehnsucht nach einer solchen Entfernung von der Welt im Herzen getragen habe.

Sie selber bleibt Hofdame, Dienerin ihrer Herrin, in dem Schleier wie in der Hoftracht. Ohne daß sie das geringste Bewußtsein darüber hat, klingt dies mitten durch die ernsthafte Einfalt ihrer Gläubigkeit immerfort hindurch. Nächst Gott und dem Heiland und der Stifterin ihres Ordens, ist die Schwester Leyse der höchste Gegenstand ihres Kultus, und sie entschließt sich endlich ihren Bericht über das Leben ihrer Fürstin und Klosterschwester zu schreiben: „damit man sich doch in Etwas an das höchst tugendhafte gesegnete Leben der verehrten Mutter und höchst vortrefflichen, glückseligen Dame, der Schwester Loyse von Savoyen glorreichen Angedenkens erinnern möge!"

Ich habe nie ein rechtes Herz fassen können für die mehr oder minder zurechtgemachten Erzählungen moderner Dichter, wenn sie sich mit lang vergangenen Tagen beschäftigen. Es bleibt für mein Empfinden immer ein Bruch zwischen den fernliegenden geschilderten Zuständen, zwischen den handelnden, uns in ihrem Sinnen fremdgewordenen Personen, und zwischen der Anschauungs- und Darstellungsweise des modernen Dichters. Die Sprache und die Ereignisse, und die Menschen und ihre Empfindungen decken sich immer nicht völlig; und zu dem wirklichen Miterleben der Vorgänge bringt man es eben deshalb nur in sehr seltenen Fällen. Man bleibt, weil ein Unvermitteltes, Unharmonisches störend einwirkt, gleichsam immer nur Zuschauer und Beurtheiler; die Vorgänge nehmen uns nicht gefangen, wir kommen von uns selbst, von unserm Wissen, unserm Empfinden nicht los — man kann Alles kühl beurtheilen.

Aber so wie man an die Blätter einer alten Chronik herantritt, ist es, als schlinge sich ein Zauber um uns. Sprache, Denkweise, Charaktere und Ereignisse, Alles ist eins und einig. Wie die einfachen Klänge des Volksliedes, streift solch ein Stück Chronik alles Eigene und Jetzige von uns ab, und es wird uns unter diesem Banne möglich, mitzuempfinden, was uns sonst völlig fern liegt, ja was nachzudenken uns sonst beinahe nicht mehr möglich ist. Darin liegt aber ein sehr bedeutender Vortheil, und eine Erweiterung unseres eigenen Wesens. Mag es sich um die Schicksale der kleinsten Provinzialstadt, oder einer Klosterfrau, oder eines mächtigen Geistes handeln, wir nehmen dabei immer eine Offenbarung der Vergangenheit, ein neues genaues Wissen von einem Theil der Menschheit in uns auf, wir lernen begreifen, was uns sonst bis zu einem gewissen Grade verschlossen geblieben ist. So haben denn auch diese sehr einseitigen Aufzeichnungen der Schwester Katharine, den vollen Reiz eines historischen Bildes in großem Styl, und aus ihrer Enge und Beschränkung, aus der camera obscura ihrer Zelle, gewinnt man einen Einblick in die Zustände vor und während der Reformationszeit, der höchst aufklärend ist. Man sieht, wie es in den Geistern der frommen Katholiken damals aussah, man erkennt daneben die gewaltige Unbeweglichkeit des Katholizismus, denn noch heute, nach dreihundert Jahren, könnten solche Klostermemoiren ganz in gleichem Sinne lauten, wenn daneben freilich auch andere Stimmen aus den jetzigen Klöstern laut werden würden; wie man das an den Memoiren der Gräfin Caraccioli ersehen hat, die aus einem Neapolitanischen Kloster ausgeschieden, die Gattin eines Rechtsgelehrten geworden ist.

Die Schwester Katharine von Sanlz ist obenein gar nicht ohne darstellendes Talent. Sie sagt zwar ganz wie unsere jetzigen litterarischen Dilettanten, die sich im Grunde doch alle für die wahren naturwüchsigen Meister halten, daß sie die Wissenschaft des Schreibens nicht besitze, sondern „einfach und so zu sagen plump" erzählen wolle, was „ihr eben in das Gedächtniß komme"; aber sie fängt doch ganz geschickt damit an, uns zu berichten, daß die gebenedeite Dame, deren Leben sie zu schreiben unternimmt, von allererhabenster Abkunft gewesen sei. Ihr Vater war der, aus kaiserlichem Geblüte stammende dritte Herzog von Savoyen, Amé der Schöne, ein durchaus heiliger Mann, der täglich Wunder gewirkt hat. Von mütterlicher Seite aber gehörte die Prinzessin Loyse der französischen Königsfamilie an, denn sie war die Enkelin Karl's des Siebenten von Frankreich. Es wird danach mitgetheilt, daß sie ein sehr begabtes, sehr gütiges und äußerst schüchternes Kind gewesen sei, daß sie Predigten, die sie gehört, fast wörtlich habe hersagen können, daß sie von klein auf großes Wohlgefallen an geistigen Dingen und Gesprächen gehabt habe, und daß sie am liebsten frühzeitig in das Kloster gegangen sein würde, wenn sie nicht zu scheu gewesen wäre, den Eltern diesen geheimen Wunsch auszusprechen und zu liebevoll, sie durch ein Verlangen zu betrüben, welches den Absichten ihrer Erzeuger widersprochen haben würde.

„Glücklicher Weise lenkte Gott die Herzen ihrer Eltern aber bei der Wahl ihres Gatten auf den Mann, welcher für die fromme Prinzessin paßte, und der edle Messire Hugo de Chalons, Seigneur de Chastelguion war wie geschaffen für Prinzeß Loysa, denn er war auch wie sie den heiligen Dingen zugewendet, und sie richteten, als sie zusammen zu wohnen kamen, ihr Leben so tugendsam ein, daß es für alle Welt ein Beispiel und eine Erbauung wurde. Wenn man in ihrem Schlosse, wie sich das an Höfen gehört, tanzte, so achteten sie häufig kaum darauf, sondern unterhielten sich während dessen von dem Heilande und von den Freuden des Paradieses. Sie litten auch keine sittenlosen Menschen oder leichtfertigen Gespräche in ihrer Nähe, sondern machten diesen und allen üblen Nachreden mit den Worten ein Ende: „wir wollen von solchen Dingen nicht mehr reden"; und die fromme Fürstin versicherte ihren Frauen oftmals, daß nur die Tugenden ihres Gatten es ihr erträglich machten in der Ehe zu leben. Wie sie strenge gegen sich selbst war, war sie es gegen ihre ganze Umgebung. Wenn ihre Frauen sich zu schwören oder zu fluchen erlaubten, mußten sie zum Besten der Armen Geldstrafen bezahlen, und wenn die Männer sich dergleichen zu Schulden kommen ließen, mußten sie im Beisein des ganzen Hofes den Boden küssen. „Wir wollen lieber Geld geben, als den Boden küssen!" sagten dann die Cavaliere. „Das weiß ich wohl! entgegnete die Fürstin, aber ich lasse Euch also thun, um Euch zu kasteien."

Bisweilen, wenn sie aus den Zimmern von Monseigneur heraustrat, in denen man getanzt und gut gegessen und viel weltliches Spiel getrieben hatte, sagte sie zu ihren Frauen: „beau Sire Dieu! wie beneiden mich jetzt gewiß so Viele — ach! und von dem Allen, werde ich doch einst Rechenschaft zu geben haben!" — Sie wollte nicht, daß ihre Frauen, mit Karten oder Würfeln, Glücksspiele spielten, ja nicht einmal, daß sie Karten und Würfel bewahrten; und wenn dieselben dann doch einmal zum Zeitvertreib ein unschuldiges Spiel um Geld betrieben, und sie kam dazu und nahm aus Güte Theil daran, so sagte sie, wenn sie gewann, zu den Fräulein, die auf ihrer Seite waren, gleich im Stillen: gebet Alles zu Gottes Werken und behaltet Nichts zurück!"

Dafür hielt sie ihre Damen um so eifriger zum Lesen heiliger Schriften an, wiederholte ihnen die Predigten, die man gehört hatte, aus dem Gedächtniß, lehrte sie die feinen Arbeiten, in denen sie Meisterin war, besuchte und pflegte mit ihnen Kranke und Nothleidende, und unterhielt sich mit ihnen sehr gern vom Tode und von dem künftigen Leben. Als sie aber bemerkte, daß unter ihren Frauen Einige waren, die durch den Gedanken an das Sterben traurig gemacht wurden, versagte sie sich in deren Beisein solche Betrachtungen, und sagte zu Katharine de Saulx, welche ihr die vertrauteste unter ihren Fräulein war: „ich bitte Euch Katharine! laßt uns Beide davon miteinander sprechen!" und sie hatte eine große Genugthuung als die gedachte Demoiselle sich dazu bereit erklärte.

Prinzeß Loyse war überhaupt für ihre Frauen voll Güte und voll Rücksicht. Obschon sie zart und kränklich war, hielt sie in den Nächten auf ihrem Lager ihre Schmerzen und Krämpfe im Stillen aus, um Niemanden zu wecken, und wie sie darin keine Ansprüche für sich machte, so machte sie sie nirgend. Sie ging nicht, wie andere fürstliche Frauen zu öffentlichen Lustbarkeiten, sie verschmähte, obschon sie jung und verheirathet war, all den Putz und die „grandes curiosités", welche die Welt-Damen um ihre Gesichter trugen, um sich schöner zu machen; und wenn ihre Frauen ihr dazu riethen, antwortete sie: „mir genügt es, daß Monseigneur mich liebt." — Vor Allem aber erregte es ihr Mißvergnügen, wenn sie Frauen sehen mußte, die ihren Busen entblößten, und sie würde dies um Nichts in der Welt ihren Damen erlaubt haben, obgleich ihrer vorhanden waren, die dies sehr gern gethan hätten!"

Es ist rührend zu lesen, wie der Fürstin die einfachste und geringste Kost die liebste war, wie sie von allen ihren Körperleiden wie von gleichgültigen und unwichtigen Kleinigkeiten niemals sprechen und nicht reden hören wollte, aber bei dem kleinsten Unwohlsein ihrer Frauen gleich hilfreich zur Hand war; wie sie keine üble Nachreden gegen irgend Jemand duldete und wie sie kein größeres Vergnügen kannte, als einem Menschen eine Freude zu bereiten. Neben ihrem Entsetzen vor jedem Streit und Zwist, neben ihrer Sehnsucht nach Harmonie und Frieden, neben ihrer hohen Schamhaftigkeit, werden denn auch die eilftausend Ave Maria hervorgehoben, die sie in kurzer Zeit zu Ehren der eilftausend Jungfrauen, und die dreihundert fünfundsechszig Ave's, die sie bei jedem Marienfeste gebetet, und zu denen sie auch ihre Frauen angehalten hat. Der Fußwaschungen am grünen Donnerstage, des fortwährenden Beichtens und des häufig wiederholten Abendmahlgenusses nicht erst zu gedenken.

Man sieht im Geiste bei all diesen Schilderungen, die sanften Madonnenköpfe vor sich, wie sie in unschuldiger Freundlichkeit von vielen alten Bildern auf die Menschheit niederschauen; und man kann sich des Mitgefühls nicht erwehren, wenn Schwester Katharine meldet, wie der Herr um der frommen Fürstin die Gelegenheit zur demüthigen Unterwerfung unter seinen Willen zu bieten, sie in ihrer Blutsverwandtschaft mit Kummer und

mit Sorgen heimgesucht, und ihr endlich als schwerste
Prüfung, den Gatten frühzeitig genommen habe. „Es
war der Gipfel und der allerhöchste ihrer Schmerzen, heißt
es, daß unser sehr gestrenger Herr aus diesem Leben ab=
schied, welches unserer Fürstin unermeßlichen Schmerz und
Herzeleid einflößte; denn sie liebten einander so sehr, wie
nur zwei Geschöpfe einander lieben können. Ihre Betrüb=
niß war so sehr wunderbar, daß alle Welt, welche sie sah,
mehr Mitleid und mehr Mitgefühl mit ihr hatte als sich
sagen läßt; und es gab kein Herz, das so hart war nicht
zu weinen, wenn man sie also sah." — Natürlich machte
der Tod ihres Herren sie nur noch fester in ihrem Vor=
satze, sich aus der Welt zurückzuziehen, in der er nicht
mehr lebte, aber sie stieß damit bei ihren Angehörigen und
selbst bei den treuen Dienern ihres verstorbenen Gatten,
welche sie sammt und sonders nicht von sich gehen lassen
wollten, überall auf Hindernisse.

Da sie aber fest entschlossen war in das Kloster ein=
zutreten, fing sie heimlich an, inmitten ihres Hofstaates
nach allen Regeln der Klarissinnen von Orbe zu leben.
Sie trug unter ihren fürstlichen Trauerkleidern das rauhe
härene Gewand, sie hielt die Fasten und die Vigilien
strenge wie im Kloster, sie geißelte sich mit den härtesten
Geißeln, deren sie habhaft werden konnte, sie bediente sich
der ärmlichsten Geräthschaften für ihren Tisch, und es gab
kein Krankenbett in ihrer Nähe, bei dem sie als Pflegerin
fehlte, keine Leiche eines Armen, die sie nicht selbst in ihre
Sterbetücher gewickelt und eingenäht hätte. Sie bezeugte
„große Betrübniß" darüber, wenn sie einmal zu solchem
letzten Liebesdienste zu spät gekommen war.

„Ihre Frauen mußten mit ihr unausgesetzt an der Verfertigung von Altardecken und anderm kirchlichem Schmucke arbeiten, und der Fürstin ganzes Bestreben war darauf gerichtet, diese Fräulein auch für das Klosterleben zu gewinnen. „Ich weiß nicht, sagte sie ihnen, wie Ihr es wünschen möget in der Welt zu bleiben und verheirathet zu werden; da Ihr ja an mir die großen Schmerzen und Beunruhigungen ersehet, die man davon hat. Wenn man einen guten, tugendhaften und wohlanständigen Mann besitzt, und verliert ihn, so seht Ihr, welch ein Schmerz das ist. Und wenn er schlecht ist und nicht wohlanständig, ist es eine Sache voll großer Kümmerniß. Wenn Ihr mir aber folgt, so bewahrt Ihr Euch vor aller dieser Noth. — Sie antworteten ihr: Wir wollen nicht Nonnen werden, denn Gott hat uns nicht die Gnade gewährt, daß wir dazu die Devotion hätten oder Verlangen danach trügen. — Und darauf sagte sie ihnen: — bittet Gott, und er wird Euch dieses Wollen geben."

„Unter diesen Fräulein war aber Eines, welches ein sehr fröhliches und leichtgesinntes Herz besaß, mit Namen Katharine von Saulx, und dieser Katharine wiederholte die Herrin jene Worte oft, und das Fräulein gab ihr zur Antwort: Madame! ich werde Gott darum bitten. — Darauf fragte die Herrin sie wieder einmal, ob sie Gott darum gebeten habe? — Und Jene antwortete: Ja Madame! aber als ich Gott darum bat, hatte ich die größte Furcht, daß er mir diese fromme Hingebung gewähren könnte! — Darüber fing die gütige Herrin recht von Herzen zu lachen an, und sagte sehr heiter zu ihr: Oh Katharine! so müßt

Ihr es nicht machen, Ihr müßt Gott ernstlich darum anflehen!"

Es ist das der einzige Zug von weltlicher Heiterkeit, der in dem ganzen siebenzig oder achtzig Seiten starken Heftchen vorkommt, und er nimmt sich in dem Ernst der ganzen Darstellung um so anmuthiger aus, als die Schreiberin ihn von sich selbst erzählt. Es ist ihr offenbar in der Erinnerung an ihre Herrin diese Scene in das Gedächtniß gekommen, sie hat nicht vermocht sie zu unterdrücken, und in den düstern Gewändern der Klosterfrau ist es ihr ergangen wie dem Einen von den Lenau'schen drei Zigeunern:

„Ueber die Saiten ein Windhauch lief,
Ueber das Herz ein Traum ging."

Aber selbst in ihrem Verlangen in das Kloster einzutreten zeigt die liebenswürdige Fürstin sich nicht eigensüchtig, sie kommt erst allen ihren Schuldigkeiten nach, ehe sie sich selbst genug thut. Sie ordnet ihre Regierungs-Angelegenheiten, sie stellt das Schicksal aller ihrer Leute fest, und als diese vor Schmerz über die Trennung von einer so gütigen Herrin sich nicht fassen können, erbietet sie sich, noch eine Weile unter ihnen zu bleiben, wenn sie ruhig und heiter sein, und sich mit ihr daran erfreuen wollen, daß sie nun bald ausschließlich ihrem Seelenheile werde leben dürfen. Inzwischen läßt sie sich in die silbernen Schaalen, in denen man ihr Trank und Speise aufträgt, kleine hölzerne Gefäße stellen, wie man sich deren im Kloster bedient, und verlangt ausdrücklich, daß man sie nicht mehr Madame, sondern Schwester Loysa nennen solle. — Mir fiel Rahel Varnhagen's Ausruf auf ihrem letzten Krankenlager dabei ein: „ach was! es hat sich ausgegnädigestraut — nennt mich Rahel!"

Sie entfernt sich endlich fast heimlich von ihrem Hofstaat und aus ihrem Hause, nur ihre beiden Fräulein, Katharine von Saulx, ihre Biographin, und Charlotte von St. Maurice folgen ihr; und nun sie Alles in der Welt zurückgelassen hat, worum Andere sie beneidet haben, nun erst fühlt sie sich frei und glücklich. Sie war dreißig Jahre alt, als sie in das Koster eintrat, und ihr Leben in demselben wird mit höchster Ausführlichkeit, als eine Reihe von Kasteiungen und von Liebesopfern hingestellt, die alle von ihr in tiefster Demuth als eine Befriedigung ihres eigenen Herzens geleistet wurden. Sie hat Rath und Trost für Jede der Schwestern, sie kann den fürstlichen Verwandten, die sie zu besuchen kommen und sich nicht darin finden können, sie in also veränderter Gestalt wiederzusehen, nicht genug rühmen, wie glücklich sie sei: indeß die Entbehrungen und Anstrengungen, die sie sich auferlegt, gehen dennoch über ihre Kräfte. Sie fängt bald zu kränkeln an, aber bei ihrer Weltanschauung ist ihr auch diese beginnende Hinfälligkeit ihres Körpers eine Steigerung ihrer Glückseligkeit, und als sie endlich ganz darniederliegt und wohl ahnt, daß der Tod ihr naht, bleibt ihre Seele frei und heiter.

„Ich bin ganz erstaunt, ich habe keine großen Schmerzen, ich bin nur schwach, sagt sie, aber so schwach am Herzen, daß ich nicht mehr kann. Ich bitte Euch deshalb, meine Schwestern, wenn mir die Sinne schwinden, verlaßt mich nicht mit Euren Gebeten vor Gott!" — Die Schwestern sprechen ihr Hoffnung ein, wünschen, daß sie leben bleiben möge. „Ich habe immer so großes Vergnügen daran gehabt, in Eurer Gesellschaft zu leben, daß ich gern noch länger unter Euch bleibe, wenn Gott mich hierlassen will; und wenn es ihm gefällt mich fortzunehmen bin ich ebenso zufrieden!" Giebt sie den Weinenden, die sie umstehen, demüthig zur Antwort.

Am Morgen ihres Sterbetages läßt sie sich noch in die Kirche tragen, um dort zu beichten und ihr Abendmahl zu empfangen. Sie gesteht ein, daß sie sich sehr übel befinde, aber es werde ihr um die Vesperstunde besser sein. Sie ermahnt die Schwester Katharina, der die Versorgung der Nonnen obliegt, daß sie sie immer gut bedienen solle, sie tröstet Alle, die um sie trauern, sie sucht es sogar der Aebtissin, die sich in ihrem Schmerze nicht zu fassen weiß, zu verbergen, daß sie sich sterben fühlt, und spricht ihr heiter zu, während sie gleichzeitig die Nonnen bittet, daß sie nur recht Acht haben sollten, damit bei ihrer letzen Oelung Nichts verabsäumt werde.

Als dann die Vesperstunde heran kommt, hält sie alle die üblichen Gebete mit solcher Inbrunst, daß die Anwesenden die Empfindung haben, als wäre Gott selber mitten unter ihnen; darauf spricht sie: „meine theure Mutter und Ihr, meine guten Schwestern alle, ich nehme Euch zu Zeugen, daß ich im heiligen Katholischen Glauben sterbe!" und damit legt sie Alles von sich ab, was sie Eigenes besitzt: ihren Fingerhut, mit dem sie immer genäht hat, und ein kleines Agnus Dei, in dem sie beständig etwas Gewürz bei sich getragen, um davon in den Mund zu nehmen, wenn sie sich schwach gefühlt. „Nehmt es, meine Mutter, sagte sie, ich gebe Euch das Alles, denn ich will

in Wahrheit als eine arme Nonne sterben." Sie will auch
das Pater Noster ablegen, das an ihrer Gürtelschnur her=
niederhängt, aber die Aebtissin weist sie an, dies nicht zu
thun. „Behaltet es, meine Tochter! sagte sie, ich leihe es
Euch!" Denn sie wünscht, daß die heiligen Reliquien, die in
dem Kreuz verborgen sind, der Schwester Loyse in der
Todesnoth nicht fehlen, und darauf behält dieselben sie
gehorsam an sich.

Als die Nonnen sie dann auf ihr Bett tragen wollen,
wo sie die letzte Oelung erhalten soll, wünscht sie lieber
in die Kirche gebracht zu werden, und meint, sie würde
wohl auch noch bis dahin gehen können, wenn es ihnen
zu schwer falle, sie zu tragen; aber da man ihr ihren
schwachen Zustand vorhält, giebt sie sich sofort zufrieden.
Vor ihrem Bette kniet sie sich noch hin, faltet, wie
Schwester Katharina es ausdrücklich hervorhebt, ihre
„schönen" Hände, und da es Vesperstunde war, und ihr
dabei das letzte Abendmahl des Heilandes einfällt, bittet
sie, weil sie bis zum Ende gehorsam bleiben und Nichts
ohne den Willen ihrer Frau Aebtissin thun mag: „Meine
Mutter, könnten wir nicht eine letzte Mahlzeit mitsammen
genießen?" — Diese antwortet ihr: ja, meine Tochter! —
Darauf nimmt sie ihr Trinkglas und nachdem man ihr
ein wenig Wein hineingegossen hat, bekreuzt und segnet
sie es, und spricht: „Das ist die Stunde, in welcher der
gesegnete Heiland mit seinen gebenedeiten Aposteln, zum
Zeichen der Liebe und der Barmherzigkeit, das Abendmahl
getheilt hat. Zur Erinnerung an diese große Liebe trink
mit mir diesen Wein von dem wahren Weinstock. Es ist
der letzte Trank, den ich genieße, und verzeiht mir, daß

ich Euch darum bitte. Ich weiß wohl, daß es mir nicht zusteht, also zu thun, und ich hatte es auch nicht im Sinne gehabt, aber es ist so über mich gekommen, daß ich also thun mußte. Lebt nun wohl, meine sehr geliebten Schwestern, jetzt gehe ich in's Paradies. Da wird es sehr schön sein! Kein Uebel, keine Sorge, kein Schmerz und keine Traurigkeit! nur Freude, Wohlgefallen, Glückseligkeit und unendliche Glorie!" — Ihre Stimme klingt dabei lauter und heller als je zuvor; und ihren Körper und ihre Arme hoch erhebend, mit einer Kraft, die Niemand ihr mehr zugetraut hätte, ruft sie: „Hinauf! Hinauf! In's Paradies! in's Paradies!" und sinkt auf ihr Lager zurück, daß die Schwestern erschrecken, denn sie meinen, ihr Ende sei gekommen, und sie könne von dannen gehen, ohne die letzte Oelung empfangen zu haben.

Man umsteht sie in stummem Schmerz; aber eine der Schwestern wendet sich in ihrer Herzensangst an die Aebtissin, und beschwört sie, der Sterbenden zu befehlen, daß sie nicht verscheide, bis der Priester gekommen sei, ihr die Oelung zu ertheilen, und die Aebtissin thut also. Auf ihren Anruf kommt die Sterbende noch einmal wieder zu sich. Aber sie freut sich dessen nicht. Mit sehr schmerzlichem Tone sagt sie: „Gott verzeihe es Euch, meine Schwestern, Ihr habt mir sehr wehe gethan; ich war schon hoch oben und Ihr habt mich tief herniederkommen machen durch Eure Gebete. Ich weiß Euch das keinen Dank! ich muß zu lange warten, das langweilt (m'ennuye) mich; ich möchte nicht mehr bleiben." — Und die Schwestern sprachen: „Ihr müßt warten Schwester Loyse bis der hochwürdige Vater kommt, Euch die letzte Oelung zu ertheilen!" —

Die Mahnung thut ihre Wirkung. So schwach sie ist, sucht Schwester Louise sich aus Gehorsam mit frommen Gesprächen noch mühsam aufrecht zu erhalten, bis in aller Eile der Hochwürdige mit seinem Gehilfen herbeigekommen ist. Nach seiner Einsegnung entschlummert die schöne Seele mit dem Namen der Gnadenmutter auf den Lippen.

Schwester Katharine kann es denn auch nicht genugsam schildern, wie schön die Herrin noch im Tode gewesen sei, und mit welchem Schmerze das ganze Kloster sie betrauert habe. Sie nennt sie den schönsten Schmuck, den das Kloster je besessen, und die Heiligkeit der Todten macht sich auch gleich durch wundersame Zeichen kenntlich. Denn in ihrer Zelle und an all den Orten, an denen Schwester Louise sich aufzuhalten geliebt hat, verbreitet sich nach ihrem Tode ein entzückender Duft, als ob Alles voller Veilchen wäre, und derselbe Wohlgeruch entströmt auch den Kleidungsstücken, welche sie getragen und den Bettüchern, auf denen sie gelegen hat, als die Nonnen sie abnahmen und sie wuschen.

Das größte Wunder aber vollzieht sich an dem Geistlichen, der ihr in ihrem Leben und in ihrer Todesstunde beigestanden hat und an der Frau Aebtissin. Die Letztere hat immer kranke Nerven gehabt und dadurch ein schweres Zittern mit dem Kopfe bekommen. Der Beichtvater seiner Seits hat aber seit Jahren an völliger Appetitlosigkeit gelitten, und die hingegangene Schwester Louise hat oftmals gesagt, wie keines ihrer Leiden ihr so viel Kummer mache, als die Noth ihres Beichtigers, der nun seit beinahe zwei Jahren Nichts mehr genießen möge, so daß kein Mensch begreifen könne, wovon er noch lebe. Und alle Nonnen hatten mit ihm großes Mitleid gehabt und nicht gezweifelt, daß die Todte im Himmel für ihn beten werde. Als er nun an ihrem Grabe die neuntägigen Obsequien beendet hat, und er und alle Nonnen in das Kloster zurückkehren, bemerkt man, daß die fromme Mutter, die ihnen vorausschreitet, von ihrer Schwäche urplötzlich ganz und gar geheilt ist, und mit ruhig gehaltenem Kopfe vor ihnen einhergeht; und zu seiner größten Verwunderung wird der hochwürdige Herr an sich in demselben Augenblicke einen sehr gesunden Appetit gewahr, den er natürlich nur der Verwendung der hingegangenen gebenedeyten Schwester Lensse verdanken kann, und der ihn denn, wie Schwester Katharine von Saulx ausdrücklich es versichert, auch nicht mehr verlassen hat bis an sein selig Ende.

Neben dem anmuthigen und höchst rührenden Heiligenbilde, welches die klösterliche Schriftstellerin uns in dieser Lebensgeschichte ihrer Herrin entworfen hat, nehmen sich jene Aufzeichnungen der Schwester Jeanne de Jussie über die Anfänge der Reformation in der französischen Schweiz, in dem erwähnten „Le Levain du Calvanisme" sehr finster aus. Die Stimmung der vielfach von Angst und Gefahr bedrohten Klosterfrau ist immer trüb, ihr Herz wird mit jedem neuen Ereigniß fester aber auch härter, ihr Blick verengt sich mehr und mehr. Anfangs verfolgt sie das Umsichgreifen der Ketzerei noch mit dem Gedanken an das Unheil, das daraus der Menschheit und der katholischen Kirche erwachsen muß, später erregt nur noch das Schicksal ihres Klosters und ihrer Mitschwestern in demselben ihren Antheil; und die Ausrufe und Bemerkungen, mit welchen sie die Erzählung von den Unruhen in der Stadt und von den Uebergriffen der Behörden gegen ihr Kloster gelegentlich begleitet, werden je länger, je weltfremder, je zeitfremder. Aber wer Gelegenheit hat, das heutige Klosterleben zu beobachten, wer es z. B. in Rom kennen gelernt hat, wird in der wachsenden Beschränktheit der Nonne nur die nothwendige Folge ihrer Lebensstellung erkennen. Man wundert sich dann gar nicht mehr, wenn für Jeanne de Jussie Alles, was nicht in oder dicht vor den Mauern ihres Klosters geschieht, zu einem Weitabliegenden wird.

Als im Jahre achtzehnhundert neun und vierzig Garibaldi in Rom sein Hauptquartier in das Frauenkloster verlegte, welches die ganze eine Seite der Piazza di S. Sylvestro und den Raum eines großen Stadtviertels einnimmt, wanderten die Bewohnerinnen des Klosters: fünf Nonnen, mit fünf Kanarienvögeln und mit fünf widerstrebenden Katzen aus demselben aus, höchlich überrascht die Stadt in einer Aufregung zu finden, deren wahren Grund sie nicht verstanden. Und während wir selber im verwichenen Jahre noch in Rom waren, hatte ein Bekannter von uns, durch ein Zusammentreffen von Umständen Eintritt in eines der größten Frauenklöster erhalten, in welchem sonst der Besuch eines Mannes auch außerhalb des Gitters und unter der Aufsicht der Aebtissin nicht gestattet ist. Er fand sechszehn Nonnen, meist hoch betagte Frauen in dem Kloster vor, welche seit ihrer Aufnahme in das Haus die Mauern desselben nicht mehr verlassen, nie wieder ein weltliches Buch, nie eine Zeitung in die Hand bekommen hatten. Daß es vor Jahren einmal unruhig in Rom gewesen sei, weil Empörer gegen den

Papst in die Stadt gedrungen waren, das war Alles was sie von den Ereignissen der letzten fünf und zwanzig oder fünf und dreißig Jahre außer den päpstlichen Thronbesteigungen erfahren hatten. Unser Freund sagte, sie wären spukhaft anzusehen gewesen und hätten geheimnißvoll wie die Parzen dagestanden, als sie ihn auf das Dach ihres Hauses geleitet hatten, ihm eine Uebersicht über Rom zu bereiten, und er ihrer bei hellem Tageslicht und unter dem blauen Himmel ansichtig geworden wäre.

Spukhaft werden denn allmählich auch die Aufzeichnungen der Jeanne de Juissie; und sie durchzulesen muß man wirklich ein historisches Gewissen und eine Neigung für jene kleinen geschichtlichen Einzelheiten haben, aus welchen das Colorit einer Zeit sich zusammensetzt.

Dreiunddreißigster Brief.
Lord Byron und Bonivard am Genfersee.

Zwischen Territey und Veytaux, ein wenig höher als die Landstraße am See, liegt die Pension Röhring, die außer diesem Namen noch einen andern, und zwar einen historischen Namen trägt. „Hôtel Bonivard" ist auf einem zweiten Schilde zu lesen.

Als wir heute daran vorüberkamen, bemerkte ein junger Mann, der mit uns ging, Bonivard sei der Held von Byron's Gefangenem von Chillon; und weil dies der ziemlich allgemein verbreitete Touristen-Aberglaube ist, lohnt es immer der Mühe, ihn auch für Euch noch zu berichtigen, obschon dies längst geschehen ist.

Byron war im Jahr 1816 von England an den Genfersee gekommen, und lebte mit seinem Freunde Hobhouse in Clarens in einem an der Seeseite tief am Ufer gelegenen Hause, das wie viele dieser Landhäuser eine hübsche Gallerie vor den Zimmern hat. Das Zimmer, welches auf die Gallerie hinausführt, wurde von Byron bewohnt, und die sanfte Schönheit der friedlichen Natur, die er aus seinem Fenster übersah, übte auch auf ihn ihren vollen Zauber aus. Die Eindrücke, welche er hier empfing, klingen häufig und deutlich im Childe Harold wieder. Tage lang durchkreuzte er in Gesellschaft seines Freundes den See nach allen Richtungen, und so kamen sie auf der

Barke, die vor seinem Hause immer seiner warten mußte, eines Tages auch nach Chillon und ließen sich die Gewölbe zeigen.

Der Anblick dieser Hallen, der Gegensatz der kahlen grauen Wände und des trüben Lichtes in ihnen, mit der weiten freien lachenden Natur, die mächtigen Pfeiler des Erdgeschosses, welche noch die Spuren der eisernen Ringe zeigten, an denen man in früheren Zeiten die Gefangenen angekettet, wirkten mächtig auf des Dichters Phantasie, und schmolzen in seinem Geiste mit dem Schicksal Ugolino's und seiner Söhne zusammen, wie Dante es dargestellt hat. Während dessen erzählte der Cicerone den Freunden die Geschichte Bonivard's, welche mit der des Ugolino allerdings nicht die entfernteste Aehnlichkeit hat; aber die Scenerie, die ihn umgab, die Namen, welche von dem Führer an sein Ohr getragen wurden, und seine eigenen Erinnerungen und Vorstellungen fügten sich wie die einzelnen Theilchen in einem Kaleidoskop zusammen, und der Stern, der sich daraus in rascher Fügung in des Dichters Seele bildete, war „der Gefangene von Chillon" wie er als eine der schönsten Dichtungen Byron's vor uns liegt.

Als sie Chillon verließen war Byron ungewöhnlich heiter. Er ließ seine Barke nach Clarens zurückfahren und machte mit seinem Freunde den Heimweg zu Fuße. Wo er ein Kind ansichtig wurde, gab er ihm ein Geldstück. Es schien, als ob er nach dem Anblicke des Kerkers das Glück des freien Athmens in der Natur in erhöhtem Maße genieße. „Ich bin förmlich unter dem Zauber dieser Gegend, sagte er, meine Seele belebt sich neu mit ihrem Geiste, und nimmt ihre Gestalten in sich auf. Orte wie diese sind eigentlich zu Schade, um von den Menschen unter die Füße getreten zu werden, sie sind wie geschaffen, der Aufenthalt seliger Götter zu sein."

Die Folge dieses Besuches von Chillon waren die Entwürfe zu dem Gedichte, die er gleich an dem Abende niederschrieb. Ein paar Tage später fuhr er zu Wasser nach Lausanne. Als sie aber in Ouchy, dem Hafen von Lausanne landeten, war ein heftiges Unwetter losgebrochen. Man konnte nicht daran denken, in dem offenen Kahne zurück zu kehren. Byron sah sich genöthigt am Lande zu bleiben, und dort, im Gasthof zum Anker, brachte er den ganzen Gefangenen von Chillon zu Papier. Später erst entstand das Sonnett an Bonivard, das wirklich dem historischen Bonivard gewidmet, und auf dessen besonderes Schicksal begründet ist.

Dies Schicksal aber ist sehr eigenartig, und liefert in gewissem Sinne eine Art von Gegenstück zu dem Leben Byron's, denn wie dieser war Bonivard ein Edelmann aus altem Geschlechte, der mit den Ansichten seines Hauses und seiner Kaste, Anfangs wohl auch nur aus persönlicher Willkür und um persönlicher Ursachen willen, gebrochen hatte. Wie Byron war er Schriftsteller und Dichter, und wie dieser wurde er, von seinem persönlichen Unabhängigkeitssinne weiter und weiter fortgeführt, endlich dahin gebracht, für die allgemeine Freiheit einzutreten.

Franz von Bonivard war zu Ende des fünfzehnten Jahrhunderts in Savoyen zu Seissel geboren und hatte in Turin Philosophie und Jurisprudenz studiert. Noch sehr jung, kam er im Gefolge des Herzogs von Savoyen nach Genf und führte dort eine Zeit lang jenes üppige und weichliche Leben der Höflinge, welches, wie die Geschichtschreiber jener Tage klagten, so nachtheilig und entsittlichend auf die Genfer Bürgerschaft zurück wirkte. Von einem Onkel ererbte er während dieses Aufenthaltes in Genf das Priorat des kleinen Klosters von St. Viktor in einer der Vorstädte von Genf, und schon damals hatte er seine Bekanntschaft mit jenem Theil der freisinnigen Bürger gemacht, welche sich selbst als „les enfants de Genève" (die Kinder von Genf) gleichsam als „das junge Genf" bezeichneten. Sie waren sammt und sonders Feinde der savoyischen Herrschaft über Genf, Anhänger der religiösen Bewegung, welche in der katholischen Kirche bereits lange begonnen hatte, und die in Genf zahlreiche Anhänger zählte. Ein besonderer Christ, ein besonders frommer Geistlicher und ein Bote des Friedens muß aber jener Erbenkel Bonivard's auch nicht gewesen sein, denn so gut wie andere Edelleute und Bischöfe hatte er auf seine eigene Hand mit seinen Nachbaren in Fehde gelegen und Krieg geführt, und sogar sich für diesen nicht eben christlichen Zweck seine eigenen Feldschlangen gießen lassen. Als er dann zum Sterben und die Reue über ihn gekommen war, hatte er zwar seinem Neffen und Erben die Pflicht auferlegt, diese Kanonen in Kirchenglocken verwandeln zu lassen, indeß der junge Prior fand es nicht für nöthig dieser Anordnung zu folgen, und um seinen Genfer Freunden ein Zeichen seiner guten Gesinnung für sie zu geben, schenkte er die Kanonen dem Magistrate der Stadt — d. h. den Gegnern seines angebornen Herren, des Herzogs von Savoyen.

Was ihn eigentlich dazu bewogen, diesen Schritt zu thun, und ob er die Folgen berechnet hatte, welche diese Schenkung für ihn haben mußte, ist schwer zu sagen. Er war damals erst zwanzig Jahre alt und noch keineswegs ein unbedingter Anhänger jener Kinder von Genf, welche, wie schon erwähnt in der Kirche und im Staate nach Freiheit und nach Unabhängigkeit strebten. Er war ein Lebemann von feinen Umgangsformen, von gelehrten Studien und von großer Belesenheit. Er besaß die ganze humanistische Bildung der Renaissancezeit, er liebte die Poesie, machte selbst frühzeitig Gedichte, und obschon er auf der Universität für einen guten und schnell bereiten Degen gegolten hatte, war er ein Feind der Rohheit, des Kampfes, ja aller lärmenden Geselligkeit, und als geborner und geistiger Aristokrat durchaus nicht geneigt, seine Hand durch „Begrüßung mit jedem ungewaschenen Bruder zu beflecken." Er warf es vielmehr der Masse der Freiheitsfreunde vor, daß sie zwar nach Gerechtigkeit verlangten, aber nur so lange, als diese nicht wider sie gehandhabt werden sollte; daß sie unter Freiheit Nichts verständen, als die Möglichkeit, „ohne Gesetz, ohne Regel, ohne Kompaß nach ihren Gelüsten zu leben, und daß sie nicht einsähen, wie die Freiheit nicht darin bestehe, daß man thue was man wolle, sondern daß man thue was man solle!" Es mochte ein antikes Ideal von Freiheit vor seinem Geiste schweben, das ebenso durch die Tyrannei der Herzöge von Savoyen als durch die ungeregelten Freiheitsbestrebungen beleidigt ward, die er in Genf vor Augen hatte, und er wird wahrscheinlich zu der Zahl jener eigentlichen feinsinnigen und selbstherrlichen „Unzufriedenen" gehört haben, deren es zu allen Zeiten der Bewegung in den Reihen der alten Adelsge= schlechter gegeben, und bei deren Entwicklung oft eine zufällige Eingebung ihrer eigenen Willkür, für oder wider ihr Festhalten an der Sache der Freiheit ent= schieden hat. Für solche Naturen aber genügt es, wenn ein Anderer bezweifelt, daß sie dies oder jenes thun könnten, um es sie thun zu machen, und so ver= schiedenen Zeiten und Völkern sie angehören, haben, wie mich dünkt, Bonivard, Mirabeau und Lord Byron in ihren Charakteren und in ihrer Entwicklung eben darin etwas Gemeinsames — während Ullrich von Hutten, der deutsche Ritter, in seiner sich selbst völlig vergessenden Hingebung an die Wahrheit, an die Freiheit und an des Volkes Sache, allen Dreien als Charakter bei Weitem überlegen ist.

Wie dem nun sei, was Bonivard bewegen haben mochte, seine Feldschlangen der Genfer Bürgerschaft zu schenken, er hatte damit seine Würfel geworfen und er hielt von da ab treu zu Genf, obschon man es von des Her= zogs Seite nicht an Versuchen fehlen ließ, ihn den Gen= fern abwendig zu machen. Man sendete sogar einmal einen von Bonivard's Verwandten eigens von Turin aus an ihn ab, um ihn zu überreden, daß er, dem alle Ver= hältnisse der „Kinder von Genf" bekannt waren, sie und ihren Anhang, und wäre es mit Gewalt der Waffen, in des Herzogs Hände liefern sollte. Bonivard aber wies den Versucher mit einer der satyrischen Wendungen ab, deren man ihm viele nacherzählt. „Sagt dem Herzoge, gab er ihm zur Antwort, ich kenne den Degen und das Bre=

vier zu gleicher Zeit nicht handhaben!" — Das hinderte ihn indessen nicht, die Waffen zu führen und zu brauchen, wenn es ihm gut däuchte. — Denn als es später darauf ankam, die Befreiung eines „Enfant de Genève" zu erlangen, zwang Bonivard einen bei dem Bischofe wohlangeschriebenen Mönch, mit gezogenem Dolche dazu, das Begnadigungsdekret von dem Bischofe zu erwirken; und stolz über diese That kehrte der jugendliche Prior in sein Kloster zurück, wo er, wie er selbst sagte: „in dem tollen Uebermuthe der Jugend weder den Bischof noch den Herzog fürchtete, und wo Gott ihm nichts Uebles widerfahren ließ, weil seine Tollheit aus seiner Anhänglichkeit an einer gerechten Sache entsprang."

Es ist eine durchaus anziehende Gestalt, dieser junge humanistische Prior, der bald die Griechen, bald die Bibel zur Hand nimmt; der des Italienischen und des Deutschen mächtig ist, der dem Adel und den Bürgern, seinen Standesgenossen und seinen Parteigenossen, je nach seiner Stimmung und Ueberzeugung herbe Wahrheiten sagt, den heute Untersuchungen über den Ursprung der modernen Sprachen und morgen theologische Fragen, dann wieder Studien über die Entstehung der drei Stände beschäftigen, und der von den heitersten Scherzen plötzlich zu tiefsinnig poetischen Ergüssen übergeht. Indeß, weil er vor Allem immer danach strebte, sich selbst zu befriedigen, befriedigte er die andern nicht in gleichem Maße. Der Herzog von Savoyen hatte einen bittern Zorn gegen ihn gefaßt, die Genfer Kinder, die eine große Vorliebe für ihren excentrischen Parteigänger hegten, hatten doch noch kein Zutrauen zu ihm, welches jener Vorliebe gleich gewesen wäre, und als eines Tages Herzog Karl wieder einmal nach Genf kam, hielt Bonivard auf alle Fälle es für gerathen, einer Begegnung mit demselben auszuweichen. Er hatte sich aber, wie dies jungen und lebhaften Personen nur zu leicht begegnet, in der Wahl der Vertrauten getäuscht, mit deren Hülfe er seine Flucht zu bewerkstelligen dachte — und er sollte diesen Irrthum büßen.

„Ich wollte klüger sein als die Andern, sagte er, und wendete mich an Messire de Vaulruz, einen Waadtländischen Edelmann und an den Abbé von Montheron, der als mein Unterthan geboren war, und verlangte von ihnen mich in Mönchstracht auf schweizer Boden zu bringen." Die Flucht kam auch zu Stande, indeß als der treulose Edelmann den Prior auf seinen Gütern hatte, setzte er ihn nach einer Verabredung mit dem eben so treulosen Abbée, gefangen, und man nöthigte Bonivard, indem man ihm mit dem Tode drohte, auf sein Amt und dessen Einkünfte zu verzichten. Als man diese Akte in Händen hatte, thaten die beiden gegen ihn verbündeten Kriegsgesellen, was Bonivard von der Schwäche der Genfer Bürger befürchtet hatte: sie lieferten den Beraubten dem Herzog aus. Der Abbée erhielt dafür das Priorat von St. Viktor, Vaulruz eine ansehnliche Pension zur Belohnung, und Bonivard wurde zwei Jahre lang von dem Herzoge gefangen gehalten — wodurch seine Anhänglichkeit und seine Unterthanenliebe für das Haus Savoyen kaum gewachsen sein werden.

Endlich erhielt er auf Verwendung seiner Freunde seine Freiheit wieder und that nun Schritte auch in seine Rechte, d. h. in sein Priorat und in dessen Einkünfte, wieder eingesetzt zu werden. Sie mißlangen jedoch, bis nach der Erstürmung Rom's durch den Connetable von Bourbon — nach dem Sacco di Roma — die allgemeine in der Kirche herrschende Verwirrung ihm zu Hilfe zu kommen schien. Es hatten sich nämlich in Folge des Gerüchtes, daß in Rom kein Mensch, also auch der Papst nicht, am Leben geblieben sei, verschiedene Bischöfe in der Schweiz aus eigener Machtvollkommenheit die Pfründen angeeignet, nach denen sie Verlangen hegten, und obschon das Priorat von St. Viktor nach dem Tode Montheren's von dem Papste anderweit vergeben worden war, trug einer jener Bischöfe, der es mit Bonivard wohl meinte, kein Bedenken, den neuen Prior von St. Viktor zu Gunsten Bonivard's zu entfernen, diesen in sein Kloster zurück zu führen, und es ihm nun zu überlassen, wie er zu dem Besitz der Einkünfte desselben gelangen möge. — Das konnte denn freilich nur mit gewaffneter Hand geschehen, und Bonivard selbst erzählt in seinen Aufzeichnungen, wie er sechs Mann und einen Freiburger Kapitain gemiethet habe, wie er dazu noch einen aus Bern mit seinen Gesellen geflüchteten Schlächtermeister, dem die neue strenge Kirchenzucht der dortigen Reformirten nicht behagt, in seinen Sold genommen, und von dieser Truppe die Eroberung des Schlosses und der Güter erwartet habe, von denen das Kloster seine Einkünfte bezog. Aber der tragikomische Feldzug lief für Bonivard nicht glücklich aus; und es blieb ihm also Nichts mehr übrig, als der Stadt Genf das Klostergebäude zum Kaufe anzubieten. In Genf ging man auf den Vorschlag ein, indeß die Mittel der Stadt waren durch die unablässigen Unruhen in derselben so beschränkt, daß die Rente, welche man dem Prior für den Verkauf seines Klosters bewilligen konnte, nur sehr klein ausfiel. Sie kam für den an Lebensgenuß gewöhnten geistlichen Edelmann der Armuth gleich, und grade diese Armuth brachte ihn vielleicht dem Volke und den Bestrebungen derjenigen Berner Patrioten näher, welche die Reformation der Kirche auch über das Gebiet von Bern hinaus, zu betreiben begannen.

Bonivard's gewandte Feder und sein scharfes beredtes Wort waren ihnen dabei für Genf vom höchsten Nutzen, aber er schonte auch die Berner nicht, die sich seiner als Werkzeug zu bedienen wünschten. „Ihr wünscht die Kirche zu reformiren und Ihr seid selber mißgestaltet (difformes) schrieb er dem Rath in seiner sarkastischen Weise. Ihr beklagt Euch über die Sittenlosigkeit der Priester und seid selber sittenlos; Ihr haßt sie, nicht weil sie Euch zuwider, sondern weil sie Euch zu ähnlich sind; und wenn Ihr an die Stelle des Klerus Lehrer des Evangeliums gesetzt haben werdet, um dem Laster Schranken zu setzen, so wird das allerdings ein großes Glück sein, aber Ihr werdet diese frommen Männer, ehe zwei Jahre in's Land gehen, wieder fortjagen, weil sie Euch zu wenig gleich sein werden. Wollt Ihr bleiben wie Ihr seid, wollt Ihr unreformirt, formlos, (difformes) bleiben, so gönnt das den Andern ebenfalls — wollt Ihr reformiren, so beginnt zuerst mit Euch selber!"

Trotz dieser herben Ermahnungen an den Berner Rath, schickten die Genfer Bürger dennoch grade ihn mit einer Anzahl ihrer Angehörigen nach Bern um dort für sie zu unterhandeln. Auf ihrem Wege fanden sie an verschiedenen Orten Exkomunikationen gegen die Stadt Genf angeschlagen und dieselben machten Eindruck auf Bonivard's Gefährten. Er aber lachte ihrer. „Kümmert Euch, nicht darum! rief er ihnen zu. Ist Eure Sache schlecht, so seid Ihr von Gott selber ausgestoßen; ist sie gut und der Papst in Rom verdammt Euch dennoch, so wird Papst Berthold (Einer von den Berner Reformatoren) Euch die Absolution ertheilen!"

Solche Aeußerungen, in denen Bonivard seine Ansicht von den Dingen so scharf ausprägte, daß sie zu Stich- und Parteiworten werden konnten, nützten der Verbreitung der Reformation in Genf in hohem Grade, denn Nichts schneidet so tief und prägt sich bohrend so fest ein, als ein Wort, das Jedermann zur Hand hat; aber eben deshalb wuchs die Erbitterung des Hofes und des Klerus gegen ihn fortwährend, und weil seine Sarkasmen Niemand verschonten, hatte er auch in Genf seine Gegner, ohne daß er der Einen oder der Andern wesentlich zu achten schien. — Es ist mir, als ich diese Schilderung Bonivard's gelesen habe, unabläßig die Erinnerung an die schlagfertig satyrische Laune, an die stolze Sorglosigkeit unseres verstorbenen Freundes, des in der preußischen Revolution und in unsern späteren Verfassungskämpfen lebhaft betheiligten katholischen Geistlichen, des Kaplan von Berg gekommen. Und bei Bonivard wie bei dem Kaplan von Berg beruhte, so groß der Zeitraum ist, welcher sie und ihre Wirksamkeit von einander trennt, die achtlose Keckheit ihres Auftretens in derselben Wurzel: in dem früh in sie gepflanzten Bewußtsein der hohen Machtvollkommenheit des katholischen Geistlichen. Dies Bewußtsein, das bei Herrn von Berg durch sein Festhalten an der katholischen Kirche gesteigert ward, blieb als Sache der Gewohnheit, als Selbstvertrauen, auch in Bonivard lebendig, nachdem er lange schon in den Streit gegen die Herrschaft von Rom hineingezogen war, und auffallend genug, ich wiederhole es geflissentlich, er wendete sich gegen die Gewaltthaten der Fürsten und die Zuchtlosigkeit des Klerus, ohne deshalb noch eine volle unbedingte Hingebung an die Reformation oder ein unbedingtes Zutrauen für die Republik zu haben.

Auch in seinem Verhalten zwischen der Bürgerschaft von Genf und dem Herzoge von Savoyen macht sich dieselbe — soll man sagen Halbheit oder Unpartheilichkeit? geltend; und dabei zeigte er eine Art von Zutrauen nach beiden Seiten hin, das durch seine bisherigen Erfahrungen mindestens in Bezug auf den Herzog nicht berechtigt war. Seine Lage wurde dadurch nur verwickelter. Der Stadt Genf war an dem erworbenen Priorate Nichts gelegen, der Herzog von Savoyen aber sah jede, also auch diese Machtvergrößerung der Genfer mit scheelem Auge an, und nach Mittheilungen, welche Bonivard von beiden Seiten erhalten hatte, war in ihm der Gedanke rege geworden, den Handel mit Genf rückgängig zu machen und sein Priorat an den Herzog abzutreten, wenn dieser ihm eine größere Jahresrente dafür gewährleisten sollte. Dazu war Bonivard's Mutter in seiner Heimath auf den Tod erkrankt, hatte Verlangen nach dem Sohne, und dieser entschloß sich also endlich, von dem Herzoge einen Geleitsbrief in die Heimath zu begehren, obschon seine Genfer Freunde ihn davor warnten, dem Herzoge zu vertrauen.

Er erhielt denselben für einen Monat, den April, und er wurde ihm dann auch für den Maimonat verlängert, da er mit seinen Verhandlungen nicht weit gediehen war. Alle Briefe indessen, die er von Turin aus in seiner Vaterstadt Seyssel erhielt, sagten ihm nichts Gutes voraus, die Mutter, die Freunde zeigten sich besorgt, man drängte auf seine Entfernung, und er beschloß deßhalb, sich nach Freiburg zu begeben, wo er vor dem Herzoge in Sicherheit war. In seinen Angelegenheiten war damit jedoch noch Nichts gebessert, und er mußte auf eine andere Auskunft denken. „Ich machte mich nach Lausanne auf, erzählt er, wo der Bischof mich mit großem Festmahl aufnahm. Wir verhandelten darüber, daß ich mein Priorat gegen eine Pension von vierhundert Thalern jährlich überlassen könnte, wenn man daneben meine Schulden bezahlen wolle, und dies gethan, machte ich mich nach Mendon auf den Weg, wo ein Gerichtshof in den Angelegenheiten der Grafen von Gruyere versammelt war. Ich wünschte diesen Herren meine Sache an das Herz zu legen. Sie nahmen mich gut auf, ich aß mit dem Marechal zu Nacht und ging mit Bellegarde, dem Hofmeister der Herzogin, zur Ruh. Es war am Abende vor Himmelfahrt. Da man nicht Zeit hatte, sich mit meiner Sache zu beschäftigen, weil man die des Grafen auf dem Halse hatte, beschloß ich nach Lausanne zurückzukehren, und Bellegarde gab mir einen seiner Diener, mich zu Pferde zu begleiten.

Den nun folgenden Ueberfall habe ich bereits in meinem Briefe über Chillon mitgetheilt. „Damit fielen die Wackern Alle über mich, schreibt Bonivard, machten mich im Namen des Herzogs zum Gefangenen, und führten mich, obschon ich ihnen den Geleitsbrief vorwies, gebunden und geknebelt nach Chillon, wo ich ohne einen andern Beistand als den von Gott — meine zweite Passionszeit auszustehen hatte." Aus dieser zweiten Passionszeit, wie er selbst sie nennt, ward Bonivard, wie ich das auch bereits erzählt, erst befreit, als die Berner und die Genfer gemeinsam Chillon eroberten.

Man hatte, als damals der savoyensche Kommandant der Festung Chillon sich geflüchtet und sein Schiff verbrannt hatte, die Besorgniß gehegt, daß man die Gefangenen mitgenommen und sie auf solche Weise dem Untergange geweiht haben möchte, und als man in das Schloß eindrang, galt die erste Frage, galt der erste Anruf der Genfer — Bonivard!

Alles was man jemals in Genf gegen ihn einzuwenden gehabt hatte, war nun ganz vergessen, nur seiner guten Eigenschaften erinnerte man sich noch; und in dem protestantisch gewordenen Genf war ihm seine Zukunft als Gelehrter und als Bürger sicher. Er verheirathete sich, und zwar, da seine Frauen ihm schnell starben, zu vier verschiedenen Malen, aber er blieb in allen seinen Ehen kinderlos, und es war schließlich die Anhänglichkeit seiner Jugendgenossen, der Genfer Kinder, welche den Lebensabend des Sorglosen vor Noth beschützte, weil er „nicht verstand seine Angelegenheiten selbst zu führen!" Man sah darauf, als er zum letztenmale Wittwer geworden war, daß seine Leute ihn nicht plünderten, man bezahlte seine Schulden und zog Schulden für ihn ein, und als er einmal ernstlich erkrankt war, ließ der Rath ihn aus seinem Hause, in welchem er von der Hitze zu leiden habe, nach einem Saal des Rathhauses bringen und ihn dort bis zu seiner völligen Genesung verpflegen. Die ehemaligen Genfer Kinder hielten ihn zuletzt an Kindesstatt.

Die Schriften Bonivard's, von denen mir hier nur hie und da spärliche Bruchstücke zugekommen sind, müssen die Mühe des Lesens reichlich lohnen. Die Gedanken sind originell, die Ausdrucksweise immer schlagend, und gegen Alles, was er angreift, ist er unerbittlich. Ein paar Verse, die mir eben zur Hand sind, schreibe ich hieher. Die ersten sind, bald nach seine Gefangenschaft, gegen Karl den Dritten von Savoyen gerichtet:

>   Si devant lui cause juste has,
>   Alors je ne t'assure pas;
>   Mais n'est elle juste n'honneste
>   Point ne te fault rompre la teste,
>   Ainsi dormir et te tenir coy
>   Car assez veillera pour toy.
>   Mais garde qu'il ne s'aperçoive
>   Que cognoisses qu'il te déçoive.
>   Car en prison faudra courir,
>   Au moins, s'il ne te fait mourir.
>   Car il tient les bons en prison
>   Et les méchantz en sa maison,
>   Pour lui servir en son festin.
>   Vêtus de velour et satin
>   — — — — — — — — — —
>   A corps de lièvre et d'asne teste
>   Celui qui fort me moleste
>   Doulx aux fiers, fier aux doulx se montre
>   Celui qui d'ame et corps est monstre.

Er schont übrigens den Adel seiner Zeit ebensowenig als die Fürsten. „Ich kenne nur einen Adel, sagt er, den der Seele. Was man Adel in der Welt nennt, ist oft das strikte Gegentheil desselben. Es sind Tyrannen, Elende, Schwachköpfe und Ehrlose. Was wissen denn diejenigen, die nicht Menschen sondern Götter zu sein glauben, und sich erhabene Titel beilegen lassen? Was verstehen sie, als tausend neue Abgaben und Auflagen zu erdenken bis hinunter auf einen Kohlkopf, auf eine Zwiebel und auf ein Ei? — Es ist nicht umsonst, daß sie wilde Thiere und Raubvögel in ihrem Wappen tragen, denn sie sind die schlimmsten aller Raubvögel. Und wenn sie das Rauben noch allein betrieben! Aber Falken, Geier, Sperber und all das kleine Gethier, das sie sonst nicht für ihres Gleichen anerkennen, hat auch freies Rauben neben ihnen, weil sie selber Diebe sind; und es wird nicht anders werden, wenn in dem Herrscher nicht wie in der göttlichen Dreieinigkeit, Weisheit, Macht und Güte zusammenkommen."

> Quand seront heureuses provinces
> Royaumes, villes et villages?
> Quand on fera sage les princes
> Ou, qu'est plus court, princes les sages.

Eine ähnliche politische Poesie ist Bonivard's Uebersetzung aus Thomas Morus:

> Que vaut mieux à une province
> Etre sons plusieurs ou un prince?
> Si l'un, ni l'autre, rien ne vaut.
> Aymer l'un ni l'autre ne faut.
> Si tous deux sont bons, au plurier
> Ha plus de bien qu'au singulier . . .
> Et si vien jamais en pouvoir
> De sénateurs ou roy pourveoir

>Je dis que toy — mesme es roy;
>Garde donc le regne pour toy
>Et ty gouvernes sagement,
>Afin de regner longuement.

So fest wie gegen die Gewaltthätigkeit der Menarchien und des Adels spricht er sich dann wieder gelegentlich auch gegen die Mehrherrschaft aus. „Ich weiß nicht, meint er, wie man der Vielherrschaft ihren Schwanz, die Anarchie, abschneiden soll. Sie ist eine schlimmere Korruption als jede andere, denn wo Anarchie herrscht, hat der Einfall eines jeden Gesetzes Kraft," — und nachdem er die weltliche Macht kritisirt, wendet er sich zur geistlichen Macht, kommt auf Luther, auf den Kommunismus der Wiedertäufer zu sprechen, und immer mit derselben Schärfe. Kurz, ich habe in jedem Betrachte bedauert, die Werke und namentlich die Memoiren Benivard's nicht vollständig kennen gelernt zu haben, denn er ist sicherlich eine der originellsten Figuren jener Zeiten und jenes alten Genf — und nebenher in seiner Halbheit schon eine ganze moderne Gestalt — für einen Romandichter wie geschaffen zur Benutzung.

Vierunddreißigster Brief.

Genf, im Juni 1868.

Von Tag zu Tag hatten wir unsere Abreise von Montreux verschoben. Das Wetter war gar zu schön, der See in diesem heißen Frühling gar zu fesselnd. Noch ein paar solch herrliche Morgen und Abende hatten wir genießen wollen, noch einmal den Vollmond über dem See erglänzen, noch einmal die Sonne hinter der Dent du Midi emporkommen und hinter dem Jura verschwinden, noch einmal die Möwen auf dem blauen Wasser sich schaukeln sehen wollen. So ging Tag um Tag, so ging uns Woche um Woche hin.

Vorgestern Abend waren wir nach Clarens hinabgeschlendert, und saßen träumend auf der Landungsbrücke des Dampfschiffes, als die Helvetia herankam, um nach Villeneuve hinaufzufahren. Wir konnten dem Wunsche nicht widerstehen, die reizenden Ufer noch vor dem Scheiden mit schnellem Blick zu überfliegen; und von den Rädern des Schiffes fortgetragen, wiederholten wir in einem letzten Schauen die oft genossene Lust. In Villeneuve stiegen wir an's Land, gingen unter dem Schatten der Nußbäume, an den duftigen geheuten Wiesen, an all den mit Rosen überwucherten Mauern den See entlang, und hörten wieder die Wasser aus dem Thale der sieben Quellen durch die Rasenplätze der Pension printanière hernieberrauschen. Schloß Chillon gegenüber saßen wir zum Abschied im dämmernden Abende auf dem umbüschten Steingeröll, und als die Nacht kam, sahen wir von unserer Terrasse den Sternen zu, wie sie uns hinter den Bergen von Savoyen verschwanden. — Am folgenden Mittage ging es fort. Gegen den Abend empfingen unsere Freunde uns am Hafen von Genf — und unser sanftes Landleben am See war nun zu Ende.

Genf kam uns nach dem stillen Montreux so geräuschvoll vor, als wären wir plötzlich nach Paris versetzt worden; aber es bewährte den früheren Reiz für uns, und da Nichts uns zum Fortgehen drängt, und wir durch die Vorsorge unseres Freundes Vogt in dem vortrefflich gehaltenen Hôtel garni de la Poste ein schönes großes Balkonzimmer vorgefunden haben, so werden wir noch eine Weile hier bleiben, um noch ein paar Wochen mit unsern Freunden zusammen zu sein, und die fernere Umgebung der Stadt kennen zu lernen, in die wir im vorigen Jahre nicht hinausgekommen sind.

Bald nach unserer Ankunft in Genf sind wir denn auch zu dem trefflichen alten Hornung hinaufgegangen, und einen Punkt, der mehr für einen Architekturmaler geeignet wäre, als die Ecke hinter der Kathedrale, in welcher das Haus unseres alten Freundes gelegen ist, kann man schwerlich finden. Schon die ganze Rue de la Taconnerie ist äußerst malerisch; tritt man dann aber von dieser Seite vor die Kathedrale hin, so hat man das schöne Rundfenster der Kapelle vor sich, und befindet sich unter dem Schatten prachtvoller, alter Bäume, deren Aeste fast bis in die Fenster des dunkeln grauen Steinbaues hineinreichen, in welchem der Maler Hornung nun seit mehr als fünfzig Jahren wohnt. Das Haus liegt in der Rue des Philosophes und führt den Namen der Ancienne Bourse française, weil es einst ein auf Kosten französischer Wohlthäter (aus französischem Beutel) gegründetes Krankenhaus gewesen ist. Jetzt freilich würde Niemand daran denken, in so kleine niedrige Stuben Kranke unterzubringen, aber der herrliche Greis, der sie mit seiner schönen Tochter bewohnt, sehen Beide auch wie Bilder der Gesundheit aus, und die ganze Wohnung ist an und für sich eine Merkwürdigkeit. Eine schmale tief ausgetretene Steintreppe, ein enger ganz dunkler Gang führen in die heerdlose Küche, in welcher auf Steinen am Boden die Flamme unter dem Schornstein brennt. Durch die von Bäumen verschatteten Fenster des niedrigen Stübchens fällt das Licht nur gebrochen und in flimmerndem Spiele hinein. Kein Sopha, kein Stück modischen Hausraths ist in der ganzen Wohnung zu finden. Herr Hornung übernahm vor mehr als fünfzig Jahren die Wohnung mit ihrem ganzen Hausrath von ein paar alten Leuten, und wie sie es ihm übergeben haben, steht noch Alles heute da. Nur die Bücherborde an den Wänden mögen neuern Ursprungs sein. Ein paar Tische, einige Stühle und ein Lehnsessel, den seine Kinder dem Greise endlich aufgedrängt haben, das ist Alles; aber könnte man irgend wo mit Fug und Recht die Worte anwenden: „in dieser Armuth welche Fülle!" so ist es hier; und dabei ist dies kleine Stübchen so voll poetischem Zauber, daß Töpfer, der Genfer Novellist, das Zimmer seines Jules danach geschildert hat.

Mit seiner noch immer tönenden Stimme, mit seiner warmen Herzlichkeit rief Hornung uns seinen Willkomm entgegen. Wir mußten seine Bücher, wir mußten sein Atelier sehen. Es waren ein paar nicht ganz fertig gewordene Bilder darin noch auf den Staffeleien. Ein Schwindelanfall, den er vor Jahr und Tag nach der Arbeit bekommen, hat ihn bestimmt, auf das Arbeiten mit freiem Entschlusse und aus richtigem Selbsterhaltungstriebe fortan zu verzichten. Aber wir sahen bei ihm das Bild seiner verstorbenen Frau, einen schönen röthlich blenden Matronenkopf, und wirklich ein Meisterwerk. Er wollte uns gar nicht mehr von sich lassen. „Ich werde ein Egoist, rief er, und man muß im Alter egoistisch werden, wie man geizig werden muß, wenn man bei seinem letzten Thaler angelangt ist. Was ich genießen soll, muß ich mir sicher nehmen; ich lege also gleich Beschlag auf Sie Beide. Das Wetter ist schön, morgen um zehn Uhr hole ich Sie mit einem Wagen ab, und zeige Ihnen hier ganz in der Nähe von Genf einen Ort, an dem Sie in völliger Windstille sitzen sollen, wie in Ihrem Montreux. Für morgen gehören Sie mir und ich fahre Sie nach Morner hinauf."

Diese Fahrt nach Morner ist denn in des guten Herrn Hornung's Gesellschaft sehr erfreulich gewesen. Morner liegt am nördlichen Abhange des kleinen Salève, dessen Höhen den Flecken vor der Bise schützen, so daß der Ort von Kranken vielfach zum Sommeraufenthalt gewählt wird. Es fehlt also in demselben natürlich nicht an Pensionen, die jetzt, wo zu der reizenden Lage sich noch die ganze Pracht der Blüthen= und Blumenzeit gesellt, wirklich unge=

mein verlockend aussehen. Steigt man ein Wenig über Morner auf dem Wege nach Monetier hinauf, so wird man auf der breiten Poststraße plötzlich von dem scharfen aber belebenden Strome der Bergluft erfaßt, und man genießt dann einer weiten und sehr lieblichen Aussicht über ein Stück des Savoyen'schen Landes, denn Morner liegt schon in Savoyen.

Seitdem haben wir nun noch zwei schöne Ausflüge nach dem südlichen Seeufer gemacht, den Einen derselben in beträchtlicher Gesellschaft. Etwa siebenzig Mitglieder des Institut von Genf hatten nämlich eine gemeinsame Fahrt nach Thonon verabredet, und Professor Vogt hatte uns vorgeschlagen, die Fahrt auf dem Dampfschiffe la Flèche mitzumachen und an der Mahlzeit der Gesellschaft Theil zu nehmen. Es war an einem Sonntage, und — wie in diesem Jahre immer — ein heißes klares Wetter; aber das gute Wetter war eine größere Annehmlichkeit als der Sonntag, denn da Jeder, der es kann, sich an solch schönem Sonntage ein Vergnügen machen will, und die einander überbietenden Dampfschiffgesellschaften die Fahrten billig machen, war das Schiff schon am Morgen so voll von Passagieren gewesen, daß man froh sein mußte, einen Platz zu finden. Flüchtig, wie die Ufer an uns vorüberzogen, lernten wir an dem Tage durch die Güte unseres Freundes auch eine Menge von bedeutenden Personen kennen, Gelehrte, Industrielle, Kunstfreunde, in buntem Gemisch; und daneben blieb das Auge doch immer an dem schönen Lande haften, dessen südlicher Charakter schon aus der Ferne sich bemerkbar machte. Vogt, der in seinem Adoptiv-Vaterlande sehr zu Hause ist, wußte uns die Ortschaften durch den Hinweis auf ihre Vergangenheit und auf ihren jetzigen Zustand zu beleben. Da war ein Ort, dessen früherer Besitzer als der savoyensche Götz von Berlichingen bezeichnet werden konnte; da lag das ganz alterthümliche Yvoire, dessen massiges epheuumranktes Schloß mir plötzlich schottische Erinnerungen wach rief; weiterhin dehnte sich auf einer Landzunge der schönste Kastanienwald aus, den ich in diesen Gegenden gesehen, und es war noch früh am Vormittage, als wir an der Landungsbrücke von Thonon anlegten.

Thonon liegt hoch über dem See. Der Weg hinauf, der zum Theil von großen Bäumen beschattet wird, ist steil genug für den täglichen Verkehr, doch lohnt es der Mühe ihn zu ersteigen, denn die Terrasse, auf welcher die Stadt sich erhebt, hat an Schönheit nur an der Promenade von Montbenon in Lausanne oder an der weithinschauenden Terrasse von Arriccia im Albaner Gebirge eine Nebenbuhlerin. Thonon selbst ist die alte Hauptstadt des Chablais und war zeitweise die Residenz der Herzöge von Savoyen. Das alte Thonon muß jedoch abgebrannt oder vielleicht gleichzeitig mit dem herzoglichen Schlosse in den dreißiger Jahren des sechszehnten Jahrhunderts von den Bernern zerstört worden sein, denn die jetzige obere Stadt sieht neu aus, hat hellgetünchte Häuser, wohlgewässerte Straßen, und an dem Sonntage, an dem wir in Thonon gewesen sind, prangten die Kathedrale und alle anderen Gebäude, zu Ehren einer Firmelung oder sonst eines kirchlichen Festes im buntesten Putze. Fahnen, Guirlanden, Heiligenbilder vor allen Häusern, wohlgekleidete Leute, geschmückte Kinder auf den Straßen, und eine fröhlich umherspazirende Menge unter den Bäumen, welche in schönen Reihen die ganze Terrasse beschatten. Es war ein Genuß aus dem kühlen, vom Hauche des Wassers erfrischten Blätterdache hinab zu sehen auf den funkelnden See, und hinüber nach Nyon, und über Nyon hinweg die Jurahöhe hinauf, wo die alte Straße nach Paris sich über St. Sergue hinwegzieht; und dann wieder dorthin zu blicken, wo links Lausanne emporsteigt, wo sich rechts die weiten Vorsprünge des Savoyerlandes tief in den See hineinziehen, und wo im Hintergrunde die Dent du Midi, die uns das Jahr hindurch wie ein guter Lebensgenosse lieb geworden ist, ihre schönen schneeigen Gipfel der Sonne entgegen streckt, als wollte sie trotzend sagen: Scheine und brenne Du nur darauf los! meinem weißen Haupte thut das Nichts. Der Schnee hier oben hält aus auch gegen Deine stärkste Gluth! — Dazu huschten in den dichten Laubkronen die Vögel, in der schattigen Wärme wohlig von Ast zu Ast, und die lichtdurstigen Eidechsen schossen aus allen Ritzen der Steinwände hervor und sonnten sich auf den breiten Einfassungen der Terrasse. Man hätte gar nicht fort mögen von dem Platze, hätte nicht ein Gang nach den Ueberresten einer alten Kirche auf dem Programm des Tages gestanden.

Diese Kirche gehörte zu dem ehemaligen Kloster Ripaille, das einst von einem Savoyenschen Herzoge, von Victor Amadeus dem Achten, gegründet worden ist. Das Baseler Koncil hatte ihn zum Papste erwählt und er hatte sich unter dem Namen Felix der Fünfte, die Tiara auf das Haupt gesetzt. Aber die Last derselben muß ihm zu schwer geworden sein, denn er legte sie nach wenig Jahren nieder und kehrte in sein Vaterland zurück, wo er sich den klösterlichen Ruhesitz errichtete, dessen weite Umfangmauern noch auf die einstige Bedeutung des Klosters schließen lassen.

Einer der gelehrten Herren vom Institut de Genève hatte sich mit Untersuchungen über den Begründer des Klosters und über die Architektur der Gebäude beschäftigt, und es sollte von ihm in der ehemaligen Klosterkirche ein Vortrag gehalten werden. Die Herren meinten, es sei ein Viertelstündchen von Thonen bis Rivaille, der Weg sei schön und schattig, man redete also auch Stahr und uns beiden Frauen zu, die gelehrte Gesellschaft zu begleiten. Stahr aber, der immer an dem Grundsatz festhält, daß das Bessere der Feind des Guten sei, und was noch vernünftiger ist, der auch immer nach diesem Grundsatze zu handeln pflegte, erklärte: „hier auf der Terrasse von Thonen sei es schön, und hier werde er bleiben!" Ich hatte jedoch ein Reisegewissen, ich dachte, man könne sich ja immer unterrichten; was Anderen nicht zu viel sei, würde ich ja auch wohl vermögen; und dann sagte ich mir wie Wagner im Faust: „mit Euch, Herr Doktor, zu spazieren, ist ehrenvoll und ist Gewinn!" Kurz, ich beschloß mit zu gehen, meine Freundin that dasselbe, und wir gingen.

Aber wie es in den Kindermährchen heißt: „wir gingen und gingen!" Zuerst gingen wir durch die uns einigermaßen schützenden Häuser und Mauerreihen des Ortes, dann in das Freie hinaus, an Gemüsegärten, an Weinbergen entlang, auf- und niedersteigend, länger als drei Viertelstunden immerfort. — Von einem Baume, von Schatten keine Spur. Und dabei eine wahrhaft afrikanische Hitze! Ich glaube, die Herren, welche von dem schattigen Wege berichtet, müssen einmal im Winter oder nach Sonnenuntergang in Ripaille gewesen sein, denn troz der Herrlichkeit der Gegend, war dieser Gang eine wahrhafte Tortur. Dafür war aber auch in der berühmten Klosterkirche so gut wie Nichts zu sehen. Sie ist in ihrer halben Höhe mit einem Dielenboden abgeschlagen, und gegenwärtig das Strohmagazin des Gutes, das einem Herren Dupas gehört. Hie und da sieht man an den Pfeilern noch ein Stück Marmor sitzen, auch eine Bischofsmütze kam als früherer Zierrath vor. Die wißbegierigsten Herren kletterten auf dem oberen Strohmagazine umher, wir Frauen und eine andere Anzahl der Institutsmitglieder steckten zu ebener Erde im Stroh. Einer der Herren hielt einen kurzen sachlichen Vortrag über das Leben, das der entthronte Papst hier in Ripaille geführt hatte, und wir schieden dann nach der kleinen Vorlesung wenigstens mit der beruhigenden Gewißheit von der Kirche, daß der Erpapst und seine Mönche es hienieden in dem bezaubernden Jammerthal am Genfersee sehr gut gehabt haben, ehe sie zu den paradiesischen Freuden des Jenseits hinübergegangen sind. Wein und Oel und Korn sind ihnen in die Hand gewachsen, der See hat ihnen seine köstlichen Fische geliefert, an kräftigem Rindvieh, an Geflügel ist im Lande auch heute noch kein Mangel, und die geistlichen Herren haben denn auch in Ripaille eine so vortreffliche Tafel geführt, daß der Ausdruck „faire ripaille" gleichbedeutend mit „herrlich und in Freuden leben" geworden ist.

Zu unserm Heile bewies das alte Haus sich auch uns

Nachgebornen gastfrei. Herr Dupas, ein großer robuster Mann, der gut aussah, recht wie man sich den Gutsherren denkt, hatte die Männer in seinen Baumgarten eingeladen. Er ging ihnen vorauf und Körbe voll Flaschen, und immer neue Körbe voll Flaschen, folgten ihm nach — und kamen nicht wieder zurück.

Wir beiden Frauen saßen unterdessen auf einer Holzbank neben dem alten Eingange des Klosters, im Baumesschatten, und wie müden Pilgerinnen trug die Haushälterin auch uns unser Theil an Brod und Wein und Käse zu. Um uns her das fröhliche Leben eines großen Wirthschaftshofes. Schöne Hühner, kollernde Kalkutten, ein glänzender Pfauhahn, stolzierten an uns vorüber. Alte und junge Hunde, ein paar schlanke Katzen, spielten vor unsern Füßen. Einzelne Arbeiter und Arbeiterinnen kamen mit Botschaften — man hätte nur gleich dableiben mögen in dem Stillleben. Die großen hohen Zimmer, in die wir hineinsehen konnten, und in denen die ehemaligen Zellen unverkennbar waren, versprachen bei der Hitze eine wünschenswerthe Kühlung, und die Wipfel aus dem Baumgarten sahen fächelnd und freundlich zu uns hinüber. Aber wir mußten fort — und eine solche Hitze, wie auf diesem Rückwege, habe ich, außer einmal vor Jahren in Gragnano bei Pompeji, nie erlebt. Die Gluth, welche von dem Boden gegen unsere Köpfe ausstrahlte, war so stark, als stünde man an einem Glühofen; dabei war die Luft so trocken, daß man selber trocken blieb, was die Qual der Hitze noch vermehrte. Und wenn die größten Herrlichkeiten in Miraille zu sehen wären, möchte ich den Weg in solcher Hitze nicht zum zweiten Male dorthin machen.

Die großen Stuben, der weite Eßsaal in dem Gasthofe von Thonon, das reichliche Mittagbrod, und die heitere Gesellschaft, mit ihrem von edler Menschlichkeit belebten Geiste, ließen uns indessen die gehabte Ermüdung bald vergessen, und am Nachmittage war der Weg von der Stadt hinunter nach dem See außerordentlich schön. Ein kleiner Platz, an welchem riesige Bäume eine murmelnde wohleingefaßte Quelle überschatten, wird mir immer als besonders lieblich im Gedächtniß bleiben.

Etwa um vier Uhr bestiegen wir das kleine Dampfschiff wieder, auf dem der Sonntag sich nun am Abende noch schlimmer bemerklich machte als am Morgen. Denn das Schiff war schon, als die große Gesellschaft der Instituts-Mitglieder von Thonon an Bord kam, gepfropft voll Menschen; bei jedem Halteplatze strömten neue, und je näher an Genf um so größere Menschenzüge herbei, und schließlich war das sehr kleine schmale Schiff so furchtbar überladen, daß ich, als ebenein noch ein tüchtiger Regen niederzufallen begann, recht sehr froh war, wie wir an dem englischen Garten von Genf wieder festen Boden unter den Füßen hatten, und uns mit unsern Schirmen gegen den Regen schützen konnten, was auf dem Schiffe schwer gewesen war.

Wir waren wirklich an dem Tage „durch Feuer und Wasser gegangen", wie es aber mit allem Rückerinnern glücklicher Weise geht, bleiben am Ende doch die guten Eindrücke überwiegend, und ich habe von dem savoyenschen Seeufer, von Thonon, von der Terrasse, von dem Klosterhofe und von dem festlichen Gelage, so freundliche Bilder in dem Gedächtniß behalten, daß ich sie mit Vergnügen immer wieder vor mir auftauchen fühle. Auf dem Rückwege, während des Regens, erzählte mir ein Genfer Edelmann, der auch Mitglied des Institutes ist, als wir an einem hoch auf den Voirons gelegenen und zerstörten Kloster vorüber fuhren, die Geschichte des General Odet, die mit diesem Kloster zusammenhängt.

Man hatte den jungen Odet, da er ein jüngerer Sohn und seine Familie wenig begütert war, gezwungen sich dem geistlichen Stande zu weihen, und er war sehr wider seinen Willen in das Barnabiter Kloster auf den Voirons eingetreten. Aber der weite Blick in das Land, dessen er von diesen Höhen theilhaftig ward, regte seine Sehnsucht, die Welt zu sehen und im Getreibe der Menschen zu leben, immer lebhafter an, je länger er in dem Kloster verweilte, und als alle seine Versuche sich von seinen Gelübden zu befreien, ihm fehlgeschlagen waren, schleuderte er in einer Nacht den Feuerbrand in das Kloster, und entfloh, während die Flammen seiner Zwingburg zum Himmel emporloderten. Wohin er sich gewendet, welches seine Irrfahrten und Erlebnisse gewesen, habe ich nicht genau erfahren; nur daß er schließlich nach Rußland gegangen, in das Heer eingetreten, und später einmal als einer der ausgezeichnetsten russischen Generale in die Schweiz zurückgekehrt sei, wußte man mir zu sagen.

Nachdem haben wir nun das Kloster selber in der Nähe gesehen. Wir hatten, weil das Savoyerland uns so sehr gefallen, alle die Tage her eine weitere Fahrt in das Land beabsichtigt, und Professor Vogt und seine Frau hatten uns das erfreuliche Anerbieten gemacht, den Ausflug mit uns zusammen zu unternehmen. Es war lange

berathen werden, ob nach Evian les bains, ob nach dem
See von Annecy, oder hinauf nach den Voirons gefahren
werden solle, und endlich hatten unsere Freunde uns ge=
rathen, nach den Voirons zu gehen, um, ehe wir die
Schweiz verließen, noch einmal den Blick auf einem
der großen Alpenpanoramen ruhen zu lassen.

So holten sie uns denn an einem der letzten Morgen
aus unserm Gasthofe ab. Wir hatten einen kleinen sechs=
sitzigen Omnibus für den Preis von fünfzig Franken auf
zwei Tage gemiethet, und das luftige Fuhrwerk war eine
Wohlthat bei der sich immer gleichbleibenden außerordent=
lichen Hitze. Der Weg nach den Voirons geht durch die
Rue basses über Chêne eine Strecke am Fuße der Sa=
lèves hin, deren Form und Gestalt Murray in seinem
Handbuch sehr richtig, mit den bei Edinburg aus der
Ebene emporsteigenden Salisbury Craggs vergleicht. Dicht
hinter Chêne überschreitet man die französische Grenze, ohne
an derselben angehalten zu werden, und nur an der ge=
ringeren Reinlichkeit der Dörfer und der Menschen wird
man es gewahr, daß man die Schweiz verlassen hat. Es
wird übrigens selbst von den Personen, welche keine
Freunde der jetzigen französischen Regierung sind, auf das
Bestimmteste behauptet, daß die Zustände in Savoyen seit
der Vereinigung mit Frankreich sich in jeder Beziehung
wesentlich gehoben hätten, und sogar die immer noch man=
gelhafte Reinlichkeit soll sich unter der Herrschaft der
Franzosen gebessert haben; obschon man im Innern
Frankreichs auf dem Lande von dieser Tugend sonst nicht
viel bemerkt.

Der ganze Weg, den man zurückzulegen hat, ist

reizend, das Land sehr wohl angebaut. Die Reben werden wie in Italien an den Bäumen emporgezogen, der Mais, das Getreide, Alles stand in üppigstem Gedeihen. Etwa fünf Viertel Stunden von Genf kommt man an Schloß Juſſy vorüber. Es liegt auf einer kleinen Höhe und gehörte zu Anfang des fünfzehnten Jahrhunderts, als die Clariſſen-Nonne, Schweſter Jeanne von Juſſy in dem Kloſter ihre Memoiren ſchrieb, noch den ſavoyenſchen Biſchöfen von Genf. Auch jener tückiſche Biſchof Johann von Savoyen, der Berthelier enthaupten ließ, hat es ſeiner Zeit inne gehabt. Der Kern des Baues iſt wie überall ein feſtes Haus mit dem ſchweren landesüblichen Dache. Hier aber ſind an den Ecken der Dachfirſte vier Rundthürmchen mit luſtiger Willkür in die Höhe geſchoben, und unten an dem Haupthauſe vier Pavillons angebaut, deren Dächer wie das des Haupthauſes hoch und ſchwer ſind. So iſt denn ein wunderſames Ganze entſtanden, das allen Regeln der Kunſt Hohn zu ſprechen ſcheint, das aber mit ſeiner regelmäßigen Unregelmäßigkeit ſich inmitten des waldigen Gartens ſehr gut ausnimmt und weithin ſichtbar iſt.

Von Bon, wo wir unſern Mittag hatten, ſteigt der Weg in ſtarker Hebung und mit ſcharfen Wendungen hinauf. Unſer Freund hatte den Wagen verlaſſen und weil trotz der großen Hitze die Luft hier oben ſchon erfriſchend wurde, ſtieg ich ebenfalls aus. Wie wir nun ſo eine Strecke neben einander hergingen, bald auf grünen Abhängen, von denen bei jedem Schritte ein würziger Duft emporquoll, dann durch den kühlen Schatten eines Tannenwäldchens, dann an ſumpfigem Boden hin, aus welchem große Maſſen von weißen fleckigen Blüthen entwortwuchſen, kam, während wir

heiter plauderten, innerlich eine unaussprechliche Wehmuth
über mich. Es that mir leid, daß ich in meiner Jugend
nie gewußt habe, was das Leben im Freien, was das
Wandern in schöner Gegend, das Zureisen auf den Bergen
für eine Wonne ist. Es kam mir vor, als sei mir ein Theil
meines Daseins damit verloren gegangen, als hätte ich da=
durch ein großes Glück entbehrt, und ich hätte nachholen,
hätte wieder jung sein, aufs Neue mein Leben beginnen
mögen. Indeß des Steigens ungewohnt, mußte ich auf
die Lust bald genug verzichten, während unser Freund, die
Richtwege einschlagend, rüstig vorwärts schritt, und früher
als wir auf dem Gipfel der Voirons anlangte, wo ein
guter Gasthof, er wird von einem Herrn Gaillard aus Genf
gehalten, uns ein angenehmes Unterkommen bot.

Den ganzen Tag streiften wir auf der Höhe herum.
Wir gingen nach den Ruinen des alten Klosters, in denen
jetzt eine Dame aus Bon oder Boëche, zur Erfüllung
eines in ihrer Krankheit gethanen Gelübdes eine neue
Kapelle hat erbauen lassen; dann stiegen wir zu der höchsten
Spitze des Berges hinauf, auf welcher eine Art von höl=
zernem Belvedere errichtet ist. Die Wege sind ganz eben
und überall, von allen Seiten, sowohl nach dem See hin
als in das Land hinein, ist die Aussicht weit und schön.
Aber obschon der Himmel hell war, blieb die Alpenkette
des Montblanc uns ganz verschleiert, und nur seine äußerste
Spitze sah in mattem Glanze aus dem unbewegten Wolken=
meer hervor. Erst gegen den Abend hin kam Leben in
das Gewölk. Hier zog eine breite Wolkenwand zur Rechten
hin, dort ballten sich kugelige Wolkenmassen zusammen
und sanken in die Tiefe der Thäler hinab. Daneben stieg

eine leichtere Wolkenschicht in die Höhe, sich zertheilend, sich verflüchtigend, und in diesem Schweben und Weben des grau-weißen Gewölks wurden mehr und mehr die festen Linien des Gebirges sichtbar, tauchten da und dort die zackigen, riesigen Spitzen hervor, fingen die Farben, wie fern und leise anklingende Töne, sich bemerkbar zu machen an, und wurden dunkler und dunkler, bis plötzlich die letzten Schleier sich erhoben, und in aller ihrer Herrlichkeit die ganze Gebirgskette des Montblanc frei und leuchtend im Wiederschein des Sonnenunterganges vor unsern Augen ausgebreitet da lag.

So groß, so überwältigend war das Schauspiel, daß man nicht verwundert gewesen wäre, wenn vom Himmel nun auch heller Posaunenklang hernieder geschmettert hätte, das täglich neue Wunder zu verherrlichen. Von der Dent du Midi über die Aiguille verte, über die Spitzen der Jorasses hinweg, von den Gipfeln des Montblanc bis hin zum Mont Brévent war Alles eine Gluth. Und das flammte und leuchtete, während kein Luftzug sich regte, während die Vögel langsamer und langsamer und immer seltener an uns vorüberzogen, während die Thäler in die Nacht versanken, und das Dunkel, wie eine das Feuer löschende Wasserfluth, höher und höher hinaufschwoll, bis die Kühlung und die Feuchtigkeit auch uns umflogen, und die Herrlichkeit vor unsern Blicken endlich in einem matten Grau, hinsterbend erlosch.

―――

Am andern Morgen weckte unser Freund uns mit dem Rufe: „die Sonne kommt!" —

Wir hatten nur wenig Schritte aus unserer Stube

bis in den kleinen gegen Osten gelegenen Saal zu thun, von dessen Balkon wir das erhabene Werden des neuen Tages beobachten sollten. Der Himmel war von einer wundervollen Klarheit, der Thermometer zeigte zwölf Grad, aber es war warm, die Luft vollkommen ruhig.

Wie eine schöne Gestalt, auch im Schlafe und im Traume schön, ruhte das schweigende Gebirge. Die Linien sahen weicher aus als in der gestrigen Beleuchtung und doch waren die violetten Farben weit bestimmter und zeigten die einzelnen Umrisse deutlicher und klarer; die tiefe Stille hatte etwas Feierliches, etwas Ueberwältigendes. Man stand, in sich versunken, staunend, auf's Neue eines großen Wunders gewärtig.

Und wie ein Wunder flammte der erste Schimmer des Lichtes an dem höchsten Gipfel des Berges empor, wurde heller und heller, schwebte von Gipfel zu Gipfel, floß hernieder an den langen Rippen und Graten des Gebirges, wurde mächtiger und mächtiger, und ergoß sich endlich voll und strahlend bis tief in die Thäler hinab, daß aus dem verschwimmenden Nebelmeer wie an dem Tage, da nach der alten Ueberlieferung, die Wasser geschieden wurden, die Erde mit ihren Bäumen und Sträuchen, mit ihren Wiesen und Flüssen, und mit Allem was auf ihr lebet und webet, aus dem Dunkel erstand, und Alles aufathmete in der Wärme und in dem Lichte, als wäre es eben erst geworden, als wäre das Alles eben erst neu aus der Nacht erschaffen und geboren worden.

Und wie das Gebirge nun wieder im Sonnenschein leuchtete, und die Erde aufathmete im Erwachen, rauschte es in den mächtigen Gipfeln des nahen Tannenwaldes, wie bei dem Erscheinen eines Gottes. Und von dem Lichte und von der Wärme erweckt und belebt, erhoben die Vögel ihre Schwingen, und schüttelten den Thau der Nacht von ihren Flügeln, und schwangen sich ihres Daseins froh mit jubelndem Sange hoch und höher in die Luft der Allbeleberin, der Sonne entgegen — und wir Menschen standen und hatten keine Worte. Das Wunder des immer neuen Werdens, die Wandlung von Nacht in Tag, der Anblick der unverstehbaren Erhabenheit des Alls, bewegte uns das Herz und schloß uns die Lippe.

Am Nachmittage kehrten wir auf dem nämlichen Wege, auf welchem wir gekommen waren, in die Stadt zurück; und mit diesem großen, unvergleichlichen Naturschauspiele schieden wir von den uns, wie eine Heimath lieb und werth gewordenen Ufern des schönen, blauen Genfersee's.

Druck von W. Moeser in Berlin.

Neue Deutsche Original-Romane
aus dem Verlag von Otto Janke in Berlin.

Fanny Lewald, Villa Riunione. Erzählungen eines alten Tanzmeisters. 2 Bände. Geh. 4 Thlr.

Bd. 1. Prinzeſſin Aurora. — Eine traurige Geſchichte.
Bd. 2. Ein Schiff aus Cuba — Domenico.

Fanny Lewald gehört zu den begabteſten und zugleich beliebteſten Autoren auf dem Gebiete der Romanliteratur. Ihre Vorzüge beſtehen weniger in einer überaus reichen Erfindung oder einer kunſtvoll gegliederten Compoſition, als vielmehr in der Wahl intereſſanter ethiſcher Probleme, in einfach klarer Fortentwicklung, pſychologiſch eingehender Motivirung, glücklicher Charakteriſtik und einer überraſchenden Fülle feiner Beobachtungen und gedanklich anregender Bemerkungen. „Die Erzählungen eines alten Tanzmeiſters", obgleich ohne jeden unmittelbaren Zuſammenhang unter einander, ſind doch durch ein Band der Verwandtſchaft verſchlungen und ergänzen ſich gegenſeitig zu einem ſchönen Geſammtbilde einer eigenthümlich ſchaffenden dichteriſchen Kraft.

A. E. Brachvogel, Der deutſche Michael. Hiſtoriſcher Roman in vier Bänden. Geh. 5 Thlr. 20 Sgr.

Es wird in dieſem Roman des geiſtreichen Verfaſſers der Kampf deutſchen Weſens gegen römiſches, gegen religiöſe und politiſche Vergewaltigung und die Befreiung des deutſchen Geiſtes durch die Reformation geſchildert. Der deutſche Michael, der mit dem Ideal des Erzengels Michael im Herzen, dem Licht entgegenringt, wird betrogen, verlacht, mißbraucht, aber er tritt die feindſeligen Dämone der Nation unter ſeinen Fuß und wird der Erzengel der Deutſchen. Luther, Zwingli, die ſächſiſchen Kurfürſten, Kaiſer Karl V., Lucas Cranach ſind Figuren des Romans, die in ihrer feinen Charakteriſtik das Intereſſe des Leſers dauernd feſſeln. — die Mühlberger Schlacht, das Augsburger Interim und die Erhebung des Moritz von Sachſen bilden die Hauptereigniſſe, die, wenn auch durch die Geſchichte bekannt, in der meiſterhaften Darſtellung und in Verbindung mit den wichtigſten Perſönlichkeiten einen erhöhten Reiz auf den Leſer ausüben.

Philipp Galen, Walram Forſt, der Demagoge. Roman in vier Bänden. Geh. 6 Thlr. 20 Sgr.

Der Lieblingsſchriftſteller des deutſchen Publikums ſchildert in „Walram Forſt" die Lebensſchickſale eines im Jahre 1837 beim Frankfurter Attentat betheiligten Rheinländers, der vier Jahre eingekerkert geweſen und ſpäter nach Holland entflohen war, wo ſein Schickſal eine günſtigere Wendung nahm. Das Ungemüthliche, das geſund Herzliche, der klare, friſchvormelnde Fluß des Vortrages, das Ungeſuchte in der Erfindung, die ungekünſtelte Wahrſcheinlichkeit. Alles dieſes, was bei Galens Romanen den Leſer ſo ſehr unterhält, findet ſich auch in „Walram Forſt". Es ſind intereſſante Erlebniſſe, die der geſchickte Berichterſtatter den Leſer miterleben läßt. Dieſer wird mit den handelnden Perſonen vertraut, er ſpeiſt bei ihnen, er freut und ärgert ſich mit ihnen oder er über ſie. Er wird froh, wenn das Buch zu Ende iſt und mit Letzteren nichts mehr zu ſchaffen hat, und es thut ihm leid, von Jenen, die ihm lieb und werth geworden, ſich ſchon trennen zu müſſen.

Marie Gieſe, Es iſt beſtimmt in Gottes Rath. Erzählung. Geh. 1 Thlr.

Der Stoff zu dieſer anmuthigen und in elegantem Styl geſchriebenen Erzählung iſt dem Leben einer Herrnhuter-Colonie entnommen. Es weht in derſelben ein echt religiöſer Geiſt; die Verfaſſerin ſchildert einfache, aber ſehr intereſſante Begebenheiten in einer Predigerfamilie, deren Conflicte in dem wahren Gottvertrauen ihre Löſung finden.

Gerad von Enseh, Der Welfenlegionär. Historische Erzählung. Geh. 1 Thlr. 15 Sgr.

Der beliebte Verfasser hat sich in dieser Erzählung ein interessantes Sujet aus der hannoverschen Geschichte zum Vorwurf gewählt, welches reich an spannenden Momenten ist, so daß sich das Werk den früheren Arbeiten des Autors würdig anreiht.

George Hesekiel, Refugirt und Emigrirt. Eine brandenburgisch-französische Geschichte. 3 Bände. Geh. 4 Thlr. 15 Sgr.

Der berühmte Verfasser bietet uns in seinem neuesten Roman die Geschichte zweier Generationen einer alten französischen Adelsfamilie. Reich an Abenteuern und Abwechselung ist das Leben der Helden des Romans, in welchem die Sitten und Gewohnheiten zweier Jahrhunderte, des 17. und 18., und zweier Länder, Frankreichs und Preußen-Brandenburgs geschildert werden. Um ihres reformirten Bekenntnisses willen ziehen die Hannol aus der Heimath, mit der sie nur durch einen zurückgebliebenen Sohn ein loses Band verknüpft, das sich im Lauf der Zeit ganz lockert. Anderthalb Jahrhunderte später verlassen die Enkel jenes Zurückgebliebenen Frankreich ihrer politischen Ueberzeugung willen, um sich, wie ehemals ihre Ahnen, in Preußen niederzulassen. Das Werk fesselt den Leser von Anfang an und hält ihn in angenehmer Spannung bis zur letzten Seite.

Georg Horn, Das Halsband der Dauvets. Historischer Roman. 2 Bände. Geh. 2 Thlr. 15 Sgr.

Der Verfasser, welcher sich durch sein Werk „Voltaire und die Markgräfin von Bayreuth" einen bedeutenden Namen in der literarischen Welt gemacht und zu den beliebtesten Lustspieldichtern der Gegenwart zählt, knüpft in der neuesten Erzählung an ein Halsband die Schicksale zweier französischer Familien, von denen die eine in Folge der Aufhebung des Edictes von Nantes aus Frankreich refugirt war und in Preußen ein Ziel gefunden hatte. Nach 120 Jahren finden sich Sprößlinge dieser Familien in Bayreuth wieder zusammen, welches damals, gegen 1800, der Sammelplatz der interessantesten Persönlichkeiten aus allen Ländern war. Die erhabenen Gestalten des preußischen Königspaares, Hardenberg, Jean Paul, die Lage von der weisen Frau verleihen dem Ganzen ein Interesse, das vom Beginne des Buches an im Wachsen ist und bis zum Schluß in steter Spannung anhält.

Robert Schweichel, In den preußischen Hinterwäldern. Erster Band: Der Aylschmuggler. Geh. 20 Sgr.

Land und Leute, die Staffage und die Figuren dieses Zeitbildes sind mit Wahrheit und Gewißheit dem Leser vor Augen gestellt. Der Kampf der wilden Kraft gegen die zähmende Gewalt wird in originellen Individuen verkörpert dargestellt, bei denen allen das ewige Ringen des Menschen nach Freiheit und Selbständigkeit in voller Anspannung ist; namentlich wird bezeichnend der polnische Freiheitsdrang charakterisirt.

Aug. Silberstein, Der Hallodri. Eine Dorfgeschichte aus Oesterreich. Geh. 1 Thlr.

Die „Oesterreichischen Dorfschwalben" Silberstein's sind von der Kritik vielfach mit den berühmten „Schwarzwälder Dorfgeschichten" verglichen und diesen ebenbürtig zur Seite gestellt worden, nur mit dem Unterschiede, daß es hier Dorfgeschichten aus den malerischen deutschen Alpenthälern des Oesterreichischen Kaiserstaates sind, deren Bewohner sich ihre originellen Sitten und Eigenthümlichkeiten bis in die Neuzeit hinein bewahrt haben. Der „Hallodri" ist eine Erzählung, die sich in ihrer ganzen Anlage den „Oesterreichischen Dorfschwalben" würdig anschließt und alle die Vorzüge besitzt, die man an eine spannende und zugleich bildende Lecture zu stellen berechtigt ist.

www.ingramcontent.com/pod-product-compliance
Lightning Source LLC
Chambersburg PA
CBHW051201300426
44116CB00006B/400